SOUVENIRS

DES

GUERRES D'ALLEMAGNE

PENDANT

LA RÉVOLUTION ET L'EMPIRE

Baron de Comeau
Colonel d'État-Major, Chambellan bavarois

Imp. A. Maire

Plon. Nourrit & Cie Edit

SOUVENIRS

DES

GUERRES D'ALLEMAGNE

PENDANT

LA RÉVOLUTION ET L'EMPIRE

PAR

Le Baron de COMEAU

Ancien officier de l'armée de Condé
Chef d'État-Major de la Bavière au grand quartier général de Napoléon
Chambellan Bavarois.

Avec un portrait en héliogravure

LIBRAIRIE PLON

PLON-NOURRIT et Cie, IMPRIMEURS-ÉDITEURS

RUE GARANCIÈRE, 10

—

1900

AVANT-PROPOS

Une des études historiques les plus intéressantes est certainement celle des vingt-cinq années si mémorables de la Révolution et de l'Empire. L'histoire générale, écrite déjà souvent, forme, pour ainsi dire, un cadre que viennent animer l'un après l'autre chacun de ceux qui ont eu un rôle à jouer, si secondaire semble-t-il. Et chacun de ces récits de témoins, placés à des points de vue différents, contribuera à faire luire la vérité, en dégageant bien des causes encore inexpliquées ou mal connues.

En ces temps troublés, chacun agissait, ou du moins croyait agir pour le mieux, mais les circonstances, plus fortes que la volonté, conduisaient souvent là ou l'on ne voulait point aller.

Les uns, ambitieux, ne virent que l'intérêt de leur carrière; d'autres, entraînés par les livres des philosophes, croyaient amener le bonheur de la patrie par un changement de constitution; d'autres ne pensèrent qu'aux frontières à défendre. D'autres, enfin, forcés de sortir de France où leur parole n'était plus écoutée, où leur vie était menacée sans profit pour leur cause, durent se fier aux traités des souverains alliés, dont l'intérêt bien entendu eût été d'abattre cette révolution qui menaçait tous les trônes, au lieu de chercher à en profiter pour s'agrandir. Le prince de Condé et son armée d'officiers, devenus soldats, crurent faire leur devoir en cherchant à rétablir ces Rois sous lesquels la France avait été si longtemps heureuse, glorieuse et honorée. Se trouvant trop faibles, ils appelaient les voisins au secours, pour délivrer leur patrie subjuguée par ces destructeurs de tout ce qui y était jadis respecté.

Sébastien Joseph de Comeau de Charry, né le 4 février 1771, et nommé lieutenant d'artillerie en 1789, appartenait à cette classe nombreuse de la noblesse militaire de province, alors un des meilleurs soutiens du trône et de la patrie.

Chaque paroisse possédait quelques-unes de ces familles, généralement nombreuses et considérées. Taine parle d'au moins 25,000 familles, quittant peu leurs terres, donnant leurs fils au service du Roi, sans autre récompense que la Croix de Saint-Louis, et qui furent persécutées par les révolutionnaires. Leur fidélité au Roi était connue. Leur peu d'ambition personnelle, leur désintéressement les retenaient à la campagne. Ils demeuraient au milieu des paysans dont ils partageaient la vie. Ils les dirigeaient dans leur culture, les aidaient quand la récolte avait été mauvaise, les conduisaient avec eux à la chasse du gros gibier qui les dévastait quelquefois. Ils s'intéressaient à leurs travaux, à leurs peines, à leurs joies ; ils en étaient aimés.

Leurs femmes les secondaient. Elles sortaient peu et surveillaient l'intérieur de leur maison et l'éducation de leur famille. Leur charité, leur entente en médecine usuelle étaient souvent mises à contribution. Le baron de Comeau aimait à répéter que loin d'être les femmes frivoles dont parlaient les romans, celles qu'il avait connues rappelaient plutôt la femme forte de l'Ecriture. Les filles se mariaient jeunes à des amis de la famille, ou gardaient au foyer paternel les traditions d'honneur et de vertu dont les enfants étaient nourris dès le berceau.

Leurs habitations portaient le titre de châteaux, mais la plupart n'avaient point de luxe. De cette simplicité il ne faudrait cependant pas conclure à la gêne dont souffrent tant de fortunes moyennes à l'époque actuelle, où chacun veut paraître et dépenser. On manquait d'argent comptant ; on n'achetait, on ne voyageait guère, c'est vrai ; mais on ne le regrettait pas. La vie était large, le foyer hospitalier et les liens de famille puissants et vénérés.

Généralement, l'aîné des fils prenait la carrière

des armes, puis, arrivé au grade de capitaine, il se mariait et revenait habiter la maison paternelle où il avait déjà passé plusieurs semestres. Parmi les autres fils, les uns entraient dans les ordres, d'autres, surtout dans les provinces à Etats, achetaient des charges aux parlements; le plus grand nombre devenait militaire et suivait cette carrière jusqu'à la fin.

Cette classe de noblesse de province était accessible à tous. La croix de Saint-Louis, de longs et loyaux services militaires, quelques emplois civils y introduisaient continuellement de nouvelles familles. Les rois conféraient la noblesse pour des services exceptionnels, et se réservaient, quand le trésor était épuisé, d'en vendre quelques titres à des familles déjà honorables.

Un certain nombre de nobles étrangers, entrés au service de France, s'y mariaient et prenaient place dans la famille de leur femme. Sous Louis XIV et Louis XV, de nombreux sujets anglais, fidèles aux Stuarts, avaient émigré en France et servaient les Bourbons avec le dévouement qu'ils avaient porté à leurs anciens souverains. Nous ne citerons que Jean-Baptiste de Moncrif, originaire du comté de Perth, en Écosse. Il se distingua à la bataille de Rocoux, et eut dans sa part de prise un tambour dont il fit faire une fontaine de salle à manger qui subsiste encore (1). Le fils de J.-B. de Moncrif épousa la sœur aînée du baron de Comeau.

Les paysans étaient contents de leur sort ; eux aussi avaient moins de luxe, mais une aisance plus réelle que maintenant. Les curés vivaient en bons rapports avec leurs paroissiens. Une partie seulement de ce qu'on nommait alors le Tiers-État, quelques déclassés, des cadets de famille jaloux de leurs aînés, s'enthousiasmaient pour les productions de la secte philosophique, protégées aussi à la Cour. Ils les répandaient et les commentaient. Dans les villes surtout ce venin gagnait rapidement.

A la fin du règne de Louis XVI, le temps sembla venu, aux novateurs rebelles qui dirigeaient alors l'opinion, d'abattre l'ancienne constitution de la France. Ils trompèrent le Roi, qui ne voulait que le bonheur de son peuple ; ils lui firent prendre pour ministres des affiliés qui les laissaient faire. Les clubs couvrirent le royaume. On corrompit l'armée ; on l'excita contre ses officiers. Les séditions devinrent fréquentes ; les assassinats, n'étant point réprimés, se multiplièrent. De faux bruits d'incendies,

---

(1) Voici deux des inscriptions gravées sur cette fontaine.

1° Je suis née sujette des rois d'Angleterre, vingt fois je battis la charge contre les Français, mais je battis plus de cent fois la chamade. Enfin on m'a condamnée à ne plus boire que de l'eau ! Lecteur, plains mon sort.

2° J.-B. de Moncrif, capitaine au régiment de Navarre-infanterie, chevalier de Verneuil, apporta du champ de bataille de Rocoux la caisse dont fut faite cette fontaine. La bataille fut gagnée par les Français sur les Anglais et les Autrichiens réunis. Le régiment de Navarre contribua le plus au gain de cette bataille livrée en 1746.

de brigands, agitèrent les campagnes, déjà préoccupées par de mauvaises récoltes, et des accaparements que chaque parti attribuait aux autres.

Plusieurs provinces furent très agitées ; beaucoup de personnes notables subirent de graves violences, et pourtant, je le répète, elles étaient aimées dans leurs villages, mais on animait contre elles les *mauvais sujets* des communes voisines.

Qu'on juge de l'impression que dut éprouver le jeune officier d'artillerie à peine sorti de l'école, lorsqu'il apprit l'agression sauvage qu'avait subie son père à une assemblée primaire. Il la montra assez, pour que ses chefs, comptant sur lui, l'envoyassent à Lyon où l'on réunissait quelques troupes fidèles. « On avait espéré y former un noyau de « résistance pour délivrer le Roi... Beaucoup de « gentilshommes d'Auvergne s'y étaient rendus dans « ce but... Mais quelques indiscrétions, des mesu- « res mal combinées firent échouer ce plan. Plu- « sieurs personnes furent compromises, et quelques « unes arrêtées... Ce petit événement hâta l'émigra- « tion ; les princes, n'espérant plus réussir en France, « appelèrent les royalistes à l'étranger, quelques « puissances commençant à leur promettre des « secours (1). » Le lieutenant de Comeau était compromis : il avait pu réprimer une émeute, quoique

---

(1) Abrégé des souvenirs d'un officier royaliste, par M. de Romain, tome II, page 161 et suivantes.

sans effusion de sang. Ses chefs le renvoyèrent à Besançon.

Cependant la Révolution continuait. Les scènes de sauvagerie recommencèrent en Bourgogne. Voici le récit, cité par Taine, de ce qui se passa au château de Créancey, chez le chef de la famille de Comeau (1), et dans quelques maisons voisines :

« ... Dans le département de la Côte-d'Or à la nou-
« velle de l'arrestation du roi à Varennes, tous les
« prêtres insermentés et les ci-devant seigneurs sont
« en butte à toutes les menaces de la persécution.

« Des bandes entrent de force chez eux pour sai-
« sir leurs armes ; Comarin, Grosbois, Montarlot,
« Chaudenay, Créancey, Thoisy, Châtellenot et d'au-
« tres maisons sont ainsi visitées et plusieurs sont
« saccagées. Dans la nuit du 26 au 27 juin 1791,
« au château de Créancey, tout est pillé, les glaces
« sont brisées, les tableaux lacérés, les portes enfon-
« cées. Le maître du logis, M. de Comeau-Créan-
« cey, chevalier de Saint-Louis, horriblement mal-
« traité, est traîné au bas de l'escalier, où il reste
« comme mort. Auparavant, on l'a forcé à une con-
« tribution considérable et à la restitution de toutes
« les amendes qu'il avait perçues comme seigneur

---

(1) C'était alors Joseph Nicolas de Comeau, comte de Créancey, lieutenant du roi en Bourgogne, gouverneur de Nuits, capitaine aux dragons de Marbeuf, chevalier de Saint-Louis, comme ses deux frères et leur père ; ils assistèrent tous quatre à la bataille de Dettingen. Il s'était distingué dans plusieurs sièges et batailles.

« du lieu. Deux autres propriétaires du voisinage,
« aussi chevaliers de Saint-Louis, ont été traités de
« même. Voilà trois anciens et braves militaires
« bien récompensés de leurs services !...

« Un quatrième, homme pacifique, s'est sauvé d'a-
« vance, laissant les clefs aux serrures, et son jar-
« dinier dans la maison. Néanmoins les portes et
« armoires ont été brisées; le pillage a duré cinq
« heures et demie; on a menacé de mettre le feu si
« le seigneur ne paraissait pas. On s'informait s'il
« allait à la messe du nouveau curé, s'il avait fait
« payer des amendes jadis, si quelque habitant avait
« à se plaindre de lui. Aucune plainte ; au con-
« traire, il était plutôt aimé. Mais, dans ces sortes
« de tumulte, cinquante drôles et cent furieux font
« la loi aux indifférents et aux timides. Les malfai-
« teurs ont forcé la main au maire, à quelques hon-
« nêtes citoyens, qui, le lendemain, vinrent faire des
« excuses, mais le mal était fait, et comme il ne fut
« point réprimé, on devait le recommencer (1). »

Ces scènes restèrent impunies. Quand l'ordre de prêter le serment civique arriva, Joseph de Comeau se décida à émigrer. Ses parents étaient persécutés, les consciences troublées; son régiment se laissait entraîner aux idées nouvelles, au point que deux mois après les soldats chassaient à coups de fusils

---

(1) Taine, *Origines de la Révolution*, tome Ier, pp. 402 et 403, tiré d'une lettre de M. Belin-Châtellenot au président de l'Assemblée nationale.

et de baïonnettes le colonel et une partie des officiers qui furent alors contraints aussi de franchir la frontière.

Pendant plusieurs années, l'armée de Condé continua à faire la guerre non aux Français qu'elle ménageait toujours, mais à leur nouveau gouvernement. Soigneusement tenue à l'écart de toute direction par les alliés, elle put cependant contribuer à préserver la France d'un démembrement rêvé par l'Autriche et la Prusse.

A la paix, la Russie lui offrit des steppes à peupler, mais beaucoup d'officiers préférèrent rentrer en France où la plupart avaient encore leurs familles. M. de Comeau était revenu voir plusieurs fois la sienne au péril de sa vie. Il y puisa un ardent désir de trouver une position qui lui permît de réaliser enfin une union vivement désirée. En 1799, il avait été mis en évidence par un fait d'armes. Ce fut alors que le nouvel électeur de Bavière, Maximilien-Joseph, prince de Deux-Ponts, désirant réorganiser ses troupes, l'appela à son service ainsi que quelques-uns de ses parents et amis de l'armée de Condé. Ils n'espéraient plus le retour des Bourbons, mais ils voulaient leur rester fidèles quand même : ils entrèrent au service d'un prince ami de la France, ayant été lui-même officier français.

Dans ce rôle de réformateur de l'armée bavaroise,

le capitaine de Comeau eut souvent à lutter avec la routine des bureaux, mais il fut toujours soutenu par l'Electeur dont il suivait fidèlement la direction. Quand l'invasion imprévue de la Bavière par l'Autriche, en 1805, força ce prince à s'allier à la France, Napoléon, qui avait eu des rapports avec la famille du capitaine de Comeau, et l'avait connu lui-même en garnison autrefois, le désigna, malgré son grade inférieur, pour représenter la Bavière à son grand état major. Il devint alors l'intermédiaire naturel entre l'Empereur et Maximilien-Joseph, devenu roi de Bavière. Il occupa cet emploi jusqu'en 1812, et put se rendre utile à l'un et à l'autre de ces souverains par son tact fin, son jugement droit, son courage froid et réfléchi. Le roi de Bavière le récompensa par le titre de chambellan, le grade de colonel, et la croix de son ordre militaire de Maximilien Joseph. Il reçut aussi la croix de la Légion d'honneur, décernée par l'empereur lui-même, sur le champ de bataille d'Heilsberg.

Puis vint la campagne de Russie, faite malgré les souverains allemands qui s'en effrayaient, et avaient essayé d'en éloigner l'empereur. Le baron de Comeau, blessé et prisonnier dès le début, put encore s'occuper des autres prisonniers, avec la protection de l'Impératrice de Russie, et de la princesse Amélie de Bade, toutes deux sœurs de la reine de Bavière.

Il fut renvoyé à Munich quand la Bavière se fut unie aux alliés contre l'empereur. Fidèle à la parole donnée à Napoléon lors de sa radiation de la liste des émigrés, il donna sa démission d'officier bavarois, fut envoyé quelque temps prisonnier sur parole à Carlsruhe, et revint enfin dans sa famille en 1814.

Louis XVIII lui accorda la croix de Saint-Louis et lui fit offrir la place de directeur de l'arsenal de Grenoble. Il la refusa pour se consacrer à cette vie de famille qu'il avait si peu connue jusque-là. Il passa la fin de sa vie au milieu de ses parents. La mort en avait déjà frappé beaucoup ; en 1841, il eut le chagrin de perdre la digne compagne de sa vie. Ce fut en ce temps qu'il se décida à écrire ses souvenirs, souvent réclamés par les siens.

Le 3 février 1844, âgé de 73 ans, il fut frappé d'une congestion cérébrale. Le délire le prit et, pendant qu'on lui prodiguait les premiers soins, revenu en esprit à cette carrière qu'il avait tant aimée, il croyait à une invasion des Anglais et donnait des ordres pour s'y opposer. Puis il reprit connaissance, reçut les secours de la Religion, et mourut, le 5 février, ayant conservé jusqu'à la fin les qualités qui l'avaient distingué pendant sa vie, sa foi simple, sa bonté, son excellente mémoire, son esprit fin et pénétrant.

Les enfants du baron de Comeau ont hésité longtemps avant de livrer à l'impression ces pages, écrites pour l'intimité de la famille et que l'auteur n'a pu relire et corriger lui-même. Mais le nombre de ceux qui l'ont connu diminue de jour en jour. Avant que le temps et la distance aient effacé le souvenir de l'aïeul aimé, on a voulu le conserver pour ses nombreux petits enfants, espérant qu'ils pourraient y puiser d'utiles enseignements ; la foi, l'honneur, le dévouement, le désintéressement ne changent jamais.

SOUVENIRS DES GUERRES D'ALLEMAGNE

CHAPITRE PRÉLIMINAIRE

J'ai souvent eu la pensée de m'occuper à écrire mes souvenirs, à faire des comparaisons ; j'ai laissé jusqu'à présent s'évanouir cette futile fantaisie et cela était raisonnable. Je n'ai eu ni assez de talent, ni assez d'instruction dans ce genre pour produire rien d'utile ou d'agréable. Ensuite, je ne puis partager ma carrière qu'en deux sections : l'une, l'état militaire, la guerre ; l'autre, l'état civil, la vie privée qui ne présente d'intérêt que pour celui qui l'a vécue. Or, la guerre, qu'est-ce en général ? Un fléau qui est dans la nature de l'homme. Tuer pour n'être pas tué est, dans le fait, la réalité de cette situation. Celui qui se bat bien ne pense qu'à cela et n'a pas le temps de lire pour apprendre comment faire pour se battre mieux ; il a encore bien moins le temps d'écrire comment il s'est battu, et, plus tard, ce qui est passé ne l'intéresse plus. Puis, quand la guerre revient, ce qu'il croit avoir appris se trouve souvent démenti par ce qu'il voit et par ce qui se présente. L'idée des jeunes militaires est donc vraie lorsqu'ils disent : Un tel écrit sur la guerre ; c'est qu'il ne l'a pas faite ou n'a pas envie de la faire.

On a beaucoup écrit sur l'art de la guerre, mais ce sont rarement des militaires ayant guerroyé. Ces théories, ces principes bien rédigés sont rarement d'accord avec la réalité, ce qui étonne et embarrasse souvent les débutants. Les vieux soldats qui ont fait des campagnes les instruisent bien mieux que les livres. Par la même raison, les vieux officiers sont très utiles aux jeunes généraux.

Il y a des officiers qui ont fait chaque jour le journal de leurs campagnes. J'ai lu quelques-uns de ces journaux manuscrits, écrits sans prétention. Ces journaux choisis, imprimés et mis entre les mains des jeunes officiers seraient très utiles ; ils leur enseigneraient que l'art militaire consiste, surtout pendant l'action, dans l'à propos du moment ; puis dans l'habitude de bien supporter les fatigues, de ne pas murmurer ou critiquer, de ne voir que son objet en laissant aux autres le soin d'en faire autant pour ce qui les concerne.

Je ne sais ni écrire ni faire de belles phrases, mais en voyant les armées, ceux qui les gagnaient et ceux qui les perdaient, il est peu de choses qui aient échappé à mes observations. Celles-ci participaient à cet esprit de combinaisons logiques, fruit de l'éducation mathématique si sagement organisée que j'ai reçue à l'école d'artillerie dans ces temps où le bonheur se rencontrait encore partout. Alors, on respectait le Roi comme un dieu ; on regardait l'honneur comme une religion, l'amour de sa patrie comme une vertu, le désintéressement comme un mérite. Ce temps était bon ; il était solide. On considérait plus alors un capitaine qu'un maréchal aujourd'hui. On a pris nos épaulettes ; on les a enflées même, mais on n'a jamais pu atteindre notre considération. La bravoure a cependant été la même parce que la bravoure est la condition inhérente à la profession, mais la politesse, le dévouement, la délicatesse, cela adhère à l'origine, à cette première éducation, reçue dans la famille.

La science militaire consiste, suivant moi, à savoir bien composer une armée, et cela, avec de bons éléments ; il faut ensuite savoir bien la gouverner ; puis un peu de stratégie, de tactique, des remarques faites à propos, de la prévoyance. Voilà les principales parties de cet art.

Je fais peu de cas des livres qui traitent de manœuvres, de stratégie. C'est la guerre de cabinet, d'imagination de ceux qui l'inventent parce qu'ils n'ont su ou pu la faire. J'estime l'histoire des guerres : ce qui s'est fait montre ce qu'il faut faire. J'estime aussi les livres d'administration : ils enseignent comment on nourrit, on entretient les soldats ; ce qui contribue à leur force ou à leur santé ; comment on les soigne quand ils sont malades ou blessés ; les précautions à prendre pour les marches, les campements, etc. Les ouvrages qui donnent les règles de l'exercice sont minutieux ; dans l'exercice il y a beaucoup de cet esprit militaire de paix qu'on est étonné de trouver si peu applicable à la guerre ; mais les livres vraiment utiles sont ceux qui forment les officiers des armes spéciales.

L'Europe ne sera en repos et tranquillité que lorsque la France sera ramenée à sa puissance modérée et conciliatrice, et cela ne sera, si cela doit être encore, que lorsqu'un bon roi légitime la gouvernera avec ses éléments de force et d'honneur. Alors, avec l'ordre profond, elle fera toujours trouée ou invasion parmi les peuples qui l'entourent. Pour suivre cette idée, il faudrait à la France une noblesse militaire, une bourgeoisie citadine, des corporations d'arts et métiers, et un peuple nombreux, occupé, toujours prêt à fournir une milice active, belliqueuse, invincible dans sa course en avant ; ver rongeur et insatiable si elle est permanente, force encouragée et encourageante si elle peut être renvoyée dans ses foyers après chaque campagne mémorable. C'est alors qu'une armée d'hommes d'armes, confiée à des officiers avides d'honneur et désintéressés quant aux avantages pécuniaires, ramènerait ces guerres à l'eau de rose qui, avec bien moins de sacrifices, aboutissaient toujours à des traités de paix vrais et solides, rétablissant les relations nécessaires à l'équilibre de tous.

Il est très certain qu'une nation populeuse qui aurait toujours les armes du génie et de l'artillerie au grand complet, ses arsenaux bien dirigés, bien remplis, un peu de cavalerie bien dressée, ses places fortes convenablement armées et gardées par quelques troupes, aidées par la milice bourgeoise, pourrait en peu de temps opposer aux ennemis une forte armée qui serait plus active, plus dangereuse, portant des coups plus sûrs que les belles armées, bien exercées, bien habillées, bien équipées qui lui seraient opposées. C'est alors qu'un comité directeur peut être un centre d'action qui éprouve d'autant moins d'obstacles et de résistance que les prétentions et les rivalités ne sont pas encore établies. Le danger commande, le cri : aux armes! est une commotion... Cela est tel que si on pouvait avoir des automates galonnés en généraux, décorés en officiers, et donnant aux masses beaucoup de mouvement, on verrait ce que j'ai vu. — Et la victoire ne serait certainement pas pour l'armée brillante et éclatante se mouvant régulièrement, mais trop lentement, trop posément. C'est dans ces cas, heureusement rares, que les artilleurs et les ingénieurs sont tout, quand ils ont par leur science et leurs antécédents le bon esprit de ne pas vouloir être plus qu'ils ne sont, c'est-à-dire secondaires.

C'est pour rendre un juste hommage à ces corps ou armes spéciales que j'amuse mes vieux jours et mon invalidité à rédiger ces souvenirs; je suis un de ces militaires qui se sont trop occupés de la guerre pour donner du temps à la littérature, mais quand on est vieux, qu'on n'a plus de biens à gérer, plus d'enfants à élever, plus de bons yeux pour lire, plus assez de sommeil pour faire disparaître les longues nuits, noircir quelques feuilles de papier n'est pas sans attraits. La plume empêche les idées de s'égarer. On pense, car il faut bien un peu réfléchir à ce qu'on va arranger en noir sur blanc sur ce papier qui doit occuper vos loisirs.... Du reste, tous les vieux militaires sont conteurs, mais souvent ils ennuient ; c'est du moins l'effet que me produisaient souvent ceux auxquels, jadis, j'entendais raconter la guerre de sept ans.

Il y a plusieurs causes à cet ennui ; l'une, c'est que les gens du monde n'ont pas, en général, d'idées justes sur la guerre, sur les armées; ensuite, le vrai militaire ne voit que lui ; il n'y en a point qui dans l'action ait vu et compris plus que le point dont ils étaient chargés. Une autre cause principale, c'est qu'un conteur ne peut se quitter aussi facilement qu'un livre quand on en a assez. D'ailleurs, dans un écrit, les faits, se suivant mieux, sont mieux compris.

Et d'abord qu'est-ce qu'une armée ?

Une armée n'est pas ce que l'imagination d'un jeune militaire lui représente : il est toujours étonné et embarrassé lorsqu'il s'y trouve la première fois.

Une armée est une somme composée d'unités qui se subdivisent. Dans une armée, un novice ne voit que des unités dissemblables; comme la nature n'admet de sommes que composées d'unités de la même espèce, il ne peut pas concevoir la somme principale, l'armée. S'il est né avec le génie militaire, ce chaos se débrouille promptement. S'il en est autrement, il fait et fera toujours nombre, mais il ne sera jamais chef distingué.

Par la révolution, l'armée française sortit de tous les usages anciens et connus. Ce que je dis là fut senti et trivialement exprimé ; on nomma *troupiers* cette classe nombreuse qui, au milieu des armées, n'a pas compris *une armée*.

En partant des éléments, un petit nombre de soldats reçoit ses vivres, sa place, son gîte et l'ordre par son caporal. Les caporaux, vieux soldats expérimentés, actifs par caractère ou activés par de bons officiers, rendent la besogne des sergents simple et régulière. Les sergents sont les bras du capitaine ; ils le familiarisent avec sa compagnie, et par eux le bon capitaine forme une bonne unité dans le bataillon. Si le chef de bataillon s'attache à avoir de bonnes compagnies, conduites par de bons capitaines, il donne au colonel un bon bataillon. De même le colonel, en s'occupant de ses chefs de bataillons mettra dans la brigade un bon régiment et le général de brigade qui commande deux bons régiments a une masse capable d'exécuter des opérations importantes. Avec trois brigades, animées du même bon esprit, le général de division aura une masse qui peut agir : c'est le flanc ou le centre, l'avant-garde ou l'arrière-garde d'une grande armée. Le général en chef ne peut agir que par ces masses. Général suprême, c'est de lui que dépend la qualité de ces divisions ; le soin de tous ces éléments lui compose de bonnes troupes. Une armée ne vaut que par son général.

Lorsqu'une grande guerre s'allume, les armées se forment sur plusieurs points ; les généraux sont placés, mais ils ne sont pas jugés. Les événement seuls sont l'échelle où se mesure leur mérite et leur bonheur. L'avantage de la campagne reste toujours au parti qui sait n'en choisir qu'un et lui sacrifie tous les autres. C'est la plus grande bataille gagnée plutôt que les localités qui décident ce choix. C'est en cela que les armées républicaines sont à plus grand effet que les armées royales. En cela aussi se trouve le vice des armées alliées.

La grande guerre est et sera toujours ce que je chercherai à analyser dans ces souvenirs.

Le général a encore à s'occuper de ses armes spéciales : connaître leurs besoins, leur mobilité ; les employer à propos, les unir ou les désunir en ménageant les susceptibilités est, pour un bon général, l'occupation de tous les instants. Il faut encore soigner, faire vivre, administrer en un mot ce peuple armé ; organiser son recrutement. Puis viennent les connaissances locales, l'étude du terrain, des communications ; c'est le travail incessant du génie et de l'état-major.

Tout cela vu un à un est immense et tout cela n'est qu'un jeu pour l'homme de guerre. Un œil exercé, même subalterne, a bientôt découvert la présence ou l'absence de ces qualités, rares mais indispensables. Si le général en chef succombe sous le poids, s'il n'est pas capable, ses succès seront douteux. Mais s'il est calme, s'il raisonne sensément sur chaque objet qui se présente, s'il cherche dans ses inférieurs plutôt des talents que des fautes, il est homme de guerre ; les succès découlent de source en tout ce qu'il entreprend, mais ces hommes sont rares !...

L'infanterie est le fond réel d'une armée. Une brigade est une unité constante qui ne doit varier ni en nombre ni en organisation. C'est la plus petite armée qu'on puisse employer, aussi lui faut-il un général spécial avec état-major, commissariats, recrutement et surtout son système de mobilité. Pour faire une grande armée, il n'y a qu'à désigner le général de division et lui indiquer les brigades qui ont l'ordre de former son corps. Intrigues et frottements sont supprimés ; chacun conserve ses habitudes ; la machine est toute montée.

Les capitaines sont le premier échelon de cette force militaire. Ils en sont l'âme, la pierre fondamentale ; aussi ce poste important a-t-il partout haute considération. La compagnie, pour un bon capitaine, est une famille ; il connaît ses besoins, s'en occupe exclusivement ; alors le soldat est bon, il est content. Les officiers inférieurs ne sont qu'un noviciat. Se mettre en état de suppléer le capitaine, le devenir soi-même, doit être le point de mire de toutes ces jeunes ambitions.

Pour conserver une bonne infanterie, rien n'est plus utile que le système des brigades et leur permanence. Leurs généraux sont une excellente école pour former de bons généraux de division ou lieutenants généraux.

Vient ensuite la cavalerie ; son importance approche de celle de l'infanterie, mais celle-ci peut faire seule la guerre ; la cavalerie seule la ferait mal. Ensemble, on profite mieux des chances. La cavalerie ne supporte pas l'embrigadement. Son nombre, sa force sont plus variables. Le général de premier degré n'y est que l'inspecteur d'une force variable, il n'est pas le chef d'une unité constante. Un capitaine de cavalerie doit toujours sentir l'importance de ce qui lui est confié ; son service le détachera souvent, et sa gloire personnelle dépend presque toujours des services qui lui seront demandés et qu'il saura exécuter.

Le service difficile et varié de l'artillerie seconde le général en chef et prévient ses désirs. Cette arme embrasse toutes les parties de l'art militaire, parce qu'elle construit, soigne et distribue le matériel. Le général de l'artillerie ne diffère du général en chef que parce qu'il lui est soumis pour la direction des mouvements, mais il les doit connaître pour préparer le matériel nécessaire; il doit donner son avis, discuter le possible et l'impossible, les ressources du pays, ses communications, etc. Il surveille les ponts, maîtrise les défilés; il devine les projets et moyens de l'ennemi et y met obstacle; par lui commencent et finissent les batailles. C'est toujours l'artillerie qui est le centre des actions; on combat par elle et autour d'elle et s'il faut se retirer, c'est sous sa protection. Il faut s'en servir, la protéger, la seconder aussitôt qu'elle a ébranlé les obstacles. Ici, les jalousies, les préventions, les intrigues disparaissent devant la nécessité.

Cette arme est à peine soumise aux hiérarchies indispensables à la discipline, c'est pourquoi ses officiers exigent un choix particulier, une éducation supérieure, un sentiment de son importance maîtrisé par le patriotisme. C'est la guerre préparée pendant la paix, et la guerre animée et alimentée pendant les campagnes. Il faut la bien comprendre pour y devenir supérieur; il faut en être passionné pour se livrer à ce travail sans relâche et y persister. De ses rangs peuvent sortir les plus grands généraux ou les plus dangereux, si la prudence des gouvernements ne sait y mettre un frein, le seul possible, l'honneur. Tout souverain doit en même temps l'encourager et ne jamais cesser de la surveiller.

Le génie a tant de rapports avec l'artillerie qu'on pourrait presque les réunir, mais il est très politique de ne pas le faire : leur rivalité est un garant contre l'ambition. Les généraux en chef de ces deux armes sont des membres indispensables au grand quartier général ; ils doivent être influents dans les délibérations. Il est bon de remarquer que des artilleurs se sont distingués comme généraux en chef et jamais les ingénieurs. Leur célébrité vient des places fortes à attaquer ou à défendre. Leurs officiers sont très instruits... en théorie. Mais n'ayant pas eu comme ceux d'artillerie un immense matériel à mouvoir en harmonie avec les troupes, il ne se sont pas formés comme eux.

La partie administrative d'une armée est plus compliquée. L'intendant général doit au général en chef des rapports fréquents et laconiques. Il doit s'entendre avec le major général, les chefs de l'artillerie, du génie ; ceux de chaque division, le corps des officiers de santé, les hôpitaux dirigés par un médecin en chef. Celui-ci doit aussi correspondre directement avec le chef afin de rassurer le moral des soldats ; ils y voient l'intérêt que leur porte leur général. Enfin, le chef suprême doit encore tenir dans sa dépendance le grand prévot pour la police et l'espionnage.

Le service d'aides de camp, assez insignifiant dans le

fond, est une chose consacrée par l'usage. Cela tient au décorum, chose qu'il ne faut pas négliger dans une armée : parler aux yeux inspire confiance et respect. Cette place est très importante quand le mouvement est nécessaire; le luxe y dédommage des dangers et des privations. D'ailleurs, par le bon choix de ces officiers, par le bon emploi qu'on en fait, ce service peut devenir une bonne école. Je n'aime pas voir les aides de camp faire les honneurs chez leurs généraux, faire les capables et les suffisants. Mais quand ils accueillent bien tous les officiers agissant, les écoutent, prennent intérêt avec eux à la position, aux mouvements de leurs corps, qu'ils transmettent les ordres avec politesse, ils se font aimer au lieu de se faire couvrir d'épigrammes. Se moquer d'un aide de camp est une bonne fortune dans la ligne; et s'ils ont du tact, il ne leur est pas difficile de l'éviter. Pour le choix de ses aides de camp, un général doit donc s'attacher à ce tact, à cette politesse qui sait observer les convenances.

Le major général doit avoir un aide de camp de chaque arme. Le général en chef choisit les siens dans les généraux ou colonels pour qu'ils puissent diriger des têtes de colonne; et ceux-ci doivent en avoir plusieurs pris dans les grades inférieurs. Ces espèces de voltigeurs sont ceux qui sont le plus souvent employés.

Une armée, pour être bonne, doit être bien disciplinée, pleine de dignité et d'honneur, attachée à sa patrie; n'ayant que l'intention de bien faire et nullement de gagner argent ou emplois. Elle doit être un point bril-

lant, attirant par leur propre choix toutes les classes de
la société. Pour chacun la fin doit être honorable sans
amener ces disparates qui ne satisfont personne. Cela se
trouve sans effort par la force des choses. On ne réussit
jamais en faisant le contraire par désordre ou maladie
morale. On a bien des hommes habillés en soldats, formés
en bataillons, mais les officiers manquent, des épaulettes
mal placées ne les improvisant pas. Les meilleurs soldats
viennent de la classe qui gagne sa vie ; servir l'État comme soldat ou servir un maître devrait être la même chose ;
mais, comme un condamné, le soldat actuel fait son temps
et se sauve pour n'être plus militaire ni laboureur. La
société souffre, l'Etat se perd ; la honte et le désespoir
succèdent à des gloires qui semblent n'avoir été exagérées que pour mieux faire sentir l'abaissement qui leur
succède.

CHAPITRE PREMIER

JEUNESSE

La famille de Comeau (1), ancienne en Bourgogne, est de noblesse militaire. On la voit remplir avec honneur différents emplois aux Etats de Bourgogne et près des princes de Condé, gouverneurs de cette province. La branche aînée, fixée depuis longtemps à Créancey, près de Pouilly-en-Auxois, se terminait en Joseph-Nicolas de Comeau, chevalier de Saint-Louis, capitaine aux dragons de Marbeuf. Il n'avait qu'une fille ; mon père rêvait de la faire épouser à moi ou à mon frère Louis ; mais, plus âgée que nous, elle n'attendit pas le retour des émigrés et épousa M. de Montille, de Beaune.

Une branche cadette de la famille, les Comeau de Satenot, s'est éteinte pendant la Révolution.

Mon père, A.-Bernard de Comeau de Charry, ancien capitaine au régiment de la Sarre, épousa en 1767 Jeanne Françoise Espiard de Mâcon. Les Espiard, également distingués dans l'armée et dans la magistrature, étaient très nombreux (un frère de mon grand père eut vingt-deux fils presque tous militaires). Pour éviter la confusion et suivant l'usage d'alors, les différentes branches portaient le nom de leur terre.

(1) Elle remonte avant l'époque des annoblissements.

Mes parents eurent huit enfants, cinq fils et trois filles. Ils habitèrent d'abord chez ma grand'mère de Mâcon (1). Restée veuve encore jeune avec deux enfants et devenue de bonne heure infirme, elle était parvenue par sa piété, son ordre, son bon jugement à rétablir les affaires assez embarrassées de la famille. Dix ans après le mariage de sa fille avec mon père, elle fit épouser à son fils, J.-B.-Lazare-Pierre Espiard, devenu depuis capitaine au régiment de cavalerie de la Reine, chevalier de Saint-Louis et lieutenant des Maréchaux de France, sa cousine, Anne-Augustine Espiard de la Cour. Ils eurent trois enfants, dont l'aînée, Françoise-Xavie, a bien voulu devenir ma femme.

Après le mariage de mon oncle, mes parents vinrent habiter la terre de Brazey qu'ils venaient d'acheter au chevalier de Jaucourt; elle était située, comme Mâcon et les autres terres de la plupart des membres de la famille, entre Autun et Saulieu, sur l'ancienne voie romaine ou chaussée de la Reine Brunehaut, encore viable en grande partie à cette époque.

Il fallait penser à notre éducation. Ma mère s'était chargée de celle de ma sœur, l'aînée de la famille (2). Mon père prit pour ses fils un précepteur muni d'excellents renseignements, mais on ne le garda guère : ce jeune homme imbu des idées de Rousseau sur l'éducation par la nature, nous emmenait dans un pré ou un bois, où il nous laissait seuls, chercher des nids ou des champignons, et il allait s'amuser aux villages voisins. Un jour,

---

(1) Françoise-Xavie de Champeaux, veuve de Louis-Philibert Espiard de Mâcon, ancien mousquetaire (compagnie d'Artagnan).

(2) F. Melchiorre de Comeau épousa en 1784 A.-G. de Moncrif, ancien mousquetaire.

nous vîmes passer près de nous une mère louve suivie de sa progéniture. La frayeur nous donna le courage d'enfreindre les défenses du précepteur. Nous revînmes seuls ; on s'informa, et le lendemain il fut congédié.

Un oncle de ma mère, l'abbé de Riollet de Gissey, nommé depuis peu prieur de Valcroissant, offrait de me faire avoir cette antique abbaye, devenue prieuré en 1721 et bien déchue de son ancienne splendeur. Alors, mes parents, me destinant à l'état ecclésiastique, me firent faire, dans ce but, quelques études latines, chez le curé de la paroisse. Celui-ci encourageait mes thèmes et mes versions par des pipées et des pêches à la ligne, dont j'ai gardé bon souvenir et qui m'ont été utiles plus tard, à l'armée de Condé, pour varier et augmenter nos menus.

J'avais treize ans quand ces projets changèrent. Voici comment : les semestres, la fin de la guerre d'Amérique et la visite de noces d'un cousin germain de ma mère, M. Espiard de Colonge (1) amenèrent chez mes parents plusieurs officiers de différentes armes : deux de cavalerie, M. de Moncrif, qui venait d'épouser ma sœur et mon oncle de Mâcon, du régiment de la Reine, bel uniforme galonné ; puis une dizaine de cousins germains de ma mère : M. Espiard de Colonges qui présentait sa jeune femme à sa famille, et son frère le chevalier, tous deux capitaines d'artillerie et chevaliers de Saint-Louis, en habit bleu, revers rouge écarlate et doublure rouge ; deux Espiard du régiment d'Auvergne, habit blanc, revers de velours ; quatre de leurs frères de différents régiments

---

(1) François-Alexandre Espiard de Colonge venait d'épouser sa cousine, mademoiselle de Gail ; son frère Claude-Bénigne, chevalier de Malte, arrivait de l'Inde. Ils étaient fils de Jean-Alexandre E. de Colonge, maréchal de camp d'artillerie, qui était en 1785 colonel au régiment de la Fère et dut être le premier colonel de Napoléon Bonaparte.

d'infanterie et les Champeaux de Thoisy et de Parpas, du régiment du Rouergue, habit blanc, revers de drap gris de fer. C'est à l'un d'eux qu'était arrivée l'aventure suivante qu'on m'a souvent racontée dans ma jeunesse : Il se trouvait à Autun au moment de la fête patronale de cette ville, la Saint-Lazare ou Saint-Ladre, et il avait été prié ainsi que quelques amis, de défendre le fort qu'on élevait chaque année sur une place de la ville. La prise de ce fort et le feu d'artifice qui la suivait étaient un des plaisirs de cette fête qui attirait toute la province. Ces jeunes militaires, tout frais émoulus de l'école, prirent leur rôle au sérieux et défendirent si bien leur forteresse de fagots qu'on ne pouvait la prendre. En vain on leur criait : « Rendez-vous, M. de Parpas... » — « Non, répondait-il, je ne me rendrai pas. Un officier français ne se rend pas... » On parvint enfin à leur faire comprendre que les spectateurs attendaient le feu d'artifice d'usage, déjà tout préparé, et ils se chargèrent volontiers de l'offrir à leurs frais, pour célébrer la défaite des assaillants. Ce fut, je crois, la seule fois que se produisit cette infraction aux vieux usages et le fait était resté légendaire dans la famille.

La joie de cette réunion, la gaieté, les récits, les navigations, le siège de Gibraltar, la bataille de Gondelour (1), les Hindous, les Canadiens, tout ce bruit, tout ce mouvement, me tournèrent la tête; j'en pleurai toute la nuit. A mon lever, ma tendre mère s'inquiéta de ma tristesse, de ma pâleur. Je lui avouai que j'aimerais bien mieux être

---

(1) La bataille de Gondelour eut lieu dans l'Inde, le 13 juin 1783, entre les Français et les Anglais. Gibraltar fut assiégé par les Français dans la même guerre, de 1779 à 1782. Un des Espiard était mort à Sainte-Lucie; un de ses frères avait servi au Canada, etc.

officier que prieur. Sur cela on tint grand et bruyant conseil de famille; chacun de messieurs les officiers offrait de me prendre dans son régiment. Je fus enfin consulté, et je me prononçai pour les deux officiers en uniforme bleu avec doublure et parements rouges, parce qu'ils faisaient moins de bruit, et, plus étrangers dans ce cercle intime, quand ils parlaient tous les autres approuvaient; on ne les contredisait jamais; on leur trouvait toujours raison. C'était l'artillerie et ma vocation pour cette arme n'eut point d'autres stimulants.

La veille de mon départ, ma mère, déjà bien souffrante, vint près de mon lit, me donner ses derniers conseils : « Sois toujours bon chrétien, » dit-elle en finissant; « fidèle à ton Dieu et à ton Roi. Sois toujours un brave « homme et un homme brave. Peut-être ne nous reverrons-nous plus en ce monde, mais si tu suis bien mes « conseils, nous nous retrouverons au moins dans l'autre. »

Ses pressentiments ne la trompaient pas; je ne la revis plus en effet, mais le souvenir de ses dernières paroles ne m'a jamais quitté !... Elle mourut à la naissance de mon frère Théodore, en avril 1785.

Je partis donc avec les Espiard de Colonge. Je fus placé d'abord à l'école préparatoire des Bénédictins de Metz. Mon père, peu riche, dut payer une pension de 730 francs par an, en y comprenant l'entretien et l'habillement. A ce sacrifice le Roi faisait un avantage pour l'avenir surtout. Il consistait à donner à l'élève de l'école de Metz une espèce de brevet, nommé lettres d'aspirant d'artillerie; l'entrée au service militaire comme officier en datait pour ce qui dépendait du temps si l'aspirant était admis dans l'artillerie. Il fallait être noble à quatre degrés et avoir quinze ans, ou même quatorze si on était fils ou neveu d'un officier de cette arme. Ce fut ainsi que mon service militaire a daté du premier septembre 1785. J'entrai donc ensuite à l'Ecole militaire de Metz en 1786 comme sous-lieutenant, aux appointements de 576 francs par an. Elle était alors commandée par M. de Faultrier (1), maréchal de camp. Je ne dirai rien de ce temps ; toutes ces écoles se ressemblent. Nous faisions beaucoup de mathématiques sans négliger les autres sciences qui avaient rapport à l'art militaire, et je puis dire que les élèves de Metz étaient partout renommés pour leur bonne éducation et leur bonne tenue. J'y fis de nombreuses connaissances que je retrouvai plus tard. Un parent de ma mère, M. Espiard Humbert d'Allerey se chargea de veiller sur moi pendant mon séjour à Metz. Il était conseiller au Parlement de cette ville. Plus tard, pendant la Terreur, il fut conduit à Paris et guillotiné peu avant la chute de Robespierre, en même temps que les membres du Parlement de Paris. C'était le dernier de sa branche qui, en cent ans de durée, avait donné à l'Etat onze présidents ou conseillers à différents parlements de province.

A ma sortie de l'Ecole, en août 1789, j'eus un des premiers numéros aux examens présidés par le célèbre mathématicien Laplace. Je reçus mon brevet de lieutenant en second, au régiment de Metz artillerie dont le lieutenant-colonel, le chevalier de Rison, était allié à mes parents, et je pus venir montrer mon épaulette à ma famille que je n'avais pas vue depuis cinq ans ; mais quelle différence entre la France, si heureuse et si gaie de mon enfance et celle que je retrouvai !... Partout

---

(1) Il eut six fils qui servirent tous dans l'artillerie. Le petit fils de l'aîné a épousé une arrière petite fille du baron de Comeau.

on ne parlait que réformes, clubs, etc., au lieu de s'occuper de ses affaires et de ses plaisirs comme autrefois.

Le foyer paternel aussi s'était bien attristé depuis la mort de ma mère. Ma grand'mère Espiard de Mâcon, infirme depuis longtemps, touchait à ses derniers jours. Mon jeune frère, Charles, était mort deux ans avant, âgé de douze ans, dans une révolte du collège Louis-le-Grand. Il n'avait cependant pas fait partie de cette révolte, mais un maître d'études, affolé de terreur par les cris des élèves, le voyant paraître à côté de lui, le précipita du haut d'un escalier. La suppression des tribunaux, qui survint peu après, empêcha la condamnation de ce brutal surveillant (1).

Ma sœur aînée, Mme de Moncrif, déjà mère de famille elle-même, remplaçait ma mère autant qu'elle le pouvait auprès de mon père et de ses plus jeunes enfants qu'elle prit chez elle. Mon frère Louis venait d'entrer à l'école de Metz; Alexandre devait aller à celle d'Auxerre peu de temps après, et on s'occupait des formalités nécessaires à l'entrée de ma sœur Augustine à Saint-Cyr.

Mes parents s'inquiétaient de l'avenir. Les états généraux étaient réunis, la Bastille détruite. Un de nos amis et voisins, M. Sallier (2), maître des requêtes au Parlement de Paris, avait été chargé par mon père de suivre

---

(1) Le Roi, irrité de l'opposition des Parlements, rendit plusieurs édits, le 8 mai 1788, qui réformaient de fond en comble l'organisation judiciaire et envoyaient les Parlements en vacances jusqu'à l'entière exécution des édits. Les Parlements ne rentrèrent que le 25 septembre 1788.

(2) La famille Sallier était originaire du village de Lacour. Simples paysans d'abord, sous Louis XIV, puis notaires, ils achetèrent une charge au parlement de Paris. Par leur savoir, leur charité envers les pauvres, leur obligeance envers leurs voisins, ils avaient acquis l'estime et la considération de toutes leurs connaissances. Pendant ses missions à Paris, le baron de Comeau voyait beaucoup M. Sallier, un de ses meilleurs amis. Cette famille est éteinte aujourd'hui.

l'enquête relative à la mort de Charles ; il avait dit à mes parents, qui avaient en lui une confiance bien méritée, tout ce qu'il savait sur les intentions des Jacobins, l'appui qu'ils attendaient de l'étranger, la frayeur et l'aveuglement répandus dans les campagnes. Bien des éventualités furent agitées entre nous !...

Puis, emmenant les chevaux préparés par ma famille, je partis pour la Franche-Comté, bien pourvu de recommandations par ma tante de Mâcon, dont la sœur, Mme de Villevieille, habitait Dôle. Je regagnai ma garnison (Auxonne d'abord, puis Besançon) (1), avec des idées sombres qui ne firent que s'accroître, à mesure que les premières journées de la Révolution se déroulaient devant la France aveuglée et épouvantée.

Ce qui arriva à mon père peu après les augmenta encore. Il s'était rendu à l'assemblée primaire de son canton. Il n'habitait que depuis peu sa terre de Brazey ; on ne le connaissait guère en dehors de sa commune. Un chirurgien de village fit courir le bruit qu'il avait mal parlé de l'assemblée. On le fit prisonnier pendant plusieurs heures, le maltraitant, le menaçant de traitements atroces. A prix d'argent, ma sœur et mon beau-frère purent à grand'peine le faire relâcher ; ils le gardèrent chez eux, à Bard, à partir de cette époque. Et ces furieux dès le soir même se repentaient et portaient au maire et au curé l'argent qu'ils avaient reçu pour leur part de rançon !...

Le même jour, M. de Filtzjan de Sainte-Colombe, parent des Sallier et conseiller au parlement de Dijon, était noyé à Vitteaux, et plusieurs autres personnes assassinées ou maltraitées : on eût dit un mot d'ordre général.

(1) Le régiment de Metz artillerie tenait garnison à Besançon.

CHAPITRE II

UNE ÉMEUTE A LYON. — RETOUR A BESANÇON

En 1790, lorsque le trône de France s'écroulait sous le poids d'une révolution, d'une de ces révolutions terribles où le pouvoir des hommes ne peut rien, on fit quelques essais de résistance. On devait rassembler des camps de soldats royalistes à Jalais, à Lyon et aux environs. Un des régiments d'infanterie de cette armée n'avait point de grenadiers. Le général, comte de La Chapelle, qui devait la commander, obtint du ministre de la guerre que, pour compléter ce régiment, il ferait marcher un détachement de canonniers de la garnison de Besançon, les canonniers ayant dans l'armée le rang, la solde et l'armement des grenadiers d'infanterie. Il était d'usage dans le corps de l'artillerie de faire les détachements par la tête du régiment lorsqu'il y avait des bouches à feu, et par la queue lorsque ce détachement marchait comme infanterie ; ainsi il fut décidé que je partirais comme officier de grenadiers avec cent soldats, un sergent-major et quatre sergents armés de fusils, baïonnettes, sabres et gibernes.

On me donna en quelques sorte comme mentor, le sergent-major Pichegru si célèbre depuis. Il était né à Arbois. Son oncle, le père Patrault, professeur à l'école militaire de Brienne, tenue par des Minimes, l'y avait fait élever. Il y devint répétiteur et le fut de Bonaparte. Mais n'ayant pas la vocation religieuse, il avait quitté l'école et s'était engagé depuis peu de temps. Je marchai ainsi isolément jusqu'à Neuville-les-Dames, où je trouvai l'armée de M. de La Chapelle allant passer une grande revue. Le numéro de mon corps étant 64, je dus prendre la gauche de la colonne et défiler le dernier. Si j'avais eu plus d'expérience, j'aurais dû soutenir les droits de mon arme, réclamer la droite de la colonne. Je ne demandai rien, je me plaçai et défilai comme on me le dit, et je fis bien. Car là, en secret, par raison politique, j'allais devenir détachement d'artillerie avec bouches à feu. J'ai pensé depuis que c'était à cause de mes sentiments bien connus pour le parti du Roi que mes chefs de Besançon m'avaient choisi, en ayant l'air de se conformer à l'usage.

Après cette revue, on m'envoya à Trévoux, quartier général ; on me remit huit bouches à feu tout attelées, un parc de caissons, et malgré mon jeune âge, dix-neuf ans, je me trouvai chef de corps, chef d'état-major, et le bras droit du général en chef, qui sortait de la Maison du Roi ; il se trouvait par conséquent presque aussi neuf que moi sur la caractéristique d'une armée selon les règlements militaires d'alors, qui allaient devenir bien surannés, grâce aux innovations de la révolution. Je fus ainsi pendant près d'un an un personnage important, dans une petite armée qui devait favoriser une transposition de la Cour de Paris à Lyon. La Reine protégeait ce plan ; le Roi s'y refusait, comme cela s'est vu depuis tant de fois. Cela eut un commencement, mais la fin fut nulle et malheureuse (1).

(1) En 1790, un plan avait été conçu par la société du Salon français pour

On débuta par un désarmement de la garde Nationale et de plusieurs rassemblements d'ouvriers connus sous le nom de *Canuts*. Après cela on devait armer de nouveau les bien pensants et grand nombre d'Auvergnats qui étaient promis par des gentilshommes de cette province et du Midi, et devaient faire un corps à cheval nombreux et bien monté. Le désarmement eut lieu ; la population armée et suspecte fut acculée à la Croix-Rousse par un bataillon suisse et quatre bataillons des régiments allemands. Six bataillons français stationnaient sur la place ; des piquets choisis dans les régiments de chasseurs s'échelonnaient au dehors et sur la route de Paris. Arrivé la nuit avec mon artillerie, je me postai en haut de la Croix-Rousse.

J'ai tiré seize coups de canon qui n'ont atteint personne ; je n'ai reçu aucune balle des révoltés, mais j'aurais été assommé à coups de leviers par mes canonniers sans les bons offices de Pichegru, mon sergent-major. Ma troupe se révoltait et menaçait de me tuer si je voulais tirer sur la nation ; mes quatre sergents soufflaient la révolte. Pichegru pérora avec beaucoup de talent, et il les persuada en pointant le canon, que nous ne tirerions pas sur la nation, mais sur les toits des couvents et des maisons d'aristocrates qui avaient été désignées. L'effet fut merveilleux et dû à l'esprit de Pichegru. Les chaînes d'un

---

sauver le Roi. Une partie de chasse avait été organisée à Fontainebleau. Le Roi, sous ce prétexte, partait à franc étrier jusqu'à Avallon. Là, il était attendu par trois hommes dévoués M[rs] des Pommelles, de Jarjaye et de Chapponay, qui l'escortaient jusqu'à Lyon, où il devait être acclamé par la garde Nationale dont le chef, Imbert Colomès, était royaliste. Tiré des Mémoires de l'abbé Guillon, Tome 1er, p. 67, cité par l'Histoire générale des émigrés de Forneron.

Le Roi n'avait pas voulu se sauver seul et laisser sa famille en danger à Paris.

escalier mises dans un canon avaient fait l'effet d'un boulet ramé dans la mâture d'un vaisseau et avaient couvert la queue de cette colonne d'émeutiers des débris des toits et des cheminées. Je m'étais aperçu que les meneurs se tenaient prudemment en arrière dans cette queue. Le désordre s'y mit ; il y eut fuite ; la tête n'étant plus poussée et arrêtée lâcha pied, cria à la trahison et jeta ses armes en se sauvant par les ruelles et les maisons sur la Saône et dans le faubourg de Vaise. L'infanterie arriva au pas de charge par les rues latérales et la masse posa les armes. Une fois que mes soldats eurent touché la poudre, il n'y eut plus de républicanisme qui tint ; il me fallut les retenir pour les empêcher de tirer sur la populace mise en fuite. On fit grand bruit de ma jeunesse, de ma résolution. Le général, comte de la Chapelle, se vanta du choix de la position ; je ne le démentis pas et ma discrétion m'en fit un ami. Plus tard et hors de France il me signala (1). Pendant quelques jours, les portes et les fenêtres se garnissaient lorsque je passais.

Depuis, je me suis servi avec succès de cette idée de Pichegru, dans ces guerres que nous nommons trivialement guerres de pots de chambre.

Cette campagne se termina au commencement de 1791. J'étais inquiet après ce succès. Je voyais que mon général ne recevait point d'ordres et n'osait en donner de lui-même. Je me promenais sur les quais en observant quand on me prit par le bras en entr'ouvrant une capote grise, et me montrant l'uniforme de l'artillerie. Je reconnus mon camarade Bonaparte de passage à Lyon en revenant de semestre, et que j'avais rencontré en garnison à

---

(1) A Coblentz.

Auxonne, et à Besançon où il était venu depuis cette ville.

Bonaparte étant Corse, ses souvenirs de famille le portaient aux idées républicaines comme les miens à la fidélité au Roi. A sa venue en France, après un assez long voyage, son père l'avait laissé ainsi qu'un de ses frères, Joseph, qui devint plus tard roi de Naples, puis d'Espagne (1), à Monseigneur de Marbeuf, évêque d'Autun et neveu du gouverneur de la Corse, pour les mettre au collège de cette ville. Après ce long voyage, ces enfants avaient grand besoin des soins d'une mère de famille, et Monseigneur de Marbeuf les avait recommandés à une de mes tantes, Mme de Champeaux(2), dont le second fils était encore au collège et protégea souvent les deux frères contre les plaisanteries que leur attirait leur langage. Quelques mois après, mon oncle de Champeaux, frère de ma grand'mère, conduisit à Brienne en même temps son second fils et Napoléon. Ces anciennes relations nous avaient rapprochés, malgré la différence de nos opinions politiques, lorsque nous nous retrouvâmes en garnison.

Il fut amical et me dit : « Je cherchais mon camarade
« pour lui rendre service. Vous êtes compromis. Les
« clubs savent qu'il y a une conspiration royaliste. Cro-
« yez-moi ; ne perdez pas de temps pour vous mettre en
« règle. Brûlez, supprimez les papiers dangereux. Ren-

---

(1) Les deux frères arrivèrent à Autun le 1er janvier 1779. Napoléon y resta jusqu'à son départ pour Brienne où il arriva le 12 mai 1780.

(2) Antoinette Grangier de Parpas épousa en 1751 J.-B. Lazare de Champeaux, chevalier de St-Louis et capitaine au régiment de Nice. Elle en eut deux fils, le chevalier de Thoisy et le chevalier de Parpas. Napoléon n'oublia pas ses anciens amis ; il les fit rayer de la liste des émigrés et offrit à l'aîné un commandement supérieur, et au second une place d'aide de camp auprès de lui, mais ni l'un ni l'autre ne crurent devoir accepter. — Voyez *Napoléon, Joseph et Lucien Bonaparte au collège d'Autun*, par Harold de Fontenay, Autun. 1867.

« dez compte clair et précis de votre parc. J'ai sollicité
« votre place, elle m'est promise; en vous remplaçant, je
« ne voudrais ni me compromettre ni vous causer aucun
« embarras. Allez. Nous nous reverrons, et peut-être
« bientôt. »

Etourdi par ce coup, de la part surtout d'un officier que je savais être un pilier de clubs, j'allai de suite chez le général. Il avait reçu des notes et des ordres de Paris. Il brûlait des papiers, emballait et allait partir dans la nuit. Il me demanda si j'avais déjà reçu ses avis. Je n'avais que ceux que Bonaparte venait de me donner, je le lui appris. Alors il me dit très vivement : « Allez, ne
« perdez pas de temps; *Tessonne* (1) est déjà arrêté; il l'a
« été à Villefranche et on l'a amené à Pierrecize. On croit
« que des Auvergnats l'ont trahi, mais je suis sûr que
« le coup est parti de Bourg où la faction d'Orléans
« domine. Evitez Bourg et gagnez Saint-Amour. »

Je courus chez moi ; j'y trouvai l'avis du général et une lettre en chiffres de Besançon où mes chefs me disaient de remettre le personnel de mon détachement à Pichegru, et le matériel, canons et munitions, à un officier d'artillerie de la garnison de Grenoble venant de Valence. Il y avait pour Pichegru une note dont il avait seul la clef.

Cette circonstance de l'officier d'artillerie de la garnison de Grenoble venant de Valence, et ma conversation avec Bonaparte que je crus être celui qu'on me désignait, faillirent m'être funestes. Je me décidai à passer la nuit à Lyon pour attendre Bonaparte de qui je n'avais rien à craindre. Mais, dans la nuit, je subis une visite domi-

---

(1) Ce nom est presqu'illisible dans l'original.

ciliaire : on cherchait des aristocrates Auvergnats. On en arrêta un ; un officier suisse du régiment de Sonnemberg me sauva. Il me fit prendre un surtout de son régiment et me fit sortir par la buanderie de sa caserne.

A peine étais-je arrivé à Trévoux, dans mon parc, que j'y fus assailli par un vieux capitaine d'artillerie du régiment de Grenoble que je ne connaissais pas et dont le début fut dur et offensant. Il me traita de blanc bec, d'intrigant ; un détachement d'artillerie avec bouches à feu ne pouvait pas être confié à un morveux, etc.

Je mis la main sur mon épée et à mon tour je lui demandai ses titres et sa commission pour agir de la sorte. Il parut intimidé et tira d'un porte feuille d'abord son vieux et très vieux brevet de capitaine, puis un ordre du ministre de la guerre, contresigné Choisy, général commandant l'armée de Lyon, ordre qui lui prescrivait de s'emparer du parc et du matériel de cette armée. Je n'attendis donc plus mon camarade, le lieutenant Corse, et je fis, avec mon conseil Pichegru, une remise fort régulière du matériel dont je devais me dessaisir. Mais, quand il fallut me délivrer ma décharge, le vieux capitaine grognon éleva une autre prétention ; il ne se contentait pas de la remise des quatre-vingts chevaux du train de l'artillerie, il voulait encore les deux miens. Je lui prouvai qu'ils m'appartenaient. Battu sur ce point, il voulait les avoir pour le prix de ceux du train, trois cents francs pièce, et il me présentait cette somme en assignats. Mes chevaux étaient sellés et bridés ; je saute sur le meilleur : un de mes canonniers en fait autant sur l'autre, nous partons de Trévoux au grand galop.

Ce canonnier, domestique improvisé par son propre choix (Marotel), était Comtois, brave homme et très intelligent. Il me conduisit à Saint-Amour sans aucune mauvaise rencontre.

Après six jours de séjour dans cette ville, Pichegru m'amena le personnel de mon détachement, c'est-à-dire tous les hommes, excepté Marotel. Ils étaient devenus insubordonnés, presque révoltés plus encore contre le sergent-major que contre moi.

A Besançon, je reçus en arrivant excellent accueil de la moitié à peu près des officiers du régiment et un accueil plus que froid de l'autre moitié. Telle était la division amenée par la différence des opinions! On ne doutait pas de mon attachement au Roi surtout depuis ma conduite à Lyon. Le parti qui lui restait fidèle, à la tête duquel étaient le colonel, M. de Rivericulx de Jarlay et le lieutenant-colonel, le chevalier de Rison, n'hésita pas à compter sur moi. On me signala les républicains, les douteux et les prudents.

Peu après mon retour, le 4 avril 1791, je fus nommé lieutenant en premier non sans un peu de jalousie de la part de quelques officiers du corps. Ce grade de lieutenant en premier ou capitaine en second était particulier à l'arme de l'artillerie. C'est dans ce grade qu'on ne servait plus comme officier de troupe, mais comme officier employé dans les arsenaux, mines, fortifications, armements généraux, etc.

Lorsque la révolution éclata, le désordre le plus complet se mit dans l'armée. Dans plusieurs régiments les officiers furent massacrés; les soldats pillèrent les caisses. La séduction fut patente. Malgré cela il y avait un remède le soldat ne pouvait pas s'accoutumer à ce désordre. Il est clair que si on l'avait sorti des garnisons où il était disséminé, si on avait formé des camps, on aurait retrouvé cette puissance monarchique qui s'échappait de toutes parts. Les officiers avaient raison alors, lorsqu'ils disaient : « la guerre! vite la guerre! peu importe pour quoi, peu importe contre qui, seulement la guerre!... »

Aucun livre, aucune pratique ne donne les moyens de lutter contre ces accès de fanatisme révolutionnaire qu'on ne peut comparer qu'au transport des fièvres inflammatoires. C'est un délire national et qui agit en sens contraire. De là le fléau des guerres civiles. Je l'ai vu, je l'ai éprouvé, j'y ai réfléchi et j'y ai opposé les combinaisons froides de ma première éducation militaire. Je dois rendre cette justice aux officiers de la vieille armée; tous ont jugé sainement la crise, tous en ont prédit les suites, tous ont indiqué l'opposition à y faire. L'orgueil et l'ineptie ont fait dédaigner leurs avis, leurs lumières. Ils ont été pauvres, vexés, délaissés, mais le courage et le véritable esprit militaire ne les ont pas abandonnés. Si l'histoire est juste, si elle ne dédaigne pas les petites masses qui ont fait de grandes choses, la petite armée de Condé aura une belle page, les paysans Bretons en auront une superbe!..

Dans ces deux pages très courtes, les souverains légitimes pourront puiser l'art de se défendre contre ces fléaux éphémères des révolutions amenées par la permission de Dieu. Je n'ai pas été surpris plus tard du talent des Lescure et des La Rochejacquelin ; ces seigneurs châtelains conduisaient leurs paysans à la guerre comme ils les avaient conduits à la chasse.

Dans les monarchies légitimes et héréditaires, les emplois ne sont attribués qu'en proportion des besoins de l'État et suivant la position de ceux qui doivent les occuper. Lorsqu'une révolution arrive, les ambitieux qui l'ont provoquée pour s'emparer des postes supérieurs ont des partisans à créer pour se maintenir. Ils multiplient les places ; ils expulsent ceux qui étaient nantis, ils font naître des partis pour les battre, les dépouiller, afin de donner des espérances à ceux qui ne sont pas encore pourvus. Ils font commettre crimes sur crimes pour retenir par la crainte de châtiments mérités ceux que l'entraînement a égarés et que le remords, le repentir pourraient ramener. C'est ainsi qu'une multitude affolée court après les places et sacrifie le bien-être dont elle jouissait pour rechercher un bonheur imaginaire.

Et si un ou deux parviennent, ils sont inquiets, malheureux. Une grande révolution dans un État le tue, l'anéantit. C'est la plus grande calamité dont la colère divine menace et punisse les hommes.

C'était alors le temps de la révolte des soldats de Nancy contre leurs officiers fidèles au Roi. Cette révolte fut réprimée non sans peine par le général de Bouillé. Puis vinrent la spoliation des biens du clergé, sa constitution civile, le fatal voyage de Varennes (20 juin 1791), le Roi et sa famille prisonniers aux Tuileries.

En province les paysans étaient toujours très agités. On parlait de bandes de brigands imaginaires, protégés, disait-on, par les anciens seigneurs et les curés qui n'avaient pas prêté le serment à la constitution civile du clergé. Il y eut des meurtres; de nombreux châteaux furent pillés; je ne citerai que Thoisy à mes parents de Champeaux, et Créancey appartenant à la branche aînée de ma famille (1).

Enfin l'ordre arriva aux officiers de prêter serment à

---

(1) Voir l'avant-propos.

la Nation au lieu de le prêter au Roi comme avant (1). Mes amis et moi, nous ne pouvions plus servir le Roi en restant en France ; les idées nouvelles avaient fait trop de progrès parmi nos troupes; il fallait servir la révolte ou la combattre.

D'ailleurs, après mon retour de Lyon, la place n'était plus tenable pour moi à Besançon. Les canonniers du détachement avaient fait à leurs camarades dans le régiment les rapports les plus absurdes sur le général de la Chapelle et sur moi. « J'étais un ennemi de la Nation;
« j'avais vendu ma patrie au despote de la Savoie ; je
« formais des projets perfides avec les Suisses. Il fallait
« massacrer une trentaine de nobles dans le régiment
« pour être de bons patriotes. L'artillerie n'était pas pour
« les nobles : c'était la ressource, l'honneur et le gagne-
« pain des braves bourgeois et artisans. Nous n'étions
« que des voleurs de grades et d'épaulettes ». Cette fermentation devenait d'autant plus active qu'elle était protégée par les vingt officiers de fortune qui, par leur institution, ne pouvaient pas sortir de ce grade de lieutenant en troisième, d'officiers pour le personnel seulement. C'était un vice de la dernière organisation de ce corps ; les officiers instruits et reçus par examen étaient soulagés du soin des soldats pour pouvoir donner plus de temps à l'étude de l'art militaire en grand, c'est-à-dire perfection dans l'armement des troupes de toutes

(1) Voici le texte du serment voté par l'Assemblée Constituante après le voyage du Roi à Varennes et qui devait être prêté par tous les officiers :
« Je jure d'employer les armes remises entre mes mains à la défense de la patrie et de maintenir contre les ennemis du dedans et du dehors la constitution décrétée par l'Assemblée nationale ; de mourir plutôt que de souffrir l'invasion du territoire français par des troupes étrangères et de n'obéir qu'aux ordres qui seront donnés en conséquence des décrets de l'Assemblée constituante. »

armes, transport et emplacement des canons, des munitions, leur entretien, le matériel des sièges, la science hydraulique pour les ponts et bateaux, etc.

En un mot le général de Gribeauval et après lui le général de Manson avaient fait, dans l'artillerie, un état-major général appartenant à toute l'armée, mais n'ayant avec elle rien de commun quant à l'avancement et la hiérarchie. Dans ce corps un lieutenant, aussi bien qu'un lieutenant général pouvait être directeur dans une armée. Et ce fut parce que j'avais été ainsi placé dans celle de Lyon, que je partis pour Worms et pour Coblentz en 1791.

J'annonçai à mes camarades la résolution d'aller rejoindre les princes en Allemagne.

Cela amena une discussion assez vive; mon parti trouvait que je n'étais pas assez prudent. Les républicains souriaient et l'un d'eux, le capitaine de Berthier (1) me dit: « On change de résolution quand on voit clair. » Il m'appuya son pouce sur l'avant-bras d'une manière qui devait être un signe : il était fanatique magnétiseur.

Je lui demandai, en riant, s'il voulait m'amener au somnambulisme, et j'ajoutai que je me portais trop bien pour être un bon sujet. Mais un des douteux, un grave, qui depuis est devenu général, le prit sur un ton d'humeur, et déclara que j'étais trop jeune pour trancher de la sorte ; qu'à mon âge on écoutait, mais qu'on ne donnait son avis que lorsqu'on vous faisait l'honneur de vous le demander.

La discussion s'échauffa. Plus de vingt parlaient contre moi, qui seul tenais le dé de mon côté, et je dis,

---

(1) Il n'appartenait pas à la famille du prince de Neuchâtel.

chose qui me fut rappelée quinze ans après, quand nous nous retrouvâmes sous l'empire : « La révolution est « telle qu'il s'y commettra des horreurs. J'aime mieux « être victime que contribuer à en faire ; c'est pourquoi « je veux rejoindre les princes et mon devoir quand il en « est temps encore. »

Je me promenai seul le reste de la journée, et je cherchais des lieux écartés pour me livrer tout à mon aise à mes idées noires. Je ne fus pas peu surpris de voir que j'avais été suivi par mon capitaine magnétiseur. Assis à côté de moi, il vante mon énergie, mon savoir ; il me fait un tableau bien arrangé de la vaste carrière qui s'ouvre devant mon ambition. Plus de privilèges ; le talent et l'action ; l'action et le talent. La faveur du soldat, de cet homme généreux, ce juge infaillible qui a toujours reconnu et flairé le mérite où il était ; que le rang, les vieux préjugés captivaient ; de l'élan de ce ressort comprimé qui allait se relever, les obstacles étant détournés, etc., etc.

Je pris tout ce pathos sur le ton de la plaisanterie ; il soutint ce même ton comme s'il avait voulu parodier réellement un club, puis il me dit : « Laissons là le ton « badin, mais au sérieux, là, voyons, votre pénétration « ne découvre donc pas dans cette assemblée nationale « une nichée de Cromwels ?... Mon cher camarade, lais- « sons les fous faire leurs folies ; laissons ce qui est usé « se déchirer, et nous, faisons nos fortunes quand la for- « tune nous ouvre les bras. Tous ces départs d'officiers « feront de l'avancement. Nous serons chefs dans cette « révolution, et peut-être chefs de cette révolution. »

Je le remerciai honnêtement de tout ce qu'il m'avait dit, mais je l'assurai que je n'en étais que plus ferme dans ma résolution.

« Eh bien, » reprit-il en me quittant, « si nous nous
« rencontrons, donnons un petit coup à la hausse de nos
« canons ; nous nous saluerons seulement. »

Il avait bien prévu l'avancement prodigieux qui allait avoir lieu. Presque tous les généraux connus sous l'empire avaient déjà ce grade deux ou trois ans après cette conversation.

CHAPITRE III

DÉPART DE FRANCE, WORMS, COBLENTZ

Après avoir réglé mes affaires, je partis le lendemain. En quelques jours, je fus dans le Palatinat, excellent pays très bien cultivé. C'était en septembre, l'automne était superbe ; de beaux sites, une culture bien soignée, des villages charmants, des peuples calmes et ayant l'air contents de leur sort : tout cela frappa vivement mon imagination de vingt ans, me rappelant la France d'autrefois, et cela me fit faire avec la France actuelle, si agitée, des comparaisons qui ne furent pas à l'avantage de celle-ci.

Je paie ma voiture, j'écris en France par le cocher, bon homme au fond, mais bavard, patriote et fanfaron. J'eus à travailler mes lettres selon le style ridicule qu'on s'était fait en ce temps. Je décidai de continuer mon voyage à pied ; je voulais rêver tout éveillé, et ce qui m'a toujours frappé c'est que ce songe est devenu une réalité. Je traversais le Palatinat, et ces rêveries me métamorphosaient en Bavarois (1). Je faisais la guerre, je me battais dans toutes les rencontres comme un Français qui ne l'était plus. Mes exploits faisaient du bruit, et comme

---

(1) Le Palatinat était l'apanage de Charles-Théodore, électeur de Bavière.

récompense je devenais un Bavarois honoré et distingué.

J'arrange mon petit bagage; je le simplifie en vendant tout ce que j'avais de trop ; et j'en fais un paquet facile à porter. Je vois à la boutique d'un sellier un sac de chasse allemand; la forme m'en plaît, je l'achète, je m'en affuble. Ce petit meuble ne m'a pas quitté pendant toute ma carrière militaire. Il fut acheté le 21 septembre 1791. Je le perdis le 21 septembre 1821, au château de Mâcon, pendant une chasse aux sangliers. Je l'avais conservé trente ans, et je le regrettai à cause des souvenirs qu'il me rappelait.

Enfin, toujours en rêvant, je pris le chemin de Worms, où je savais trouver le prince de Condé. Ce prince comptait peu sur le secours des puissances étrangères; il avait pris le parti de conserver au Roi, en Allemagne. un corps de troupes fidèles, qui, en se battant pour sa cause, sauverait au moins l'honneur de la nation.

Mes camarades royalistes ne me parlaient que des innombrables armées qui venaient secourir le Roi de France. Ma campagne de Lyon m'avait laissé sur ces secours des idées toutes contraires, mais je ne discutais pas; seulement, à part moi, je pensais que les souverains étrangers étaient bien aises de voir la France divisée et affaiblie. Mon camarade républicain, le capitaine Berthier, en voulant m'attirer dans son parti, m'avait dit bien des choses que je ne voulais pas croire, mais tous les raisonnements sur l'immoralité des cabinets, tout ce qui signalait une grande catastrophe européenne abondait dans mon sens et m'avait frappé, si bien qu'en émigrant, je ne croyais pas aux secours considérables, aux générosités des puissances voisines; je voyais, au contraire, tous les désastres de l'avenir. J'avais émigré par devoir, comme d'autres, par espérance. J'étais déjà classé dans le parti royaliste comme un voyant en noir, et, à mon grand étonnement, le prince de Condé le savait. Enfin, de gaîté de cœur, je me mettais du côté des opprimés, pour n'avoir jamais aucune oppression, aucune injustice à me reprocher.

J'arrive à Worms, je vais droit au château occupé par le prince de Condé.

Je demande une audience : elle m'est refusée. On me dit que le Prince ne reçoit que ceux qui ont deux répondants. On prend mon nom, on m'indique l'auberge où se trouvent le plus d'émigrés. Je vais donc à l'auberge *de la Couronne*, et je prends place à une table d'hôte où il y avait une vingtaine de Français. Il m'y fut fait assez mauvais accueil ; j'étais le premier officier d'artillerie qui paraissait à cet énorme rassemblement d'au plus vingt chevaliers, qui, à eux seuls, devaient reconquérir la France et pourfendre des géants.

Je les regardai soigneusement pour tâcher d'en reconnaître quelques-uns, et, d'ailleurs, avec l'idée que ceux qui avaient le verbe le plus haut seraient, en fait, les moins utiles, ceux qui s'exposeraient le moins pour moi. Dans ce nombre, quatre me frappèrent surtout : parmi les bavards, le marquis de Rose et M. Thiard de Bissy ; parmi les silencieux, deux jumeaux déjà âgés, et d'une ressemblance parfaite, les barons de Tschoudy. Ils étaient l'un ancien officier des gardes suisses ; l'autre capitaine du régiment de Deux-Ponts. Je m'adressai à eux ; je leur dis que j'étais le lieutenant d'artillerie qui avait été employé à Lyon. Ils se levèrent aussitôt de table et allèrent au château. Un valet de pied du prince vint me chercher ;

les barons de Tschoudy, pour la forme, furent mes répondants.

Je fus immédiatement introduit dans le cabinet du prince. Il me parla tout de suite de Lyon et me dit : « La Chapelle m'a beaucoup parlé de vous, de votre jeu« nesse, de votre zèle et de votre activité, mais il m'a « dit aussi que sous votre physionomie enjouée il y « avait les idées les plus sinistres; que vous étiez un pro« fond, un voyant en noir. Je conviens que le présent « n'est pas beau; mais avec du courage et de la patience, « tout s'arrange. Vous êtes peut-être Breton, à la devise: « *Potius mori quam fœdari?* »

« Non, Votre Altesse, répondis-je, je suis Bourguignon, mais j'accepte la devise bretonne. »

« Eh bien ! continua le prince, nous serons bien en« semble; mais allez à Coblentz, voyez les princes, et si « vous ne voulez pas rester à leur cour, revenez à moi ; « vous serez reçu comme un brave. Je crois que nous « voyons l'avenir à peu près de même. Ils ont jeté le « gant, je l'ai relevé ; je regarde cela comme une affaire « d'honneur. »

Je partis pour Coblentz. Là, je trouvai plusieurs officiers d'artillerie; aussi j'y fus moins embarrassé et mieux accueilli que je ne l'avais été à Worms et j'eus bientôt d'excellents rapports avec eux. Ma conversation avec le prince de Condé les décida à adopter un plan. Ils jugèrent que, comme nouvel arrivant, je serais accueilli, que j'aurais des entretiens plus intimes que ceux de la cour régulière, de ces salons à étiquette, où tout consistait à savoir votre nom, et à vous dire quelques mots en passant; je devais d'ailleurs y retrouver mon général de Lyon, le comte de la Chapelle, et d'un commun accord, malgré mon jeune âge, vingt ans, j'eus l'honneur de représenter le corps royal de l'artillerie à la cour de Coblentz.

Ce que mes camarades avaient prévu arriva. Le comte de la Chapelle m'accueillit avec transport. J'eus de fréquentes audiences intimes et particulières de Monsieur et du comte d'Artois; j'en eus même une de Mme de Balbi, alors une puissance influente dans cette cour.

Après huit jours, je pus conclure qu'avec le prince de Condé seraient les militaires sans autre ambition que celle de se battre; que près des princes seraient les militaires ambitieux, que là étaient toutes les illusions, la foi au traité de Pilnitz (1), les armées auxiliaires ou protectrices sur le papier. Sans me douter de ce qu'était la diplomatie, je pus déjà voir les jalousies, les intrigues de cabinet; je vis que la révolution, mal comprise, serait mal combattue; je vis, comme Luckner (2), la possibilité à cette révolution de mettre des gardes nationales et des municipalités dans toutes les capitales. J'en conclus que l'idée du prince de Condé, de se battre pour l'honneur, était une idée juste. Mes camarades se réunirent, et dix ou douze prirent, ainsi que moi, la résolution de quitter Coblentz et de rejoindre le prince de Condé pour nous battre, rien que pour nous battre.

Cette dernière soirée à Coblentz eut un résultat qui

---

(1) L'empereur d'Autriche et le roi de Prusse, sollicités par le comte d'Artois d'intervenir en faveur de Louis XVI, déclarèrent par l'acte de Pilnitz qu'ils étaient tout disposés à rétablir l'autorité du roi de France, mais à condition que les autres puissances agiraient conjointement avec eux. « Alors et dans ce cas, » ils étaient résolus à agir promptement de concert et avec les forces nécessaires pour obtenir le but proposé (26 août 1791). Cette restriction enlevait toute valeur à la déclaration.

(2) Maréchal, général républicain, commandait l'armée française du centre au début de la campagne de 1792; il fut remplacé ensuite par Kellermann.

m'a longtemps affecté. Parmi mes camarades émigrés, il y avait un homme froid, triste, mais très instruit et d'un vrai mérite. Il était de Paris, de famille de robe et se nommait le chevalier de Brisson. Il m'écoutait avec une attention toute particulière, n'objectant rien, ne disant jamais rien. Il se brûla la cervelle le jour où nous partîmes pour Worms.

CHAPITRE IV

ORGANISATION DE L'ARMÉE DE CONDÉ EN 1792

L'armée de Condé se forme; l'armée du duc de Bourbon se forme; l'armée des Princes (Monsieur, le comte d'Artois) se croit formée.

L'armée de Condé réunissait des militaires vifs, gais, peu soucieux ; sur la frontière du Nord, le duc de Bourbon composait, avec des officiers, des compagnies du nom de leurs régiments ; l'armée des Princes, plus nombreuse, brillait en corps nouveaux de troupes peu ou point formées, c'est-à-dire en cadres de régiments ; en corps portant le nom des anciennes maisons du roi, mousquetaires, chevau-légers, gardes de la porte, je ne sais quoi.

En 1792, l'assemblée législative déclara la première la guerre à l'Autriche. L'armée de Condé fut employée en observation sur les bords du Rhin pendant la campagne de Champagne. Cette première campagne fut comme le mouvement donné à la matière, qui place chacun selon sa pesanteur spécifique, et livre au vent ce qui est trop léger, trop superficiel.

L'armée des Princes fut licenciée ; celle du duc de Bourbon eut le même sort, mais elle conserva assez de consistance pour venir se fondre dans celle du prince de

Condé et cette dernière, seule, resta debout. Elle avait, dès son origine, assuré son indépendance. Point de solde ; point de grades ; en apparence, point d'organisation. C'était comme une famille, comme une assemblée de braves, de chevaliers qui entouraient le prince et combattaient avec lui quand il lui plaisait de combattre, ce qu'il faisait souvent et toujours avec avantage. On ne prenait rien ; on payait partout, et partout on était assez fort pour répondre : « Je suis là parce que j'y suis ; parce que je veux y être ».

Comme trente-trois officiers de mon régiment (1) avaient émigré et que j'étais un des plus jeunes officiers d'artillerie, je fis la campagne de 92 comme simple volontaire canonnier ; mais on distingua en moi, à ce que l'on m'a dit depuis, beaucoup de coup d'œil et d'activité, parce que j'étudiais chaque soir, et souvent toute la nuit les positions ennemies et j'en concluais ses opérations du lendemain. Je ne me trompais pas, d'après un système que je m'étais fait. N'ayant pas mission, je restais libre de mes voies et moyens qui étaient très simples. La nuit après la retraite, si l'ennemi voulait attaquer, ses grand'gardes et vedettes occupaient la crête des hauteurs, d'où je concluais qu'il faisait obstacle à la découverte que nos patrouilles auraient pu faire de ses projets hostiles. Si, au contraire, ces crêtes étaient dégarnies, je pensais qu'il se tenait en garde contre une attaque, nos mouvements sur les crêtes lui laissant présumer ce que

---

(1) Au commencement de décembre 1791, plusieurs officiers du régiment de Metz, entre autres le colonel et M. Alex. de Faultrier, fils de l'ancien commandant de l'école de Metz, furent chargés à la baïonnette par leurs soldats dans la répression d'une émeute à Besançon. Il leur fallut s'enfuir pendant la nuit et ils rejoignirent l'armée de Condé. Les régiments de Lorraine, d'Auvergne et plusieurs autres avaient aussi renvoyé leurs officiers.

nous pouvions faire; l'opposition de ces crêtes à l'horizon fait voir ce qui est en mouvement et s'agite. Ce sont comme des ombres.

J'avais remarqué que les batailles qui s'engagent par des renforts successifs envoyés sur le terrain des avant-gardes, finissaient par les repousser en désordre sur l'armée; que ce désordre nuisait au moral des corps qui allaient être engagés, et j'opinais pour ne pas combattre sur ce terrain avancé, mais retirer les troupes et recevoir les attaques de pied ferme sur les places choisies et étudiées. Alors nos batteries faisaient un feu soutenu, combiné d'avance; ce feu de batterie, dirigé sur les masses d'infanterie et de cavalerie les rompaient avant que des batteries ennemies aient pris position pour opposer leur artillerie à notre résistance. C'était alors batterie contre batterie; et nos masses d'infanterie, agissant sans inquiétude, portaient à temps et à courte distance ces feux de bataillon, toujours plus meurtriers que les feux de tirailleurs; les charges à la baïonnette réussissaient mieux. C'est ainsi que l'armée de Condé, si peu nombreuse, si mal disciplinée en apparence, faisait toujours un grand effet, très prompt, et n'a jamais été enfoncée ni mise en déroute. Je fis encore quelques remarques souvent appréciées de mes chefs comme celles d'un bon piqueur le sont par de bons chasseurs.

D'autres observations m'étaient personnelles : dans les combats, quand une batterie ennemie tirait sur moi, ma vue très bonne et très perçante ne quittait pas cette batterie ennemie. Je distinguais très bien la lumière de l'amorce et celle du coup. Si ces deux lumières se confondaient, je faisais un simple pas de côté, et le boulet labourait la place que je venais de quitter, ce qui faisait dire en riant à mes camarades que j'avais un secret contre les boulets.

Je voulus un jour expliquer cette théorie à une pauvre fillette d'une quinzaine d'années qui, prise au milieu d'un combat, courait tout affolée en criant : *mein Gott, mein Gott!...* Je parvins d'abord à la maintenir et j'essayais de la calmer ; mais reprise par la frayeur elle s'échappa et fut mise en pièces sous mes yeux!...

Dans cette campagne de 1792, toute de folles espérances, de combinaisons qui, tant pour les amis que pour les ennemis, me semblaient fausses, on m'avait attribué la réputation d'un militaire brave, mais alarmant. Jugeant ma politique trop sombre, on me surnommait le fataliste. La triste fin de cette campagne, terminée par la retraite des Prussiens en Champagne, suivie du licenciement des armées des Princes, des misères, des humiliations des émigrés qui en faisaient partie, donna à mon fatalisme une certaine importance ; celle-ci prit la place du ridicule que mes camarades y attachaient d'abord : on convint que j'avais été bon prophète bien que prophète de malheur.

L'armée de Condé était aussi menacée de licenciement. Les recruteurs anglais, prussiens, autrichiens tournaient déjà autour de nous... et nous, sans ordre, nous entourions notre Prince, plongé dans une profonde tristesse. Mon regard rencontrant souvent le sien, j'en conclus qu'il voulait m'entendre ; oubliant mon âge et mon rang si inférieur, je m'écriai avec une force peu décente dans l'occasion : « On ne licencie pas six mille hommes armés « auxquels on ne donne ni solde ni grades. Ces Alle-« mands sont des j... f... Je défie quatre hommes de « m'ôter mon fusil. En mettant nos cocardes blanches

« sur l'oreille, les fleurs de lys sur nos poitrines, il fau-
« drait vingt-cinq ou trente mille de ces lourdauds pour
« nous maîtriser. Ils sont bien loin d'en avoir assez pour
« nous contenir et nous dominer. Hé quoi ! dans le
« fond, ne sommes-nous pas des gentilshommes ! Ce mot
« ne veut-il pas dire les hommes de la Nation, surtout
« des Francs et des Bourguignons ? Je suis Bourguignon
« et je voudrais continuer la lutte avec les Gaulois qui
« emprisonnent mon Roi. Hé bien, avec nos armes, pre-
« nons en Germanie ce que nous perdons dans les
« Gaules. Nous sommes dans la Forêt Noire ; res-
« tons-y. »

Cette sortie égaya un instant le Prince et son triste entourage. Je crois qu'on l'attendait : elle exprimait la pensée de tout le corps. Une heure après, nous étions en marche dans les vallées du Mont-bleu, nous devenions maîtres du col du Knibis. Le quartier général s'installait à Villingen. Le puissant prince de Donau-Eschingen, dont l'armée se composait de huit uniformes, portés à tour de rôle par huit gardes ou paysans, tremblait comme une feuille sur sa source du Danube. Il envoyait humblement à notre Prince en ambassade un seigneur (il en avait bien trois ou quatre dans sa principauté), suivi de gardes-chasses, pour nous dire qu'il était prince de la montagne (Furstemberg) depuis au moins Charlemagne, et qu'il nous suppliait d'épargner ses chasses bien peuplées en cerfs, daims, sangliers, etc., surtout en renards, dont la fourrure produisait un de ses revenus régaliens. Le prince de Condé fit honneur à l'ambassade et promit qu'aucun de ses soldats ne prendrait rien aux paysans sans le payer, ce que l'honneur nous commandait, du reste, et qui fut toujours exécuté, — et dès le soir même nous faisions notre ordinaire avec la venaison du soi-disant prince des montagnes.

Notre résolution fit bon effet. On nous approuva de rester unis sous notre drapeau blanc, avec nos fleurs de lys. On nous regarda comme une troupe de partisans civilisés, payant bien, ne pillant pas et d'une activité... qui nous multipliait aux yeux de ces lourds Allemands, engourdis dans leurs froides montagnes. Là se termina pour nous la campagne de 1792. Tout ce que j'en puis dire pour ce qui me concerne, c'est que depuis lors et même encore à Paris, en 1815, le prince de Condé m'a presque toujours nommé le Bourguignon.

Cet hiver de résistance dans les montagnes de la Forêt-Noire, l'intimidation qu'elle opéra sur ce petit prince des montagnes, sur le prince un peu plus puissant de Wurtemberg eut deux effets pour nous : le premier fut que l'armée du duc de Bourbon et les vrais militaires qui se trouvaient dans l'armée des Princes vinrent se grouper autour de nous. Le second effet fut d'un tout autre genre ; l'impératrice Catherine II imagina de faire une colonie avec cette poignée de braves ; elle nous envoya le duc de Richelieu, le fondateur d'Odessa, avec un million, disait-on, pour nous transporter et nous établir en Crimée. Tout était magnifique dans ces offres : nos grades militaires dans ses armées ; des châteaux, des villages, des paysans à ceux qui ne voudraient pas porter les armes. Etourdis par ce coup inespéré, nous passâmes deux jours et deux nuits groupés, délibérant, voulant, ne voulant pas. Il semblait que cela allait aboutir à schisme et division. Un M. de Montesson nous harangua et nous cita des exemples semblables tirés de Strabon. Un cri universel s'éleva. Un de mes amis surtout, Médard de Palaiseau, criait : « Du canon et point de Strabon. Nous ne voulons que nous battre contre les républicains. » Dans un de ces tumultes, le Prince me regarda et me dit : « Hé bien, Bourguignon, vous êtes sûrement d'avis de « remonter à votre source et de laisser là les Gaulois? » — « Moi ! Votre Altesse ! Je voudrais me battre contre « les républicains tant qu'on brûlera de la poudre contre « eux. »

Grands éclats de rire, grand tumulte ; le duc de Richelieu y prit part et dit : « Pourquoi pas? j'en ai le pouvoir « et je suis sûr que j'aurai l'assentiment de notre ma- « gnanime souveraine. »

Nous acceptâmes donc le cadeau, mais pas son pays et nous lui demandâmes la permission de l'employer à nous armer et nous nourrir pour continuer à nous battre corps à corps contre ceux dont nous avions accepté le défi. Ce ton chevaleresque lui plut, et nous promettant pour plus tard sa principauté de Crimée, elle nous permit de nous battre tant que les fonds seraient suffisants.

Un général autrichien se fait annoncer plus tard, et nous propose au nom de son souverain, de former des troupes de volontaires dans l'armée autrichienne en devenant bataillons et escadrons d'avant-garde, modelés pour la force et la solde sur les bataillons de même nature et à demi civilisés des pandours, manteaux rouges, micalovitz, chasseurs de loups, etc. Le prince lui dit que nos principes et notre volonté sont de faire la guerre aux Français révoltés contre leur Roi, et devenus nos ennemis, mais sous nos couleurs, avec notre uniforme, selon notre discipline militaire et sans aucun engagement ni serment; que nous promettons seulement de prendre des positions en avant des lignes de l'armée et où nous ne pourrons pas nuire à ses mouvements et plans de campagne; en un mot que nous voulions nous battre et faire la guerre sous le nom d'armée de Condé, n'obéissant qu'à lui, notre seul et unique chef.

Le général nous répond que l'empereur d'Autriche nous accorderait, pour la campagne qui allait s'ouvrir, une somme de X... dont nous ferions la répartition entre nous comme cela nous semblerait convenable, mais pour la campagne seulement, et en Allemagne comme les troupes de l'empire et des princes allemands. Cela fut accepté, et la somme répartie par nous en portions égales : généraux, officiers de tous grades, simples soldats n'eurent pas plus les uns que les autres ce qui fit à chacun 15 kreutzers ou dix sous par jour.

La campagne de 1792 s'était faite avec ce que le prince et chacun de nous avaient pu apporter, les plus riches aidant les autres, mais nous n'avions presque tous plus rien.

Nous priâmes le Prince de conserver le don russe pour l'employer comme il le jugerait à propos pour son armée et pour les émigrés ne portant pas les armes. L'enthousiasme fut grand, et nous nous mîmes sur le champ en route pour nous réunir à Heilbronn.

CHAPITRE V

HIVER DE 1792 A 1793. — QUELQUES ANECDOTES.

Pendant l'hiver nous fûmes nombreux, sans compter, sans nous laisser compter, chassant, pêchant dans les parcs des princes, respectant le bien des paysans. Ceux-ci, en revanche, nous aidaient avec une joie presque révolutionnaire à prendre le gibier trop abondant, qui causait souvent du tort à leurs récoltes et nous vendaient leurs pommes de terre tout ce qu'ils voulaient. Nous buvions avec eux, nos musiciens les faisaient danser, nous nous chauffions à leurs poëles avec le bois des forêts seigneuriales; nous nous visitions les uns les autres comme en France sous l'ancien régime. Ces deux mois d'un des hivers les plus rigoureux, furent une brillante époque dans ma vie. J'aimais cette existence, partie chevaleresque, partie sauvage, dont il est difficile de se faire une idée.

Mon oncle Espiard de Mâcon, mon tuteur d'abord, puis mon mentor et enfin mon beau-père était venu nous rejoindre en octobre 91 après avoir conduit sa femme et ses enfants à Dijon; il pensait qu'ils seraient plus en sûreté à la ville qu'à la campagne. Ne pouvant plus être utile en France, il était encore assez actif pour espérer l'être avec nous; il servit dans la cavalerie. Il avait amené son domestique et nous reconstitua à mon frère et à moi une vie de famille. Mon père, et mon beau-frère de Moncrif, plus âgés, étaient restés pour veiller sur les femmes, les enfants, les biens de la famille.

Je me retrouvais aussi avec mon frère Louis, écolier de Metz, comme moi, mais qui servait dans l'infanterie en France, et dans les chasseurs nobles à l'armée de Condé, et avec tous les parents et amis de la réunion où s'était décidée ma vocation, les Champeaux de Parpas et de Thoisy, les deux Espiard de Colonges, plusieurs des frères Espiard de Meixpinot, etc. Il y avait encore les de Villers-la-Faye, de Thy, Médard de Palaiseau, de Suzenet, d'Andelarre, de Conygham, de Zoller ; j'en oublie et des meilleurs ne pouvant tous les citer.

Voici quelques épisodes de ce temps qui en donneront une légère idée.

L'indépendance condéenne venait de nous porter dans la Forêt Noire, sur le Mont-Bleu. Nous nous tenions en haleine sur la justesse du tir en abattant cerfs, daims, chevreuils, voire même de sauvages et mirés sangliers.

Bons camarades, nous vendions les peaux pour acheter poudre et plomb, et nous distribuions, sans compter ni peser, la venaison à nos camarades de tous les grades. Les talents en cuisine étaient répartis, et bien certainement, beaucoup de grands seigneurs ne faisaient pas autant chère lie à cette époque. L'eau m'en vient encore à la bouche quand je pense aux mois d'octobre et de novembre 1792 dans la Forêt noire.

Mais cela ne devait pas durer ! le Rhin gèle ; les patriotes passent à travers l'ordre mince des Autrichiens. Rien ne les arrête : fleuves et lacs, bras de mer, marais, tout est gelé, et l'Autriche abandonne le Rhin. Il plaît à notre prince de nous porter sur le Rhin gelé, nous appuyant sur le Mont-Bleu, le Knibis ou le Balcon. Nous nous regardons comme souverains, et, après une savante reconnaissance, où j'étais employé, comme un clairvoyant qui parlait français et comprenait l'allemand populaire, je jette mon plomb sur Bruchsal, résidence de Monseigneur l'évêque de Spire, prince de l'empire germanique, grand référendaire de la diète de Ratisbonne, tenant la bulle d'or, etc., etc. (1).

Il n'y avait que sa bêtise qui pût égaler tant de dignités. Sa féodalité était jalouse de la chasse, aussi on marchait sur le gibier; partout il y avait des poteaux disant que tous les braconniers, émigrés et autres vagabonds, surpris au-delà de ces limites, seraient punis de peines corporelles et arbitraires. Ces poteaux, en bois sec et peints à l'huile, devaient faire bon feu au bivouac : première remarque. Nous franchîmes une palissade, puis un fossé gelé, et nous nous trouvâmes dans la charmante petite île de roseaux qui était la faisanderie épiscopale : seconde remarque. Elle était gardée par un de ces vieux ivrognes d'Allemands, autrefois au service de France. Celui-ci sortait du régiment de Bouillon. Il me fut facile de le faire causer et boire avec ma gourde de kirschwasser de la forêt noire...

Pendant ce temps, arrive la compagnie des gentilshommes verriers, commandée par le vieux général de la Solaye, vieille ganache, qui avait la bouche de travers, par suite d'une blessure, reçue à la dernière guerre. Il

---

(1) Ce prélat était un des princes allemands dont la Révolution avait confisqué les biens situés en Alsace. Il avait peu d'intelligence et, ainsi que plusieurs princes allemands, il protégeait les philosophes; aussi détestait-il les émigrés qui le lui rendaient bien.

parlait du nez, bavait et était gourmand... tout ce qu'on peut imaginer.

Les verriers étaient habiles pêcheurs et braconniers, ce qui décida un de nos chefs, autre amateur de bons morceaux, à planter là le vieux la Solaye en lui laissant l'ordre, par écrit, qui défendait la chasse dans toute la principauté.

Plus de cinq cents faisans de la meilleure espèce, le faisan du bouleau, furent la conquête de la compagnie de la Solaye, mais il ne suffisait pas de les avoir ; il fallait compromettre assez ce général, pour qu'on ne fût pas puni.

Candé, Dorlodot, Brossard et Grand'rut (1), les plus intrépides braconniers, vont, avec une voix doucereuse faire leur cour au général. Candé tire l'oiseau de sa poche, mais à moitié seulement.

« Général, dit-il, vous qui êtes un savant, qui savez
« votre Buffon par cœur, dites-moi donc le nom de cet
« oiseau. Je l'ai trouvé engourdi dans la neige par le
« froid. »

— « Cet oiseau, mon ami, c'est un bel oiseau. C'est
« un faisan, mon ami. C'est un bon morceau. » Il le flaire sous la queue. « Bien faisandé ; c'est un bel oiseau ! C'est
« un bon morceau ! C'est le faisan du bouleau ; c'est un
« oiseau du Nord. C'est le grand froid qui nous les en-
« voie. Si vous en trouvez encore d'endormis, ramassez-
« les, mes amis ; oiseaux de passage, c'est permis. C'est
« un bel oiseau, » et mettant encore le nez sous la queue fourchue : « C'est un bon morceau ! » et il le mit dans sa poche.

(1) C'était un des capitaines du régiment de Metz artillerie.

Par la princesse de Monaco, à qui je la racontai, je fis de cette histoire le divertissement de notre petite cour; et le vieux général en a conservé le sobriquet de « Bel Oiseau ». Il l'avait encore à Paris où il est mort, à quatre-vingt-quinze ans, d'une indigestion, à la suite d'un dîner chez Cambacérés, encore bien plus gourmand que lui.

Jamais les Français n'ont mieux montré leur caractère que dans ce rassemblement chevaleresque. Les satires, les vaudevilles, les épigrammes pleuvaient, surtout contre les chefs qui s'y prêtaient volontiers. La gaieté des bivouacs en était alimentée et empêchait le découragement. Un de mes amis, Médard de Palaiseau, était un de nos boute en train ainsi que M. de Pasquier. Le chevalier de Bonnard (1), capitaine d'artillerie, bourguignon comme moi et brave homme au fond, était un de nos plastrons.

Un jour, sa chère épouse, n'ayant pu lui envoyer d'argent, lui adressa un tonneau de bon vin qu'il reçut à Villingen où nous hivernions.

— Bonnard m'ayant appelé :

« Mon cher pays, dit-il, voilà un tonneau de vin qui
« devrait contenir 240 pintes de Paris. L'arithmétique
« vous est familière. Il faudrait mettre cela en 300 bou-
« teilles parce que ce compte est rond, voyez-vous. Le
« coût est trois cents florins, cela en ferait juste un par
« bouteille. »

— « Très bien, capitaine mon pays, répondis-je. Mon
« arithmétique fera cela à merveille. Trois cents bouteil-
« les vides. Le tonneau tiré dans ces trois cents bouteil-

---

(1) Le chevalier de Bonnard, capitaine d'artillerie, était frère de Bernard de Bonnard, ancien capitaine aux dragons de Chartres, qui fut sous-gouverneur des enfants du duc d'Orléans (Egalité) avant Mme de Genlis. Ne serait-ce pas là la vraie cause des plaisanteries des jeunes Condéens ? — Il fut blessé à Berstheim.

« les, laissant à chacune un vide égal; puis avec de l'eau
« des sources du Danube, atteindre le bouchon, goudron-
« ner, cacheter, vendre, et empocher les golden (florins).

Alors Bonnard, d'un air gracieux et avec emphase :
« Admirable pays, vous êtes plein d'imagination, rien
« ne vous embarrasse. C'est que vous êtes jeune. A mon
« âge, l'expérience et la raison; au vôtre, la vivacité, la
« gaieté. Chaque chose a son temps. La nature humaine
« c'est cela : enfance, étourderie, expérience, etc. ».

Voilà donc nos 300 bouteilles prêtes et nous allons, Bonnard et moi, tenter à Donau-Eschingen, dans le beau château des princes de Furstemberg, le prince des montagnes aux huit guérites, avec trois bouteilles comme échantillon dans la voiture. Bavardage et surbavardage sur deux bouteilles employées à faire déguster par Mynheer le hof maréchal, qui était en même temps brasseur et hôte du Bouquetin doré. Le chevalier ne savait dire que : *Odor, sapor, et color.* — Le vin est vendu deux florins la bouteille.

Il en restait une de la montre; Bonnard se passant la langue sur les lèvres dit :

— « Je suis tenté, buvons-la.

— « Oh! très volontiers, capitaine, » et nous la buvons avant de quitter la résidence princière. Alors Bonnard : « Mon cher camarade, nous avons vendu ce vin
« deux florins la bouteille. Si Barême n'est pas faux,
« c'est un florin que vous me devez ». Je le donne, mais il ne reste rien dans ma bourse, et lorsque notre hôte vient, chapeau bas, demander le dîner du cheval, je retourne mes poches et dis : « Capitaine, pays et camarade, si Barême n'est pas faux, j'ai zéro pour payer ma demi-ration d'avoine. »

Un autre capitaine avait aussi le privilège de nous amuser. C'était un ancien militaire qui avait fait la guerre de Sept-Ans. M. de Sainte-S. s'était un peu rouillé sur le service. Dans une des revues lorsque l'armée se formait, il négligea de rappeler les ordres du prince de Condé. Celui-ci le lui reprocha. « Laissez-les faire, Mon-« seigneur, répondit-il, ils en savent plus que moi. » Et il disait vrai.

Ce même Sainte-S. se vantait de savoir l'allemand, ayant fait la guerre de Sept-Ans. Arrivé dans un village où l'on ne parlait pas français, voici son début pour demander des vivres : *Apportir beurrir et œufir pour omelettir*. — Puis, voyant que son allemand n'était pas compris, il eut recours au latin. Il y avait une abbaye dans ce village, et voici ce qu'il écrivit aux Moines : « *Bougris* « *Moinis, si non mihi donatis boves, brulabo monaste-* « *rium vestrum, et coupabo vobis testam rasibus colli.* » La lettre fit son effet ; par hasard le nom des bœufs était en latin, mais on chargea dorénavant des provisions un officier plus poli et plus savant dans la langue du pays.

Les nouvelles de France étaient déplorables. Le procès et la mort du Roi vinrent arrêter notre entrain. Nous ne pensâmes plus qu'à le venger et délivrer son fils Louis XVII.

Depuis que nous avions appris la journée du Dix août, je ne pensais qu'à me battre comme en duel contre ces Jacobins qui tyrannisaient la France, et qui avaient emprisonné ce bon Roi à qui nous avions prêté serment. Sa mort me fit à peu près perdre la tête. Je me promis de le venger, dussé-je y employer vingt ans.

CHAPITRE VI

ORGANISATION DE L'ARMÉE DE CONDÉ EN 1793. ENTRÉE EN CAMPAGNE

Après l'hiver nous étions organisés, et on nous regardait comme un de ces corps francs de l'Autriche, croates pandours, talpaches, etc. (1). L'organisation se fit à Heilbronn, ville libre impériale, habitée depuis la révocation de l'Édit de Nantes par de nombreux protestants français. Cette cité commerçante nous offrait toutes les ressources que nous pouvions désirer. En huit jours, nous formâmes des compagnies, des escadrons; nous eûmes une artillerie de campagne, des parcs, des munitions; un corps d'aumôniers, un service d'ambulances, composés d'excellents prêtres émigrés pour refus de serment à la Constitution civile du clergé de France et heureux de trouver, en partageant nos dix sous par jour, l'occasion d'être utiles à des Français fidèles comme eux à leur Dieu et à leur Roi. Tout cela se complétait comme par miracle avec nos soins infatigables.

Nous nous habillâmes donc à Heilbronn et de notre propre mouvement; nos trois princes, Condé, Bourbon

---

(1) Les pandours étaient une milice d'Esclavonie ; les talpaches étaient l'infanterie hongroise ; les Croates s'appelaient aussi manteaux rouges à cause de leur vêtement.

et Enghien à notre tête, nous arrivâmes militairement sur le Rhin. Nous le passâmes à Spire (1) et attaquâmes de suite l'armée républicaine. Nous la battîmes et une partie se réfugia à Landau. Nous nous campâmes dans la plaine de Klostercamp. Des divisions autrichiennes arrivèrent et donnèrent successivement de l'importance à ce camp. Le gros de l'armée autrichienne fit le siège de Mayence et Klostercamp en fut l'armée d'observation.

Le matériel de l'artillerie nous fut contesté par l'Autriche. Nous avions cependant pris assez de canons pour en employer à notre usage. La Prusse, n'approuvant pas l'Autriche dans cette maussade parcimonie, nous fit un don généreux de huit ou dix pièces françaises dont elle ne savait que faire et nous les eûmes bientôt mises à l'usage. Souvent nous ramassions sur le champ de bataille des projectiles pour les renvoyer pour ainsi dire tout chauds à l'ennemi.

Notre effervescence, presque insurrectionnelle contre le général autrichien, cette déclaration que nous porterions la cocarde blanche, nos fleurs de lys, nos drapeaux, nos uniformes français; cette marche rapide et sans ordre sur Heilbronn où nous nous arrêtâmes sans détermination combinée et simplement parce qu'il y avait des marchands ; au bout de huit jours une marche pareille et rapide jusqu'au Rhin; son passage à Spire sans pont, sans précautions préalables, cette attaque si brusque, si vive et en une seule masse de l'armée républicaine, mal rangée et dans l'ordre mince réussit autant par la vivacité et le désordre que par le talent du prince de Condé. Ce que fut cette petite armée à Heilbronn, à Spire et

(1) 14 et 15 avril 1793.

dans la plaine de Klostercamp, fut ce qu'elle a été jusqu'à son licenciement et anéantissement par la paix avec Bonaparte à Amiens, toujours à côté des armées autrichiennes, ne pouvant ni nous soumettre, ni nous entamer, et nous haïssant réciproquement.

J'appelais tout à l'heure notre armée un rassemblement chevaleresque. Il n'en faut pas conclure qu'il n'y avait que de la noblesse, comme le disaient les Jacobins. La légion de Mirabeau, le frère du célèbre orateur, était toute composée de soldats émigrés, et la légion de Hohenlohe le fut principalement des paysans qui avaient fui l'Alsace pendant que Schneider et Saint-Just y promenaient la guillotine sous la Terreur (1). Nous avions beaucoup d'Alsaciens aussi dans l'artillerie.

D'autres soldats suivirent leurs officiers surtout dans la cavalerie. Lorsque nous prîmes le parti d'émigrer, beaucoup de soldats en avaient fait autant et c'étaient les meilleurs. Cela tenait au recrutement de l'armée sous Louis XVI et avant. Il n'y avait que des enrôlés volontaires, mais ils se composaient de deux sortes. La masse se formait de *racolés*, faubouriens de ville, mauvais sujets, mais se battant bien. Ceux-là devinrent vite la proie des clubs. Le reste était composé de jeunes paysans qui partaient avec nous, soit par attachement à nos familles, soit pour avoir au retour de bonnes places de gardes, concierges, etc. Ce furent ceux-là qui nous suivirent. Ils

---

(1) Saint-Just et Lebas furent les deux commissaires envoyés par la Convention pour révolutionner l'Alsace. Euloge Schneider, ancien capucin badois, était sous leurs ordres. Ils allaient de village en village, précédé d'une guillotine, frappant d'énormes réquisitions, et faisant mourir chaque jour plusieurs personnes. Plus de dix mille Alsaciens, quelques-uns diren même plus de vingt mille, durent passer le Rhin pour sauver leur vie. Saint-Just et Lebas firent guillotiner Schneider et périrent eux-mêmes avec Robespierre, le 10 Thermidor.

étaient tous dévoués à leurs maîtres et ne pouvaient prendre leur parti de leur pénurie actuelle. Plusieurs avaient à chaque instant de ces traits dignes du Caleb de Walter-Scott, dans *Lucie de Lammermoor*. En voici un qui me revient à l'esprit, mais on pourrait en citer cinquante.

Un jour, mon oncle Espiard de Mâcon avait été invité à dîner par le comte de Virieu de Lantilly avec ses deux fils et un seigneur anglais de leur connaissance, qui avait l'habitude de changer de fourchette à chaque plat. M. de Virieu n'en avait conservé que six, pas assez pour se permettre cette recherche. Le reste s'était fondu dans la caisse de l'armée. Son vieux et fidèle domestique le servait avec tout l'attachement qu'on avait, autrefois, entre maîtres et serviteurs. Il ne voulut pas laisser voir à cet étranger la gêne actuelle de son maître, son amour-propre national eût trop souffert. Alors, plongeant chaque fois dans sa bouche la fourchette renvoyée par le *Milord*, il la lui rendait sur une assiette blanche, très bien nettoyée, en apparence du moins.

Nous avions surnommé ce brave homme Prudent ou Serrebourse, parce que M. de Virieu lui confiait le soin de sa petite fortune, la trouvant en sûreté dans ses mains fidèles. Après son retour en France il revint à Lantilly, et son fils prit à Semur un hôtel, bien achalandé par toutes ses anciennes connaissances.

En général, le zèle de nos soldats s'exerçait pour améliorer notre ordinaire, et ils y arrivaient en rendant mille services à nos hôtes les paysans, qui les payaient en nature.

Voici comment nous parvînmes à conserver toujours notre petite armée de 6 à 8.000 hommes, malgré les engagements dans d'autres armées, les départs, les morts, etc...

Nous aimions toujours les Français, ne faisant la guerre qu'au détestable gouvernement qui les terrorisait. Quand les avant-postes se trouvaient assez près, nous parlions souvent avec eux ; ils nous donnaient des nouvelles de France dont nous étions avides. Quand nous faisions des prisonniers (et nous cherchions surtout à en faire ou à disperser, mais non à détruire ceux qui nous étaient opposés), il était rare qu'il n'y en eût pas quelques-uns de connaissance. Beaucoup nous restaient se trouvant mieux avec nous que dans les armées républicaines, mal payées et mal tenues alors.

D'autres demandaient à être rapatriés ; les Autrichiens les échangeaient ; quelques-uns ont déserté ; d'autres n'étaient que des espions ; ce sont eux qui, en regagnant la France, commettaient ces délits attribués faussement aux Condéens dont ils n'avaient que l'uniforme.

Mais la masse nous restait. C'était aussi le moyen que prenaient souvent les royalistes de l'intérieur quand ils voulaient rejoindre le drapeau blanc. Ils s'engageaient, et demandaient à être envoyés soit en Vendée, soit aux bord. du Rhin et à la première bonne occasion ils quittaient les républicains.

Ceux-ci étaient loin de nous traiter avec réciprocités Tout Condéen, tout émigré pris, était mis à mort au plus vite, par ordre des commissaires de la Convention et de quelques généraux ambitieux.

Le fond de la nation, si elle eût été laissée à elle-même, était avec nous. On ne comprenait pas la France sans les rois qui la dirigeaient depuis si longtemps. C'est pour cela que les Jacobins avaient inventé la conscription, afin d'enlever toute la jeunesse qui eût pu soutenir la révolte contre eux. Les alliés, au contraire, malgré leurs belles paroles, ne voulaient qu'affaiblir la France ; aussi ils traînaient la guerre en longueur, rêvant un partage, ou au moins un roi à leur main.

Napoléon devait venger les royalistes et le prince de Condé.

Mais revenons à notre organisation si complète en 1793 et 1794. Ces campagnes furent à cet égard les plus étonnantes qui aient eu lieu dans les temps anciens et modernes. Tous trop occupés à agir, aucun de nous ne s'est avisé d'écrire, mais pour l'honneur du Prince, pour celui de la brave et pauvre noblesse française qui combattait sous ses ordres, ces deux campagnes mériteraient d'être étudiées et écrites avec détail, pour faire connaître ce que peuvent à la guerre une volonté ferme, un courage froid, et toute la capacité d'un général, né avec le talent nécessaire pour cette haute fonction.

Le prince de Condé, avec les moyens que possède une grande nation, aurait au moins égalé le grand Condé. J'ai beaucoup servi après avoir quitté son armée ; j'ai vu de très grandes choses, et je puis affirmer qu'en coup d'œil, en jugement prompt, en action vive, donnée au seul moment, au seul point où l'effet était assuré, il aurait égalé Napoléon dans le coup de main, il l'aurait surpassé en prévoyance. Ces souvenirs feront voir que toute la réputation dont j'ai joui à l'armée bavaroise et dans les armées de Napoléon n'est venue que de ce que j'avais appris sous le prince de Condé. L'habitude de ce Prince et du général de Manson, chef de son artillerie, était de faire chaque jour des reconnaissances sur le terrain et de prendre pour escorte de préférence les jeunes officiers qui n'avaient pas encore fait la guerre ; alors, ils en raisonnaient avec ceux sur place, et ces leçons pratiques ne s'oubliaient jamais.

A peine les généraux eurent-ils décidé que nous agirions comme corps franc dans l'armée autrichienne commandée par le général de Wurmser, que déjà le prince de Condé avait ses bataillons de chasseurs nobles, son corps de cavaliers nobles, ses chevaliers de la couronne, ses légions et régiments soldés, ses réserves, son artillerie, ses parcs.

La lente Autriche ne comptait que sur deux ou trois mille enfants perdus, sur cette avant-garde qui veille pour que l'armée dorme mieux. Elle put disposer de huit mille combattants, mieux armés, mieux équipés, et surtout mieux organisés pour la guerre, qu'aucune division de ses troupes.

Nous fûmes les premiers prêts à passer le Rhin à Spire; nous délogeâmes les premiers l'ennemi de la rive du fleuve. Ce fut sous notre protection que les ponts s'établirent. Nous continuâmes de faire l'aile gauche de cette grande armée, et d'en être le corps d'observation à vingt lieues de Mayence dont on couvrait le siège.

Le prince de Condé fut le général le plus intelligent pour cette guerre offensive et défensive. Menacé tous les jours par Custine, il sut conserver la position de Germersheim, bloquer Landau du côté du Palatinat, et communiquer avec l'armée prussienne dans les montagnes. Tels furent les premiers actes de cette campagne.

CHAPITRE VII

BATAILLES DE BIENWALD. 20 AOUT 1793

En 1793, je n'avais que vingt-deux ans; par mon âge, par mon rang dans l'artillerie française, j'étais un des plus jeunes officiers de mon arme à l'armée de Condé. Aussi, à l'organisation militaire d'Heilbronn, je n'eus pas de vraies bouches à feu; je n'avais pu être que canonnier, et je ne pensais pas que cette campagne pût me valoir autre chose que la renommée d'un brave soldat : il en fut autrement. J'avais déjà, sans m'en douter, la réputation de faire de bonnes reconnaissances de nuit, ce qui me valait quelquefois près du Prince des nuits plus commodes que les bivouacs; — et une fantaisie comme j'en eus souvent, d'utiliser les choses rebutées, me procura une occasion inattendue.

Le cardinal de Rohan, évêque de Strasbourg, avait en Allemagne une partie de son évêché, la principauté d'Ettenheim. A son château de l'Empire, il y avait deux petits canons sans affûts, tout au plus d'une livre de balles. Il en fit cadeau au prince de Condé lorsqu'il n'avait encore ni canons, ni canonniers. Je me trouvais alors à Worms le seul artilleur auprès de lui. Je m'étais amusé à faire des affûts à ces deux inutilités; puis, en terre cuite, je leurs fis un moule à balles de leur insignifiant calibre; gargousses, boîtes à mitraille, petits caissons proportionnés, le tout, plutôt jeu de poupée qu'armes de guerre, et le commandement m'en fut laissé.

Mayence capitula (1) et l'armée de Wurmser prit l'offensive, ce qui consista à débusquer les républicains d'une forêt, nommée le Bienwald, en avant des lignes de Wissembourg. C'était alors un fait d'armes; plus tard cela n'aurait été considéré que comme un simple coup de main. Cela pouvait amener une bataille, je l'espérais. L'ennemi ne tint pas ou ne tint que partiellement; ce furent des combats isolés. Cette affaire fut néanmoins intéressante pour moi en m'apprenant comment on prépare une bataille et parce que j'eus le bonheur de m'y distinguer.

Comme toutes les batailles ont continué à se préparer de même, je vais le détailler ici pour n'y plus revenir.

Les corps sont d'abord visités avec plus de soin; on s'inquiète de l'état des chaussures, des munitions. On gourmande, à tort ou à raison, les capitaines pour des négligences dans les armes; on distribue plus tôt les vivres; on fait cordeler du fourrage.

A l'entrée de la nuit, on réunit les généraux de division, on leur donne leurs points d'attaque. A leur tour, ils réunissent leurs brigades. On fait bonne garde contre les espions. Les officiers d'état-major, les aides de camp visitent les grand'gardes, les vedettes; on insinue que l'ennemi tentera surprise; on assigne bien la place des réunions. Les mêmes officiers s'assurent si chacun, la nuit, en silence, atteint les points indiqués.

A heure précise, à signal donné, tout s'ébranle à la fois. Tambours, musique, trompettes, clairons font grand

(1) 23 juillet 1793.

bruit. Les commandements retentissent, le feu de l'artillerie commence. Des feux divers d'infanterie éclatent. On bat la charge; la terre tremble sous les masses de cavalerie; on marche en avant, en serrant les rangs, et négligeant les blessés pour le moment.

L'échec est pour le premier qui s'aperçoit de ses pertes et s'en étonne. Cela produit un tourbillonnement dans les mouvements des corps d'armée. Les vieux militaires connaissent bien ce manque de confiance en soi-même. C'est le moment, mais le moment très court d'être audacieux. C'est un effet électrique de part et d'autre. Il agit en crainte sur les perdants, en entrain et courage sur les gagnants.

Les colonnes de prisonniers commencent à arriver. On chante victoire; des feux annoncent qu'elle n'est pas encore complète; des renforts, des secours se précipitent. Le temps s'écoule avec une rapidité incroyable. Les blessés, en assez grand nombre, émeuvent les jeunes militaires; ils sont relevés et soignés par l'armée victorieuse. Les vieux soldats affectent une grande insensibilité.

J'ai souvent remarqué que les bulletins et les journaux gagnaient plus de batailles que les généraux. Un succès sur l'aile d'une armée n'a jamais été pour moi bataille gagnée. Ce n'est qu'une position maintenue. Une bataille est gagnée quand le centre est enfoncé; aussitôt, par un mouvement de côté, l'une des parties séparées est écrasée. Ces batailles seules font abandonner le pays à l'armée battue.

Que les généraux prennent bien des précautions avant le combat. C'est bien! C'est leur devoir. Mais, le combat engagé, mettez tout en mouvement. Ayez bien dans la tête que celui qui a le plus de quantité de mouvement sera toujours le plus fort; tout l'art des chefs est de se préparer cette supériorité. La masse est fixe ou à peu près; mais la vitesse est variable. Le bon général juge sa masse avant le combat, en fait sa composante fixe et se réserve sa vitesse pour la modérer ou l'augmenter au besoin.

Je vais, maintenant, dire plus en détail ce qui m'arriva dans cette première journée de bataille.

Le général de Wurmser, voulant livrer une grande bataille, vint occuper la plaine et le camp de Klostercamp.

L'armée de Condé persiste dans ses refus de divisions et de détachements et veut combattre seule et réunie. Elle persiste aussi dans son ancien système français, d'ordre profond. Le général autrichien, au contraire, était un admirateur de l'ordre mince, nouvelle tactique de parade, inventée par le philosophe M. de Guibert, et adoptée par Joseph II en Autriche et par les armées révolutionnaires en France : il disposa des troupes sur un grand front, deux canons placés régulièrement entre chaque régiment. L'artillerie de régiment convient pour faire des mouvements en avant après chaque décharge; ce canon d'infanterie jouit d'une sorte d'indépendance, le régiment le regarde en quelque sorte comme son drapeau, le suit pour le défendre et se serre sur ce point : il est plus compact. J'ai retrouvé plus tard ce système autrichien dans les armées russes. Cette tactique, bonne contre les Turcs, en fait vite une pauvre artillerie. L'infanterie turque combat en tirailleurs; ses mouvements réglés par de petits drapeaux placés et déplacés par ses chefs, font et défont des masses avec une grande facilité et par cette manœuvre obtiennent des avantages partiels sur des lignes compactes. Les canons de bataillons apportaient dans ces masses un désordre que de belles charges à la baïonnette terminaient.

Une superbe infanterie d'au moins soixante bataillons forma cette ligne si belle de l'ordre mince. Une cavalerie aussi belle faisait réserve à petite distance en arrière. En avant, la plaine était couverte d'une nuée de ces troupes irrégulières, tirant beaucoup et ne tuant jamais.

A l'extrémité de la ligne autrichienne, nous étions placés, bien serrés, pour ne faire qu'un point noir et immobile dans cette grande parade que nous n'approuvions pas. Notre armée se massa dans des marais sur le bord du Rhin; son artillerie formait une seule batterie; elle ne fit pas la petite guerre des avant-postes autrichiens, mais tout ce qu'on promit à Wurmser fut de n'attaquer qu'après ses signaux. Le signal convenu était des fusées, lancées du haut du clocher d'un couvent.

Ce qui touchait notre droite était deux bataillons du régiment hongrois de Giulay (1), qui avaient été malheureux à la guerre et subissaient encore une punition militaire : point de drapeau, point de musique, point de canons, point de feuilles de chêne à leur coiffure!... Dans cet ordre qui avait coûté une journée entière d'alignements, de placements, de galopades d'aides de camp, cette lacune faisait tache, aussi il arriva un aide de camp français, M. de Beaumont, qui vint trouver le Prince auprès de son artillerie et lui demanda deux de ses canons pour le colonel de Giulay. Le Prince reçut cette mission avec

---

(1) Le colonel Giulay est devenu depuis un des bons généraux de l'Autriche; il est à remarquer que les Condéens s'entendaient beaucoup mieux avec les Hongrois qu'avec les Autrichiens. Condéens et Hongrois avaient en effet les mêmes principes loyalistes. Les Hongrois combattaient volontiers pour délivrer Marie-Antoinette, la fille de leurs rois, comme ils avaient soutenu fidèlement en 1740 leur reine Marie-Thérèse.

des signes non équivoques de mécontentement : il lui en coûtait de diminuer cette batterie qu'il avait eu tant de peine à former!... Mais, je n'avais pas l'honneur d'en faire partie!... On m'avait attribué les deux pièces du cardinal de Rohan. C'était comme une épigramme, comme une plaisanterie des soins que j'avais donnés à ces joujoux. Chacun, soit pour plaire au Prince, soit par dépit réel, murmurait et objectait tout haut. Je voyais bien que M. de Beaumont insisterait ; j'étais l'officier le plus jeune et je me doutais que je serais commandé ; je fixai le Prince d'un regard qui disait que la commission ne me déplairait pas. Il me comprit ; j'acceptai avec joie, et je mis beaucoup de célérité à me mettre en marche et rejoindre M. de Beaumont.

J'arrive donc, par une marche de nuit assez longue au travers de broussailles, près de ce régiment. M. de Beaumont me montre le ravin où je le trouverai, mais n'ose pas m'y conduire. Les officiers, mécontents d'avoir de si petits canons, me tournent le dos. Le seul qui parlât français, le colonel, me reçut fort tristement et me dit : « Monsieur, j'ai perdu le droit de vous placer ; un officier des grandes batteries vous dirigera ; j'espère que vous serez favorable à mon régiment. »

Je lui répondis : « Colonel, nous serons contents l'un de l'autre, et j'espère que la journée ne se passera pas sans que votre régiment ait deux beaux canons. Voyez ce clocher? les cloches en fourniront la matière. »

Le colonel harangue son régiment en hongrois, puis il revint à moi et me dit que ce village, Jockgrim, n'est pas dans sa ligne mais dans celle du régiment de Lascy, et qu'il serait mis au conseil de guerre s'il l'attaquait sans ordre.

Cela ne me plut pas, et au lieu de rester dans le ravin où le régiment était caché pour attendre le signal, je franchis un tertre, je me plaçai en position à découvert, et je chargeai de mitraille jusqu'à la gueule mes ridicules canons, espérant les faire éclater. Le jour commençait à paraître, et en arrivant sur le tertre je remarque, à l'orée de la forêt, quelques mouvements qui me font supposer qu'il y a là des canons et que je vais recevoir leurs coups. Je le fais remarquer au colonel et je lui dis :
« Vous allez prendre des canons, et tout de suite. Je vais
« être tiré; je suis chargé à mitraille et la partie est
« bonne. Donnez une attaque brusque, à la baïonnette.
« Ce sera pour me soutenir parce que je suis compromis, et
« ces canons que je soupçonne seront à vous. Je vois bien
« que je les prendrai en flanc, mais saisissez bien le mo-
« ment du désordre; que votre attaque soit très brusque. »

En effet je reçois les deux coups de canon. Je tire en même temps mes deux pièces chargées à mitraille sur ce groupe incertain. Un caisson saute et son explosion fait un bruit énorme. Des grenadiers hongrois se précipitent dans cette fumée en criant : Hourrah !... et en sortent deux canons criblés de ma mitraille.

Le jour était venu : le grand signal se donne; les fusées partent. La musique s'entend de toutes parts; puis la retraite en fuite des troupes légères, patriotes; puis le canon. Immédiatement après, les feux de bataillon, l'entrée dans la forêt, l'arme au bras; la fusillade dans ces bois, et enfin le tonnerre de la batterie de Condé. Ce corps avait marché l'arme au bras; il s'était débarrassé des marais, et avait devancé déjà de plus d'une lieue le mouvement régulier et en avant de cette belle ligne autrichienne.

L'armée de Condé, arrivée ainsi en plaine sur le flanc droit de l'armée ennemie, la foudroyait, la mettait en déroute; celle-ci avait tenu ferme pendant cinq ou six heures, mais elle lâcha pied et se jeta dans ses lignes, ces fameuses lignes de Wissembourg et de Lauterbourg.

Pendant ce temps, je me précipite sur le village; à demi portée, l'ennemi sort, le régiment le charge, tout est bâclé en un tour de main. Le régiment de Lascy arrive et tempête. Le colonel de Giulay parle de mon étourderie, laisse le village à Lascy, reprend sa ligne et entame sur la gauche une superbe fusillade que je seconde de mon mieux. Cette portion de la forêt nous reste avant que celle plus sur la droite soit reprise. La colonne de gauche, toute de l'armée de Condé, avançait encore plus rapidement, je suivais son mouvement progressif; le régiment hongrois me protégeait, de sorte que je le séparais de sa brigade avec une assez forte lacune.

Les aides de camp arrivèrent et tout le régiment avec mon canon fut envoyé en renfort sur la droite. Le général de Wurmser était à ce point qui résistait. Je n'attends aucun ordre, je commence à tirer en flanc, je m'avance toujours. L'ennemi tourbillonne. Je crie au colonel : « Voilà le moment, une charge à la baïonnette; » les républicains ne l'attendent pas et nous fûmes les premiers sur le champ de bataille. Ainsi fut gagnée la grande et belle bataille de Bienwald; elle dura de quatre heures du matin à trois heures du soir. On pouvait poursuivre ce succès, mais ce n'était pas la guerre de ce temps. Lenteur, prudence, magasins, alignements faisaient alors la gloire et le savoir des généraux. A trois heures l'ordre mince ne tira plus que le canon de réjouissance; l'ordre profond poussait ses avantages jusqu'à la nuit, aussi il se trouva que l'armée de Condé était le soir en avant de plus de trois lieues sur la grande armée.

Assis sur un de mes canons les bras croisés, je réfléchissais à cette bataille, la première bataille rangée où je me trouvais, et qui fut, je puis le dire, mon école pour la guerre. Je pensais que l'armée de Condé, ce corps si irrégulier, avait seul bien fait; le Prince avait formé une masse et, avec cette masse, il avait enfoncé, débordé la ligne ennemie, la forçant à reculer. Cette superbe armée où tout marche si régulièrement, a fait de beaux feux bien nourris, bien méthodiques, elle a montré de belles masses de cavalerie, mais elle a obtenu un bien faible résultat et je parie qu'elle va me blâmer. J'ai été vif; les Autrichiens sont lents; ils voient dans la ligne d'attaque une ligne de parade, et moi, un ennemi à attaquer et poursuivre... J'ai su depuis, qu'en bon Français, j'avais l'instinct de la guerre, et que cette armée autrichienne n'en possédait que la lente et lourde méthode. J'appris aussi que si je n'avais pas brusqué l'attaque de flanc, surtout si je n'avais pas excité le colonel à charger à la baïonnette, on aurait pu faire des manœuvres, envelopper ce corps ennemi et le prendre. Mais je doutais qu'on l'eût pris, et, me démontrant clairement que l'ayant ébranlé, il fallait l'enfoncer, j'étais content de moi et le colonel aussi.

Il voulait me le témoigner. Je lui rendis un dernier service en lui faisant remarquer que les groupes de chefs se formaient autour du général en chef, et qu'ils me boudaient, me blâmaient même, ce dont je me moquais. Que lui ayant gagné ce que je lui avais promis en commençant, il ferait bien de dire qu'on lui avait posé l'obligation spéciale de me soutenir ; et la faute devait en être reportée sur la consigne qui ne lui laissait pas le droit de me placer ; son brave régiment avait bien perdu deux cents hommes ; mais il prétendait, par sa charge à la baïonnette, avoir pris les canons versés dans le fossé.

Un nombreux état-major arrive alors vers le front du régiment hongrois et une voix cassée crie : « Colonel « Ginlay, à l'ordre. Vous avez commis une faute qui mé- « rite punition. Vous avez attaqué avant le signal. »

Le colonel me montrait avec son épée. On m'appela aussi ; je les entendais parfaitement, mais je répondis que je ne parlais que français. On me dit alors : « Pourquoi « avez-vous fait feu avant que d'en avoir eu l'ordre ? »

— « Parce que l'ennemi a tiré sur moi et que je ré- « ponds toujours quand on m'attaque. »

— « Avez-vous demandé à ce régiment de marcher et « de faire une attaque brusque et irrégulière ? » — « Non, « mais j'ai dit à mon monde : Dessus, nous avons dé- « monté, vite dessus, et j'ai bien entendu le colonel « dire : il est compromis, au secours. — « Qui a pris les canons ? » — « Le colonel. » — « Comment les a-t-il pris. » — « Il a sabré et sa troupe a foncé. »

Le colonel eut une accolade. On met à sa casquette une branche de verdure. Un lieutenant autrichien met dans le rang des drapeaux, des canons garnis de feuillages, des corbeilles de feuilles de chêne. On permet aux hommes de se débander. Ils se jettent sur ces canons, les embrassent, ornent leurs casquettes de ce feuillage... Un roulement les rappelle en rang. Pendant toutes ces farces théâtrales je restais à l'écart et j'étais même regardé de travers parce que, dans la prise, il y avait un caisson que j'avais ouvert. J'y prends des munitions de

mon calibre pour remplacer celles que j'avais consommées ; je fais arranger mes agrès, que je répare ou remplace ; je mets ma petite batterie en parade, et j'attends effrontément, au port d'armes du canonnier, les ordres qu'on aurait à me donner. M. de Beaumont me regardait avec une sorte d'inquiétude ; il vint à moi et me dit :
« Que faites-vous donc ? Il y a là le général en chef et
« presque tous les généraux, même celui de l'artillerie.
« Vous les avez choqués et vous les choquez encore par
« votre indépendance. »

Je voulais lui répondre, il était déjà loin.

Le général de Wurmser me dit d'un air très sec :
« Retournez à votre poste ; je traiterai cette affaire avec
« votre Prince. » Je savais assez d'allemand pour comprendre qu'on discutait si j'aurais une escorte par honneur pour le Prince. Sans l'attendre, je mis ma batterie au grand trot en saluant du chapeau et de l'épée. Ainsi finit ma première grande bataille.

CHAPITRE VIII

PFORTZ. 21 AOUT 1793.

La nuit tombait, et je sentis tous les embarras que j'allais avoir pour rejoindre mon armée, appuyée au Rhin dans un pays marécageux, au milieu de la nouvelle ligne de défense qui m'était complètement inconnue; mais il me vint l'idée de me diriger toujours sur les tués autrichiens, qui, ayant des habits blancs, me jalonnaient assez bien la ligne qui avait été celle d'action où je ne devais plus trouver d'ennemis. J'errai ainsi toute la nuit sans guides, sans escorte, près de l'armée autrichienne, entre ses belles troupes et ses nuées de troupes légères. Tant que cela fut ainsi, je m'en tirai en écoutant quelle langue on parlait, mais arriva une lacune, puis on parla français. Ainsi je pouvais être aussi bien au milieu de l'ennemi que dans mon armée. Les feux de bivouac étaient rares ; ils n'avaient plus d'alignement. Je chargeai à mitraille, j'allumai mes lances et je marchai avec beaucoup de circonspection. Bien m'en prit, car j'arrivai près d'une troupe qu'on réveillait à coups de pieds et qu'on rangeait en bataille. A ces mauvaises façons, je reconnus que cela devait être les républicains.

Ainsi égaré dans les bois et les champs, je me trouvais, au point du jour, près du village de Pfortz sur les bords du Rhin et déjà en Alsace. Je rencontre un paysan, je l'accoste, je lui demande où sont les nôtres; il parlait français, et me prenant pour un républicain il me dit en confidence qu'ils sont là tout près, et que quand j'aurai passé un petit pont qu'il me montre, ils seront tous *capout* (morts).

Je vais à ce pont, je vois qu'il est à la tête d'une chaussée ou route étroite conduisant à un ponton d'embarquement sur le Rhin à ma gauche. Je me souviens que j'avais vu sur une carte un gros village, situé dans une anse, formée par un coude du Rhin, avec la route de Lauterbourg pour toute communication. J'aperçois à quelques cent pas un village où des feux de bivouacs s'éteignent; je veux y aller, je rencontre notre avant-garde tout endormie. Je demande le général. C'était le comte de Béthisy. Je lui dis : « Debout donc, aux armes! Vous « êtes en l'air. Où est le Prince ? l'ennemi marche sur « vous, il est tout près. »

Il m'indique le village de Pfortz où le Prince prend du repos avec toute son armée, sans garde, sans précaution; tout notre monde y dormait pêle mêle. Je venais de traverser une digue sur un marais. Je ne doutais pas qu'au delà du petit pont il se trouvât des troupes ennemies, celles que j'avais rencontrées. Je charge mes petits canons jusqu'à la gueule et je vais me placer sur cette digue, très près du pont pour y attendre le jour.

Je ne pouvais pas être mieux inspiré. Un groupe considérable se présente sur le pont: il y avait là, cris, commandements, colère, et le tout en français : j'y distinguais des chevaux gris sur le pont et, sur les côtés qui m'étaient opposés, comme une grosse batterie ; je tire dessus ces deux coups chargés à mitraille par ma colère pour faire crever mes petits canons, et je fais un ravage miraculeux. On crie « trahison ! tuez les traîtres ! » Ce cri de détresse se propage au loin.

Mon feu réveilla tout notre monde, la confusion était au comble. Avant-garde, cavalerie, princes, armée, tout tourbillonnait autour de moi avec la même question : « Qu'est-ce ? qu'est-ce donc ? » — « L'ennemi, là, là. » J'en étais à mon cinquième coup à mitraille qu'on voulait encore que j'eusse fait feu sur nos propres troupes. Les marais sur lesquels on avait compté pour se couvrir la nuit faisaient obstacle de toutes parts pour se porter en avant, et ma digue en formait un autre pour se porter en arrière. En un instant elle se couvrit des nôtres. Les chenevières, les jardins de ce village de pêcheurs et de bateliers furent écrasés, mais sur le petit pont il y avait un officier patriote tué, son cheval tué couché sur lui, deux chevaux gris tués, tombés à moitié dans le marais et tenant encore par leurs traits à leur canon versé, quatre autres canons versés dans le marais, des caissons embourbés et à traits coupés, quelques chevaux aussi enfoncés dans la boue et entravés dans leurs traits... et plus loin encore deux canons démontés. Déblayer, pour faire un passage à notre grosse batterie de quatorze canons fut un ouvrage auquel tout le monde mit la main même les trois princes.

Un aide de camp, envoyé pour reconnaître, fit signe d'avancer. Nos ennemis étaient en déroute, si bien que le Prince, en poursuivant les fuyards, fit une pointe de trois lieues en avant de ce front, de cette muraille autrichienne. Notre cavalerie se frayait déjà un autre passage et chargeait la queue de cette déroute patriote, tuant peu, mais faisant des prisonniers. La grosse batterie, sortie du marais, fait un feu bien nourri. Nous prenons ainsi plus de deux mille prisonniers et nous allons nous établir, en ordre profond, dans une belle et fertile plaine.

Telle fut l'affaire de Pfortz, qui est restée célèbre à l'armée de Condé; elle fit le malheur du général républicain Custine; rappelé à Paris, il fut guillotiné. On eut l'explication de cette surprise par les prisonniers. L'armée française était encore sans ordre et sans expérience; elle croyait toujours à la trahison. Le village de Pfortz se trouvait en Alsace; parmi ses habitants il y avait quelques révolutionnaires. Voyant le prince et son armée endormis, accablés de chaleur et de fatigue, ils avaient été chercher les patriotes et ils auraient fait enlever indubitablement cette masse d'émigrés de six à huit mille hommes. Mais reçus inopinément sur ce pont, ils se crurent conduits dans une embuscade. A ce cri : Nous sommes trahis, la débandade se mit dans toute leur armée atteinte d'une frayeur panique ; six mille hommes en battirent ainsi plus de cinquante mille; ce fut ma seconde leçon de guerre.

Ce combat me fit beaucoup d'honneur; le hasard seul y joua un rôle. La veille, à Bienwald, j'avais été bien plus militaire, bien plus homme de réflexion qu'à cette rencontre, mais on n'a parlé que de l'affaire de Pfortz. J'en ai eu certificat ainsi que mon ami de Zoller, plus jeune encore que moi, et qui conduisait mon second canon sous mes ordres. Quant à moi, je puis dire que ces deux affaires m'ont appris l'art de la guerre; elles m'ont en même temps laissé contre les Autrichiens une haine que j'ai toujours conservée.

La bataille de la veille avait déjà mis au moins trois lieues entre nous et leur orgueilleux ordre mince. La surprise et le combat de ce jour en ajouta encore autant entre les deux ordres de bataille; vers neuf ou dix heures du matin, nous fûmes récompensés par l'arrivée et le déploiement théâtral de soixante bataillons, bien alignés, bien blancs, bien au pas, au son d'une très belle musique. L'ordre mince traça et tendit son camp dans les vraies règles, bien imprimées de la castramétation, si bien qu'il était environ midi quand l'ordre mince vint faire une visite à l'ordre profond.

Pauvre ordre profond !... C'était en habits déchirés par les broussailles, en bottes crottées plus haut que le genou, alignés comme des troupeaux de moutons, que nous reçûmes cette brillante visite ; mais nous tenions à nos pieds crottés deux mille prisonniers, des canons, des caissons, des charrettes chargées pêle-mêle de nos blessés et des blessés ennemis.

J'avais déjà un peu raconté mes aventures de la veille et de la nuit. Deux de nos canonniers émigrés et simples soldats, qui avaient avec de Zoller et moi servi les petits canons, croisent leurs mains et m'en font un siège, leurs cous étant les bras de ce fauteuil improvisé, et ils m'emportent malgré moi dans le groupe où étaient nos princes et le général de Wurmser avec ses aides de camp, et surtout son aide de camp français le comte de Beaumont. L'un de ces canonniers porteurs, nommé Knab, alsacien, dit dans son mauvais français : « Le v'là, le v'là celui qui « tire les fusées du signal avec de la mitraille. Il ne les « tire pas en l'air, ces fusées-là ; c'est dans le ventre qu'il « fait la bataille. Faites-lui donc conseil de guerre !... »

Le prince de Condé saute à bas de son cheval, il m'embrasse sur les deux joues. Tout le groupe, même le général autrichien, me donne la même accolade, le comte de Wurmser me disant à l'oreille : « Et moi aussi je suis Français, je suis Alsacien. ».

Chacun reprit son rang et sa place, ce qui fit le beau camp de Barbelrothe en avant des fameuses lignes de la Lauter, chef-d'œuvre de Vauban entre Weissembourg et Lauterbourg. Là, prit fin la querelle entre l'ordre mince et l'ordre profond ; là, pour transiger avec notre vouloir de conserver notre cocarde blanche, nos fleurs de lys, notre police, nos usages, en un mot de rester Français, il fut arrêté que le Prince de Condé serait considéré comme un prince de l'empire, ayant ses principautés, ses sujets, son contingent dans les armées de l'empire. Cette décision eut des suites plus avantageuses que celles envisagées par notre ignorance. Notre solde, ces quinze kreutzers par jour, fut payée par les abbés et les très petits princes qui donnaient à l'empire de l'argent au lieu de soldats. Ces bataillons mixtes de l'empire étaient nommés par dérision : *Reichtropf* au lieu de *Reichtroupes*, ce qui voulait dire gouttes ou gouttières de l'empire au lieu de troupes de l'empire ; nous y répondîmes en nommant les Autrichiens : Casse-marmites, au lieu de Kaiserlichs, Impériaux.

Nota. Je n'avais pu réussir à faire crever mes maudits petits canons parce que le métal en était doux et pur, mais les fortes charges dont je les avais bourrés sept fois, les avaient égueulés, chambrés, et mis hors de service. Le Prince me permit de les convertir en marmites ; j'en eus une pour ma récompense. Je l'ai portée en Bavière lorsque j'y pris du service et je l'ai rapportée en France. Ce trophée bizarre dit à mes souvenirs que je n'ai pas fait la guerre pour des grades et des récompenses, mais que je l'ai faite contre ceux qui avaient tué mon roi, et, plus tard, contre ceux qui l'avaient laissé tuer pour avoir des lambeaux de son royaume.

La campagne se continua avec assez de vivacité, les fautes s'y multiplièrent. Toujours cette belle ligne d'Autrichiens; toujours des camps bien choisis, mais toujours cette lenteur, ce compassement, ces magasins, ces distributions. L'ennemi, au contraire, était sans cesse en mouvement, sans cesse attaquant. Je me livrai à mon idée fixe : me battre, réunir des munitions, mais d'ailleurs avec un dénuement complet d'intérêt. Il m'était aussi indifférent d'apprendre que les armées autrichiennes et prussiennes battaient que d'apprendre qu'elles étaient battues. Mes vœux et mes soins n'étaient que pour ma petite armée de Condé, pour son honneur, sachant bien que cela ne pourrait être pour son profit. Cette manière de voir, de juger, de pronostiquer fit dire de nouveau que j'avais des idées noires, que je voyais tout en noir. J'avais, disait-on, une politique insupportable et malgré cela une gaîté, une activité imperturbable.

Il résultait de là que, cependant, on voulait savoir mes pensées sur chaque circonstance, parce que, disait-on, je prédisais souvent juste. J'annonçais, il est vrai, que les armées françaises avaient acquis l'art de se battre et d'avancer, tandis que les armées alliées s'étaient réduites, en commençant mal et les laissant s'aguerrir; elles avaient maintenant besoin de tous leurs moyens, de toutes leurs forces, de tout leur savoir pour résister, seulement résister. « La guerre a pris un mauvais caractère, disais-je;
« elle sera longue, elle va coûter des flots de sang !...
« elle embrasera toute l'Europe. Battons-nous, mais
« n'espérons rien. Vivons au jour le jour; nous n'aurons
« de patrie que nos fusils; partout où ils feront feu, nous
« serons chez nous. Nous serons repoussés au-delà du
« Rhin avant la fin de la campagne; nous passerons

« l'hiver dans la Forêt-Noire, nous reviendrons sur le
« Rhin; nous retournerons dans la Forêt-Noire ; puis on
« nous enverra plus loin; nous reviendrons, nous nous
« retirerons. Ce sera un va-et-vient, mais jamais l'entrée
« à Paris !... »

Le reste de 1793 fut pour moi une campagne ordinaire, fatigante, même. On prit les lignes de Wissembourg, Haguenau et la forêt d'Haguenau, puis une retraite eut lieu. L'ordre mince se laissa enfoncer. On repassa le Rhin en bon ordre. L'ordre profond, c'est-à-dire notre armée, suivit l'ordre mince en une sorte de désordre, arrêtant souvent l'impétuosité du vainqueur ; mais enfin, il passa le Rhin sans perdre ni canons ni drapeaux, et il s'établit sur la rive droite du fleuve pour observer l'ennemi resté sur la rive gauche. Nous partagions ce service avec l'armée de l'Empire dite des Cercles : pauvre armée sans unité, sans ensemble, sans gloire, sans espoir !.....
Triste hiver !...

Nous eûmes beaucoup de tués et de blessés pendant les nombreux combats de cette campagne. Mon oncle de Mâcon eut la cuisse cassée par un éclat d'obus à Bergzabern (1), peu après Bienwald, dans un des premiers combats. Dans le plus considérable, à Berstheim, le duc de Bourbon fut grièvement blessé à la main. Pendant les deux années suivantes, les deux armées, très disséminées l'une et l'autre, ne firent rien de remarquable sur les bords du Rhin. Les Autrichiens, empêchés par la Prusse et par l'armée de Condé de démembrer la France, retenaient notre ardeur et ne nous permettaient rien d'important.

(1) 24 août 1793.

CHAPITRE IX

DE 1794 à 1798. — COMPAGNIES D'OUVRIERS. — RETRAITES DU PRINCE DE CONDÉ ET DE MOREAU.

Après la campagne de 1793, les revers et les mécomptes vinrent fondre en foule sur les armées alliées. Les succès de Dumouriez, ceux de Moreau, de Pichegru, facilités surtout par les nombreux amis que la république avait dans les Pays-Bas, amenèrent un aspect nouveau et imprévu. Les Prussiens se retirèrent de la coalition contre la république.

En France nous apprenions le soulèvement de la Vendée, de Lyon, de Toulon, la terreur partout. La conquête de la Belgique, notre retraite au delà du Rhin (1), tout cela fut pour moi un chaos qui me rendait triste et sauvage. J'avais toujours vu en noir, mais cette révolution passait tout ce que j'avais pu imaginer, et bannissait toute illusion.

Pour moi, point d'avenir, plus de patrie ; la guerre tant qu'on se battrait, chaque jour suffisant à sa peine, ni excès, ni prévoyance.

Quand il m'arrivait de l'argent je le dépensais; je m'en passais quand je n'en avais pas. Je ne désirais et ne sollicitais rien. Quand on me donnait de la besogne, je la

---

(1) 25 décembre 1793.

faisais avec zèle et activité, et j'étudiais jour et nuit pour la bien faire. Cette étude, souvent très pénible, n'a jamais eu le but de m'instruire par précaution.

J'avais mis dans ma tête que l'homme réfléchi peut tout ce qui est possible ; qu'il n'a qu'à y employer la logique mathématique, en faire un problème, et manier les données connues pour en extraire les inconnues qui en dépendent. Mes premiers faits d'armes m'avaient donné de la réputation pour le coup d'œil et le coup de main. En faisant valoir ces dispositions, ma carrière semblait s'être décidée ; on pensait que je serais aventureux, que je me jetterais dans les corps de nouvelles levées, qu'avec eux je tenterais fortune ; il n'en fut rien : sur tout cela j'étais d'une complète indifférence. Loin de me mettre en mesure de faire valoir ces avantages, je m'occupai des réparations.

Ces malheureux petits canons qui n'avaient pas voulu éclater, changèrent mon existence. En sept coups ils avaient bien rempli leur but, et ceux que nous avions pris à Pfortz les avaient bien remplacés mais je les regrettai souvent plus tard. On oublia mon talent de bon pointeur. Dans la campagne de 1794, je ne fus presque plus artilleur, mais un observateur d'avant-postes, un raisonneur, surtout un réparateur d'armes, un pourvoyeur de munitions, un raccommodeur de charrettes, et cela par suite des travaux et des peines que m'avaient donnés mes joujoux, comme disaient mes camarades. Une autre cause m'y porta aussi : nous avions de si mauvaises nouvelles de France que j'étais bien aise de m'étourdir par un travail incessant.

Je parvins à me faire comprendre avec quelques mots allemands et des dessins linéaires de mon invention. J'avais imaginé des étaux portatifs qu'on fixait à un arbre, des soufflets de forge dans des trous, des enclumes sur le blindage d'une roue, et j'avais l'aide de deux ouvriers allemands intelligents qui s'attachèrent à moi. Ils allaient, réparant les sabres, les fusils dans les corps mêmes; ils gagnaient à cela leur vie, et, en me promenant, je les aidais de mes conseils et je leur attirais de l'ouvrage.

J'étais alors presque toujours au quartier général, sans y jouir d'aucun des avantages des puissants. Avec mes quinze kreutzers je ne pouvais pas m'approcher des cantines ou des restaurateurs. Mis en commun dans une gamelle d'escouade, ils suffisaient, mais, me trouvant seul, c'était la misère des misères (1). Je m'en lassai; je me fis cuisinier, et moyennant cette résignation à la corvée, je m'attachai à la gamelle d'une batterie. C'était à ce feu qu'on me trouvait lorsqu'on avait besoin de moi. Nous rangions les vivres, le gibier surtout, dans un caisson de mon parc. Il y avait, dans cette batterie, deux bons et adroits tireurs. Au quartier général, je trouvais l'occasion d'échanger du gibier, soit contre des quartiers de lard, soit pour des graisses de lèche frites et autres ingrédients utiles. Le caisson garde-manger était bien cadenassé et portait à l'extérieur une large inscription : ARTIFICES DE GUERRE. Il passait partout, et les campagnes de 1794 et 1795 devinrent plus douces pour seize camarades et moi.

---

(1) Voici, en abrégé, quelle était la vie des condéens dans leurs cantonnements, d'après l'un deux : « ... Après un mauvais dîner, arrosé d'eau..., « les uns jouent, ou spéculent en politique, d'autres se laissent aller à de « noires rêveries...; ceux qui ont de l'argent soupent avec des œufs, du vin, « du pain blanc; les autres avec du lait caillé et du pain de munition, plus « mauvais encore qu'à l'ordinaire. »

Journal d'un fourrier de l'armée de Condé, par Jacques de Thiboust page 47.

Paris, Didier.

Militairement, il y eut beaucoup de marches et de contre-marches; plus de batailles, mais de fréquentes escarmouches; nous défendions vingt lieues des bords du Rhin et ses îles. Ce caractère de la campagne venait de ce que étant *nous*, voulant rester Français et unis, nous ne nous étions pas laissés comprendre dans les masses autrichiennes et nous ne comptions pas dans leurs opérations et combinaisons; sans cela, on nous eût envoyés en Italie. Ils abandonnèrent l'Allemagne, depuis Bâle jusqu'en Franconie, et portèrent en Lombardie leur vieux général de Wurmser et leur stupide ordre mince.

En 1795, j'agis beaucoup, je ne brûlai pas une amorce, mais j'essuyai plusieurs coups de fusil à quelques lieues de Bâle dans le Brisgau. J'avais passé une partie de la nuit sur une hauteur, dans une vigne; j'observais un mouvement des républicains parce que la retraite d'Huningue et plus de tambours que d'habitude me faisaient supposer l'arrivée de renforts.

Il venait en effet d'arriver aux ennemis de nouvelles troupes qui allaient marcher, descendre le Rhin, et je les voyais facilement de ma place; mais sans m'en douter, je me trouvais dans un dépôt de contrebande qui servait aussi d'observatoire. Les gardiens me prirent pour un douanier de l'autre rive et ils voulaient me tuer. Je les prenais pour des gardes champêtres et je me débattais, leur montrant que les raisins étant loin d'être mûrs, je ne pouvais pas être en délit. Ils me saisirent à la gorge. En me débattant, mon chapeau tomba et roula au pied de cette roche. La cocarde blanche éclaira tout; elle fit sortir un de ces Anglais que je voyais souvent au quartier général. Je fus débarrassé, mais fort ennuyé d'avoir découvert que celui que je qualifiais de lord et de milord n'était qu'un simple commis marchand. En rendant compte au Prince des quatorze bataillons que j'avais vus sortir d'Huningue et des camps environnants, de la direction que cette armée avait prise, du général qui la commandait, en qui j'avais cru reconnaître Pichegru, je lui racontai ma mésaventure. Il me dit que cela devait en effet être Pichegru, mais que l'Anglais devait être lord Crawford (1), qui se servait volontiers des contrebandiers pour ses correspondances, et il me recommanda de n'en pas parler à mes camarades.

Ce fut à cette roche, près de Bâle, où j'avais été pris pour un douanier de l'autre rive, que commença ma campagne de 1796.

Les Anglais fréquentaient beaucoup notre armée. Ils y voyaient une troupe d'aventuriers braves et gais; ils nous prodiguaient l'or qu'ils versaient avec réserve aux princes allemands. Par notre valeur, ils faisaient des spéculations. Nous comptions pour dix-huit ou vingt mille hommes dans les troupes qu'ils fournissaient à certaines puissances à nous inconnues, et ils nous maintenaient à notre effectif réel de huit à dix mille combattants.

Notre solde fut portée à trente-trois kreutzers par lord Crawford; il augmenta nos légions et régiments soldés, tels que Mirabeau, les Suisses, Hohenlohe, la compagnie franche. Il prit dans notre légion noble des officiers pour former les cadres de quatre régiments ou huit bataillons. Dans l'artillerie noble, il prit les cadres de dix batteries; les soldats nous arrivaient très vite; la plupart venaient de régiments d'émigrés, d'abord soldés par les Anglais et qu'ils venaient de licencier. Notre cocarde blanche,

---

(1) Le colonel anglais, lord Crawford, était commissaire pour l'Angleterre près du prince de Condé.

nos fleurs de lys, nos drapeaux furent soigneusement conservés. Tout fut peint et écussonné aux armes de France avec le signe particulier aux Bourbons-Condé. La légion de Mirabeau prit le nom de grenadiers de Bourbon; enfin on organisa deux régiments de cavalerie légère, dont les cadres furent de même tirés des escadrons et régiments nobles. En un mot, dans un temps très court, nous avions l'apparence d'une belle armée de vingt mille hommes. Ainsi disposés, ou nous disait que nous étions subsides du roi de Danemark, de l'Electeur de Hanovre, etc. Ce qu'il y avait de plus clair, c'est que nous n'étions plus Autrichiens.

Quoi qu'il en soit, cette circonstance mit l'abondance dans nos rangs. Je fus chargé d'une compagnie d'ouvriers d'artillerie. Mes travaux furent plus réguliers, plus méthodiques, mais mes souvenirs de ce temps portent surtout sur des achats de bois, de fers, de chevaux. Il ne me resta de militaire que la connaissance des projets, des points que l'on aurait à occuper et défendre pour y préparer les transports et approvisionnements. Il en fut ainsi jusqu'au départ pour la Pologne.

En mai 1796, les progrès de Bonaparte en Italie forcèrent Louis XVIII à quitter Vérone et à se réfugier à notre armée qui était alors sur les bords du Rhin (1). Nous le reçûmes avec tous les honneurs dus à son rang. Une patrouille de républicains en rencontra une des nôtres aux avant-postes et lui demanda :

— « Qu'aviez-vous donc tant à vous réjouir hier ? »

— « Nous avions le Roi. » — « Ah ! vous aviez le Roi ? Hé bien, nous, nous avons le royaume. »

---

(1) A Riegel. Le Roi y arriva le 1ᵉʳ mai 1796.

Les soldats républicains ayant ensuite témoigné le désir de voir le Roi, il s'avança et leur dit quelques mots. Ils semblèrent émus, mais l'incident n'eut pas de suites. Bientôt la Cour de Vienne ne voulut plus lui permettre de rester avec nous et profita d'une tentative d'assassinat, réelle ou simulée, pour le renvoyer à Blankenburg chez le duc de Brunswick (1).

Jusqu'en 1796, la guerre fut absolument ce que j'avais prédit : alors il y eut plus de talents de la part des Autrichiens. L'archiduc Charles savait attaquer par masse et renoncer aux lignes de défense. Il défit à Amberg l'armée de Jourdan, et força celle de Moreau à s'arrêter et se retirer. Cette retraite de Moreau fut célébrée peut-être au dessus de son mérite. La bataille d'Amberg arrêta Bonaparte qui marchait sur Vienne par Neustadt, Moreau qui y allait par Munich et Jourdan qui s'avançait par la Franconie. Pour la première fois dans cette guerre, les Autrichiens abandonnaient leur stupide ordre mince, l'archiduc Charles fit masse ; avec cette masse il défit Jourdan, paralysa Moreau et arrêta Bonaparte.

L'archiduc avait enfin compris que, pour opposer davantage à Jourdan, il fallait, dans cette campagne, ne faire observer que faiblement Moreau. L'Archiduc fit bien ; et les Français eussent bien fait si les armées de Jourdan et de Moreau se fussent réunies, portant de grands coups par masse. Si, en Italie, les Autrichiens se fussent mieux battus, l'archiduc eût pu aller loin... Son gouvernement l'arrêta sur le Rhin, à Kehl et à la tête du pont d'Huningue, triste fin pour une aussi belle bataille que celle d'Amberg, aussi il fallut recommencer. L'archiduc gagna encore la

---

(1) Le Roi partit le 14 Juillet forcé par les alliés.

belle bataille d'Ostrock, mais là encore il dut s'arrêter et rester en Suisse.

Au milieu de toutes ces guerres, l'armée de Condé eut une existence vraiment très extraordinaire. Elle n'eut jamais plus de huit mille combattants ; elle fit la guerre à sa manière, ne se laissant jamais battre, jamais entamer, jamais envelopper. Elle enfonçait l'ennemi chaque fois qu'on l'attaquait ou qu'elle attaquait elle-même ; elle protégeait les retraites, chargeait la première et débordait toujours l'ennemi dans les attaques générales. Elle ne pillait pas et vivait de ses moyens. Pour un observateur, l'armée de Condé serait une excellente école de guerre. On verrait par elle le parti qu'un général peut tirer d'une petite armée qui sait marcher, se concentrer, brusquer les attaques. J'y ai fait neuf campagnes ; j'ai fait les autres avec les grandes armées de Napoléon ; ce sont les premières qui m'ont laissé les souvenirs les plus intéressants ; c'est à cette école que j'ai appris toutes les ressources que peuvent se procurer les militaires qui en ont la ferme volonté.

Une chose digne de remarque, c'est que la petite armée de Condé faisait la grande guerre au milieu d'une superbe armée qui ne savait faire que la guerre de lignes ou de cordons. Cela n'échappa pas à l'Angleterre ; elle nous prit à sa solde par principe et par économie. Nous avions tout le mouvement, toute l'insubordination de ces grandes armées qu'on n'a pas le temps de ranger et d'aligner tant elles ont besoin d'agir. Tous ces officiers, devenus soldats par dévouement à leur cause, ne pouvaient pas se soumettre aux appels, à la vie sédentaire des camps. On allait partout, observant tout, jugeant soi-même, ne manquant jamais au combat, et cela parce que chacun observait en officier, et combattait en soldat. Jamais troupe n'a aussi bien couvert une retraite, parce qu'elle portait ses coups comme une armée qui veut avancer. Aussi, malgré la faiblesse de son nombre, elle a constamment montré beaucoup de courage, une bravoure qui lui était propre, mais ni comme ensemble, ni comme individus, elle n'a montré de témérité.

Le passage du Rhin (1) par les armées de Jourdan et de Moreau nous fit faire une campagne très active. Nous fîmes une retraite savante jusqu'à Munich, et nous ramenâmes Moreau, qui fit encore une campagne plus savante jusqu'à Huningue. Chacun fit bien son devoir, mais cette campagne, plus qu'aucune autre, mit au grand jour les qualités militaires de notre Prince et de son petit-fils le duc d'Enghien.

Nous formions alors une division du général autrichien comte de Latour, qui, lui-même, faisait partie de la grande armée de l'archiduc Charles. Le prince de Condé gardait le Rhin, de Bâle jusqu'au delà de Fribourg; Latour, de là jusqu'à Kehl; d'autres corps le défendaient plus bas. Notre prince seul avait bien compris cette guerre de cordon, cette défensive sur le bord d'un grand fleuve ordonnée par les Autrichiens. Aussitôt en arrivant, il reconnut ses vallées de retraite, ses champs de bataille. Tout son matériel était mobile, soit par ses chevaux, soit par ceux du pays qu'il s'était assurés, par des cantonnements de cavalerie.

Le duc d'Enghien commandait une avant-garde sur le Rhin avec des dispositions pour laisser passer, et attaquer avec force concentrée tout ce qui serait passage

---

(1) Moreau passa le Rhin les 23 et 24 juin 1796.

réel. L'armée, en arrière, avait une dislocation propre à offrir la bataille à l'entrée des vallons. Selon l'intention du Prince, l'ennemi connut cette disposition, et força le passage sur une armée autrichienne où il avait trouvé plus de jactance et moins de résolution.

Le Prince calculait toutes ses vraisemblances sur les mouvements des armées en Italie. Il prévoyait une marche sur Vienne par l'Italie, la Bavière méridionale et le long du Danube. Le Prince me voyait souvent et toujours dans les ateliers, où il venait, disait-il, pour se désennuyer de la lenteur d'une guerre le long d'un fleuve. Dans le fait, c'était pour voir en noir, sans témoins.

Voir en noir n'était peut-être pas le terme. Le Prince n'espérait plus la réintégration de la monarchie par les armées alliées; il s'attendait à un coup d'État qui dicterait la paix dans la capitale de l'Autriche. Il voulait arriver à ce point avec son armée, célèbre par sa valeur et récompensée par un bon établissement dans le Nord.

Toutes ses prévisions se réalisèrent quant au passage du Rhin. Se retirant comme il l'avait prévu, il fit sa retraite où et comme il l'avait voulu. L'armée de Latour fut toujours préservée d'échecs pendant sa retraite qu'elle faisait sans combattre. Le Prince, outre plusieurs petites affaires, eut deux combats très brillants, à Oberkamlach et à Biberach (1). Il arrêta l'ennemi net sur l'Isar, près de Munich; puis il en demeura là, ayant jugé que l'archiduc Charles devait repousser Jourdan, trop éloigné de Moreau, et que l'armée d'Italie n'était plus en mesure d'arriver à Vienne.

---

(1) A Oberkamlach (13 août 1796) pendant la marche de Moreau sur Munich; à Biberach (2 octobre 1796) pendant la retraite de Moreau sur le Rhin.

Moreau avait vu comme le Prince; il étudiait sa belle retraite, tandis que le Prince ne pensait qu'à l'écarter du Tyrol et du Voralberg, afin d'avoir des quartiers d'hiver tranquilles, en Souabe et en Brisgau. Je lui dois cette justice qu'il a toujours su faire combattre noblement sa petite armée l'été et lui ménager de bons quartiers d'hiver. C'est depuis, en me trouvant dans de grandes armées, que j'ai senti combien il avait fallu de mérites militaires à ce général pour faire ce qu'il voulait avec si peu de soldats. Je n'ai jamais été un des courtisans de ce grand Prince. J'ai servi avec lui par sentiment de mon devoir et de ma position, par amour du métier de la guerre. Je l'ai quitté deux fois pour ne pas trop m'éloigner de la France, mais plus j'ai servi sous d'autres chefs, plus j'ai senti son mérite. J'ai bien souvent regretté de ne pas savoir écrire ce que je sentais. J'aurais mis au jour des exemples que l'histoire n'appréciera probablement jamais, faute de matériaux bien analysés. Les grands événements, les grandes armées, les grandes choses ont mis dans l'ombre un grand génie militaire. Le duc d'Enghien, élevé à cette école et sacrifié à l'élévation d'une haute ambition inquiète et jalouse, est une preuve de la réalité de ce que j'avance à ce sujet. Plusieurs de nous ont servi ailleurs et s'y sont distingués, plus parce qu'ils ont appris à l'armée de Condé que par leur talent particulier. Ce fut ainsi que notre Prince avec sa petite armée, portant ses couleurs françaises, se couvrit de gloire assez pour étonner amis et ennemis, ce que j'ai su plus tard.

Je ne m'en serais pas douté, je l'avoue, si, en 1806, Berthier, major général de la grande armée, ne m'avait pas demandé, par ordre de Napoléon, les détails de cette marche et contremarche; comment en partant des bords du Rhin, traversant la Forêt noire, le col du Kniebis et le Mont bleu par deux vallées ; allant par marches lentes et jamais forcées jusqu'à Munich (1) et s'arrêtant effectivement sur l'Isar; revenant en écartant toujours Moreau des Alpes et surtout du Voralberg et du lac de Constance ; franchissant la Forêt-Noire et livrant bataille dans la plaine de Steinstadt, il jetait Moreau sur Huningue quand il devait et voulait aller à Kehl.

A Paris, au ministère de la guerre, bureau géographique, j'ai été appelé pour vérifier la carte de cette marche par le maréchal Clarke, ministre de la guerre; puis l'empereur, avec l'aide de Bertrand et d'un général du génie, a voulu lui-même planter les épingles sur les points importants. En se relevant, Napoléon s'écria : « Turenne n'aurait pas mieux fait. » Le général du génie dit : « Oui, mais à la Condé, sous des bannières étrangères. » Napoléon répondit très brusquement : « Non, sous sa propre bannière, un drapeau blanc fleurdelisé. Qui nous dit que dans ces combats ce n'est pas Francs et Bourguignons contre Gaulois? »

Ce n'est que par les appréciations des Français en 1806 que j'ai bien compris toute la beauté de cette campagne. Je ne la fis pas comme artilleur, puisque je n'avais point de bouches à feu, ni dans l'état-major général, puisque j'avais rang et appointements dans l'artillerie. J'étais je ne sais réellement quoi : au quartier général; employé aux parcs d'artillerie; quelquefois en mission d'observation; ou d'autres fois au commissariat, aux vivres et fourrages. J'aurais fait cette campagne sans brûler une

---

(1) Le prince de Condé arriva à Munich le 25 août, mais sans y entrer. Il n'en partit que le 12 septembre après avoir appris la nouvelle de la victoire de l'archiduc Charles sur Jourdan, ce qui avait débloqué Mayence.

amorce si je n'avais pas été chargé de remplacer un camarade à Biberach. Voici l'histoire :

L'armée de Latour, composée surtout de troupes des cercles, opérait sa retraite. Le Prince n'en fut averti que parce que les ordonnances de correspondance la trouvèrent décampée. Le Prince prend aussitôt l'offensive, pousse en avant et, négligeant tout ce qui était en arrière, il inquiète tellement l'ennemi qu'il s'arrête et rétrograde même pour s'y opposer. Notre petite armée eut le soir sur le dos toute l'armée qui avait été victorieuse des troupes de Latour, et dut se garer de ses embuscades. La nuit venue, le Prince gagne une marche, se fait poursuivre pendant deux jours, indiquant une direction de retraite pour se jeter dans le Tyrol, et menaçant par intervalle dans la plaine. Le général Gouvion Saint-Cyr commandait l'armée ennemie. Plusieurs années après, j'ai servi sous ce général et j'ai eu la satisfaction de l'entendre vanter son savoir, pour avoir, disait-il, vaincu une armée de cinquante mille hommes qui tentait au moins trois fois par jour de prendre l'offensive, mais qu'il avait su bien manœuvrer par ses mouvements de flanc; (c'est-à-dire, pour moi qui m'y trouvais, par ses zigzags d'incertitude.) Il citait surtout sa manœuvre du Moulin du renard. C'est un point où pour ma part j'avais cru être pris. J'avais été placé sur une hauteur, en avant d'une petite rivière basse et marécageuse, la Riss, avec un canon, un obusier et une compagnie d'escorte. Un de nos régiments vit s'avancer une masse considérable. Ce régiment, qui ne me savait pas là, fit sa retraite sans me prévenir par le pont des écluses du moulin et détruisit ce pont. Cette masse de Républicains s'y précipita. Je me couvris de haies, cachant mon canon, et j'observai... Un général entra dans ce moulin, et probablement il s'y reposait ; on lui réparait le pont pendant que ses chevaux mangeaient l'avoine dans la cour du moulin. Je braque mon obusier sur la maison et ma mitraille sur les chevaux ; je fais feu, et du premier coup j'embrase les bâtiments et je ravage les chevaux du général. Derrière les haies, mon escorte faisait feu de mousqueterie. Le général se sauva à pied, tendant le dos ; les soldats qui refaisaient le pont se sauvèrent ; l'armée ennemie se hâtait de se mettre en bataille en couronnant les hauteurs. Je franchis le ravin en tirant mon canon d'un bord à l'autre avec mes prolonges, et je canonne régulièrement sur cette armée se formant et me ripostant par feu de batterie. L'ennemi fut forcé, par cet incendie, de faire un détour qui nous fut favorable.

Pendant cette campagne et dans ces nombreux combats, nous eûmes beaucoup des nôtres tués ou blessés. A Oberkamlach un de nos amis, le marquis de Conygham, fut au nombre des morts ; il venait d'épouser la nièce de mon ancien général, le comte de la Chapelle.

En 1797, ma campagne fut triste et ennuyeuse ; l'arme au bras, nous vîmes attaquer une tête de pont à Huningue. A la prise de Kehl, nous n'eûmes qu'un officier tué ; la guerre très vive en Italie était presque nulle en Allemagne (1). Tous les princes allemands faisaient la paix ou des suspensions d'armes avec la république. Nous et notre Prince, plus obstinés que jamais pour n'être que nous, nous étions repoussés par l'Autriche même ; mais

(1) La campagne de 1797 commença en Allemagne par le passage du Rhin par Moreau le 20 avril 1797 et fut arrêtée immédiatement par la nouvelle des préliminaires de Léoben que signa Bonaparte, général en chef de l'armée d'Italie, le 18 avril 1797 et qui servirent de base au traité de Campoformio (17 Octobre 1797).

trop battue, trop occupée pour nous chasser de force, nous restions malgré elle sur son territoire. L'archiduc Charles seul nous louait et nous admirait. Il approuvait surtout la résolution de n'avoir d'autre bannière que la nôtre. Bonaparte et l'Autriche firent la paix en avril ou mai.

L'événement, pour moi, de cette campagne fut une colère combinée pour qu'on pût me laisser parler très haut. Le marquis d'Entraigues, venant de Suisse, avait fait sa cour au Prince. Notre curiosité avait encombré les salons; je connaissais le local, et j'avais remarqué que, lorsque le Prince voulait connaître nos pensées, il nous laissait dans ces salons et jouait au trictrac dans un petit cabinet qui y attenait. Alors M. du Cayla ne nous disait pas : « Messieurs, le Prince est rentré dans ses appartements ». ce qui était nous dire de nous retirer. Je pensai donc qu'il était là avec le marquis d'Entraigues, envoyé des Princes. Je ne communiquai pas mon idée, je me plaçai près de la cloison et je pris le verbe haut. Je fis naître discussion, et je la soutins. Mon thème fut que les Rois, en laissant immoler mon Roi, étaient tous devenus nos ennemis, soit comme faibles, soit comme idiots ; ma cocarde blanche tiendrait mieux que leur couronne qu'ils ne savaient pas soutenir avec leurs soldats de parade ; leur conduite en Champagne, et les vexations faites ensuite à nous, à nos opinions, à nos couleurs avaient établi un nouvel ordre de choses, et je ne voyais plus qu'un ôte-toi de là que je m'y mette ; un pauvre Corse jouait déjà à ce jeu en Italie ; je le verrais volontiers prendre la couronne de fer à cet aigle sans griffes auquel je ne vois plus qu'une trompeuse et frêle envergure, et je démontre que, puisqu'en 1792 et 1793, nous avons pu résister à tous, battre partout où nous avons été employés, il ne s'agit plus pour nous d'aller remuer les débris d'un trône convoité par plusieurs; il ne s'agit que de savoir nous maintenir dans notre petit nombre, rester unis, prouver que nous sommes *un,* sans alliances, sans aide, sans secours étrangers et perfides, etc.

Les uns riaient, les autres se fâchaient. Les vieux, les savants haussaient les épaules et me traitaient de blanc-bec. De ce moment je ne fus plus simplement un artilleur, mais un je ne sais quoi, accueilli et souvent questionné au quartier général.

L'impératrice de Russie, Catherine II, mourut. C'était en elle que reposaient nos plus grandes espérances. Elle nous avait constamment conservé son don pour venir, quand cela nous conviendrait, faire notre colonie française en Crimée avec nos armes et nos hommes. Le prince de Condé écrivit à l'empereur Paul qui lui succédait. Sa réponse, toute chevaleresque, nous disait qu'il ferait encore plus que sa mère, pour de si nobles chevaliers, mais qu'il voyait en nous des Burgondes ou Bourguignons, sortis des bords de la Vistule, c'est pourquoi il voulait nous rétablir en Wolhinie dans la Pologne, notre berceau. Il exigeait seulement que ce fût sous ses couleurs russes, ne voulant pas réveiller de vieux souvenirs en Pologne avec notre drapeau blanc.

Le Prince et une partie de son armée acceptèrent ces conditions et partirent pour la Pologne en octobre 1797. D'autres, dont j'étais, ne voulurent pas quitter le voisinage de la France tant qu'on s'y battrait. Nous conservâmes nos rangs en 1797 et 1798.

Je commençai ma huitième campagne avec les troupes de Berne, le général suisse de Diesbach ayant voulu m'avoir sur ma réputation, mais ces avoyers, ces landammans étaient de si pauvres militaires que je n'allai que jusqu'à Payerne. Je les remerciai et revins à Constance, ville impériale à moitié ruinée où les émigrés étaient aussi nombreux que les habitants.

Ce fut la première fois que je me séparai de mes camarades. Je ne voyais rien de solide dans cette paix. Je connaissais l'intention du Prince de se battre tant qu'il y aurait la guerre, et de s'établir dans le Nord avec son armée lorsqu'on aurait fait la paix. La mienne fut que si la guerre se rallumait, l'armée reviendrait et que j'y reprendrais ma place ; sinon, j'entrerais dans une des armées belligérantes.

Je vis juste : la guerre se ralluma deux ans après et la Russie y prit part ; l'armée de Condé revint et j'y retrouvai mon rang d'officier d'artillerie.

CHAPITRE X

INTRIGUES. — VIE DES ÉMIGRÉS A CONSTANCE.
— RETOUR EN FRANCE

En 1798 et 1799, l'armée de Condé allant en Pologne, dans la province de Wolhynie, l'empereur Paul de Russie en exigea serment de fidélité à sa personne, le port de ses uniformes, de ses couleurs, de sa cocarde et ses drapeaux, moyennant quoi il accordait maintien de soldes et d'appointements, police militaire française pour tous les militaires, police civile pour ceux qui ne portaient pas les armes; droits de noblesse aux gentilshommes de noms et d'armes; droits d'hommes libres à tous les autres, ce qui était traduit par la dénomination de Schlacht schultz. C'était, à tous égards, nous assimiler aux Polonais de la Russie Blanche. Cette résolution, à laquelle le prince de Condé fut contraint, de conduire son armée en Pologne, en 1797, pour devenir de simples Russes assermentés, me déplaisait fort, et je m'annonçai au Prince comme voulant donner ma démission. Il n'y répondit pas, parut soucieux, et environ une heure après, il envoya un de ses aides de camp, le comte d'Auteuil, me dire qu'il m'accordait un congé de deux ans, et qu'il me conserverait pendant ce temps mon rang et mes appointements, si dans le délai de deux ans je revenais à lui. J'y consentis. M. d'Auteuil me dit de laisser mon adresse certaine à Constance, à Augsbourg, à Uberlingen et à l'abbaye de Salmenweir, mais que je devais garder le secret sur cette disposition. Je ne le comprenais pas et ne m'engageai à rien, et je pris le chemin de la Suisse pendant que l'armée prenait celui de la Pologne.

En mai 1797, un prisonnier français m'ayant cherché et trouvé, me dit que Pichegru ne m'a pas oublié, qu'il est Président du conseil des Cinq-Cents, qu'il me fait dire d'être patient et prudent, qu'il saura bien me retrouver. Cette conversation, des idées vagues sur Pichegru, cette conservation de mon grade à l'armée de Condé pendant ce congé de deux ans, à condition de laisser mon adresse, et mes réflexions propres, tout cela faisait fermenter ma tête et n'y laissait aucune combinaison. Ce fut sans projets arrêtés et purement par instinct que je restai sur les frontières de France, observant avec curiosité mais sans plan, sans but, la prétendue paix de Léoben, le congrès de Rastadt et l'armée de l'archiduc Charles.

Quand j'arrivai en Suisse, j'y rencontrai un major Roussillon, qui avait été lieutenant dans un des régiments suisses français. Il me raconta que le traité de Campo-Formio, la république cisalpine et la Ligurie accordée à Bonaparte n'étaient qu'une tromperie; que Bonaparte s'était débarrassé des Autrichiens en Italie pour aller faire sa coupe en Egypte et de là dans l'Inde; pour amadouer les Autrichiens, il leur livrerait tout ce qu'ils pourraient prendre en Allemagne; mais la Prusse, soutenue par les Anglais saurait bien barrer l'Autriche, et c'était ce qu'on allait arranger au congrès de Rastadt ; pour affaiblir les uns et les autres, l'Angleterre avait repoussé l'armée de Condé en Russie, etc., etc... Tout ce verbiage aviné ne m'inspirait aucune confiance, mais il contenait assez de vérités pour me rendre pensif et soucieux...

Je retournai en Allemagne, j'écoutai ce qu'on disait du congrès de Rastadt (1). Les puissances de l'empire d'Allemagne semblaient, dans ce congrès, vouloir abandonner l'empereur François II et préférer alors le roi de Prusse. J'entendais dire vaguement que Pichegru voulait faire du prince de Condé un duc d'Alsace; d'autres soutenaient que Paul Ier en ferait un roi de Pologne, et de tous les nobles de son armée des chevaliers de Malte, mais de la langue grecque orthodoxe pour ceux de nous qui étaient calvinistes ou luthériens, langue latine pour les autres. Je trouvais en moi-même que tous ces bruits n'avaient pas le sens commun : mais, si ce n'eût été un démembrement de la France que nous voulions conserver entière, la principauté d'Alsace ou duché de Condé m'aurait encore mieux convenu que les starosties polonaises.

J'observai avec curiosité la formation de la superbe armée autrichienne dirigée par l'archiduc Charles. Je suivis cette armée dans ses marches en ordre profond des bords de l'Isar sur Stocach en Souabe. Je vis de loin la sanglante bataille d'Ostroch; la victoire resta à l'archiduc. Je fus émerveillé de ses manœuvres, de ses carrés enfonçant les centres et écrasant ensuite, toujours en gardant leurs masses, les fractions déroutées de l'armée républicaine. Après cette victoire, je suivis, mais en curieux, la marche dans les montagnes noires pour porter la guerre aux environs du congrès de Rastadt, congrès où la France et la Prusse dominaient ; où les princes et alliés de l'empire d'Allemagne étaient peu d'accord ; où surtout des

---

(1) Ce congrès s'ouvrit à la fin de 1797.

agents déguisés cherchaient à influencer et achetaient et payaient sous main.

Ce congrès se termina par un crime atroce et qui n'a pas encore été éclairci (1). Les plénipotentiaires français Jean Debry, Roberjot et Bonnier, furent tirés de leurs voitures et sabrés; leurs papiers furent enlevés, mais les voitures laissées sur place, et on ne pilla pas les effets d'habillements, de toilette, les bijoux de femmes : ces trois députés avaient emmené leurs femmes à ce congrès. On accusa des hussards Autrichiens, de Szecklers, d'après leur uniforme. C'étaient de ces troupes irrégulières dont les armées d'Autriche sont encombrées, battant la campagne sans ordre ni discipline, éclairant pendant la nuit surtout, auprès des corps d'armée pour les mettre à l'abri des surprises. Leur costume gris et informe était facile à imiter, et ce genre de troupes eût bien convenu pour ces brigandages, ce guet-apens. Il est bien probable que les six qui firent le coup portaient de ces habits imités, car ils parlaient français, ils n'en voulaient qu'aux papiers et ils savaient bien les choisir et les trouver. De vrais Szecklers auraient tout tué, députés, femmes, domestiques, et ils auraient surtout tout pillé. J'y voyais plutôt un acte de franc-maçonnerie, une intrigue contre une autre intrigue, qu'un brigandage d'avant-postes. Plus tard, les suites m'ont confirmé dans cette idée : la guerre se ralluma partout avec force aussi bien en Italie qu'en Allemagne; et par cette guerre les craintes de l'Angleterre pour l'Egypte s'éteignaient. C'était au moins une salutaire diversion.

Ce massacre des trois plénipotentiaires français à un

---

(1) Les plénipotentiaires Français furent assassinés à leur retour en France le 28 avril 1799, après la rupture des négociations du congrès de Rastadt.

congrès, cette violation du droit des gens, le désespoir de leurs femmes, de leurs domestiques; ces voitures pleines de sang et abandonnées à la curiosité de la populace dont les figures ne m'étaient pas étrangères, tant j'avais passé souvent dans cette ville de Rastadt; ce village de Mouchen Sturm où j'avais été cantonné trois fois, tout cela m'inspira une tristesse, un dégoût dont je ne pouvais me rendre compte. Je tiens aujourd'hui encore cette année 1799 comme la plus triste de mon émigration, tant il est vrai que la guerre a un charme pour celui qui y est part active et qu'elle est malheur, angoisses profondes et fléau cruel pour ceux qui en sont les témoins !...

Au surplus, je jugeai prudent de m'éloigner et de ne paraître en rien comme ayant su quelque chose. Je franchis les montagnes par ces chemins que je connaissais si bien et je me retrouvai à Constance, mon séjour habituel, comme si je n'avais pas quitté cette ville.

A peine y fus-je arrivé que, sur l'adresse que j'avais laissée au Prince, il me vint de l'armée de Condé deux de mes camarades officiers d'artillerie, Phélippeaux et du Prat. Phélippeaux était un jeune officier de l'école de Paris, de mon âge et de mon temps. Du Prat était plus ancien, mais un *crâne*, un homme extrêmement brave, gai, étourdi, tapageur. Ils m'étaient recommandés pour que je leur procurasse moyens et facilités pour rentrer en France, ce que je fis.

Le commodore Sidney Smith, anglais fort aimé du prince de Condé, avait été souvent parmi nous et il s'était lié d'amitié avec Phélippeaux comme homme fort instruit, et avec du Prat, comme officier joueur, gai et bon enfant. Sidney Smith fut fait prisonnier au Hâvre, conduit à Paris et enfermé au Temple. Un parti voulait qu'il fût traité en prisonnier de guerre ; un autre parti voulait qu'on le traitât comme embaucheur. Phélippeaux, caché dans Paris, imite un ordre de transfert du prisonnier à la Conciergerie ; du Prat et de Langle de Beaumanoir se font des uniformes de gendarmes, et se procurent une de ces voitures de la police, nommées des souricières. Ils se présentent un matin à la grille du Temple et se font délivrer le prisonnier en signant la remise de transfert à l'écrou. Ils partent, ils sortent de Paris, ils prennent la poste à Bondy et arrivent sans mauvaise rencontre à Toulon. Ils rejoignent une croisière anglaise et ils arrivent à Londres avant que l'on connût l'évasion à la police.

Phélippeaux s'attacha à Sidney Smith et défendit Saint-Jean d'Acre contre Bonaparte. Il fut comblé d'argent et de décorations, mais il prit la fièvre jaune et en mourut. Du Prat était revenu à Dantzig et depuis là, il regagna l'armée de Condé.

Pendant que notre armée était en Pologne j'étais donc demeuré, du consentement du Prince, en observation sur les frontières.

Je n'avais plus ma solde de dix sous par jour et ce fut alors que je ressentis les malheurs de l'émigration. Tant que j'étais resté armé, je n'avais éprouvé que ceux de la guerre. En paix, il fallut s'ingénier pour vivre, comme le faisaient déjà les prêtres, les vieillards, les femmes, les enfants.

Mon frère se fit colporteur. Quelques Autunois de ma connaissance, assez bons musiciens, et qui s'étaient entretenu la main en faisant danser nos hôtes, les paysans de la Forêt-Noire, continuèrent à jouer devant les maisons, comme le font en Allemagne de nombreuses troupes d'étudiants. Il y eut des professeurs, des commis. Plusieurs femmes du plus haut rang faisaient de petits commerces de mercerie, lingerie, modes, etc. Il faut reconnaître que la bonne volonté et la bienveillance des habitants nous rendaient le travail facile.

Pour moi, je devins arpenteur, avec l'aide de mon oncle Espiard de Mâcon qui portait ma chaîne. Comme nous n'avions pas assez d'ouvrage, nous vendions aussi de petits dessins à la plume et j'aidais une famille que j'avais connue à Besançon; M. (1) et Mme de Vezet faisaient des ouvrages en cheveux, fort à la mode alors. Tout cela nous procurait une existence suffisamment aisée. Nous menions toujours une vie de bonne compagnie, travaillant le jour, et nous réunissant le soir les uns chez les autres, non seulement pour n'avoir qu'un feu, qu'une lumière, mais surtout pour nous retrouver ensemble, parlant notre langue entre gens qui pensaient de même.

Nous échangions nos nouvelles, nos espérances, nos illusions, car, même alors, il y en avait encore. Malgré nos habits communs à Constance, à Augsbourg, où nous rejoignîmes souvent les Espiard de Colonges, nous formions une société aristocratique qui pouvait rappeler l'ancienne France (2).

Après cette longue angoisse de la terreur, la gaîté revenait, mais nos nouvelles politiques me semblaient absurdes. C'était, par exemple, le mariage de l'archiduc Charles avec Madame Royale qui eût amené une restauration en France, ou bien l'Alsace donnée au prince de Condé

---

(1) M. de Vezet était président au parlement de Besançon et avait souvent reçu M. de Comeau quand il était au régiment de Metz.

(2) A Constance les communications avec la France étaient plus faciles; à Augsbourg, la vie était moins chère.

et devenant province de l'empire germanique, ou encore Pichegru qui aurait ramené le Roi en devenant connétable, etc., etc.

Rien de tout cela n'était vraisemblable et, malgré les papiers du fameux fourgon de Klinglin (1), je n'ai pas cru plus tard à la trahison de Pichegru. Celui-ci était d'abord devenu républicain par mode, par ambition, comme tant d'autres. Les commissaires de la Convention, qu'il fut obligé de subir, avaient heurté ses instincts d'honnête homme. Je crois qu'il désirait le retour du Roi, comme les trois quarts de la France d'alors, mais il préférait le ramener par les moyens légaux, jusqu'à sa déportation au moins; le jeu des institutions nouvelles amenant chaque année davantage de royalistes dans les conseils.

Plusieurs d'entre nous, ennuyés de l'inaction dans laquelle nous retenait l'Autriche, avaient pris du service chez différentes puissances étrangères; d'autres avaient essayé de gagner la Vendée soit en traversant la France, où ils avaient été reconnus et mis à mort, soit en passant par l'Angleterre. Cette puissance les conduisit à Quiberon (2), où elle en abandonna une partie aux républicains qui les fusillèrent presque tous, sans vouloir débarquer ceux qui auraient pu les soutenir, sans vouloir reprendre ceux qu'elle abandonnait. Un des Espiard, officier du régiment d'Auvergne, fut fusillé à Quiberon (2).

---

(1) Au second passage du Rhin, le 20 avril 1797, Moreau s'empara du fourgon du général émigré Klinglin qui contenait, disait-on, la correspondance de Pichegru avec Klinglin, le prince de Condé et d'autres émigrés. A la vérité, il ne s'y trouvait aucune lettre autographe de Pichegru qui se contentait de communiquer verbalement avec les agents des émigrés. Ces pièces ne furent dévoilées par Moreau qu'après l'arrestation de Pichegru, qui fut un des représentants déportés au coup d'état du 18 fructidor (4 septembre 1797). Les royalistes regardèrent ces pièces publiées si longtemps après comme l'œuvre d'un faussaire.

(2) Juillet 1795.

Un de nos amis, le comte de Conygham d'Avirey, qui avait pris le parti de gagner la Vendée, se trouvait sur le vaisseau qui portait le comte d'Artois et qui ne put aborder à cause du temps, disait-on. Son domestique, Guy Dumai, faisait partie du premier détachement et trouva le moyen de s'échapper.

S'imaginant que l'on se donnerait plus de peine pour sauver un noble que pour un simple soldat, il prit le nom de son maître. Ce qui l'eût perdu, deux ans avant, lui réussit. Il traversa une partie de la France, en bateau, sur la Loire, jusqu'à Nevers où son maître était connu. Là, il reprit son nom et écrivit à Mme de Conygham pour lui donner des nouvelles de son mari; il put rentrer tranquillement dans son village, où il mourut âgé, après y avoir été longtemps instituteur.

Un brave colporteur savoyard, nommé Bertrand, nous faisait parvenir de loin en loin des nouvelles de nos familles. Nous sûmes l'odyssée de Guy; quand l'armée de Condé eut établi ses quartiers d'hiver, nous demandâmes un congé ; et, bien déguisés, nous allâmes passer qnelques jours dans ma famille. Nous voyagions à pied, en exerçant les métiers de colporteurs et d'arpenteurs ambulants.

Dans ce premier voyage, nous suivîmes l'itinéraire du savoyard Bertrand et nous profitâmes des refuges qu'il nous avait indiqués chez de braves gens. Nous passâmes en Suisse, à Genève, à la perte du Rhône et, comme je me trouvais à Lyon peu après la chute de Robespierre, je pus voir combien les Jacobins étaient antipathiques à la nation véritable, à Lyon, surtout, qui avait tant souffert par eux. J'assistai à de nombreuses exécutions populaires : quand le peuple rencontrait d'anciens terroristes, ils étaient jetés dans le Rhône sans plus de merci qu'ils n'en avaient eu pour leurs victimes. Ces exécutions me firent horreur : je comprenais bien la guerre contre ces monstres ; nous ne voyons pas d'autre moyen de rendre un bon gouvernement à notre malheureuse patrie; j'aurais compris des jugements, ils les méritaient ; mais je ne pouvais supporter ces représailles, ces massacres de sang-froid!

A notre arrivée et pour éviter d'attirer l'attention, nous dûmes attendre la nuit dans un petit bois à l'entrée du village de Bard. Je laisse à penser quels sentiments nous animèrent pendant cette réunion. Pendant la Terreur, mon père, ma tante, plusieurs de mes parents avaient été jetés en prison ainsi que mon jeune frère Alexandre, alors élève à l'école militaire d'Auxerre. Cet enfant de quatorze ans, privé de toutes nouvelles de sa famille depuis sa captivité, fut mis sur le pavé sans ressources aucune après la chute de Robespierre. Il n'osait écrire à ses parents, ne sachant ce qui avait pu leur arriver pendant ces années de sang et d'oppression, et il dut regagner son pays à pied, seul, vivant de fruits sauvages et de la charité des quelques fermes isolées où il avait osé s'adresser.

La révolution du neuf thermidor sauva aussi nos parents et amis, et nous pûmes nous retrouver presqu'au complet à Bard, chez ma sœur, Mme de Montcrif. Sa terre n'ayant point de droits seigneuriaux (ceux de cette paroisse étant dus au chapitre de Semur), ma famille avait pu y passer assez facilement la fin de la révolution. Prévenus par des amis fidèles, entre autres par le curé de Moux, devenu, pour sauver sa vie et celle de bien d'autres, gendarme à Arnay, ou par le maire de Bard, M. Taquenet, homme d'affaires de M. de Montcrif, des jours où il devait y avoir des perquisitions, ils allaient se cacher dans les bois, parfois chez une ancienne femme de chambre de la famille dont le mari était un enragé jacobin. Une de mes jeunes sœurs, Augustine, ne put résister à cette vie de transes perpétuelles et mourut jeune. Le curé non assermenté du village trouvait un gîte assuré chez ma sœur, et mes cousins Espiard de Mâcon étaient venus y chercher un asile après l'arrestation de leur mère qui les rejoignit à sa sortie de prison.

Nous convînmes de moyens de correspondances pour d'autres voyages, s'ils devenaient possibles, et nous regagnâmes notre armée sans accident à l'expiration de notre congé. Après le départ du Prince pour la Pologne, nous revînmes encore quelquefois, soit par Lyon, soit par la Franche-Comté. Malgré nos précautions, ces voyages n'étaient pas sans dangers de toutes sortes. Dans l'un d'eux, mon frère Alexandre vint nous chercher à Autun. En traversant le faubourg, un gamin, voyant des figures nouvelles, cria que nous étions des émigrés rentrant. Mon frère activa l'allure de son cheval et ne dut notre salut qu'à sa vitesse et à la chute d'un enfant renversé par la foule auprès duquel ceux qui nous poursuivaient s'empressèrent.

Une autre fois, à une petite ville près de la frontière, nous fûmes arrêtés par la populace, mon frère Louis et moi, et les magistrats, pour nous sauver peut-être, nous firent conduire en prison. Nous crûmes d'abord notre dernière heure arrivée, mais je remarquai bientôt que le bonhomme de geôlier, bien inoccupé, nous accompagnait dans la cour de la prison et cherchait à lier conversation avec nous. Il nous proposait d'interminables parties de cartes. Nous convînmes de nos faits, mon frère et moi;

j'offris quelques petits verres. Au premier moment favorable, Louis, très robuste, saisit le geôlier à bras le corps, pendant que d'une main je prenais ses clefs dans sa poche et que de l'autre je l'empêchais de crier. Nous l'enfermâmes dans notre cellule et nous gagnâmes rapidement la frontière, sans encombre cette fois.

Dans un de mes derniers voyages, j'eus à m'arrêter dans une maison où j'avais déjà logé. Je remarquai de suite l'air sombre et préoccupé de mes hôtes. On me dit que le jardinier, dont j'avais partagé la chambre dans un autre voyage, se trouvait gravement malade. On me laissa dans cette pièce isolée, au fond du jardin et je dormais profondément quand j'entendis un bruit de ferrailles et la porte s'ouvrir. C'était le jardinier, ayant rompu une chaîne qu'il traînait derrière lui. Il se jeta sur le lit et se mit à mordre avec rage tout ce qu'il trouva, les draps, les meubles... J'avais pu me retirer dans la ruelle. Le pauvre homme était devenu enragé !...

La réaction du 18 fructidor (4 septembre 1797) et la loi du 19 (1) nous menaçant de la mort ou de la déportation, nous fit retourner en Allemagne pendant quelque temps, ainsi que les autres émigrés qui avaient aussi essayé de rentrer en France. Puis mon oncle, jugeant sa présence plus utile en France, même pour la cause du Roi, parvint à se faire rayer de la liste des émigrés.

Voici, en quelques mots, comment on y parvenait : en ces temps où nombre de personnes avaient dû quit-

---

(1) Elle portait que tous les individus inscrits sur la liste des émigrés qui seraient trouvés en France, passé un délai de quinze jours, seraient traduits devant une commission militaire qui les jugerait dans les 24 heures, d'après la loi du 25 brumaire an III qui punissait de mort l'émigration. Les jugements de ces commissions étaient sans appel.

ter leur foyer menacé, les unes passèrent à l'étranger ; d'autres, en bien plus grand nombre, trop loin de la frontière ou espérant la fin prochaine des troubles, restaient en France, mais là où elles n'étaient point connues ; et, en vivant petitement, en se faisant oublier, on pouvait échapper à la proscription. Plusieurs furent portés à faux sur la liste des émigrés. Il leur suffit de prouver par écrits certifiés qu'ils avaient habité tels ou tels villages, et on les raya. On ne refusait jamais un certificat de complaisance en ce temps où la loi était pour les assassins, et le droit pour les victimes. Mon oncle eut le sien de personnes chez qui il avait logé dans ses retours en France, et qui dirent l'avoir vu et connu les années précédentes, sans entrer dans le détail.

Sa terre de Mâcon était vendue nationalement ; celle de sa femme avait été mise sous le séquestre pendant qu'elle était emprisonnée à Dijon, et le château, occupé par plusieurs ménages de paysans. Mon oncle dirigea d'abord les démarches nécessaires pour faire lever ce séquestre. Puis, quand on les sut de retour dans leur famille, beaucoup d'acquéreurs de Mâcon offrirent de rendre ce qu'ils avaient acheté en rentrant dans la somme versée à la nation. Le principal acquéreur, M. Blanot, ne voulut même rien recevoir. Mon oncle pourvut à ces rachats avec les sommes provenant de l'héritage de Mme de Villevieille, sa belle-sœur, qu'il était sur le point de toucher.

CHAPITRE XI

CONSTANCE

Jusqu'en 1799, j'étais Français, mais Français émigré soumis aux obligations du serment prêté sous les drapeaux, de fidélité et obéissance au Roi de France et de Navarre, à ce pouvoir légitime qui ne meurt pas en France, ce qui, dans les troubles civils, dans la révolution du moment surtout, était exprimé par la cocarde blanche, par nos drapeaux fleurdelisés, par ces fleurs de lys, armes de la France auxquelles nous restions fidèles. Nous n'appartenions qu'au Roi de France soit en règne, soit en interrègne, et nous conbattions un gouvernement rebelle qui l'avait détrôné et assassiné. Nous voulions rappeler son successeur, et rendre par ce moyen à notre malheureuse patrie la paix et le bonheur. Nous ne devions obéir et agir que par lui et par les chefs nommés par lui, et soumis, comme nous, à ces règles immuables de la Monarchie.

Tels étaient les principes et l'âme de notre armée de Condé. Cet état de choses prit fin pour moi en 1799. Je dus pendant quelques mois prendre la cocarde et l'uniforme russe; puis mes services furent arrêtés, ma démission acceptée, et ce que j'ai fait depuis formera une autre partie de mon existence.

La Suisse, Constance, Augsbourg m'avaient vu errer, voyager, arpenter, espérer, combiner pendant deux ans, lorsque je fus remis en action. L'empereur Paul envoyait en Italie une armée commandée par le célèbre Souvarow. Ses couleurs étaient les miennes dans la nouvelle sphère d'action que subissait l'armée de Condé. Un autre corps de Russes arrivait en Allemagne, le prince de Condé allait le suivre ; je retrouvais mon énergie.

Je vais au devant des troupes de ma nouvelle couleur (les Russes) ; j'écoute, j'observe, je réunis toutes mes données dans ce problème politique nouveau. Je cherche et dégage les inconnues et, comme dans les précédents problèmes, je ne prévois rien de bon. Je vois Souvarow qui réussit en Italie parce qu'il multiplie sa force par sa vitesse et obtient par là supériorité de forces vives, mais sa masse n'est pas solide parce qu'elle n'est pas compacte. Il y a, pour la composer, de ces perfides Autrichiens, toujours prêts à prendre là où ils n'ont pas mis. Cette idée me vient lorsque je m'aperçois que l'archiduc Charles concentre ses forces en Allemagne, qu'il en fait une masse bien combinée parce qu'il est réellement homme de guerre ; mais je vois cette masse s'approcher de la Suisse occidentale, je vois ce prince étudier les vallées du pays des Grisons. Dans une auberge, on me dit l'avoir reconnu et qu'il a été en pourparlers animés avec un riche Anglais et un riche Français que je prends pour le marquis d'Entraigues d'après ce que m'en dit l'aubergiste. Machinalement je me rapproche de la superbe armée de l'archiduc. Ce général désire avoir un entretien avec moi, je vais à lui. Il m'annonce le retour de l'armée de Condé et me parle de Phélippeaux, de Duprat, de Pindret, de Bonaparte... Il savait que nous étions tous nés en 1770 ou 1771 comme lui-même ; tous officiers d'artillerie, élèves de Gribeauval qui avait été général en Autriche avant d'être le premier général de notre belle et bonne artillerie française. Il m'apprit que Pindret entrait au service de l'Autriche, que Phélippeaux et Duprat sont chargés d'un coup de main en France, et que je devrai rejoindre le prince de Condé à Augsbourg...

Le général Korsakof commandait vingt-cinq mille hommes, nouvel envoi de l'Empereur Paul. Huit mille Condéens devaient les rejoindre plus tard. Ce général avait l'ordre, dans ses instructions, de s'aboucher en Souabe avec un officier d'artillerie, Bernardowitz Komo, qui devait résider à Augsbourg, Constance ou Uberalingen ; et, depuis deux jours, des Tatars galopaient pour trouver ce Bernardowitz. Par hasard, je reconnus que j'étais ce lieutenant cherché et recherché. Me voilà en présence du général russe. Je puis dire que dans toute ma carrière militaire, je n'ai pas rencontré un général plus fat, plus présomptueux, plus ignorant, incapable et impertinent que M. Korsakof.

— « Votre caractère ? » — « Émigré français ; artilleur de l'armée de Condé. » — « Diable ! je le sais bien. Votre caractère ? » — « Lieutenant. » — « Lieutenant, combien votre capitaine vous donne-t-il de gages ? » — « Je ne le sais pas actuellement. A l'armée de Condé « j'avais neuf cent francs. » — « Dites donc roubles. Nous « ne connaissons pas vos francs, nous. » — « Mais, Votre « Excellence, pourquoi toutes ces questions ? C'est le « Prince de Condé qui me fait donner mes appointe- « ments ; en cela, je n'ai à faire qu'à lui ; et avec vous, « mon général, ce doit être des rapports militaires que « je dois avoir. »

— « Vous n'avez pas d'uniformes. Quand vous en aurez, je verrai. »

— « Le chef de l'État-major de mon armée m'a
« mandé que votre corps devait prendre position à la
« tête du lac de Constance, communiquer avec Sou-
« varow par le Voralberg, pousser des reconnaissances
« jusqu'à Constance et faire éclairer jusqu'à Zurich. »

— « Ta, ta, tah!... Est-ce vous qui commandez ou moi? »

— « Général, c'est vous qui commandez; et moi, j'ai eu
« la commission de vous éclairer, de vous mettre en
« connaissances locales lorsque vous arriveriez. Hé bien,
« général, l'ennemi a deux armées en Suisse, l'une de
« trente-six mille hommes commandée par Masséna, et
« une de douze mille dirigée par Lecourbe. L'archiduc
« Charles y oppose une armée de cinquante mille hom-
« mes, qui viennent de s'engager dans les gorges du pays
« des Grisons. Lecourbe marche contre lui dans le can-
« ton de Glaris, et Masséna manœuvre dans le canton
« de Zurich pour l'inquiéter sur ses derrières. Je pense
« que votre armée doit s'avancer sur Masséna pour le
« paralyser. »

Point de cartes, point de plans, point de géographes. Je ne vis que désastres à attendre. Je me hâtai d'avoir un uniforme russe, j'achetai mon cheval et je suivis ces troupes, jusqu'à Uberlinguen, en espérant que je pourrais être utile pour leur faire prendre position. Mais mes dégoûts, mes appréhensions allaient en croissant quand je dus quitter cette armée. J'aurais voulu voir le prince Charles avant de rejoindre le prince de Condé, mais cela fut impossible. J'en conclus avec raison que Russes et Autrichiens ne marchaient plus ensemble. Ce fut un colonel Anglais qui m'écarta très poliment; il me parlait de Jean Debry, de Roberjot, de l'enlèvement de leurs papiers. Je fis l'étonné comme si cette catastrophe m'eût été inconnue; je suis persuadé qu'il y avait là une intrigue pour dégager les Indes en ramenant en Europe Bonaparte et son armée d'Égypte.

L'armée de Condé arrivait à marches forcées. J'allais enfin être délivré de ces rusés Anglais, de cet inabordable archiduc Charles, de ce Korsakof qui ne connaissait ni le pays, ni l'armée qu'il allait combattre, mais ce que j'avais prévu se réalisait : sa lente ténacité fut culbutée de toutes parts par l'impétuosité française; Masséna le défit à Zurich (25 septembre au 8 octobre 1799).

Lorsque ces désastres arrivèrent, l'armée de Condé était en marche à la hauteur d'Augsbourg (1). En abordant le Prince, je ne pouvais que lui apprendre la défaite complète de cette armée russe dont il faisait partie, cette marche de la belle armée d'Autriche du côté des Grisons, et surtout les intrigues politiques des agents anglais.

Je lui dis encore que Moreau avait remplacé Lecourbe et qu'il devait porter la guerre sur la droite du Rhin pour y ramener l'archiduc Charles.

Le Prince, avec la rapidité de son jugement, vit les suites de cette défaite, le point où elle allait porter la guerre et où il conviendrait mieux à lui et à son armée de la faire. Il choisit le lac de Constance pour la couvrir en front continu et Uberalingen pour être un de ses points de communications, refusant sa droite; au besoin il s'appuierait sur les montagnes du Tyrol par un quart de conversion.

(1) Le prince de Condé reçut le 1ᵉʳ juillet 1799 l'ordre de rejoindre avec son armée l'armée russe de Korsakof qui devait opérer en Suisse, et il fallut trois mois pour ce retour.

Son laconisme m'est resté dans la mémoire : « Vous
« connaissez ce pays, puisque vous l'avez habité pen-
« dant que j'étais en Russie. D'après l'événement, voilà
« mes idées. J'espère que je retrouve mon Comeau; il
« me faut des ouvriers. »

Il monte à cheval et met son armée en colonne serrée;
elle arrive le lendemain, à la chute du jour, à Uberalingen qui était encore à deux lieues de Constance; il m'envoie de là en avant faire une reconnaissance et continue
sa marche. En moins de deux heures notre belle armée,
fatiguée de cette longue marche, arrivait, par un temps
affreux, à Petershausen, couvent et faubourg de Constance à l'entrée, à droite du pont. J'y avais déjà laissé
mon cheval dans une petite maison de jardiniers; je passe
le pont, je reconnais la ville à la hâte; je n'y rencontre
que des lambeaux du régiment de Bauër, hussards russes
si beaux, si complets quand ils avaient traversé Augsbourg. Je vois encore quelques chasseurs effrayés du
régiment de Titoff dont je ne puis me faire comprendre.

Je questionne les habitants. Les uns, affolés, me disent
que tout est perdu ; les républicains arrivent, et le reste
de l'armée russe descend le Rhin. D'autres habitants,
insolents, me montrent les fourches patibulaires en me
disant que c'est le quartier général du prince de Condé.
Je me dirige sur les canaux, j'en remarque les ponts ;
je sonde la profondeur de l'eau qui était très élevée, le lac
presque à son plus haut point. Je visite les portes de la
ville ainsi que les remparts. Je demande des ouvriers, mais
en vain, un seul charpentier me suit.

Pendant ce temps le duc d'Enghien passe le pont, traverse la ville, suit le bord du lac sur une longueur d'environ une demi-lieue, s'empare de la ville et y ramasse

les débris de l'armée russe; il les soutient d'un bataillon de chasseurs nobles et leur fait occuper un ancien camp retranché sur la rive gauche nommé le Paradis. Ces dispositions prises, il revient à Petershausen où un conseil de guerre était convoqué. J'y fus appelé, mais, vu mon rang inférieur, je me doutais que ce serait seulement pour recevoir des ordres.

Il y avait : le prince de Condé président, le duc d'Enghien, un officier supérieur Autrichien, un Russe mais pas en uniforme, et des Anglais sans compter, entrant, sortant, parlant en maîtres. Cela me faisait mal, et si mal que j'éclatai quand je vis un commodore Williams entrer et ordonner plutôt que conseiller en parlant au Prince. Il lui disait sans façon qu'il allait prendre huit de ses canons pour armer quatre bateaux et en former sur le lac une flottille qui gagnerait tout. Les autres avis n'avaient pas le sens commun. Il fallait, disait-on, aider Korsakof à se concentrer sur la route de Constance, à s'y retirer, etc.

Je dis : « Votre Altesse a toujours fait merveille avec
« sa redoutable batterie et c'est sur le grand pont de
« Constance qu'il faut mitrailler la colonne ennemie qui
« l'attaquera. En Italie, la mauvaise disposition des
« batteries autrichiennes laissa passer l'ennemi. Bona-
« parte ne serait qu'un cadavre aujourd'hui si Wurmser
« avait eu seize canons sur le pont d'Arcole au lieu des
« deux pièces qui ne purent tirer chacune qu'un coup. »

Le commodore me toisa des pieds à la tête. L'Autrichien m'insulta. Le Prince mit fin à la querelle naissante en me demandant le résultat de ma reconnaissance. Le duc d'Enghien, se mordant les ongles, ne dit mot et s'approche de moi, me dévorant des yeux. Je dis alors : « Il

« y a dans Constance environ cent hussards de Bauër. Le
« reste de l'armée russe descend le Rhin du côté de Zell.
« On se bat mollement au village de Kreuzlingen. Il en
« arrive par petits groupes ; environ cent cinquante sont
« placés au camp du Paradis. Les canaux sont pleins ;
« aucun n'est guéable ; leurs ponts peuvent être abattus
« en une heure. Le grand pont est solidement écroué.
« On peut l'incendier en mettant le feu aux moulins. Les
« portes sont bonnes et défendables, mais entre la porte
« de Jean Huss et le camp retranché il y a une large brè-
« che. Le petit peuple et les ouvriers des manufactures
« d'indienne, Genevois et très partisans des républicains,
« sont insolents ; les bourgeois sont effrayés et se barri-
« cadent dans leurs maisons. »

Le Prince dit au duc d'Enghien d'aller avec l'avant-garde soutenir ce combat languissant de Kreuzlingen. Le jeune prince, content d'être employé, part au pas de course ; il traverse le pont, la ville et commence un combat très vif par fusillade, charges de cavalerie et quelques coups de canon. Le Prince me dit ensuite qu'il m'a fait appeler pour me confier la défense du pont et abattre ceux des canaux ; qu'il ne voulait conserver que la grande rue libre pour combattre. Tel fut l'alpha de ma plus belle journée militaire.

Je pars aussitôt et n'entends pas les ordres donnés à la cavalerie, aux batteries et à la réserve. Je ne puis réunir que cinq hommes ; je n'en puis armer que trois de carabines.

Il y avait dans la ville seize ponts sur des canaux et un seul grand pont de bois à la sortie du Rhin sur le lac. Ce pont de vingt-deux arches était chargé de trois moulins, ouvrage très beau en ce que ces moulins profitent du courant rapide et prennent l'eau toujours en même quantité, soit que le niveau s'élève ou baisse. Je courus à l'hôtel de ville où je croyais trouver les magistrats. Il y avait déjà stupeur, angoisse et déroute. Je n'obtins d'abord ni outils ni ouvriers, mais je dis à qui voulait l'entendre que si je n'étais pas aidé, je mettrais le feu aux moulins. On m'apporte des cognées, des crocs, et tout ce qui pouvait me convenir dans le hangar des pompes à incendie.

En peu de temps, j'abattis tous les ponts des canaux. En faisant ma revue, j'en trouvai un important que des bourgeois reconstruisaient. Je cassai un bras d'un coup de pistolet à celui qui dirigeait cette trahison, et ce moment devint très critique. D'autres traîtres pendant ce temps agrandissaient la brèche des vieux remparts de la ville et introduisaient l'ennemi par cette brèche entre la porte de Jean Huss et celle du camp du Paradis. Nos deux ailes qui avaient combattu toute la journée furent ainsi séparées et attaquées avec énergie surtout celle de la porte de Jean Huss. Je reçois quelques coups de fusils bourgeois ; j'enfonce la porte d'un café, je déchire les toiles cirées des tables ; j'en fais faire des poupées avec ce que je trouve, des balais, des pieds de table, de la paille, du papier, des guenilles. Je force les valets et oisifs que je rencontre à s'en armer.

J'envoie un vieux sapeur Alsacien, bien déterminé, qui m'était attaché depuis longtemps, dire en allemand à la maison de ville que ce sont des torches pour brûler la ville si on tire un seul coup de fusil. Mon vieil Alsacien, nommé Knabb, joua très bien son rôle ; il leur montra sa torche, la leur passa sous le nez, disant que c'étaient des affaires du pays de Rousland, qui brûlaient une ville comme une pipe de tabac. A l'instant j'entends publier la défense d'ouvrir les fenêtres, de tirer sur qui que ce soit, et parler des fusées à la Congrève russes et de leurs terribles effets. La plaisanterie avait réussi, mais il y eut des abus. Des goujats (1) et des vivandières levèrent quelques contributions en brandissant leurs manches à balais.

L'action devenait de plus en plus vive au village de Kreuzlingen. Je me hâtais de casser, d'arracher les boulons du tablier du grand pont ; je tenais la grande rue le plus viable possible et, n'entendant rien du côté du camp du Paradis, je ne me portai pas de ce côté, ce qui fut très funeste ; des habitants s'étaient aperçus de cette négligence ; ils passèrent par les brèches, et introduisirent les ennemis par là dans cette partie de la ville entre la porte de Jean Huss et celle du camp ; ils mirent un fort piquet à celle du camp et enfermèrent ainsi les chasseurs de Titoff et notre bataillon.

Le duc d'Enghien fut forcé de se retirer de Kreuzlingen et d'occuper la grande rue où il ne put pas tenir en présentant le flanc à la porte de la ville au pouvoir de l'ennemi. Il passe le pont ; j'y prépare aussitôt une large coupure dont je conserve le bois, dans l'espoir de pouvoir encore sauver ceux des nôtres qui étaient bloqués dans le camp et bien je fis : l'attaque ennemie était vive du côté du vieux rempart. Un jeune officier russe arbore un drapeau blanc et demande à se rendre. M. de Clugny, commandant des nobles, lui arrache ce signal qu'il lance dans le fossé, et, à la tête du bataillon noble, il se jette à la baïonnette sur les ennemis qui barrent le passage.

(1) Valets d'armée

Il leur passe sur le ventre en se dirigeant sur le pont pour en faire autant, le croyant occupé par l'ennemi. J'entends une décharge, des cris; je remarque de l'effroi dans les vedettes et sentinelles républicaines que je pouvais voir. C'était le bataillon noble qui repoussait tout ce qui lui faisait obstacle. Je me porte en avant et, pour arrêter cette fougue, je crie de toutes mes forces: « Le pont est à nous. » Cela court de bouche en bouche avec des cris de joie. La conformité de langage fait croire au duc d'Enghien que les ennemis ont pris le pont; il y arrive aussitôt avec la réserve, se précipite vers moi, et dans le même moment je suis comprimé par les deux attaques des nôtres. Je ne me suis jamais trouvé dans pareille mêlée.

Le pont se passe; l'ordre est rétabli dans la retraite. On dit au prince que parmi les morts on a reconnu notre brave général de Salgues. Je recommençais la coupure lorsque le duc d'Enghien m'arrêta : il revenait à la charge; il rétablit le combat dans la grande rue, refoule l'ennemi jusque sur la place de la Cathédrale au centre de la ville, fait fouiller les rues où il pouvait être resté des blessés, des canons, des égarés et retrouve le corps du général. Les cavaliers nobles qui l'escortaient dans cette charge, le placent sur un canon, le duc aidant à le soutenir et, après ce coup de vigueur, il se retire avec ordre et calme. Arrivé près de moi, à la tête du pont, il me dit: « Comeau, coupez et brûlez, nous n'avons plus rien à « retirer de cet enfer et de ce paradis (le camp). A votre « tour. N'hésitez pas; je suis le dernier et je vais vous « soutenir par un feu bien nourri de l'autre rive. »

Son cheval arrêté, lui une main sur l'arçon de derrière, il tournait le dos à une petite ruelle dont je vois sortir comme une ombre. Il était déjà nuit. J'avertis le prince ; il fit un mouvement ; son cheval reçut un coup de baïonnette dans la cuisse. Je donnai de toutes mes forces un coup du tranchant de mon épée russe (pauvre arme !) par la figure de cet homme. Il laisse tomber son fusil, porte ses deux mains à la place où je l'avais frappé et se retire. Je le pris d'abord pour un soldat ennemi, mais je me suis souvenu ensuite qu'il n'avait ni shako, ni buffleteries ; il y a apparence que c'était un habitant.

Enfin je mis la main à l'œuvre avec mes cinq ouvriers. Une tour carrée et élevée était à la tête du pont du côté de la ville Les douaniers et *gabelous* entre l'Autriche et la Suisse l'habitaient. On voulait que je fisse ma coupure du côté de Pétershausen pour être plus à portée de secours, mais je préférai la faire contre la tour même parce qu'elle me couvrait contre les premiers coups, et parce que ce que j'en détruirais serait en tout cas un retard, un obstacle qui faciliterait la coupure sur la rive droite si elle devenait nécessaire. Je démolis donc un escalier de bois qui conduisait à la tour ; je voulus fermer la grosse porte sous cette tour, mais je ne pus que la pousser, et j'allais commencer à lever le tablier lorsqu'il m'arriva une fâcheuse contrariété.

C'était une patrouille autrichienne ayant des torches et voulant brûler la tour, je m'y oppose ; de toute la journée on n'avait pas vu un seul Autrichien. L'officier qui la commandait voulait pénétrer plus avant, disant que son ordre portait de reconnaître et d'aller jusqu'à ce qu'il ait rencontré l'ennemi. Je lui refusai le passage avec emportement. Alors, il me conte qu'il voulait que je lui signe un attestat disant que je l'ai arrêté sur le pont où il n'y avait aucun ennemi, et qu'il se nomme le comte Paul de

Pianozzi, lieutenant aux dragons de Modène. Je lui demandais si c'était avec ma hache et ma scie que je pouvais lui signer cet attestat, lorsqu'un de ses hommes tombe mort sur moi et me fait presque tomber avec lui. Je lui dis : « Tenez, le voilà, votre attestat. Décampez, « vous me gênez. » Il ne se le fit pas dire deux fois et je n'en ai jamais entendu parler, mais je vis bien que le coup venait d'une encoignure où j'avais posté un grenadier pour brûler le pont, si je ne pouvais le détruire ou si j'étais tué, mais à cause des moulins, nous voulions éviter cette extrémité. Ces Autrichiens jettent leurs torches dans le fleuve, traversent le pont et disent de l'autre côté que je suis tué, qu'ils m'ont vu tomber. Sur ce récit le prince décida la retraite de son armée. Il est probable que ces brûleurs plus ou moins autrichiens qui voulaient détruire non le pont, mais la tour, étaient des employés qui rendaient leurs comptes et que ma résistance ne devait pas excuser sur le vide de leur caisse.

Il était neuf heures du soir; l'ennemi ne s'adresse pas au pont, ce que je mets au nombre de ces événements providentiels que j'ai si souvent éprouvés à la guerre. Il arrive, poussant de grands cris et tirant beaucoup, ce à quoi le duc d'Enghien riposte très vivement de l'autre rive. Je jugeai au feu de l'ennemi que j'aurais le temps d'opérer de bonne besogne parce que ce point de la ville est près des jolies maisons de l'évêque et des chanoines qui bordaient le lac dans ce délicieux point de vue. Les enfoncer, les piller, faire du bruit pour simuler de la résistance est une ruse connue des soldats d'avant-garde, la nuit surtout, pour récolter du butin au lieu d'aller en avant et de laisser ce qui est bon à prendre à ceux qui viennent après. Ils tiraient en l'air et buvaient en caves. Ils faisaient un feu bien nourri pour faire croire qu'il y faisait chaud et que là résistance était telle qu'il fallait attendre le jour pour la vaincre. J'avais d'ailleurs laissé la grande rue seule praticable et je concevais l'embarras des officiers pour se mettre en tête de l'attaque.

Je n'essuyai donc aucune attaque dangereuse et j'eus deux heures pour faire cette large coupure. Je travaillais avec d'autant plus de sécurité à cette périlleuse opération que, du côté de la ville, j'étais couvert par cette tour des douaniers. C'est surtout de la salle du conseil, alors transformée en filature d'indienne, que partaient les foudres de ce Vatican d'un nouveau genre. Jean Huss y fut brûlé et Bernardowitz Komo allait y être proclamé *grand pontife*. J'en étais à la dernière poutre et je la décramponnais moi-même du côté de la ville, lorsque j'entendis une voix de chef ordonner de couper la porte par sapeur et de faire une attaque directe.

La porte s'ouvrit; je vis le peloton en joue; il fit feu. Je tirai mon coup de pistolet à bout portant sur l'officier, je me mis à cheval sur la poutre et passai ainsi du côté des miens. En me relevant, je reçus une balle dans mon chapeau, une qui m'égratigna un genou et quelques autres dans mes habits. Un de mes hommes eut la cuisse cassée; je le remplaçai au cordage qui attirait la poutre pour la jeter dans la rivière.

Minuit sonnait; je ne trouvai personne de mon monde, ni chevaux, ni équipages, on me croyait tué comme un de mes cousins Espiard qui le fut effectivement dans une des charges. Après deux heures de marche, exténué, mourant de faim, je retrouve notre armée. Je raconte ce qui en était; j'eus des accolades de toutes parts. On me fit sucer plusieurs bidons où restaient encore quelques gouttes de schnapps, et voilà-t-il pas que je me trouve presque mal? Cela donne aux chasseurs nobles l'idée de me faire un brancard avec des fusils, de fabriquer une sorte de tiare en feuillage, et, musique en tête, tambour battant, mon chapeau percé d'une balle perché sur la hampe d'un drapeau, je fus porté à la baraque du prince de Condé et du duc d'Enghien.

Il est difficile d'exprimer la joie du Prince quand il me vit, le plaisir qu'il prenait à me faire raconter ce que j'avais fait, et le pont de Constance devint célèbre dans notre armée (1). De ce moment, ma réputation alla plus loin que je ne croyais. Plus de trois mois après, traversant isolément Augsbourg, je fus obligé de donner mon nom sur le registre de mon auberge. Je ne fus pas peu surpris et embarrassé en voyant arriver un grand nombre de généraux, russes, bavarois, autrichiens, qui venaient faire leurs compliments au coupeur de ponts : incident que je ne relate que pour les suites qu'il eut peu après.

Cette journée de Constance fut réellement mémorable. Le prince de Condé s'y montra grand capitaine en prévoyant depuis Augsbourg le point important, et l'attaquant vivement, de manière à arrêter la poursuite sur Korsakof, et pour avoir empêché l'établissement de l'ennemi sur la rive droite du Rhin. Le duc d'Enghien manœuvra en général consommé, froid et brave dans cette journée au-delà de ce que je devais jamais voir. Je

---

(1) Voir le certificat donné à M. de Comeau le 19 mars 1800 par le prince de Condé. M. de Romain, en racontant dans ses souvenirs d'un officier d'artillerie la coupure du pont de Constance, rend hommage à l'intelligence et à la détermination de M. de Comeau, officier d'artillerie chargé de cette opération. (*Souvenirs d'un officier royaliste*, III, 168.)

l'ai vu, à l'entrée du pont, son cheval recevant un coup de baïonnette dans la croupe et de la même arme un coup de feu, n'avoir d'autre émotion que celle de descendre de ce cheval blessé et de dire à d'Auteuil, son aide de camp, également démonté : « Allez, tâchez de m'envoyer un cheval, le petit gris. Il y a encore quelque chose à faire. » Et lui, à pied, il empêche l'encombrement du pont comme un sous-lieutenant. D'Auteuil amena le petit gris; il sauta dessus avec une légèreté incomparable.

La vigueur avec laquelle le bataillon noble sortit du camp est encore une de ces opérations militaires dont il y a peu d'exemples. Il n'y eut de feu que sous la porte. La rue était tellement encombrée qu'on se prenait aux cheveux, on se passait sur le ventre, et la conformité de la langue ne profita qu'aux chasseurs nobles. — « Que faites-vous donc là, c..., cachés dans une rue pendant « qu'on s'égorge là-bas, qu'on se bat dans le retranche- « ment. Ce n'est pas là qu'on vous a dit d'aller, imbé- « ciles ! C'est dans la rue à côté. Le canon va vous pas- « ser sur le corps. A-t-on jamais vu encombrer ainsi le « chemin de l'artillerie ? »

Ce ne fut qu'en étourdissant par la promptitude et le mouvement que cela put réussir. C'était tel que je ne pouvais pas, moi-même, me faire reconnaître et montrer que le pont nous appartenait encore ; les chasseurs, le croyant pris, voulaient le traverser comme la rue. Je n'en vis que ce qui se passa le plus près de moi, mais mon frère s'y trouvait et me l'a raconté. Le bataillon russe s'en tira moins bien, mais il put franchir les retranchements et s'éparpilla dans la plaine.

Ainsi finit ma campagne de 1799. Suivant mes idées

que je crois justes en fait de guerre, le duc d'Enghien et M. de Clugny ont mérité les éloges les plus vrais pour cette journée. L'un et l'autre firent plus que leur devoir.

C'était ma neuvième campagne à l'armée de Condé et ce fut ma dernière. Mon sort devint plus sûr ; j'eus à travailler sur une plus vaste échelle. Cette situation nouvelle fut pour moi la conséquence de ce qui venait de finir, mais je dois le dire, je puis le dire sans flatterie, le prince de Condé est un des meilleurs généraux sous lesquels j'ai servi, et cela n'a été qu'après avoir vu de plus grandes campagnes, et fait davantage moi-même, que j'ai eu une idée juste de ses talents. Aujourd'hui que je suis, grâce à mon âge, en repos et oisif, je fais souvent, et presque malgré moi, appel à mes souvenirs. Ils me disent que parmi les généraux de mon temps, celui dans lequel j'ai rencontré le plus de qualités militaires, est l'archiduc Charles, puis le duc d'Enghien, ayant pour guide son aïeul, le prince de Condé. Celui-ci développa de grands talents. Sous un règne régulier, il eût été cité comme grand capitaine. Il savait mieux que Napoléon se faire une force vive avec les éléments dont il disposait, et alors, il la calculait, l'appréciait, ne lui demandait que l'action qu'elle pouvait supporter. Il savait attaquer, mais il savait aussi se défendre et se retirer pour mieux attaquer. Il réussissait à s'assurer de bons quartiers d'hiver ; il prévoyait où se porterait la guerre. Obligé par le petit nombre de ses soldats de subir la direction politique de l'Autriche, il ne voulut jamais adopter son absurde ordre mince. Toujours fidèle aux insignes de l'ancienne France, on ne disait pas la division, mais l'armée de Condé.

Quand on lui parlait de la turbulence de ses troupes,

de leur peu de discipline apparente, de leur permanent désordre autour du quartier général, il disait: « Ce ne « sont pas des soldats, mais des officiers sans troupes; « on les trouvera toujours au moment du besoin. Ils « furent de vaillants officiers; s'ils avaient leurs soldats, « j'aurais trente mille Français et je pourrais faire des « conquêtes. Ils ont conservé noblesse et honneur; avec « eux je ne veux faire que de la gloire. »

C'était avec ce mouvement, mal vu et mal apprécié par des armées de parade que ce prince conservait la vitesse qui lui faisait une force vive avec une armée si peu nombreuse. Il savait ménager le sang de ses braves, et avait toujours soin de séparer les différents membres d'une famille pour éviter sa destruction.

En un mot, il s'est battu souvent, a été repoussé quelquefois, mais n'a jamais été vaincu. J'espère que c'est une justice que l'histoire lui rendra et à laquelle ses compagnons d'armes auront part.

Du côté de la France républicaine, c'est Carnot et son comité d'action, dirigé par des officiers de notre classe et de notre temps, qui m'ont montré le plus de savoir et de talents dans le mécanisme des troupes, la formation des armées, la direction à leur donner. Dumouriez, oubliant son devoir pour se faire une fortune, échoua promptement. Il était plus intrigant que général, mais d'après lui, Pichegru et Moreau virent le moyen d'avoir cette grande force vive qui écraserait les armées lentes et méthodiques de leurs ennemis. Ils firent des conquêtes: le pillage montra qu'avec cette vitesse on pouvait se passer de magasins, d'administration, de tout l'appareil qui rendait les guerres de grandes choses à petits effets. Ces deux généraux furent réellement les précurseurs du grand incendie qui embrasa l'Europe. On peut les comparer à l'archiduc Charles : comme lui, leurs desseins furent souvent gênés par leur gouvernement, qui les empêchait de profiter de leurs victoires. Ils firent d'excellents soldats avec le mélange des éléments nouveaux, amenés par la conscription inventée par la république, et de ce qui restait de l'ancienne armée, abandonnée à elle-même par l'émigration de presque tous les officiers.

Pour moi qui n'ai bien su que le métier de la guerre ; pour moi qui crois en Dieu, j'ai pensé que cette grande révolution n'était l'œuvre d'aucun homme ; elle a montré des hommes comme instruments, et ils disparaissaient quand leur rôle providentiel était épuisé. Cette idée fixe va me conduire dans les dernières phases de mon existence.

CHAPITRE XII

ENTRÉE AU SERVICE DE BAVIÈRE

Le reste de la campagne de 1799 fut plus politique que militaire. Un mois après Constance, Bonaparte fit le 18 Brumaire. Plusieurs, parmi nous, regagnèrent la France dont le gouvernement semblait s'améliorer. Il était reconnu par les traités avec les souverains d'Europe et accepté par les royalistes de l'intérieur. La cause des Bourbons paraissait définitivement perdue : Napoléon était Premier Consul.

Tandis que cette campagne se terminait pour l'armée de Condé à la déroute de Korsakof et à la journée de Constance, tout allait au plus mal à l'armée de Souvarow qui souffrit infiniment dans les Alpes, malgré des prodiges de valeur. Une autre armée anglo-russe ne réussit pas mieux en Hollande. Avec son génie commercial, son or, ses intrigues, l'Angleterre agitait tout ce qui portait les armes en Europe, et cela, parce qu'en Égypte Bonaparte avait touché sa partie sensible : ses possessions dans l'Inde étaient menacées. La Grande-Bretagne ne se sentait pas la force d'expulser par les armes les Français établis en Afrique ; elle le fit par la ruse.

Le canevas de toutes ces intrigues était d'amener la mésintelligence entre la Russie et l'Autriche, en poussant l'Autriche à s'emparer de l'Italie, dont on eût fait un royaume donné à un archiduc. Les Anglais espéraient que Bonaparte se hâterait de revenir en Europe pour conserver à la France ce fruit de ses premières victoires, et cela eut lieu en effet : Bonaparte traversa sans difficulté la flotte anglaise qui ne sembla pas s'apercevoir de son passage. L'Angleterre se flattait de ramener avec des subsides la guerre en Allemagne ; c'est une de ces contrées où, moyennant de l'argent, on se bat volontiers et longtemps. Elle promettait à l'Autriche l'Empire d'Occident dont l'Italie dépendrait ; à la Russie l'Empire d'Orient, et à la Prusse l'Empire d'Allemagne agrandi ; on eût donné au prince de Condé une principauté en Bourgogne, une autre en Lorraine à Moreau, faisant partie toutes deux de l'Empire d'Allemagne ; et la France, très réduite, serait devenue ce qu'elle aurait pu, république ou royaume constitutionnel.

Ce plan, plus perfide que loyal, se déroulait et il est arrivé sans grandes variations au point où le monde en est aujourd'hui (1841).

Après la journée de Constance, le prince de Condé reçut une communication du général Souvarow par un Suisse qui avait servi en France sous le Roi Louis XVI. Il fut parfaitement accueilli à notre quartier général, mais le Prince seul connaissait sa mission. Il nous mit en marche sans distributions, sans désignation de cantonnements et de gîtes de marche, ce qui nous étonna. Mais, connus sur cette route, nous recevions bon accueil et bon logement volontaire partout où nous avions déjà logé. Cela était facile à l'armée de Condé, parce que nous n'avions jamais vécu aux dépens de nos hôtes et que nous payions, largement même, ce qu'ils nous fournissaient.

Nous traversâmes ainsi la Souabe et la Bavière, pour nous arrêter dans la province autrichienne de Steindmark, quartier général à Lintz et Welz ; cela, par ordre de l'Empereur d'Autriche et par ses commissaires.

Ce fut pour nous l'avant-coureur du changement de politique de l'Empereur Paul : il nous dégagea de nos serments et nous laissa tout ce qu'il nous avait donné ; mais il nous licencia et nous interdit le port de ses couleurs et uniformes. Les lambeaux de trois armées russes quittèrent brusquement la partie et retournèrent dans leurs vastes déserts pour éprouver la colère et les folies de ce malheureux prince (1).

Par ce licenciement, le prince de Condé ne savait plus trop que faire de nous : gagner Venise, s'embarquer sur l'Adriatique, acheter une île était un de ces bruits sans fondement qui courait de bouche en bouche. Je n'avais jamais été si embarrassé. Dans cette circonstance, comme toutes les fois qu'il avait été question de s'écarter du théâtre de la guerre, je pensais à trouver un emploi qui me permît de ne pas trop m'éloigner de la France où étaient restées toutes mes affections. Je me trouvais en Autriche, et ma haine contre les militaires de cette nation avait encore augmenté !... J'obtins une audience du Prince ; il me reçut avec beaucoup de bonté, approuva mon projet

---

(1) On lit dans une vie de Souvarow, écrite en France par un M. Lavergne, officier de cavalerie et reconnue très exacte en Russie : « Après la « malheureuse affaire de Zurich dont les causes ont tant fait parler, lord « Minto partit de Vienne et vint à Augsbourg où se trouvait alors le maré- « chal pour le prier de s'arrêter. Souvarow répondit qu'il ne le pouvait que « sur l'ordre de son maître et lui envoya un courrier, Paul 1ᵉʳ lui manda « qu'il eût à demander officiellement à l'Autriche si elle voulait rétablir le « Roi de Sardaigne et la république de Venise ; qu'à ce prix, non seulement « il lui resterait, mais qu'une nouvelle armée serait envoyée sans délai... »
Lettre du Cᵗᵉ de Maistre au Roi de Sardaigne, écrite en Décembre 1809, n° 46 de l'édition de 1851.

de rester en Allemagne comme dans le temps que l'armée avait été en Wolhynie; mais il me dit que l'île, que l'Adriatique et tout ce qui se débitait là-dessus, étaient des contes qu'il ferait cesser. Il me parla vaguement des commissaires autrichiens qui nous avaient assigné des cantonnements réguliers, et approuvant de nouveau ma résolution de rester en Allemagne, il m'offrit de lui-même des attestations de faits d'armes et de bonne conduite. Ils me furent remis presque aussitôt.

Peu après je promenais mes préoccupations et ma tristesse loin de tous à Lintz, lorsque j'entendis prononcer mon nom. C'était un courrier, en costume bavarois, qui me cherchait et me remit une lettre de l'Électeur lui-même. Cette lettre, en forme de note, ne portait que ces mots en Français: « Si l'officier d'artillerie qui coupe
« si bien les ponts veut continuer sa carrière militaire,
« je lui offre une compagnie dans mon artillerie et deux
« mille francs d'appointements. »

Rien au monde ne m'a tant surpris. Je n'avais jamais été en rapports avec ce souverain, je n'avais rien demandé; je désirais bien plus rentrer en France pour y épouser ma cousine si je parvenais à me faire rayer de la liste des émigrés, que chercher places ou emplois; surtout des places militaires, puisque j'étais pénétré du principe que moi, gentilhomme français, je ne pouvais servir qu'avec cocarde blanche et bannière fleurdelisée. Je fus indécis et troublé; il me prit un tremblement, un serrement de cœur comme je n'en avais jamais éprouvé. Le courrier me fixait et attendait ma réponse, ou au moins un reçu de sa dépêche. J'entre dans un café pour donner ce reçu; il était plein de mes camarades. Je n'ai pas le courage de leur dire un mot, j'emmène le courrier se rafraîchir dans une auberge éloignée. Voulant me renseigner avant de prendre un parti définitif, je demande un congé qu'on m'accorde. Mais l'apparition inattendue au quartier général de ce commodore Williams que je n'aimais pas me décida. Je me doutai qu'il venait là pour prendre l'armée de Condé à la solde de l'Angleterre et, pour échapper à toutes les représentations qui me seraient faites, je fais un porte-manteau à la hâte et je pars dans la voiture de ce courrier sans dire adieu à personne.

J'arrive à Munich; l'accueil de l'Électeur fut si gracieux, il me dit des choses si obligeantes, que j'acceptai en réservant l'autorisation de mon général, le prince de Condé, et de mon roi Louis XVIII alors à Mittau.

J'écrivis aussitôt au Prince pour lui demander ma démission et lui expliquer mon départ si brusque. Jamais lettre ne m'a tant coûté!... J'écrivis aussi à mon frère et à mes autres parents. Ce fut alors que je crus vraiment quitter la France!...

La réponse du Prince me jeta dans un nouvel embarras. En me disant des choses obligeantes, il me prévenait que, pour se conformer aux désirs de son armée, il espérait faire une nouvelle campagne contre les ennemis de notre cause; que l'Angleterre nous accorderait peut-être des subsides, qu'il espérait... Mais que si je persistais, il enverrait ma démission au Roi.

Je restais toujours indécis, mais la lettre du Roi trancha la question. Cette lettre m'était commune avec le général de Manson, commandant l'artillerie du prince de Condé, un des meilleurs officiers d'artillerie de l'ancienne France et qui avait reçu en même temps que moi des offres de l'Electeur. Il avait 76 ans et avait déjà combattu avec la Bavière pendant les guerres de la succession d'Autriche.

Le Roi nous disait à peu près ces mots : « Je verrai
« toujours avec le plus grand plaisir les souverains mes
« alliés récompenser les braves militaires qui ont bien
« servi ma cause et la leur. Je vous accorde très volon-
« tiers votre démission avec la réserve de me souvenir
« de vous et de vos services si les temps deviennent
« meilleurs, et si je puis moi-même les récompenser. »

Je savais déjà que Maximilien-Joseph, prince de Deux-Ponts (Zweybrück) depuis la mort de son frère en 1796, et électeur palatin de Bavière après celle de Charles-Théodore (16 février 1799), était très aimé de ses anciens sujets. Il n'avait pas donné dans les idées philosophiques comme le firent la plupart des souverains d'Allemagne. Ayant été longtemps colonel du régiment d'Alsace au service de la France, il aimait notre pays et notre armée. Il avait eu dans son régiment des officiers qui avaient émigré, et dans la marche de l'armée de Condé à travers ses États, il en recueillit un bon nombre.

Mes rêveries, lorsque je traversais à pied le Palatinat en émigrant, devenaient une réalité. De ce moment j'allais travailler dans une autre sphère. J'entrai donc au service de Bavière en qualité de capitaine d'artillerie à la suite, à dater du 1er avril 1800 (1).

Dans la carrière militaire, c'est le grade de capitaine qui devrait le mieux satisfaire l'homme raisonnable, les hommes aimant généralement à commander. En exami-

---

(1) Dans la note du Prince le recommandant à son conseil se trouvent ces mots écrits de la main de l'Électeur : « J'atteste que M. de Comeau est un officier distingué par ses connaissances et son zèle loyal. » (Note tirée des Archives de Bavière.)

nant le mécanisme des armées, on voit que le capitaine commande au plus grand nombre d'hommes; il devient comme le père de cent cinquante à deux cent soldats. Le chef de bataillon, le colonel n'ont sous leurs ordres directs que quelques chefs subalternes et d'ennuyeux bureaux, et le général de brigade ne gouverne que cinq ou six colonels dont les détachements ne laissent souvent à sa disposition que la plus faible partie. Il a grande responsabilité; il est souvent contrarié dans ses moyens, aussi ce poste est sans contredit le plus scabreux. Ensuite, l'autorité augmente, il est vrai, mais il y a peu de généraux d'armée. Le grade de capitaine, vrai but de l'officier, doit donc mériter un respect universel. Puisse bientôt revenir ce temps où il était plus difficile de se retirer dans ses foyers capitaine considéré qu'il ne l'a été depuis d'être maréchal, duc, roi même, toujours redouté, mais rarement estimé ou aimé! Quand ce grade de capitaine était en honneur, les militaires se glorifiaient de la médiocrité de leur fortune, leurs souvenirs étaient purs ; leurs narrations formaient des héros!... En a-t-il toujours été de même dans les armées nouvelles ?

Parfaitement bien accueilli à Munich par l'Electeur et par sa Cour, parfaitement mal par ses sujets, surtout ceux qui tenaient à la petite cour de l'Electeur Charles-Théodore ; accueilli plus mal encore par cette classe moyenne qu'on nomme dicasters, j'arrivais là dans une révolution. Suivant les instructions particulières que me donna l'Electeur, mon premier soin fut de me mettre au fait des intrigues intérieures; puis, d'étudier les éléments militaires. Le contingent de la Bavière nous avait été souvent adjoint dans les dernières campagnes, mais je n'avais pas eu de rapports avec lui.

La branche aînée de Bavière-Soultzbach venait de s'éteindre en la personne de l'Electeur Théodore, qui ne laissait point d'héritiers légitimes, mais beaucoup d'illégitimes. La branche cadette et extrême cadette de Deux-Ponts prenait cette couronne et avait à la disputer dans sa branche à des comtes ou barons de Deux-Ponts du côté gauche, leur mère étant ou ayant été comédienne à Paris.

Depuis surtout la guerre de la succession d'Autriche, il y avait en Bavière, pays de quatre à cinq millions d'habitants, deux partis principaux : l'un, Allemand avant tout, soutenait la suprématie de l'Autriche dans l'Empire Germanique ; l'autre, plus national, eût voulu rendre la Bavière plus indépendante et s'appuyait sur la France qui avait secouru fidèlement, dans sa lutte contre Marie-Thérèse, l'Electeur de Bavière devenu l'Empereur Charles VII. Charles-Théodore, ayant épousé une princesse autrichienne et n'ayant point d'enfants, était si bien du premier parti qu'il eût cédé la Bavière à l'Autriche pour devenir roi d'Austrasie, si son héritier, le prince de Deux-Ponts et le Roi de Prusse Frédéric II ne s'y fussent opposés. Naturellement toute l'administration, tous les bureaux, nommés par lui, étaient pour l'Autriche ; et l'Electeur actuel, Maximilien-Joseph de Deux-Ponts, qui avait longtemps habité la France, penchait pour le second parti : il continuait, comme son père et son frère avant lui, à redouter l'ambition de son puissant voisin ; seulement, tout en aimant la France, il craignait l'esprit révolutionnaire de son nouveau gouvernement (1).

---

(1) ... « Ce prince (M. Joseph) connaît à merveille la révolution, com-
« prend de quels hommes il est entouré et servi... Contrarié en tout, il a
« un pouvoir limité et presque nul. S'il accorde son appui à certains Fran-

Outre ces deux grands partis, il en existait encore un troisième. Le frère aîné du père de Maximilien-Joseph avait épousé morganatiquement et de la main gauche une actrice française. Son fils le baron Christian de Deux-Ponts, individu vain et jaloux, commandait en chef l'armée bavaroise, mais en vertu des lois de l'Empire, et par suite de sa naissance, il n'avait pas le droit d'hériter de la couronne qui revenait alors à Maximilien-Joseph. On appelle en Allemagne unions morganatiques celles qui sont contractées avec une femme de condition inférieure, parce qu'elles se font le matin (en allemand morgen) et sans pompe. On leur donne aussi le nom de mariages de la main gauche, parce que le prince donne celle-là à la personne qu'il épouse au lieu de la droite qui est d'usage ordinaire; leurs enfants, quoique regardés comme légitimes, ne sont pas princes et n'héritent pas des biens de l'Empire.

Longtemps on n'avait considéré ce baron Christian que comme bâtard, mais un abbé français, l'abbé Salabert, prétendait avoir célébré ce mariage in extremis. C'était un ancien vicaire renvoyé de Saint-Roch, un de ces abbés scandaleux comme il y en eut malheureusement quelques-uns à cette époque. Libertin, gourmand, il était détesté et méprisé de tout le monde. Ce vieil intrigant soutenait tous ces Deux-Ponts. Il avait été mis en prison pendant quelque temps par les Autrichiens parce qu'on l'accusait d'avoir facilité aux Jacobins la prise de Manheim. Pendant ce temps, son secrétaire, le comte de Montgelas, le supplanta et sut se rendre indis-

« çais malgré son conseil, on ose lui dire : Vous n'êtes plus colonel du
« régiment d'Alsace. »
Journal d'un fourrier de l'armée de Condé, par J. de Thiboust. Janvier 1800.

pensable au frère de Max.-Joseph d'abord, puis à lui-même, surtout quand il hérita de Charles-Théodore.

Plus tard, l'Electeur me parla une fois de cet abbé qui l'inquiétait. Après un peu de réflexion, je lui dis : « Com-« blez-le de pensions auxquelles vous mettrez les mêmes « conditions qu'aux militaires : le serment de ne faire « partie d'aucune association secrète. L'avarice le retien-« dra. Faites-le payer par le banquier juif Séligman ; « l'avarice le fera spéculer sur cette banque et le juif le « surveillera. » L'Electeur rit beaucoup de mon idée. Je ne sais si elle fut suivie, mais ce que je sais comme tout le monde, c'est que le riche juif, ayant intérêt à se convertir, se fit luthérien, pour ne pas faire maigre ; et cet abbé mourut d'une indigestion de pieds de cochon à la sainte Menehould, mangés un Vendredi saint, chez le juif luthérien qui avait ainsi trouvé moyen de narguer leurs deux croyances.

L'Angleterre, avec son adresse et ses millions, promettait de faire triompher de toutes ces difficultés le véritable héritier, prince Maximilien de Deux-Ponts, à condition qu'il lèverait une armée de quatre-vingt mille hommes, et en mettrait la moitié à la solde anglaise dès cette année 1800. Les mêmes Anglais allaient à Lintz enrôler l'armée de Condé en la comptant pour quinze mille hommes. Un autre traité secret devait solder à l'Empereur d'Autriche cinquante mille hommes, pris et ramassés dans tout ce qui était réputé être Suisse ou Confédération Germanique.

Ainsi, en 1800, la vraie armée autrichienne devait se consolider en Italie, faire avec les nouvelles républiques italiennes un royaume autrichien, et soutenir les droits de l'Empire avec ces cent mille hommes soldés en Allemagne. L'Electeur de Bavière, sans avoir confiance aveugle dans ces belles combinaisons, entrevit dans ces subsides la possibilité de se faire une armée de quatre-vingt mille hommes, bien montés, bien équipés, sans être arrêté par ses finances en très mauvais état, et par ses financiers et dicasters, tous plus ou moins illuminés, francs-maçons, matérialistes ; en un mot tout ce qu'était le célèbre Weisshaupt (1).

M. le comte de Montgelas, proscrit avec ce Weisshaupt par Charles-Théodore, était un homme d'esprit, mais d'esprit à la Metternich, illuminé en secret, tout en se disant conservateur. Il sut persuader à l'Electeur qu'il avait été persécuté injustement et lui promit et garantit tout s'il devenait premier ministre, chargé seul du gouvernement, et lui, souverain, se contentant de diriger l'armée, mais une armée agissante et occupée hors de la Bavière. Cela fut arrêté et convenu, et cela devint l'origine de notre appel à ce service. Nous y fûmes admis avec le serment prêté entre les mains de l'Electeur et dans son cabinet de ne jamais faire partie d'aucune

(1) Adam Weisshaupt, né en Bavière en 1748 et professeur de droit canon à l'université d'Ingolstadt, reçut, dit-on, ainsi que le célèbre Cagliostro, des leçons d'un Hollandais qui passait pour avoir étudié les sciences occultes en Egypte. Weisshaupt se servit de sa place pour fonder le 1er mai 1776 une société secrète destinée à combattre surtout les Jésuites, la religion chrétienne et les gouvernements. En 1782, à la grande réunion de Wilhemsbaden, il réussit à unir à la sienne les autres sociétés secrètes. Peu après, en 1784, un de ses confidents fut frappé de la foudre. En mettant ses papiers sous scellés, on découvrit le plan de la conjuration. L'Electeur Charles-Théodore ordonna la suppression de la société, en bannit l'auteur et quelques adhérents, et fit déposer aux archives tous ces papiers dont beaucoup de personnes sérieuses prirent connaissance. Les illuminés continuèrent à se réunir secrètement et devinrent très nombreux, mais leur précaution de prendre des noms supposés dans leurs correspondances empêchait de connaître leurs noms avec certitude.

Plusieurs auteurs du temps racontent ces faits, surtout les Mémoires pour servir à l'histoire du Jacobinisme, par l'abbé Baruel. — Hambourg, 1799.

association, bonne ou mauvaise. Cette obligation n'admettait point d'exception depuis le grade de sous-lieutenant, jusqu'au général du plus haut grade ; mais comme tous les serments de ce genre, les braves gens, seuls, l'observaient ; les autres savaient bien se dispenser de l'exécuter et dissimuler.

L'appel d'officiers italiens, prussiens, hessois, suisses et émigrés français, fut la menace et le stimulant pour ranger les nationaux à cet ordre d'idées. Le général de Manson, les deux Colonges, de Zoller et moi pour l'artillerie, nous fûmes choisis pour cette seule et unique raison et combinaison de l'Electeur Maximilien-Joseph de Deux-Ponts, saisissant sa couronne.

CHAPITRE XIII

ARMÉE BAVAROISE

J'avais cherché en vain une armée bavaroise, suivant le système que je m'étais fait, un total composé d'unités. J'aurais voulu trouver un général en chef, un ministre de la guerre, une unité supérieure enfin. Je vis des soldats, parce qu'il y avait des hommes en uniforme, recevant une solde, et portant des armes. Il y avait une jolie cavalerie. Les canons étaient de tant de modèles, les affûts si discordants que je ne pus jamais en faire ni en concevoir l'ensemble d'une artillerie. Partout je rencontrais des parades bien faites, des détails minutieux, des monceaux d'écritures, des bureaux pleins *d'écrivassiers* la plume au chapeau ou au bout des doigts ; les soldats étaient bien alignés, et cependant je ne pouvais y voir une armée, pas même ses éléments.

Une armée, à mes yeux, c'est le général en chef ; son caractère, son talent, l'étendue de ses pouvoirs, voilà toute l'armée. Celui qui voit ainsi aura des idées simples et bientôt des idées saines, et, quel que soit son grade, il saura un jour commander, parce qu'il aura su obéir avec discernement.

Quand le militaire a ainsi fixé ses idées sur le général en chef et sur l'armée, il n'a à s'occuper que de ce qu'il a à faire dans cette armée, c'est-à-dire tout ce qu'il a à faire et rien de plus, pour seconder de tous ses moyens ce général en chef qui est tout pour lui. J'ai été induit à penser ainsi dès mes débuts, ayant remarqué constamment que les chercheurs d'aventures, les frondeurs, les critiqueurs étaient souvent au dessous de leur propre emploi, tandis que les gens froids, réfléchis, qui s'adonnent sans prétention à leur rôle spécial, ont toujours le mérite d'avoir contribué au succès de l'armée, ce qui touche bien plus le général qu'un haut fait individuel et lui reste davantage dans la mémoire. D'ailleurs, j'ai vu que les occasions de brillants faits d'armes se présentent d'elles-mêmes à ceux qui ne les cherchent pas. Alors, étant acccomplis par des chefs fermes et réfléchis, ils ont des résultats plus importants, tandis que les témérités amènent souvent des embarras imprévus.

Les débutants confondent souvent trois choses bien distinctes, le courage, la bravoure et la témérité. Le courage allie le devoir à la bravoure, il repousse la témérité. La bravoure affronte le danger du moment ; elle peut aller jusqu'à la témérité, mais souvent alors elle méconnaît le devoir, croyant y substituer l'honneur. Ces trois qualités réunies ont de l'éclat mais presque jamais d'utilité. Il n'y a d'utile que ce qui est combiné, réfléchi et visant à un but ; or la témérité n'admet ni combinaisons ni réflexions. La bravoure fait abnégation de soi pour être utile ou pour être cité.

De mon naturel, je ne suis ni frondeur, ni faiseur. Je n'ai jamais eu que l'ambition de bien faire ce qui m'était confié, en étudiant les voies et moyens mis à ma disposition. Je dois avouer que j'errais dans ce chaos, qu'était l'armée bavaroise, avec une telle absence d'idées réalisables que j'en accusais mon incapacité, et je regrettais d'avoir accepté un emploi au dessus de mes forces.

L'Electeur me fit appeler. Je me trouvai seul avec lui dans son cabinet; son accueil fut gai, bon, avec cette obligeance qui lui était naturelle, et l'envie de me mettre bien à l'aise. Voyant que je répondais sur le ton qu'il désirait, il se servit d'une expression que j'ai bien souvent employée depuis avec avantage :

— « Ah ! Voilà enfin une cloche qui sonne ! Ce n'est pas
« ce déluge d'Altesses, de Durchlauts, d'Allmœchtig (1)
« de mes sujets allemands. Asseyez-vous là, et causons
« comme si je n'étais encore qu'un simple colonel fran-
« çais. Avez-vous bien vu tout ce que j'ai de militaires?
« Que pensez-vous de tout cela ? Pourrons-nous en faire
« quelque chose ? »

— « Votre Altesse a une foule de bons éléments, mais
« si décousus, si mal ensemble que ma tête n'a pu encore
« en combiner une unité en harmonie, une armée enfin.
« C'est le général en chef et le ministre de la guerre que
« je cherche et n'ai pas encore rencontrés. »

— « Des généraux, mon ami, reprit l'Electeur en riant, j'en paie quatorze ou quinze, plus peut-être.

— « Oui, Votre Altesse, mais je les vois tous s'occuper
« d'une partie unique, et aucun ne cherche la réunion
« de ces parties, l'ensemble qui en fait une armée. »

— « Vous y êtes ; c'est cela. Mais vous ne savez pas
« que mon prédécesseur, mon oncle Théodore, aimait la
« musique, et il n'y a pas en Europe de chapelle, d'or-
« chestre meilleurs que les miens : vous entendrez cela.
« Il aimait la peinture, et j'ai une des plus riches galeries

---

(1) Durchlaut, Allmœchtig, titres correspondants à Altesse.

« du monde : vous verrez cela. Il n'aimait pas la guerre,
« et j'ai une pauvre armée ! je l'ai jugée comme vous.
« Voilà précisément, mon cher, pourquoi j'ai cherché
« dans l'armée de Condé des capacités, et je les ai appelées,
« d'accord avec votre Prince. Le vieux général de Man-
« son d'abord ; de Zoller et puis vous ; puis deux cousins à
« vous que j'aurai probablement bientôt aussi, j'espère (1).

« Vous ne savez probablement pas pourquoi ce vous ?
« Ce fut lord Crawford qui me signala d'abord votre
« intelligence pour procurer du matériel à une armée ;
« puis le célèbre Souvarow me vanta votre esprit d'ob-
« servation et votre sagacité en arrêtant les ennemis à
« Constance. Si vous aviez laissé passer une armée sur
« ce point, il ne serait pas sorti du Tyrol avec un seul
« homme. Comme je lui rendais tout l'honneur qu'il mé-
« rite en dissertant avec lui sur les revers de la cam-
« pagne il s'écria : « Elle n'est pas perdue pour mon
« pays. Je lui mène cette armée de Condé qui est une
« pépinière de vertus militaires, de héros. Là, rien
« n'étonne, rien n'embarrasse. Fermez les yeux, posez
« la main sur le premier venu, et dites-lui : faites cela.
« Vous n'avez touché qu'un gamin et vous avez ren-
« contré un général. Un de mes adjudants m'a raconté
« qu'à un conseil de guerre on fit venir un pauvre lieu-

(1) Ils entrèrent tous au service de Bavière. La général de Manson mourut à Munich en 1809. Il était directeur de l'Arsenal et avait sous lui MM. de Zoller et de Comeau. Le baron de Colonges mourut de ses blessures en 1814. Le chevalier s'éteignit en 1837, comblé de grades et de décorations, laissant une partie de sa petite fortune pour l'éducation des enfants des artilleurs bavarois. Sur le rapport annonçant sa mort, le roi Louis 1er écrivit de sa main la note suivante : « Ce n'était pas seulement un officier d'artillerie su-
« périeur ; c'était aussi un homme d'honneur comme il serait à désirer
« qu'il y en eut beaucoup. » Le baron de Zoller mourut en 1849 à l'âge de 76 ans, comblé aussi de grades et d'honneurs.

Voyez la biographie détaillée de ces officiers dans l'ouvrage du docteur Skrollinger sur l'ordre de Maximilien-Joseph et ses membres. Munich, 1882.

« tenant d'ouvriers et là on lui commanda : Vous sai-
« gnerez et couperez au besoin tous les ponts. Il n'ob-
« jecte pas un mot, il part; et mon adjudant le rencontre
« partout, jugeant et agissant en général consommé.

« Partout il correspond avec clarté et sans gêne avec
« tous les chefs; il fait bien partout, et enfin il reste
« maître du grand pont. Avec quelle armée? Avec com-
« bien de bataillons, de batteries? Je vous le donne à de-
« viner? Avec cinq charpentiers, quatre haches et une
« scie. Cela est. Mon adjudant l'a vu. Il me l'a raconté
« cent fois. Hé bien, mon cher, continua l'Electeur, je me
« suis informé de votre nom; je l'ai su; j'étais à Augs-
« bourg un jour. J'apprends que vous y couchiez. Rap-
« pelez-vous d'une visite de généraux que vous reçûtes ;
« c'est depuis lors que je pense à vous. »

L'Electeur finit par me dire : « Appréciant comme vous
« l'état militaire que j'ai trouvé et voulant le réformer,
« c'est votre Prince qui est mon modèle. J'ai vu qu'il a
« fait neuf campagnes avec une poignée de braves, qu'il
« en a toujours fait une armée en dépit de toutes les
« exigences autrichiennes. Ce prince n'aurait eu que cent
« hommes, qu'il leur aurait toujours fait donner le nom
« d'armée. Pourquoi? Parce qu'il est général, réellement
« général. Il ne s'est placé qu'où il a voulu; il n'a com-
« battu qu'où et comme il a voulu; il ne s'est jamais
« laissé détacher aucune partie de son armée, il n'a de-
« mandé ni secours ni renforts à des troupes qui n'é-
« taient pas les siennes. Eh bien! mon cher, c'est à cela
« que je vise. Mes états peuvent avoir une armée de
« 80,000 hommes. Je veux que partout où il y aura des
« Bavarois, on dise : l'armée bavaroise, et plus jamais,
« le contingent de la Bavière. Me comprenez-vous, Mon-

« sieur le grand pontife, mais pas le Saint Pontife, dia-
« ble! Allons, courage, mettez la main à l'œuvre et comp-
« tez sur mon aide. Savez-vous que je les ai bien embar-
« rassés au dernier conseil? Je leur ai déclaré que ce
« serait moi qui serais mon ministre de la guerre. Re-
« venez demain à huit heures précises; j'aurai encore à
« vous parler ».

Il était midi; de midi à huit heures du matin je ne fis
que rêver aux moyens d'établir, avec les éléments bavarois, une armée à la Condé; mais ce n'est pas de cela qu'il
s'agissait. Le matin je fus exact, comme on peut croire.

L'Electeur me dit : « La guerre va se rallumer. C'est
« l'Angleterre qui remet tout en feu. Elle excite l'Au-
« triche; elle la soutient avec de nombreux corps de
« troupes subsidiaires. Ce qui reste de votre armée de
« Condé en est; moi aussi. On me paie quarante mille
« hommes. J'avais besoin d'argent; on m'en donne beau-
« coup. Je voulais faire des levées d'hommes : en voilà
« le prétexte. Je n'augure pas bien de cette campagne;
« je ne puis éviter d'être surmarché, foulé par les armées.
« Les Français vont reprendre le plan de se diriger sur
« Vienne par trois armées : celle d'Italie ayant à sa
« tête Bonaparte, celle de Souabe, sous les ordres de
« Moreau. Ce grand général combattra sur mon terrain
« qu'il a étudié. Une armée de Franconie, qui ne sera
« pas commandée par un Jourdan, longera le Danube et
« menacera la Bohême. Ces trois armées tâcheront de se
« réunir vers Lintz ou vers Saint-Pœlten. Delà elles dic-
« teront la paix ou marcheront sur Vienne. Je ne doute
« pas de la valeur autrichienne, quand elle verra les
« combats arriver sur son propre terrain. Le sang va
« de nouveau couler à flots!

« La France s'est retrempée. Il y a à sa tête un grand
« moteur qui vise à de grandes choses. S'il réussit, ce
« qui est probable, il faut que je me ménage son appui.
« S'il succombe, il faut que j'évite de voir mes états de-
« venir une province autrichienne. Je vais donc promp-
« tement donner ces troupes de subsides et me faire
« un corps de réserve, pour aller avec lui, si besoin en
« est, me porter du côté de la Prusse. Vous serez de ce
« corps de réserve parce que ce sera au milieu de ce con-
« flit que je m'occuperai de mon armée bavaroise, de
« cette armée compacte à former. »

A partir de ce moment, l'agitation fut extrême. Il fallait recevoir les recrues, les armer, équiper, dresser; organiser les trains d'artillerie, confectionner les munitions, etc.

CHAPITRE XIV

ÉVACUATION DE L'ARSENAL DE MUNICH. HOHENLINDEN

Toutes les dispositions autrichiennes, anglaises, empire germanique et empire russe prises avec une activité extraordinaire, remplirent le but des Anglais; mais elles firent, pour l'avenir, à la France révolutionnaire les avantages temporaires qui devaient faire verser tant de sang et finir quatorze ou quinze ans plus tard par des revers plus étonnants que ne l'avaient été les succès.

Bonaparte était revenu seul et presque en fuyard de l'Egypte et de Saint-Jean d'Acre; son armée d'Egypte lui revint aussi par capitulation et l'Angleterre fut guérie de toutes ses craintes pour ses possessions dans l'Inde. Bonaparte avait trouvé la France aux abois et en avait profité pour faire ce Dix-Huit Brumaire qui fit sauter une Chambre par la fenêtre, subjugua un Sénat, chassa un Directoire. Il fond en Italie sur cette orgueilleuse armée autrichienne, qui avait cru profiter seule de la valeur de Souvarow et de ses succès. De toutes parts on court aux armes. Moreau, rival de Bonaparte, se prévaut du désordre et de la confusion qui règnent à Paris; il repousse toutes les combinaisons du ministre de la guerre et réunit sous son seul commandement les armées de Sambre-et-Meuse et de Rhin-et-Moselle. Il repousse

Desaix, Jourdan, Augereau, n'emploie que ses affidés, culbute tout devant lui en Franconie, en Souabe, envahit la Bavière avec une masse imposante et victorieuse; il marche sur Vienne et veut y arriver avant Bonaparte, qui va au même but par l'Italie. Mais le Premier Consul s'avançait par de brillantes victoires, et Moreau ne faisait que pousser devant lui cette armée si décousue, si mal ensemble de l'Empire germanique.

Cette campagne n'eut pour nous, dès son début, aucun avantage : les Français prirent de suite le dessus. Les rapports venant de l'armée bavaroise étaient lamentables et sur des tons si peu militaires que j'étais parfois tenté d'en rire. Ils parlaient de grêles de balles; le nombre des ennemis semblait tel qu'à peine pouvait-on découvrir la couleur de la terre; à peine avait-on le temps de manger chaud, etc.

Je fis observer à l'Électeur que ce ton était mauvais, qu'il préparait au murmure, au découragement ces jeunes militaires dont nous avions à composer un jour des armées meilleures. J'y fus envoyé en mission. Il y avait de l'exagération dans ces lettres. La campagne me parut ce qu'elles sont toutes. Les vivres, les fourrages ne manquaient pas, et quelques corps se battaient bien. Je distinguai de Wrède (1) et je prédis à l'Électeur qu'il aurait en lui un général, un homme de guerre.

Je fus moins content des canonniers; je partis de là pour faire sentir le vice de leur composition : des jeunes gens de ville, presque des savants, et toujours des paresseux et des raisonneurs!... J'observai que, pour cette

---

(1) Il était alors colonel d'état major et major général; il devint le meilleur général de la Bavière, dont il commanda les troupes sous Napoléon.

arme, les paysans accoutumés aux chevaux, aux travaux pénibles, valaient mieux que ces damerets, ne touchant les roues et les munitions qu'avec des gants et des grimaces. Il me fut accordé le choix dans les levées. En prenant les premiers venus, je procurai des artilleurs solides qui se sont fait remarquer depuis. Ce fut un des services importants que je rendis à l'armée bavaroise. Quant aux officiers d'artillerie, je trouvai les jeunes assez bien disposés, mais les capitaines étaient vieux, lents, indolents et entêtés. Je fis des vœux pour que de bonnes pensions leur fissent céder la place à de plus jeunes.

Je m'aperçus que cette vieille armée bavaroise de dix à douze mille hommes, commandée par le baron de Deux-Ponts, possédait avec luxe et superfluité tout ce qui entraîne pertes et désastres dans une guerre active. Le chef était ce fils du duc de Deux-Ponts, protégé par Louis XV, qui aurait eu le trône si sa mère n'eût pas été une comédienne, et j'étais déjà assez Bavarois pour désirer que ce prétendant n'acquît point de relief par ses talents militaires. D'ailleurs, tout son personnel se composait de cette armée informe, dont nous n'eussions su que faire dans les vues qui nous avaient fait entrer au service de la Bavière.

Nos armées germaines, effarées, sans plans, s'arrêtèrent cependant sur l'Inn pour offrir de la résistance. L'armée de Condé s'était d'abord dirigée sur Udine; elle revint en Allemagne et y agit comme régulateur éclairé et aguerri de ces masses de nouvelles levées. Le quartier général était à Ettingen, dans la haute Bavière.

Tout, dans l'armée soit autrichienne, soit subsidiaire, me présageait une prochaine retraite, et aussitôt arrivé à

Munich, en ma qualité de sous-directeur de l'arsenal, je préparai les voies et moyens pour l'évacuer rapidement et choisir d'avance les routes et rivières les plus convenables à ce but.

Mes prévisions faillirent me perdre : je ne connaissais pas assez les menées sourdes, les coups de Jarnac et les perfidies des bureaux. C'était l'époque où les bois des montagnes flottent sur les rivières. Ces bois, liés en radeaux, descendaient l'Isar jusqu'au Danube où on les livrait au commerce. Je pensai que ces radeaux feraient un bon moyen de transport. Je mis des obstacles à la navigation pour les retenir ; je signai des marchés conditionnels de dédommagement, c'est-à-dire que j'écartai toutes les chancelleries, les bureaux, les lentes et méthodiques entraves, si communes alors en Allemagne. J'agissais militairement, et en secret on me faisait civilement mon procès.

L'événement que j'avais prévu arriva bien plus tôt qu'on ne croyait. La Cour fut obligée de quitter Munich à la hâte. Quant à moi, j'étais prêt ; je faisais charger le matériel des arsenaux sur ce que je nommais mes radeaux, et nous allions partir, quand les chicanes civiles se déchaînèrent contre moi. Je n'obéis qu'une fois aux sommations répétées de rendre compte à la Chancellerie. J'y rencontrai le duc de *** que je ne connaissais pas encore. J'eus le malheur de l'appeler Monsieur au lieu de *Durchlaut* et Excellence. Il voulut se fâcher ; il ne s'agissait de rien moins que de m'arrêter. Je lui répondis très vivement que, dans mon pays, Monsieur était le titre du frère du Roi, et que mon caractère me portait à me servir partout de mon sabre, lorsque j'entendais le canon ennemi.

En effet, la canonnade approchait (1). Je tire mon sabre, vais droit à la rivière, coupe et fais couper les amarres, retirer la barre, et, montant le dernier radeau, je fais partir.

Nous eûmes d'abord de la peine, parce que les flotteurs ne reconnaissaient pas mon autorité, et ne montaient pas leurs radeaux. On m'attendait au naufrage que l'on croyait inévitable à un barrage que j'avais à franchir; mais la fonte des neiges ayant enflé les eaux, je passai sans le secours des mariniers; d'ailleurs, le hasard plutôt que ma science, avait chargé l'arrière des radeaux plus fort que l'avant. M'apercevant qu'ils étaient trompés dans leur attente, je jetai une ancre, et fis signifier que tout radeau qui ne serait pas monté par ses hommes, serait, de droit, confisqué, et mes contrats annulés par des pouvoirs que je n'avais pas, mais que j'annonçais effrontément. Il n'y eut pas assez de nacelles pour m'amener tous les flotteurs.

La flotte organisée, je plaçai sur les radeaux quelques officiers avec un peu de troupes; je les rendis responsables, et je partis pour faire mon rapport à l'Electeur. Je ne savais où le trouver. J'allais à pied, et je n'avais que mon sabre. Je vis arriver au galop une calèche : c'était ce même duc de *** qui m'envoyait ses compliments, sur l'adresse avec laquelle j'avais franchi la barre et équipé la flotte, et qui m'offrait cette calèche, pour me rendre, avec son aide de camp, auprès de *notre souverain*.

L'air humble de cet adjudant, ses phrases commencées et mal finies, me firent bien voir que le duc avait peur. Nous arrivâmes ainsi près de l'Electeur; nous le trouvâ-

---

(1) Les Français entrèrent à Munich le 28 juin 1800, quelques jours plus tard.

mes sombre et inquiet. Il fit un bond de joie quand je lui appris que son matériel flottait sur des radeaux, et arriverait dans la journée sur le Danube.

Je le prévins en même temps que la ligne autrichienne avait été enfoncée par Moreau ; que le corps bavarois, s'étant réuni à l'armée de Condé, opérait une bonne retraite en s'appuyant sur le Tyrol, et allait prendre position à Alt-Otting.

L'adjudant faisait triste mine en voyant qu'on ne s'occupait que de moi : le Prince oubliait d'ouvrir la lettre du duc. Il la lut enfin et, partant d'un éclat de rire, appela l'Electrice : « Tiens, dit-il, vois de quoi je ris. » Avec sa grâce ordinaire, cette princesse lut tout haut : « Votre
« Français a fait des merveilles. Il a eu l'idée de saisir
« des radeaux et d'y charger le matériel. L'arsenal est
« entièrement évacué. Je l'ai fait aider et servir comme il
« était de mon devoir. J'ai dû, cependant, le mander à
« la Chancellerie, ayant des inquiétudes fondées sur les
« marchés clandestins, et probablement onéreux qu'on
« l'accusait d'avoir passés avec les propriétaires des ra-
« deaux. Il a la tête un peu près du bonnet, ce Français.
« Je lui observais avec douceur que l'on ne m'appelait
« pas Monsieur. Je voulais conserver le decorum dans la
« Chancellerie. Il m'a répondu qu'il était d'un pays où
« l'on désignait ainsi le frère du Roi, et d'un caractère à
« se servir de son sabre quand il entendait le canon en-
« nemi. Ne croyez pas que je l'en blâme ; je pense, au
« contraire, qu'avec des sabres tirés si à propos, votre
« armée acquerra une énergie dont nous avons besoin.
« Je suis très content de la troupe. Je vous l'amène en
« bon ordre. Si j'avais quelque chose à demander pour
« l'officier français, ce serait une récompense, mais je me

« suis engagé avec la Chancellerie à faire connaître prom-
« ptement le marché des radeaux. »

L'Électeur, toujours en riant : « Hé bien ! Monsieur le
« sabreur en Chancellerie, quel est donc ce marché qui
« vous rend si pendable? »

— « Votre Altesse, la menace de brûler les radeaux,
« s'ils partent sans mes ordres, la promesse de les payer
« s'ils sont pris par l'ennemi avant d'être arrivés au
« Danube, plus trente kreutzers par jour et par per-
« sonne (environ vingt sous par jour) payés en arrivant
« au confluent du Danube. »

L'Électeur prit vivement un de ces marchés, le remit à
l'adjudant et lui dit : « Portez-le à la Chancellerie, qu'on
« l'enregistre avec la mention que c'est ainsi que je veux
« être servi quand le danger est imminent. »

Ce matériel sauvé, ces douze mille hommes ramenés
en bon ordre, ce corps de subsidiaires bavarois, qui, en
s'appuyant sur l'armée de Condé, avait su échapper à la
défaite, tout cela remonta singulièrement mes actions et
celles du général de Manson. Les Anglais, pour réparer
l'échec, revinrent auprès de l'Électeur avec des tonnes
d'argent, et subsidièrent le reste des troupes bavaroises.
Munich est envahi ; la Cour se retire à Bayreuth, sur le
territoire prussien. Nous nous établissons dans le haut
Palatinat, sur les frontières de la Bavière, avec cet argent
et le matériel sauvé et réparti sur le Danube. Manson,
le baron de Colonges, de Zoller, moi et un Alsacien
nommé Lintz, charpentier, charron, et à l'armée de Condé
sous-officier dirigeant les ouvriers d'artillerie de toutes
professions, nous portions jusqu'au Danube nos faibles
moyens et ma très active expérience dans les reconnaissances ; nous commençâmes, par ordre de l'Électeur,

cette organisation d'armée d'après les anciens usages français, ou plutôt d'armée à la Condé qui devint le noyau de l'armée bavaroise plus tard si renommée.

J'observe cela de nouveau comme une preuve de ma conviction que le prince de Condé fut un des plus grands capitaines de ce temps si mémorable, où des chocs de nations en masse feront probablement oublier par l'histoire le talent de ce Condé, qui, avec sa poignée de nobles émigrés, a constamment manœuvré si vaillamment, avec tant de prudence mêlée d'audace. Je suis convaincu qu'une analyse bien faite des neuf campagnes de l'armée de Condé, serait le meilleur ouvrage classique dans l'art militaire qu'on pût donner aux écoles. Tactique, stratégie, topographie, sciences exactes exagérées, étude trop théorique des langues, tout cela ne forme pas un élève officier, comme l'art qu'a toujours eu ce Prince général, de faire beaucoup avec peu ; et cela, toujours par calcul, et jamais par hasard ; de l'avoir toujours fait sans jactance, sans forfanterie, et sans autre ambition que celle de la gloire désintéressée.

Des suspensions d'armes, des commencements de négociations, des intrigues anglaises précédèrent la bataille de Hohenlinden (1). Pendant ce temps je n'étais plus qu'un officier d'artillerie faisant travailler des ouvriers. Les campagnes diplomatiques n'avaient pas encore été mon fait. Je diplomatisais pour mon compte particulier, et je dirigeais mon travail sur mes conjectures. Telle fut ma dixième campagne en 1800 où je ne brûlai pas une amorce, mais j'eus à travailler très activement. Plus on espérait paix et désarmement, plus j'ac-

---

(1) Les hostilités furent suspendues du 15 juillet au 28 novembre 1800.

tivais mes préparatifs; si bien que les paresseux, en me blâmant, me signalaient pour être de la faction anglaise. Cela m'attira, sous un faible prétexte, une conversation secrète avec l'Électeur.

Après avoir bien regardé si nous ne pouvions pas être entendus, le Prince me dit: « Ayez l'air de m'expliquer
« ces plans étalés sur ma table. Promenez vos doigts;
« il en est qui écoutent par les yeux. Vous êtes accusé,
« et souvent, d'aller trop vite. On voudrait me voir
« ménager davantage l'argent anglais que j'ai reçu. On
« m'assure que la paix est infaillible, et, qu'en rentrant
« dans ma capitale, cet argent épargné serait plus utile
« que ces affûts et ces caissons. Je ne dis rien, je ne
« vous apprends rien, et je vous demande ce que vous
« pensez de ce qui nous entoure. »

— « Votre Altesse, je vois de grands changements
« dans le système européen. L'heureux Bonaparte,
« depuis son 18 Brumaire, vise à la souveraineté. De son
« côté, ce ne sont plus ces armées du début de la répu-
« blique, ces envahissements à la romaine. Il veut la
« paix, il veut des alliés. L'armée d'Italie et celle de
« Franconie me semblent à sa main. Celle de Souabe ou
« de Moreau serait plutôt contre lui. Ce général est
« républicain; lui et Bonaparte sont rivaux. L'Angle-
« terre veut continuer la lutte, et les agents anglais sont
« concentrés à Passau. Je ne crois pas que la vivacité
« française laisse le temps aux Autrichiens de faire un
« mouvement de leurs deux ailes pour écraser Moreau
« au profit de Bonaparte; aussi je m'attends à chaque
« instant à un coup de boutoir de Moreau pour forcer
« les lignes de l'Inn, pénétrer en Autriche et arriver sous
« Vienne avant Bonaparte.

« Dans ce cas, je voudrais à Votre Altesse une armée
« de quatre-vingt mille hommes, toute à vous, comman-
« dée par vos généraux, jamais affaiblie, ni décousue
« par des détachements. Ce serait un grand poids, qu'il
« serait bon de garder disponible, pour le jeter à pro-
« pos dans les plateaux de la balance que le futur roi
« Bonaparte va mettre en action pour obtenir la paix qui
« l'amènera à ses projets. »

— « Allons, dit l'Électeur, je vois que vous oubliez
« vos griefs contre les Français, et que vous voudriez
« que j'en revienne à l'antique alliance de la Bavière et
« de la France. Mais alors la France était un royaume.
« Qu'est-elle donc maintenant?... Puissante aujourd'hui,
« et demain, peut-être, anéantie par des factions!... »

— « Menacer n'est pas toujours agir; soyez sans armée,
« et on peut vous livrer à l'Autriche pour l'engager à con-
« sentir à des concessions en Italie comme il en a déjà été
« question. Mais ayez en une, on n'osera pas vous pren-
« dre et on vous fera la cour pour vous avoir comme
« allié. »

— « Continuez, retournez à votre travail; j'approuve
« votre zèle, je le récompenserai. »

La semaine ne se passa pas sans l'accomplissement de
mes prévisions. Le général Moreau tomba avec tous ses
moyens sur l'armée germanique. Elle fut enfoncée de
toutes parts à Hohenlinden le 3 décembre 1800, à vingt-cinq
lieues seulement de Vienne. L'armée de Condé s'en tira
seule avec honneur. L'armée bavaroise, conduite par ce
baron de Deux-Ponts, fit un sauve-qui-peut et perdit tout.
Napoléon, pour ne pas laisser Moreau arriver avant lui,
offrit de bonnes propositions de paix; elle fut prompte-

ment conclue à Lunéville (1), mais l'Egypte était évacuée et les Anglais contents!... Ils licencièrent l'armée de Condé.

L'Électeur resta éloigné de sa capitale, mais, dans le haut Palatinat, ses troupes continuèrent leur organisation en corps d'armée bien proportionnés ; en infanterie comme principal, en armes spéciales, cavalerie, artillerie, et aussi en arsenaux, fonderies, ouvriers réguliers, manufactures d'armes. Personne ne discutait plus mes plans, aussi je les activais le plus possible.

Quant à moi, je me livrais sans réserve au service de la nouvelle Bavière. Mes fréquentes courses sur la rive gauche du Danube me firent rencontrer des bandes de Tziganes ou Bohémiens qui inondaient l'Allemagne. A l'armée de Condé, je les avais employés quelquefois à nous procurer des armes et ce qui nous manquait. J'en agis de même sur le Danube, mais avec plus de moyens pécuniaires ; et, par eux, je procurai à l'armée que nous formions une grande partie des dépouilles de l'armée germanique vaincue.

Je rencontrai l'Électeur un jour, par hasard. Il me dit:

— « Vous êtes content, vous voyez que je suis vos « idées. J'ai mes quatre-vingt mille hommes, mais le « général, votre idéal, l'avez-vous trouvé ? » — « Votre « Altesse, je ne l'ai pas cherché. Votre Altesse le trou-« vera mieux que moi. Je ne me permettrai que de sim-« ples observations. »

— « Deux-Ponts ? » (C'était ce cousin du prince qui « venait d'être battu à Hohenlinden). — « Non, Votre « Altesse, dis-je. »

(1) L'empereur d'Allemagne signa le traité de Lunéville le 9 février 1801; l'électeur de Bavière signa un traité particulier quelques jours plus tard.

— « Pourquoi non? Christian n'est pas un homme à
« dédaigner. »

— « Oui, mais au temps où nous vivons... »

— « Je vous entends; il pourrait oublier que sa mère
« n'était pas princesse. »

— Je souris, et j'ajoutai : « Un Bavarois, Votre Al-
« tesse, et pas d'étranger. Ce n'est pas seulement une
« armée qu'il faut former, c'est une nation. »

— « Je ne m'attendais pas à cela... »

CHAPITRE XV

PREMIÈRE MISSION A PARIS. — MON MARIAGE (1800-1804)

A cette époque, sans que je m'en fusse douté, une autre carrière allait s'ouvrir pour moi. On s'attendait à chaque instant au retour à Munich, mais l'Électeur et sa cour étaient encore à Bayreuth. J'y fus mandé et je restai quelques jours sans savoir pourquoi. Le premier ministre, M. de Montgelas, me disait : « Mon cher, » et il ne m'avait jamais parlé. Enfin, on m'appelle à la Cour, on me donne deux cent cinquante ducats (1), on me demande si j'ai une voiture ; sur la réponse négative, on m'envoie une calèche de courrier de cabinet. L'Électeur me faisait bon accueil, mais il ne me parlait de rien.

Un soir, à l'entrée de la nuit, arrivent à mon auberge M. de Montgelas, avec un des premiers secrétaires des affaires étrangères. Il me dit : « Vous allez partir pour « Paris sur l'ordre spécial de Son Altesse. Vous passerez « par Strasbourg, où vous êtes annoncé. Vous donnerez « cette note au commandant militaire et vous vous con- « formerez à ce qu'il vous prescrira pour Paris. Vous se- « rez toujours en uniforme, en écharpe (insigne du grade « en Bavière). A toute interpellation vous montrerez

---

(1) C'était la somme nécessaire pour le voyage en poste. Le ducat valait environ dix francs.

ce laissez-passer. Voici un paquet cacheté pour M. de Talleyrand, ministre des relations extérieures, un autre pour le marquis de Lucchesini (1), ambassadeur de Prusse, et enfin un pour le baron de Cetto, notre ministre mais pas encore accrédité.

Ainsi, voilà un émigré, sous le poids d'une condamnation à mort, envoyé à Paris, dans la haute diplomatie, et porteur de dépêches dont il ne connaît pas une syllabe !...

Pendant l'inaction forcée de ce voyage, mon esprit travaillait et je me laissai aller à repasser ma carrière et celle de mon ancien camarade Bonaparte, que j'allais retrouver au pouvoir. Nous étions de même âge. Nous avions eu chacun quatre frères et trois sœurs. Après qu'on nous eût destinés tous deux à l'état ecclésiastique, nous entrâmes dans la même année au corps royal de l'artillerie. C'est ainsi que sans nous connaître, les canons de bronze et leur pénible étude préliminaire ont affranchi des études latines, préliminaires des canons de l'Église, un pauvre gentilhomme corse et un gentilhomme, pas riche, de Bourgogne. Ces deux vocations se manifestèrent en 1784. Celle du Corse fut aidée par la générosité du Roi, et celle du Bourguignon par les gênes et les privations de son père.

A Brienne, il s'intrigua fort secrètement et adroitement pour être envoyé à l'école militaire de Paris et entrer ensuite dans l'artillerie. A cause du privilège de cette école, il pouvait être nommé d'emblée lieutenant en

---

(1) Il était né à Lucques et s'établit en Prusse du temps de Frédéric II qui aimait ses idées philosophiques. Nommé depuis ambassadeur de Prusse à Paris, il y soutint les nouveaux principes français, et finit par être disgracié quand la Prusse se brouilla avec la France. Il se retira alors dans sa patrie, où il fut en faveur jusqu'à la chute de l'empire.

subissant l'examen sur tout le cours de mathématique en une fois; ce qu'il fit en se livrant avec ardeur à cette seule étude et négligeant tout le reste. Il eut sa lieutenance en 1786. A âge et savoir égal, les élèves de l'école spéciale de Metz ne pouvaient obtenir que la sous-lieutenance, ce qui fut mon cas. Mais il y avait si peu de rangs entre nous, parce qu'il avait un des derniers numéros et moi un des premiers de ma promotion, qu'en 1791 nous obtînmes en même temps le grade de lieutenant en premier, ou capitaine en second, comme on disait alors dans l'artillerie.

Ainsi donc, à dix-neuf ans, nous pouvions bien nous comparer sans vanité pour trouver entre nous rapport ou liaisons, comme venait de nous l'apprendre notre très ennuyeux cours de mathématique. En ce temps, il était laid, et moi sinon beau, au moins joli garçon ; puisque, lorsqu'on m'envoya à Lyon, je défilai sous les vingt fenêtres d'un chapitre de chanoinesses : une exclamation de : « Mesdames, mesdames, venez donc voir un joli officier! » garnit comme par enchantement les vingt croisées de figures de dames qui deux à deux penchaient la tête pour mieux voir, disant : Ah! qu'il marche bien!... qu'il est frais!... Une vieille, en branlant son chef, a ajouté : il a l'air malin; il se moque de vous, mesdames. J'ai riposté par le salut de l'épée, en trois temps et quatre mouvements, adressé à la vieille abbesse, Mme de Piépappe, et celle-ci, pour me rendre mon salut avec plus de dignité, a tellement incliné la tête que j'ai vu sa bosse; or, il est difficile d'avoir des abus *faits au dos* mieux prononcés que ceux de madame l'abbesse, comtesse de Piépappe et noble sûrement à un très grand nombre de quartiers. Dans ce chapitre de Neuville-les-Dames, il fallait apporter bien plus que ses quatre quartiers : c'était un chapitre impérial, fondé par un duc de Savoie dans ces temps quasi fabuleux où l'on faisait ramoner ses cheminées par les marmotes...

Pour rabattre ma vanité, il faut convenir qu'excepté Mandrin, le célèbre voleur, et une petite guerre dans les rues de Genève, Neuville-les-Dames n'avait jamais vu de troupes. C'était un des privilèges de la très noble abbaye, et cela explique la recommandation des bonnes chanoinesses à leurs élèves, entendue, prétendaient-ils, par ceux de mes camarades qui marchaient en tête de la colonne : Mesdemoiselles, tenez-vous droites, les officiers vous regardent!... Oui, il est certain que si, au lieu du jeune Bourguignon blond et rose, ces dames avaient vu défiler le triste Corse, jaune et trapu, elles auraient ajourné leurs exclamations... au moins jusqu'au pont d'Arcole.

Mais j'ai mon pont aussi, Constance ; cela compte ! et qu'on ne me dise pas qu'Arcole, c'était en avant, toujours battant, et Constance en arrière, toujours en retraite. Nous de l'armée de Condé, avec notre cocarde blanche et nos drapeaux fleurdelysés, nous étions toujours battants, jamais battus, et nul n'a jamais vu notre dos!...

De la promotion de 1791, date l'énorme différence entre nos deux carrières militaires ; nous venions l'un et l'autre d'obtenir, par un pénible travail en mathématiques, les épaulettes de lieutenant ; et une révolution naissante rendait dans le même moment ces épaulettes, naguère si estimées, des sujets d'inquiétude et d'incertitudes. Chaque jour, ces grades menaçaient notre honneur et pouvaient flatter notre ambition, étant encore sans expérience. Quand cet avancement nous arriva, il le reçut; et j'y renonçai pour émigrer, sacrifiant le grade pour être fidèle au devoir et à l'honneur. Le lieutenant corse avait calculé que les voies seraient favorables à une ambition sans frein. — Près du prince de Condé, je me plaçai comme simple soldat; par les départs d'officiers, le Corse devint en peu de temps lieutenant-colonel d'artillerie, mais sans emploi, presque sans appointements à cause des assignats. Repoussé dans cette arme parce qu'il était noble, les clubs, les émeutes furent ses ressources. Il en dirigea plusieurs à Paris, à ce qu'on nous disait pendant notre émigration.

Dans ma position d'émigré, voué par goût au métier de la guerre, je la faisais avec zèle dans les rangs les plus inférieurs, sans ambition, quant à l'avancement, mais sans cesse préoccupé de la guerre, objet de toutes mes pensées. Plus elle était laborieuse et pénible, plus elle me plaisait.

Bonaparte devient général, et même général capable, entreprenant, supérieur par son éducation et ses talents à tous ces généraux enfantés par la révolution. Il paraît en Italie, tout va rapidement changer de face sur ce théâtre. C'est un jeune officier de l'ancien régime; son éducation, ses manières contrastent avec celles de ses prédécesseurs. A Nice, où l'armée manquait de tout, où les fournisseurs gaspillaient tout, il agit avec rapidité comme Masséna l'avait fait sur une plus petite échelle; il forme une armée neuve, il s'attache les sabreurs; il emploie tous les anciens officiers qu'il rencontre à Toulon, à Marseille, à Paris même. Il sera favorable à ceux qui avaient émigré, ou quitté le service pour se soustraire aux dangers, aux horreurs de ce temps. Il forme des brigades, des corps, des divisions, leur imprime un mouvement sans relâche. Masse et vitesse lui font une force vive à laquelle il ne donne pas le temps de se refroidir ; il ne connaît que l'ordre profond. Les énormes magasins de l'armée vaincue tombent aux mains des troupes qu'il a animées; les vastes plaines du Pô lui donnent l'abondance au lieu de la misère qui régnait avant lui. Son armée surpasse les armées principales de Pichegru, Moreau et autres; voilà la guerre en Italie sous ce jeune général. Cette nouvelle tactique, les clubs, les loges, tout le favorise, on ne parle plus que de lui !...

Je sortis de mes rêveries en arrivant à Paris, le 24 décembre 1800. Il y avait grande émotion aux barrières, des piquets aux travers des portes, des troupes de cavalerie au galop. Le postillon se retourne et me dit : « Faut-il continuer ? cela ne sent pas bon ; voilà comme « on fait quand il y a du *tapin*. » Je lui réponds : « Mar-« chez droit à l'hôtel de l'Ambassade de Prusse. » — « Je sais, je sais ; en voilà un qui en reçoit fière-« ment, des courriers ! Vous êtes le cinquième d'au-« jourd'hui ; mais dites qu'il y a du *tapin* ; c'est moi qui « vous le dis, et alors il faut filer et ne pas demander « ce qu'il y a. »

M. le marquis de Lucchesini me reçut avec beaucoup de distinction. Il m'apprit l'explosion de la machine infernale de la rue Saint-Nicaise et ne voulut pas me laisser sortir, ni parcourir seul les rues de Paris. Il envoya mes dépêches à MM. de Talleyrand et de Cetto. Je dînai avec eux le lendemain. J'assistai ensuite à un grand repas officiel chez M. de Talleyrand. Ce fut une des choses les plus singulières de ma vie. J'étais, sans m'en douter, un personnage diplomatique, et, cependant, j'avais cette mission à cause de la conversation que j'avais eue avec l'Électeur, avant la bataille d'Hohenlinden.

Mes paroles avaient confirmé mon souverain dans la pensée de regarder Bonaparte comme un roi dont l'alliance serait préférable à celle de l'Autriche, toujours battue, et qui deviendrait envahissante si elle était victorieuse. On me connaissait, et je ne connaissais personne. On agissait d'après des idées que j'avais émises un jour, et je n'y pensais plus. Depuis, quand j'ai un peu songé à mon ambassade, je suis resté dans le doute si je leur avais paru un homme simple ou un politique profondément dissimulé.

Le Premier Consul voulut me voir et n'être pas vu, ce qui détermina ce dîner chez M. de Talleyrand. Ce fin matois, en faisant ses honneurs à tout le monde, me favorisa d'une conversation particulière sur un canapé à deux places, une *causeuse*, comme on disait alors, placé près d'une porte. La conversation commença sur l'Allemagne; sur la richesse de ce pays, la beauté des villages, l'aisance des paysans ; sur la langue française si généralement employée par la bonne compagnie; sur la manière aisée dont je la parlais. Je répondis en souriant, qu'on disait que le Premier Consul avait dans sa garde des Mamelucks (1) qui étaient de Besançon.

On partit d'un éclat de rire derrière la porte. On me faisait causer et on ne me disait que des lieux communs. On ne me parlait ni de militaires, ni de campagnes.

---

(1) Avec des Arabes qu'il avait ramenés d'Egypte, Bonaparte organisa dans sa garde une compagnie de Mameluks à cheval (1801). Dès le début, la compagnie dut être complétée avec des soldats français, car les mamelucks pur sang étaient à peine cinquante. Leur nombre diminua rapidement, puisqu'il n'en restait plus que 18 en 1814. L'effectif de la compagnie, était complété par des Français pris dans les régiments de hussards.

Pendant mon séjour chez l'ambassadeur de Prusse, je reçus une invitation chez une dame portant un nom très ronflant, que j'ai oublié et que je ne connaissais pas, du reste. Le marquis de Lucchesini, invité aussi, m'offrit de m'y conduire, mais en me recommandant la plus grande prudence : — « Regardez, écoutez, mais parlez peu ou
« point. Cette baronne passe pour faire partie de la police,
« mais son salon, très couru toujours, vous montrera le
« monde actuel de Paris. Au retour, je vous renseignerai
« sur ce que vous aurez remarqué. »

La baronne de X... avait des allures félines qui me déplaisaient fort. Je pus rester inaperçu dans une embrasure. L'ambassadeur me nomma plusieurs personnages dont les noms étaient souvent cités dans les journaux; mais ce coup d'œil jeté sur le monde du Directoire ne me donna aucune envie de le revoir. Il y avait peu de femmes, la maîtresse de maison et quelques amies, vêtues à la grecque et très décolletées, mais beaucoup d'hommes, surtout dans le monde officiel et la colonie étrangère. Mon invitation était adressée à M. le capitaine courrier de Bavière.

Ce voyage à Paris fut un de ces mystères diplomatiques dont je ne me doutai pas, et que je fus quatre ans à comprendre. Une dépêche cachetée pour rapporter une dépêche cachetée : un courrier de cabinet est ce qu'il faut pour cela et non un officier d'artillerie en casque, en uniforme, en écharpe, dans tout son costume d'apparat !... Ce n'est qu'en 1805 que je me suis aperçu qu'en 1800 je portais à Paris un mystérieux traité d'alliance; ma personne, autant que le paquet cacheté, était la dépêche; moi, émigré, Condéen, singulière combinaison !... Bonaparte voulait me voir, me reconnaître, s'assurer si j'étais bien son ancien camarade gai, franc, bon enfant, et que je pourrais lui être utile.

De plus, les guinées anglaises données à l'Électeur de Bavière pour organiser une armée à la discrétion des Anglais au besoin, allaient organiser cette armée aux besoins, à la discrétion de Bonaparte devenu peu après Napoléon, empereur des Français, roi d'Italie, ennemi à vie de la Grande Bretagne. On pouvait être assuré de ma discrétion; je ne savais rien, je ne prévoyais rien.

Ce marquis de Lucchesini, ministre de Prusse à Paris, recevant un officier bavarois en uniforme, émigré non déguisé, devait avoir là une attitude plus suspecte à la France qu'aux ennemis de la France. Tout cela était un imbroglio diplomatique qui m'a toujours semblé très bizarre.

Réexpédié promptement en Bavière, je trouvai la Cour rentrée à Munich. Aussitôt les Colonge, de Zoller et moi nous avons été employés avec une activité extraordinaire à faire des munitions de canons et de fusils; puis à fondre des canons de campagne, et cela dans les calibres et modèles français; ensuite des fusils; puis organiser des bataillons, des escadrons, des canonniers. Voilà comment se forma cette bonne armée bavaroise qui en 1805 fut contre l'Autriche, à qui les Anglais l'avaient promise!...

Quelque temps après mon retour en Bavière arriva un incident qui ne m'ouvrit pas les yeux. Un sénatus-consulte amnistia les émigrés (1) et rendit à quelques-

(1) Étaient exclus de l'amnistie ceux qui avaient reçu des titres et des grades des gouvernements étrangers sans l'autorisation du gouvernement français. Les autres émigrés au service de Bavière eurent la même exemption que M. de Comeau; mais rien ne les rappelant en France, où la révolution avait détruit leurs biens et leurs familles, ils n'en profitèrent pas.

uns ceux de leurs biens qui n'avaient pas été vendus. J'avais encore mon père; peu de mes biens avaient donc été confisqués. Je voulais en profiter. J'allai demander ma démission à l'Électeur et le remercier. Il me dit: « Allez et revenez; vous serez le bienvenu; je vous « conserverai votre compagnie. »

Je pars; j'arrive à Dijon pour remplir les conditions de cette amnistie et faire ma soumission. Le préfet, M. Vaillant, me dit d'attendre, qu'il y a quelque chose de particulier pour moi. C'était un ordre de Bonaparte de me faire retourner au service de Bavière sous le serment de quitter ce service si la Bavière était en guerre avec la France et sans que cela compromette mes droits politiques en France. Je prêtai ce serment et je revins à Munich reprendre ma compagnie et mon service sans comprendre le pourquoi, pas plus que je n'avais compris ma mission vers l'ambassadeur de Prusse.

C'est pendant ce séjour en France que j'épousai enfin ma cousine germaine Françoise-Xavie Espiard de Mâcon, ce que je désirais depuis longtemps; son père, très attaché à sa famille, m'en parlait souvent pendant notre émigration. Nous avions partagé les mêmes angoisses sur son sort et nous avions pu aller la voir plusieurs fois, malgré notre condamnation à mort comme émigrés, quand elle habitait avec mes autres parents au château de Bard, chez ma sœur Mme de Moncrief. C'est ce même curé de Bard, dont j'avais partagé la cachette, qui nous maria. Ma fortune personnelle était très médiocre, mais mes appointements en Bavière étaient bons. Toute ma famille m'engagea à rester au service de Bavière.

Ma femme vint d'abord avec moi à Munich; puis elle retourna chez son père en 1803 pour la naissance de mon fils, la maladie et la mort de mon père et plusieurs mariages qui se firent dans la famille. Puis la guerre éclata avec l'Autriche et ma femme ne put revenir à Munich qu'après la campagne de Prusse.

Depuis le traité de Lunéville on ne se battait plus en Allemagne ni en Italie. L'Angleterre, seule, paraissait le but des préparatifs de Napoléon : c'était le temps du camp de Boulogne, des péniches, des bateaux plats, des plaisanteries, des souvenirs de nos dernières guerres, déjà devenus radotages. En cela consistait toute ma politique. La poudre ne brûlait plus, je n'avais plus de seconde vue, je redevenais un simple capitaine d'artillerie m'occupant de sciences physiques.

M. de Montgelas semblait me craindre parfois, en qualité d'émigré. D'autres fois, il paraissait, au contraire, m'attirer et m'envoyait chercher pour causer familièrement avec moi. Plusieurs choses m'ont porté à croire qu'il ne voyait pas sans inquiétude les entretiens que j'avais souvent à huit heures du matin avec le Prince. L'Électeur, lui-même, semblait bien aise de les dissimuler ou de les faire passer pour relatifs à l'artillerie, aux sciences, etc. Je saisis cette idée, et je fis des amusettes mécanico-physiques, pour expliquer au public courtisan ces fréquentes audiences. Tantôt, c'était une expérience de galvanoplastie; tantôt de l'électricité, de la lithographie, qu'on venait de découvrir. Je fis surtout une *Venus crepitans*, qui allumait un flambeau. Elle a eu le mérite de dérider plus d'un auguste front, y compris celui de l'empereur Napoléon.

CHAPITRE XVI

DUC D'ENGHIEN

Pendant que nous organisions l'armée de Bavière suivant nos habitudes de l'ancienne France, Napoléon, sous prétexte d'un débarquement en Angletere, réformait à Boulogne les armées de la France nouvelle. Il les animait de son esprit, leur apprenait sa tactique, en formait enfin cette grande armée qui devait parcourir l'Europe. En 1804, le temps sembla venu à son ambition de prendre le titre d'Empereur; il avait vaincu les ennemis de la république, mais pas entièrement dominé les chefs de la révolution qu'ils dirigeaient en France et même en Europe par les loges des francs-maçons et autres sectes perverses. D'un autre côté, les chefs de ces loges, enrichis par cette révolution suscitée par leur menées, reconnaissaient que pour conserver ce qu'ils avaient acquis dans les troubles, il fallait qu'une main ferme mît fin aux troubles. Bonaparte, victorieux, leur promettait de museler la révolution si on lui donnait la couronne. On voulut de lui comme gage d'impunité en faveur des régicides qu'il trempât ses mains dans le même sang. Il le promit, et le duc d'Enghien fut la victime désignée. Il ne pouvait atteindre ce prince qu'avec l'aide de plusieurs serviteurs dévoués et sans freins moraux. M. de Caulaincourt fut l'un d'eux ; il eut une mission, il la remplit.

Là fut pour lui une tache indélébile. Il fit sa fortune, mais il fit sa honte et ses remords, et ce ver rongeur l'a conduit au tombeau. L'assassin impérial et son grand écuyer ont péri, non de la mort des braves, mais en lâches qui n'avaient pas mérité la fortune temporelle dont la Providence les laissa jouir pendant plusieurs années.

M. de Caulaincourt, âgé de vingt-sept ans en 1804, en avait donc seize lorsque les armées autrichiennes et prussiennes firent invasion en Champagne. Tout Paris, par levée en masse, courut aux armes; nobles, bourgeois, peuple; personne ne pouvait s'en dispenser qu'en se cachant soigneusement. On y prenait part dans la seule vue de s'échapper de Paris et d'avoir plus de facilité quand on serait en rase campagne pour gagner la Vendée ou les corps d'émigrés. Mais, une fois sous les armes, le plus grand nombre y prit goût; et ce fut ainsi que les salons aristocratiques du faubourg Saint-Germain jetèrent dans les armées de la république plusieurs jeunes gens riches et de bonne famille. Caulaincourt fut de ce nombre ; il quitta ses parents pour aller en Bretagne rejoindre les royalistes, mais ayant de beaux chevaux, le gousset bien garni, il pensa qu'il serait mieux dans les cuirassiers de la république.

Lorsque Bonaparte revint d'Égypte, il trouva Caulaincourt colonel renommé d'un régiment de cuirassiers. Son bon ton, sa politesse parisienne, ses rapports intimes avec le monde du noble faubourg, en firent un colonel aide de camp du Premier Consul ; mais la Providence lui ménageait de rudes supplices pour cet oubli de principes : le premier emploi que lui donna Bonaparte fut de lui faire prendre part à l'enlèvement du duc d'Enghien. Les plus hautes charges dans la cour impériale, de grandes ambassades, des duchés, une fortune immense, rien n'a pu rendre le calme à cet homme, entraîné dans une voie déloyale pour lui, dont la famille avait été autrefois protégée à la Cour ; tandis que bien d'autres, courant comme lui après la fortune, jouissaient sans reproches et sans remords des avantages qui leur arrivaient naturellement et par la force des choses. Ces nuances étaient très sensibles dans les armées de Bonaparte, et encore plus à sa cour.

M. de Caulaincourt ne m'a jamais regardé qu'à la dérobée ; si je surprenais son regard sur moi, il était toujours inquiet et sinistre. S'il devait me parler, il le faisait laconiquement, par saccades, et avec gestes et attitudes qui se retranchaient sous le masque de l'autorité et d'une grande supériorité. Presque tous les autres dignitaires n'agissaient pas de même. Ils mettaient de l'amour propre à me faire bon accueil pour en recevoir de moi un semblable. Je viens de lire des mémoires attribués à ce duc de Vicence. C'est une faute de plus : il a confirmé et n'a rien excusé. Il a été fait grand écuyer. De quoi se plaint-il ? Dans une circonstance semblable à celle où M. de Caulaincourt s'est trouvé, un homme de cœur n'avait qu'une ressource : une démission spontanée, à tous risques, pouvait seule laver cette souillure.

Bonaparte a été parfaitement jugé par celui qui a dit : « C'est plus qu'un crime, c'est une faute (1), » jugement d'autant plus terrible qu'il partait d'un homme célèbre aussi par sa mauvaise conduite. Celui-là ne reculait pas devant les crimes, mais il avait assez d'esprit pour ne pas commettre de fautes. Le crime consiste dans la viola-

---

(1) Fouché.

tion du commandement de Dieu. La faute montre toujours ses effets. On l'a vu dans l'île de sainte-Hélène. Pourquoi ? C'est que pour le crime il y a repentir et pénitence possible. Pour les fautes et surtout les grandes fautes, il y a le principe qui les a causées. Quand celui-ci développe ses conséquences, il n'est plus temps de les neutraliser, il faut les subir. L'assassinat du duc d'Enghien a fait cette armée qui, selon le dire de Bonaparte lui-même, devait le renverser quand il ne pourrait plus l'occuper et la combler de biens. Il a fait mouvoir des millions de bras ; il a comblé les chefs de fortune et d'honneurs, et il a fallu que seul, sans aide, sans conseil, il allât se livrer, se cacher sur un vaisseau ennemi ; on ne lui a laissé que cette vie qu'il n'avait même pas su sacrifier, et il est mort, à l'âge de la force de l'homme, de regrets et de misère dans un climat brûlant, lui qui anéantit des armées dans les glaces de la Russie. Il n'a fallu que peu d'années pour développer les conséquences du crime ou de la faute.

Les loges de la franc-maçonnerie ayant eu probablement part à l'assassinat du duc d'Enghien, il est difficile de connaître les motifs certains et les forces qui ont fait agir Bonaparte. Les contemporains peuvent seulement faire des conjectures en comparant ce qu'ils savent à ce que les personnes compromises voudraient persuader. Je vais rappeler à ma mémoire ce que j'ai su et pensé dans le temps.

1° Depuis la paix de Lunéville, l'armée de Condé n'existait plus. Elle était licenciée. Les émigrés, congédiés par ceux qui les avaient employés, rentrèrent en France où ils furent amnistiés, dispersés et bien accueillis ; ils ne pouvaient plus se réunir. C'est donc une absurdité de supposer ce projet au duc d'Enghien. Les Anglais, alors seuls ennemis de la France, n'entretenaient plus de troupes en Allemagne. Bonaparte avait une alliance encore secrète avec les princes allemands; ainsi les Anglais, pas plus M. Drake que M. Williams, ne pouvaient être soupçonnés d'embauchage. La résidence calme et paisible du prince ne pouvait être suspecte; il ne contrevenait à aucune loi.

2° Bonaparte a combiné longuement le crime; après le licenciement de l'armée de Condé, le duc d'Enghien quitta Londres et vint à Ettenheim, chez le cardinal de Rohan, pour y rejoindre sa cousine, la princesse de Rohan, qu'il devait épouser. Bonaparte, sous l'apparence d'un bon souvenir pour un jeune artilleur Condéen, M. de Bovet, lui donna un emploi de douze mille francs d'appointements dans les douanes sur les bords du Rhin, en résidence à Strasbourg. Il s'établit entre ce jeune officier et Bonaparte une correspondance où de Bovet ne vit aucun mauvais but. Ce jeune homme avait eu une bonne éducation; il était doux, complaisant, gai, aimé et recherché partout où on le connaissait, par le duc d'Enghien, les princes de Rohan, la baronne de Reich sur la rive droite du Rhin. Sur la rive gauche, il n'avait que de bonnes relations.

Le duc d'Enghien, passionné pour l'art militaire, se plaisait infiniment avec ce jeune officier, qui lui procurait des cartes, des plans pour cet art du géographe militaire qui consiste à étudier un pays, les chemins, les vallées, les eaux; s'y faire des points de repère, etc. Le prince aimait beaucoup la chasse surtout la plus fatigante, celle des montagnes si familière aux Condéens; ces battues, ces remises jugées, les attaques de ces remises, enfin la chasse sans piqueurs et sans chiens. Mais le prince admirait avec passion Bonaparte militaire et il étudiait et travaillait avec Bovet les campagnes d'Italie. C'est parce que le prince admirait [le général Bonaparte que Bovet, pour faire sa cour à ce général, son bienfaiteur, lui transmettait tous ces détails et devenait ainsi un espion sans s'en douter. Par ce moyen, le Premier Consul préparait ses plans pour enlever sa victime. Le dénouement accabla le malheureux Bovet; il devint fou, et quelques jours après succomba à son désespoir.

M. de Caulaincourt, Savary et les autres employés à cette infernale action ne pouvaient pas, comme Bovet, ignorer le but de leurs démarches ; et il a fallu dix ans et la chute du coupable pour qu'ils sentissent l'horreur de l'action à laquelle ils avaient participé !...

Il y eut des envoyés au margrave de Bade, au duc de Wurtemberg, et Caulaincourt fut envoyé en Bavière ; mais les premiers, plus accoutumés aux actions des loges ont su cacher leurs noms. Je crois cependant avoir deviné dans le cours de mes campagnes, celui qui eut la mission de Carlsruhe. Mais je n'eus jamais aucune notion sur celui qui alla à Stutgard. Caulaincourt se trahit lui-même. Il n'avait pas franchi la grille des Tuileries que, rencontrant deux personnes de son rang, il leur dit : « Mes « amis, ma fortune est faite ; je viens d'obtenir du Pre« mier Consul une mission de la plus haute importance « Monte dans ma voiture, je t'expliquerai tout cela, » dit-il à l'un d'eux qui me l'a répété. Caulaincourt n'a pas arrêté le duc d'Enghien, mais il savait qu'on devait l'arrêter et pourquoi on devait s'emparer de sa personne. Il savait comment le général de Strasbourg devait diriger cet enlèvement. Lui et les deux autres envoyés devaient être avisés de l'enlèvement du duc d'Enghien, lui à Offenburg, un autre à Rastadt et le troisième à Fribourg, et ne continuer leur route que lorsque le prince serait pris et hors d'état d'être délivré.

Toutes les instructions portaient qu'il ne lui soit fait aucun mal, qu'on ne le tue pas, qu'il ne se tue pas. C'est, disait-on de Paris, un otage dont on a besoin, mais cela n'est pas, cela ne peut pas être une victime. — Et c'était une victime que voulait le Grand Orient, et non pas un otage ; son sang devait être répandu à Paris : partout ailleurs, il aurait coulé sans remplir son but. Sieyès, Talleyrand, Savary, Murat, Hulin le savaient ; les autres l'ignoraient. Bovet n'a pas survécu quinze jours à son désepoir. Caulaincourt a succombé à son chagrin, à ses remords, après la chute de cette couronne impériale, cimentée, pendant plusieurs années, par le sang d'une illustre victime. Murat a été fusillé, comme un soldat sans importance. Hulin a végété honteusement avec une balle dans la figure. Sous la Restauration un député, Binion ou Bignon, a longtemps menacé de dévoiler son secret. Bonaparte ne voulait pas la mort du prince, il voulait le conserver dans une prison inabordable comme un *en cas*. Réal et Savary précipitèrent la mort.

Les forces et l'énergie qu'a déployées Napoléon après la mort du duc d'Enghien sont preuves de sa lâcheté morale en consentant à ce crime pour se rendre favorable qui et quoi ? Un Sieyès et quelques chefs de loges qu'il pouvait pulvériser plus facilement que les armées d'Europe. Après ce crime, étonner le monde par dix ans de victoires et fuir en tête perdue après la perte d'*une* bataille, de Waterloo, est une autre preuve plus frappante encore que ses victoires. Lâche à Fontainebleau, traître à l'Ile d'Elbe, enfoncé et battu à Waterloo, bêtement, platement se livrer à la marine anglaise et gémir comme un pleutre à Sainte-Hélène, est et sera toujours une providentielle punition de l'assassinat du duc d'Enghien, de sa conduite envers l'Espagne et de celle qu'il tint envers le Pape. Mais n'ayant rien su de précis sur ces autres fautes si graves, je n'en parlerai pas.

Des victoires étonnantes, une grande sagacité militaire, une forte administration bien dirigée ne purent racheter ces fautes. Elles aidèrent aux coalitions sans cesse renouvelées contre lui. La famille de Bade et ses alliés avaient été péniblement froissés de cette violation du droit des gens. L'Empereur de Russie, le Roi de Suède firent d'énergiques représentations. Trop faibles pour oser briser l'alliance déjà conclue, les princes allemands durent se résigner à cette violation du territoire de l'Empire. Le Roi de Bavière me dit en 1814 que la mission de Caulaincourt portait que s'ils voulaient protester contre elle, Bonaparte romprait le traité conclu avec eux et leur déclarerait immédiatement la guerre. Cette faute, disait le Roi, est impardonnable. Il lui était plus facile alors d'exterminer quelques régicides que d'enlever ce prince, son admirateur, et si inoffensif dans le bourg d'Ettenheim.

L'assassinat du duc d'Enghien m'avait profondément blessé. Plus tard, quand je connus mieux l'Empereur, cet homme étonnant, je remarquai que cette faute, plus grande qu'un crime, le préoccupait souvent. Je le vis dans ces noms changés pour des noms de victoires, ces duchés, ces majorats, cette conservation de l'ancienne noblesse pour la rallier et la fondre dans la nouvelle. Je me disais intérieurement : Voilà bien les hommes ! ils cherchent à s'étourdir sur leurs fautes par des fautes nouvelles. Ils cumulent et ne masquent rien! Le duc d'Enghien a été sacrifié pour donner un gage de sécurité à d'infâmes régicides, et cela, parce que, selon la parole de son meurtrier, il était le *seul qui valût le coup*. Hé bien, moi qui l'ai vu et connu militairement, je dis comme lui : Oui, il valait le coup ! Dieu lui avait donné tout ce qui fait un grand et noble général d'armée !

Un spectacle vraiment curieux est celui de cette révolution française. Depuis cinquante-deux ans on voit des hommes que l'on croit grands, capables; d'après leurs actions, ils semblent extraordinaires. Ils tombent : leur médiocrité est encore plus frappante que ne le sembla leur supériorité.

Depuis 1805 jusqu'à 1812, j'ai été souvent près du guerrier Napoléon; j'ai assisté à ses grandes batailles, à ses brillantes victoires. Je me trouvais là sans ambition et avec la ferme résolution de n'être jamais sous ses drapeaux, sous ses couleurs, parce que l'assassinat du duc d'Enghien me revenait toujours à l'esprit. J'ai constamment été persuadé que dépendre de lui était perdre liberté et libre arbitre. Bovet, mon ancien camarade, et Caulaincourt m'ont toujours montré où ses faveurs pouvaient conduire... et cependant, ses campagnes, ses marches, ses attaques m'ont tellement intéressé que j'ai souvent regretté de n'avoir pas assez de talent pour décrire tout ce que j'y ai vu, tout ce qui m'a étonné.

Bonaparte, lieutenant, était franc-maçon. A Paris, en 1814, on m'a affirmé de source sérieuse que Bonaparte, à Marseille, étant lieutenant-colonel, fut initié à la loge du Grand-Orient. En Italie, il fut agrégé à la loge

Égyptienne d'Hermès. A Paris, il devint chevalier Écossais moyennant le sacrifice du sang (le duc d'Enghien). En 1809, après Wagram, Napoléon fut par Metternich, Montgelas et autres, reçu illuminé de Weisshaupt. En 1813, il succomba à la guerre que lui firent les Philadelphes. En 1815, le Grand-Orient le repoussa et il en perdit la tête.

CHAPITRE XVII

INVASION DE LA BAVIÈRE

Pendant les quatre années de 1801 à 1805, les cinq officiers d'artillerie de Condé déployèrent au service de Bavière une activité, un zèle dont il est difficile de trouver l'exemple. De rien nous fîmes une armée de quatre-vingt mille hommes, une artillerie superbe, d'une uniformité surpassant ce qui existait en France avant la révolution. Le général de Manson nous commandait en militaire réellement supérieur ; les deux Colonges (1) étaient aussi des officiers renommés pour leur capacité. De Zoller et moi, nous paraissions selon notre instruction, comme tous ceux de notre temps, lancés dans la carrière en 1785 ou 86, et formés par les guerres depuis 1792. Nos trois anciens étaient forts surtout pour les constructions et organisations. Nous les surpassions pour l'activité et l'art de trouver des ressources que nous avions appris dans ces guerres, c'est-à-dire savoir suppléer à ce qui nous manquait. Les guinées anglaises, que notre prince bavarois avait su se conserver et employer exclusivement à cette œuvre de se former une belle et bonne armée, nous procuraient des avantages incomparables.

(1) Le chevalier de Colonges rejoignit son frère en Bavière après le licenciement de l'armée de Condé.

Napoléon était Empereur depuis la fin de 1804. Au moment où on ne parle que de la descente en Angleterre, où les uns croient que cette puissance sera culbutée et où les autres la voient victorieuse, un orage politique se déchaîne sur l'Allemagne : c'est l'Autriche qui fait une grande diversion pour sauver l'Angleterre (1). Elle se précipite sur la Bavière, mais pour aller plus loin, au moins sur le Rhin ; et cette fois, ce n'est plus en ordre mince, mais en masse très compacte.

Aucune menace, aucune demande n'avait préparé à cette guerre ; nous étions en complète sécurité.

Le 7 septembre 1805, l'Électeur de Bavière est réveillé par un général autrichien, le prince de Schwarzemberg, qui, galamment, au lever, lui faisant la cour, lui dit : « Aux armes, et tout de suite, pour nous et rien que pour « nous. Vous avez organisé de belles troupes ; elles sont « pour nous ; c'est nous qui les commanderons. Nous ne « voulons ni vos généraux, ni vos officiers supérieurs. « C'est tout au plus si nous souffrirons vos capitaines et « lieutenants dans les compagnies. Vos bataillons et vos « escadrons seront intercalés entre des bataillons et esca-« drons autrichiens. L'artillerie et les munitions seront li-« vrées aussi aux parcs autrichiens. Ce soir, nous aurons « des commissaires dans vos arsenaux. Cent soixante-« mille hommes sont là pour appuyer ma mission. »

On ne se fait pas idée d'un désappointement pareil. Une

---

(1) Il y avait à Vienne un parti nombreux, ami de la révolution et de Napoléon. Dans ses mémoires (Tome 1ᵉʳ, pages 336-340), Fouché dit avoir donné à Savary ses notes secrètes sur l'Allemagne, et que Savary, les mains pleines, l'exploita vite (l'Allemagne) et avec succès. Ne peut-on voir dans cette campagne l'action des sociétés secrètes dont les principaux ministres en France, en Autriche, en Bavière et en Prusse étaient alors membres influents? et cela dans le but de détruire l'ancienne confédération germanique? C'était l'opinion de M. de Comeau. Page 353, Fouché insinue que la campagne de Prusse aurait été préparée de même, à prix d'argent.

partie du château était en alarme ; tout le reste, toute la ville dans la sécurité ordinaire. Le hasard me fait traverser une des cours du château. Un marmiton m'apprend ce qui s'y passe et comme il le comprend. Avec son aide et par un escalier dérobé, je puis parler à l'Électeur, qui me donne à l'oreille l'ordre de faire évacuer l'arsenal et de lui envoyer Montgelas.

L'agitation se répand. Ce fut dans Munich, mais dans Munich seulement, une alerte, une désolation, une épouvante qu'il est difficile de se figurer. Tout le monde pleurait à la Cour. Le prince de Schwarzemberg déclarait que le palais serait respecté ainsi que la Cour ; qu'il avait l'ordre de le faire garder par des troupes qui allaient arriver. L'Électeur était réellement prisonnier dans son propre palais. Une quarantaine de cavaliers autrichiens gardaient les routes et les portes, avec ordre de ne laisser entrer ni sortir rien de ce qui pourrait donner l'alarme au pays.

Pendant toute cette journée, l'agitation continue. De Zoller monte à un clocher. L'armée autrichienne arrivait, il est vrai ; mais il n'est pas donné à cette nation d'aller vite et elle est encore éloignée. Soixante dragons, escorte ou ordonnances du prince de Schwarzemberg, est tout ce qui peut nous gêner. Les Colonges prennent le soin d'entretenir le général, de se montrer, comme émigrés, enchantés de cette combinaison qui allait délivrer la France des républicains et des spoliateurs. Les partis se dessinent ; le parti autrichien, moins nombreux, triomphe. Le parti bavarois, inquiet, mais disposé à l'énergie, me regarde comme son chef et me seconde parfaitement.

De faux bruits se répandent partout. La guerre, rien que la guerre devient le cri général. Qui n'a pas vu confusion comme celle-là ne peut la comprendre. On ne parlait que de guerre avec l'Autriche contre la France ; on allait tout droit à Paris pendant que Bonaparte allait à Londres. On racontait son embarquement, sa descente en Angleterre, l'incendie de sa flotte par les escadres anglaises, etc., etc.

Le général autrichien, l'envoyé anglais triomphaient. Ils auraient volontiers mis la main à nos travaux pour mouvoir et nos troupes et le matériel. Tout devait aller à Braunau; mais dès l'entrée de la nuit ceux qui étaient préposés au changement des directions occupaient leurs postes.

A l'heure convenue, je prends deux régiments de cavalerie bavaroise, je cerne la ville; j'y fais à son tour le prince de Schwarzemberg prisonnier pour ainsi dire, en lui interceptant courriers, estafettes et toutes correspondances. Il dormait très paisiblement, et à son réveil il ne trouva plus ni la Cour, ni le matériel militaire qui lui avaient échappé, et le personnel s'accroissant sous ses yeux lui montra qu'il n'avait rien de mieux à faire que de rejoindre son armée.

Les deux Colonges, de Zoller et moi nous fûmes très heureux dans nos combinaisons nocturnes. Les Colonges firent sortir la Cour de Munich et la conduisirent d'abord au château de Nymphenbourg, puis à Wurtzbourg. De Zoller prépara l'évacuation de l'arsenal. Pour ma part, j'allai faire le bon apôtre avec les hussards et dragons qui gardaient les portes. Je leur parlai des deux partis se partageant la ville, l'un pour les républicains, l'autre pour les braves qui avaient si souvent combattu avec les Condéens. Je les engageai à ramasser chevaux et voitures dans les villages, à les introduire par un gué sur l'Isar, que je leur indiquai, et je leur montrai comment on pourrait conduire par là les objets les plus précieux du côté de leur armée.

Le succès fut complet. Toute la nuit, ils amenèrent des chevaux et des voitures; de Zoller chargeait, et ces bonnes gens les escortaient à quelque cent pas; à la fin, de Zoller et moi nous les reprîmes et les conduisîmes en toute hâte à Landshut. Le régiment bavarois qui y était cantonné les emmena sur le haut Danube. Je ne sais ce qu'en pensa le général autrichien, mais nous étions hors de sa puissance.

Une fois sorti de Munich, l'Électeur envoya partout des courriers, et le second jour, à l'arrivée des Autrichiens, notre armée, déjà de plus de cinquante mille hommes, les attendait en bataille : nous étions maîtres de deux ponts principaux sur le Danube.

De ce jour, l'armée bavaroise fut, comme je l'avais prédit plusieurs années avant, une armée à la Condé, comptant quatre-vingt mille hommes au lieu de huit mille, ayant tous ses éléments, ne se laissant plus influencer, mais portant sa masse à ceux à qui elle s'attacherait. Artillerie, munitions, armes, tout était à la française, classé par frontières, corps d'armée, ayant direction étudiée et connue d'avance par canaux, rivières, grandes routes et dépôts. Tout cela s'était fait pendant quatre ans et avait passé inaperçu.

Le général de Manson, les deux Colonges, de Zoller et moi nous n'étions jugés d'abord que comme des routiniers des manières de l'ancienne France. En un instant nous fûmes regardés comme des militaires sublimes, qui voient tout, qui pensent à tout, qui prévoient tout!...

L'armée autrichienne occupa Munich, Augsbourg;

son vieux général Mack conduisait lourdement soixante mille hommes à Ulm ; il y prenait position. C'était comme toujours, une armée superbe, bien méthodique, campant bien, prenant des positions parfaitement militaires, entourée toujours de cette nuée de corps légers qui veillent pour que l'armée dorme mieux.

J'étais loin de blâmer et mépriser l'art militaire tel que je le voyais chez les Autrichiens ; cette belle tenue, cette admirable administration m'ont toujours frappé. Il est vrai que quand j'émettais cette opinion, on me répondait : « Oui, ce sont de beaux chiens, mais ils ne mordent pas !.. »

Quant à nous, déjà lestes et alertes, nous n'avions d'abord que les cadres de nos bataillons, mais un général se dessinait : de Wrède. Nos semestriers (1) arrivaient de tous côtés. De Wrède les plaçait de suite ; il montrait des masses aussitôt qu'elles existaient, il donnait du mouvement. Ce qui avait paru d'abord foule irrégulière allait à son vrai bataillon une heure après.

La réunion de l'armée se fit à Straubing, sur la route de France. Le commissaire anglais et le général autrichien allèrent la chercher à Braunau et à Passau, sur la route de Vienne. Furent-ils désabusés ou ne le furent-ils pas ? je l'ignore. A Straubing, ils nous croyaient encore des leurs et toute l'armée pensait être pour eux. Trois jours se passèrent dans cet état. L'Électeur débrouilla lui-même le chaos des troupes ; il en forma deux corps à peu près égaux, d'environ quarante mille hommes chacun. Il y fit la promotion des généraux en chef, des divisionnaires et des brigadiers, ce qui ne répondait guère à l'idée autrichienne d'éloigner les chefs et d'encadrer les batail-

---

(1) Les semestres étaient des congés de six mois.

lons. En moins de trois jours, une grande revue montra une armée superbe; une belle armée donne de grandes idées : il y eut enthousiasme!...

Les Autrichiens, furieux, jalonnaient avec complaisance leur camp retranché d'Ulm. Contre ces formidables remparts, disaient-ils, toutes les troupes françaises devaient se fondre, et sous peu ces petits Bavarois verraient ce qu'il en coûte à de faibles états de mécontenter leur puissant Empereur d'Allemagne, Autriche, Hongrie, etc., etc. Ils supputaient le temps considérable pendant lequel ils n'auraient point d'ennemis à combattre; mais, avant d'avoir terminé leurs alignements, ils avaient sur les bras plus de quatre-vingt mille Français, soixante mille Bavarois, douze mille Wurtembergeois, douze mille Hessois et Badois, en tout cent soixante-quatre mille hommes, deux mille canons et abondance de munitions.

Plusieurs courriers et estafettes avaient été envoyés à Napoléon, qui arrivait à marches forcées. Des menaces d'une part, des jactances d'autre part, les têtes s'échauffaient déjà lorsqu'un officier français arrive en courrier. Un cri de joie fut général. « Nous sommes pour les Fran-
« çais! ils vont voir, ces encadreurs de bataillons!... »

Au milieu de cette joie, de cette ivresse générale, des scrupules me prennent, mon duel de vingt ans me revient à l'esprit. J'errais comme une ombre dans les lignes de canons... On me cherchait, on s'impatientait, on me réclamait à tous les postes. Peu s'en fallut qu'on ne me tînt pour un déserteur. Enfin, on me rencontre. L'Électeur me donne une lettre cachetée et me dit d'aller au devant de l'Empereur et de la lui remettre en mains propres.

Les aides de camp de Napoléon commencent à arriver. Ils admirent notre armée, ils flattent l'Électeur. Lauriston, l'un d'entre eux, et officier d'artillerie lui-même, dit à ce prince, de manière à être bien entendu de plusieurs : « Vous avez Manson, les deux Colonges, de Zol-« ler et Comeau, vous êtes plus riches que nous en « proportion. J'ai reconnu la vieille école dans tout ce « que vos parcs nous ont montré. Quelle joie ce sera « pour l'Empereur lorsqu'il entendra mon rapport!... »

L'Électeur, qui venait de signer un traité d'alliance avec la France, eût voulu garder encore quelque temps la neutralité pour avoir le temps de préparer son changement, mais l'agression injuste de l'Autriche avait précipité les choses et ce prince devint un des meilleurs alliés de Napoléon (1).

(1) A ce sujet, M. de Beausset, préfet du palais de Napoléon, s'exprime ainsi : François II offrait à la Bavière des garanties qui ne furent pas même suffisantes pour sauver ses propres états héréditaires. L'Électeur se retira à Wurtzbourg avec ses troupes, laissant le champ libre aux deux puissances; mais les fautes des Autrichiens ne lui permirent plus de garder la neutralité. Son armée se joignit à la nôtre et se distingua par une bravoure et une fidélité remarquables. L'Autriche ne lui garantissait que l'intégrité de ses états; par sa réunion à l'armée française, le traité de Presbourg lui assura de nouvelles provinces, plus de deux millions de sujets et la couronne royale.

Mémoires de M. de Beausset, préfet du palais de l'Empereur, publiés en 1827. Les *Mémoires* de Mme de Rémusat, *Napoléon et Marie-Louise* par le baron de Menneval, secrétaire de l'Empereur, disent à peu près la même chose. La plupart des mémoires militaires n'en parlent pas.

CHAPITRE XVIII

ULM, ELCHINGEN

Cette grande armée française, à laquelle les calculs autrichiens donnaient encore trois semaines de marche, arrivait comme un débordement. Toutes les routes, toutes les vallées sont encombrées de colonnes serrées. Notre artillerie, nos munitions, nos armes, nos chevaux la rendent en quelques jours formidable. Elle fond aussitôt sur le fameux camp d'Ulm, qui n'était encore que jalonné ; elle bat les Autrichiens, les écrase, les rejette dans le bourg et le couvent d'Elchingen, en avant d'Ulm. Repoussés dans la ville, ils y répandent la terreur et sont aussitôt bloqués, enfermés, vaincus à toutes leurs sorties, et forcés de capituler et de se rendre à discrétion.

Soixante-six bataillons, quarante-cinq escadrons tiennent à honneur de venir déposer les armes aux pieds de Napoléon. Ce succès était si surprenant qu'il fallut de la ruse pour cacher sa honte à l'Autriche. Elle cédait devant une armée qui n'avait pas un seul régiment en bon ordre. Les Bavarois figurèrent la grande armée en bataille sur la crête des montagnes qui avoisinent Ulm, et la véritable grande armée était ce tourbillon de soldats de toutes armes, de cavaliers sans chevaux, tels que sont souvent les dépôts.

C'était la première fois que je voyais Bonaparte dirigeant les attaques sur l'armée ennemie, éparpillée et démoralisée, se foulant et s'écrasant aux portes de la ville, tandis que nous la massacrions en queue. Sang, boue, carnage, voitures brisées ou renversées, voilà ce champ de bataille!... J'en ai vu bien d'autres, mais, étant plus étendus, ils semblaient moins hideux que ceux entre Elchingen et Ulm!... Dans tous les jardins et les promenades de la ville, les fusils et les sabres semblaient le fagottage d'un bois en coupe.

En quelques heures de nuit, les superbes chevaux des quarante-cinq escadrons prisonniers montèrent les cavaliers sans chevaux. Les bataillons qui avaient laissé tant de traînards depuis le Rhin jusqu'à Ulm les voient arriver de toutes parts. Cette grande armée causait mon étonnement et mon dédain à cinq heures du soir; elle eut toute mon admiration à sept heures du matin. Je voyais six armées n'en faire qu'une (1); elles avaient chacune assez de forces pour faire une vigoureuse campagne; six maréchaux les conduisaient. Il n'y a qu'un homme supérieur, un souverain qui puisse mettre unité et harmonie dans une pareille masse. Mes raisonnements militaires n'allaient plus avec ce que je voyais; je sentis que je n'avais qu'à regarder et étudier de nouveau.

Cette mémorable action militaire, cette grande bataille fut l'affaire de trois jours. Il faut l'avoir vu pour le croire; j'y fus, et aux premiers rangs.

De Strasbourg, Napoléon avait écrit à l'Électeur de lui envoyer son capitaine d'artillerie Comeau, pour être

---

(1) En réalité la grande armée avait sept corps. Mais celui d'Augereau ne rejoignit que plus tard, et le second était commandé par le général Marmont.

attaché à son état-major, et cela, parce qu'il parlait français et allemand populaire, et non pas seulement l'allemand classique de grammaire que le peuple ne comprend pas. Ce fut alors que l'Électeur me donna la lettre pour l'Empereur, de l'argent, de bons chevaux et me dit : « Allez ! » J'obéis, mais avec un serrement de cœur. Un émigré, un proscrit, un Condéen, presque un ami du duc d'Enghien !...

Mon air froid et mon silence, en recevant cette mission, n'échappèrent pas à la pénétration de l'Électeur. Il me dit : « Dame ! c'est votre ouvrage. Quel est le premier
« qui m'a fait comprendre que le général Bonaparte allait
« devenir Roi de France et que la guerre prendrait une
« autre tournure ? C'est vous, mon cher, qui, avec le
« télescope de votre imagination, avez découvert cette
« nouvelle planète et m'avez fait sentir qu'il fallait être
« de ses satellites. Allez ; vous êtes trop malin pour n'a-
« voir pas vu que vous n'aviez pas tiré votre poudre aux
« moineaux. Cette mission vers le marquis de Lucchesini,
« cette exception spéciale en votre faveur de la loi contre
« les émigrés ; cet immense matériel de guerre que vous
« avez fait sortir de mon trésor, cette division de parcs
« d'action que vous avez si bien faite et si bien placée...
« Allez, allez donc, mon cher Comeau ; vous avez semé,
« il faut récolter. »

Je partis donc. Je croyais aller au moins jusqu'à Boulogne ; je n'allai que jusqu'à Louisbourg dans le Wurtemberg (1). Si près de notre armée, cela tenait du prodige, non pour l'Empereur qui, en poste, le pouvait, mais

---

(1) Maison de campagne de l'Électeur de Wurtemberg. Napoléon y séjourna du 2 au 5 octobre et y fit signer à l'Électeur un traité d'alliance avec la France.

cette grande armée de plus de cent mille hommes, à pied, le sac au dos, qui n'avait pas mis plus de temps pour venir de Boulogne à Louisbourg que la pesante armée autrichienne de Passau à Ulm !... Après cela, qu'on parle encore de stratégie, d'une marche dérobée, d'un changement de front par quelques à droite ou à gauche !... C'est dans un pareil mouvement qu'il faut chercher le grand capitaine et non dans la stratégie, préparée au compas, dans un cabinet.

Il est à remarquer que les hommes avaient pu accomplir cette merveille, et pas les chevaux. Tout était encombré, mais on ne voyait que de l'infanterie. Au moins quatre-vingt lieues de pays avaient été franchies à pied, en quelques jours; et depuis près d'un mois l'armée autrichienne était en mouvement. Superbe armée, dans sa position favorite d'Ulm ! La plus belle cavalerie, la mieux montée qu'on puisse voir ; une artillerie nombreuse et attelée, on peut le dire, de chevaux de luxe ; une infanterie parée comme pour une revue à Vienne; je venais de voir tout cela en raison de cette illusion que nous serions avec eux.

De l'autre côté, je vois un Empereur monté sur des chevaux empruntés au duc de Wurtemberg, des officiers généraux sur ceux pris dans les bureaux de poste, beaucoup encore à pied, et pas une troupe en ordre, mais une foule compacte de fantassins remplissant les routes, les champs, les prés et les marais. Impossible d'y reconnaître bataillons ou divisions, tout se trouve pêle-mêle. Derrière cette masse on voit des nuées de traînards. C'est avec ces deux impressions si différentes que j'abordai l'Empereur.

Je ne me faisais pas une idée de cet homme que je

n'avais pas vu depuis 1791, et qui avait pris un parti si opposé à celui que j'avais pris et suivi moi-même. Ses victoires, ses actions, la mort surtout du duc d'Enghien occupaient désagréablement mon cœur et mon esprit. Je suis tombé des nues lorsque, dans le costume le plus simple, je n'ai trouvé en lui vis-à-vis de moi que le ton, les manières d'un camarade aimé, estimé, retrouvant avec plaisir celui dont il est séparé depuis quelque temps par des causes émanant de notre commune profession, le service militaire.

Il était à cheval, avec sa capote grise, au milieu de son brillant état-major. Je portais le grand uniforme bavarois, avec l'écharpe en sautoir. Comme je m'approchais, un factionnaire arme son fusil et me couche en joue. L'Empereur se sépare de sa suite et vient vivement à moi. Il met pied à terre et s'assied sur une borne en tenant son cheval; je m'approche aussitôt et veux le lui tenir, mais il me dit : « Laissez, laissez, ce n'est pas votre affaire. »

Un chasseur arrive au galop ; Napoléon lui jette sa bride et lui fait signe de s'éloigner. J'étais ému, mais je rappelais mes sens pour que cette émotion ne put être attribuée à ce factionnaire qui venait de me coucher en joue. Napoléon me regardait fixement :

— « Ah ! vous voilà ? Je vous ai demandé depuis Stras-
« bourg. Non seulement je vous connais, mais je vous
« ai connu. C'est vous, qui, à Besançon, à la table des
« lieutenants, avez jeté ma serviette au milieu de la
« table en disant au domestique que vous ne vouliez pas
« être à côté d'un officier qui allait au club ! Voilà une
« vieille affaire qu'il faut vider aujourd'hui. Songis,
« Songis ! (C'était l'inspecteur général de l'artillerie.)

« Voilà une des capacités de notre vieille école. Qu'il ne
« vous quitte pas ! C'est dans sa tête chauve, quoique
« encore jeune, que se trouve tout ce que vous me deman-
« diez à Boulogne. Il y a de quoi. N'épargnez pas, et que
« mon premier feu soit bien nourri ! Avez-vous des
« munitions en abondance ? Comment est votre artillerie ?
« Sera-t-elle prête ? Vous êtes lents, messieurs les Alle-
« mands ! »

— « Sire, nous sommes prêts. J'ai à six lieues d'ici
« deux armées de vingt-cinq mille hommes. »

— « De la cavalerie, sans doute ? »

— « Douze superbes escadrons. »

— « Bon ! et de l'artillerie ? »

— « Dix batteries de position et deux batteries légères.
« Mais mieux que tout cela, Sire : des munitions pour
« trois batailles comme Votre Majesté les livre, pour trois
« Marengo. »

— « Ah ! Excellent ! Vous l'entendez, Messieurs, j'ai
« des amis partout, comme vous voyez. Il est de la vieille
« école, de celle dont je suis sorti. Nous avons fait des
« équations ensemble. Songis, je vous le donne. Et les
« deux Colonges ? ce sont nos anciens (1) ? »

— « Sire, ils commandent l'artillerie des deux corps. »

— « Bon. Ah ! je vous réponds que ce sera de l'artille-
« rie bien servie. Songis, je vous recommande Comeau,
« de la vieille école. Il a dans sa poche le matériel de trois
« Marengo. Faites arriver ; faites distribuer ; qu'on ne
« lambine pas ; qu'on l'aide, mais qu'on le laisse faire. »

Puis il appelle Berthier, le major général, qui arrive à
l'instant, et lui recommande : « Allons, faites marcher

---

(1) Leur père fut le premier colonel de Napoléon qui entra en 1785 comme lieutenant au régiment de La Fère.

« et qu'on ne lambine pas!.. Il sait la langue, il connaît
« le pays... Ce n'est pas un mioche, n'est-ce pas, d'An-
« dréossy? Je l'ai connu lieutenant avant que la politique
« nous ait séparés et je l'aimais beaucoup... Allons, en
« avant!.. »

Un serrement de mains du grave d'Andréossy, au moins lieutenant-général.

Et l'Empereur reprend la marche avec Berthier et Songis, tout en me regardant souvent. Ensuite passent les généraux aides de camp, et les aides de camp de ces généraux; puis un nombreux groupe d'officiers supérieurs. C'était l'état-major général et les aides de camp de Berthier. Là, se retrouvaient quelques figures que j'avais connues, mais qui, ne me reconnaissant pas, ne servaient à rien pour m'aider à savoir que faire : d'Andréossy, Pernetty, Saint-Laurent, Sénarmont... (1).

Les piquets de chasseurs arrivaient; je pensai qu'il était temps de prendre une place dans ce défilé. Il faut avouer que cette place était bien choisie pour être en butte aux quolibets :

— « Tiens, dis donc, qu'est-ce donc que cet original
« qui porte ses épaulettes sur la hanche? »

— « Conscrit! on voit bien que tu n'as pas vu le monde.
« C'est une écharpe d'Allemagne. »

— « Moi, je dis que c'est un farceur; c'est le général
« Jocko. »

— « Ma foi, cela sera bien drôle. Ce sera l'escadron
« des singes. Il fera brigade avec ces farceurs, tu sais
« bien, les mamelouks de Besançon. »

Le colonel : « Silence dans les rangs! Côte à côte. »

---

(1) Tous ces généraux d'artillerie avaient servi dans l'ancienne armée française où M. de Comeau les avait rencontrés.

— « Tiens!... En voilà bien d'une autre! On ne peut « plus causer dans le rang! Nous voilà trappistes : frères, « il faut mourir; frères, il le faut. Cela ne sera pas gai, « cela. »

— Le Colonel : « Je vous dis moi, Schop, que vous « êtes un indiscipliné. »

— « Et moi, *coronel*, je vous dis que je suis le farceur « qui empêche la troupe de bâiller; mais je connais le « service. Camarades, attention!... »

Schop bâille fortement, toute la troupe l'imite.

— « Ça n'est pas t-assez. Il faut que les chevaux « bâillent aussi. » Et, tirant sur la bride, il fait ouvrir la bouche de son cheval. Le commandant bâille aussi, disant en riant : « Diable de Schop!... »

Un page arrive au grand galop et appelle : « Le Ba- « varois!... L'Empereur demande le Bavarois!...

Et Schop, se dressant sur ses étriers, crie d'une voix de Stentor : « C'est un Bavard oie... cancan, cancan... »

Je ne rapporte ces quolibets que pour montrer le peu de discipline de cette grande armée à cette époque, dans l'escorte même de l'Empereur.

Je prends le trot; j'aborde le chapeau à la main; j'entends dire : « Cela a de la grâce et de la mine!... » Songis et Berthier se retirent, et me voilà, faisant groupe avec la *capote grise*, dans une conversation très aisée, très familière. Je dois dire que parmi le grand nombre de généraux avec lesquels je me suis trouvé en rapport, Napoléon était le seul dont la conversation eut de l'aisance; le seul qui sût écouter et répondre à propos. Il affectait d'être calme et de mettre à l'aise ceux avec lesquels il parlait.

Le contraste était singulier! Entouré de sa troupe

dorée, de ses maréchaux, de ses généraux, de ses ministres et administrateurs, tout cela était comme aplati, écrasé par ses ordres brusques et saccadés. Tout ce monde si vain, si fier, si dur et si grossier dans les rapports qu'on avait avec eux, était vis-à-vis de l'Empereur d'une souplesse et d'une courtisanerie extrèmement près de la bassesse, tandis que ce vainqueur, cet Empereur était avec moi, simple capitaine, de la plus parfaite politesse, recevant mes services, mes avis, mes idées avec attention, douceur, approbation ou objection s'il y avait lieu. Il faut avoir vu et éprouvé ces contrastes pour y croire. Cela me semblait un rêve. Avec Napoléon, je parlais, j'étais écouté par lui comme si nous avions toujours été deux officiers d'artillerie de la même promotion. Avec les autres chefs, je rencontrais souvent morgue et suffisance.

On fit halte près d'un petit château; les cantines s'ouvrirent, et le grand état-major m'invita poliment à déjeûner. Les généraux de Pernetty et de Sénarmont me sautèrent au cou. Parmi ceux que je ne connaissais pas, le colonel Guilleminot me fit beaucoup de prévenances et chercha à se lier avec moi, d'autant plus que nos emplois devaient nous mettre en rapports constants.

Tout le reste était, à ce premier abord, ce tourbillon d'ambitieux inquiets, regardant un nouveau venu appelé souvent par l'Empereur, comme une pierre d'achoppement, toujours prête à leur faire obstacle. A ce point de vue, les états-majors sont comme les Cours : c'est un mal que les souverains traînent partout avec eux. Au point où l'on se trouvait, des munitions et des batteries importaient plus que des positions bien prises, que des corps bien menés et promptement réunis. J'avais la clef de ce trésor, et personne, pas même les maréchaux, n'en avait le secret, car l'Empereur était dans son armée comme ces grands arbres qui, dans une futaie, étouffent, étiolent tout ce qui croît sous leur ombrage. Les maréchaux eux-mêmes ouvraient un œil soucieux sur moi et sur mon importance du moment.

C'est cette importance des munitions qui me fit si bien voir ce qu'était une énorme armée, débandée par des marches forcées, ralliée et conduite au combat par le talent supérieur de son chef. Celui-ci, dans ce moment, usait de sa tactique favorite : étonner par sa vitesse et vaincre par suite de cet étonnement. Je résolus, à part moi, de ne pas profiter de ma faveur, de servir seulement l'Électeur de Bavière et de me restreindre à mon rôle spécial : distribuer des munitions à cette armée venue en poste de Boulogne.

Mes convois étaient prêts : l'ordre allemand y régnait ; à cet ordre, à cette précision j'avais pu ajouter de la vivacité française. J'étais parfaitement monté et je parcourais les rangs mal alignés en parlant un bon langage français, cet énergique appel à l'honneur, si bien compris par les Français. Ils n'en revenaient pas de voir un uniforme allemand, porté ainsi avec des manières françaises, contrastant avec ce respect profond que la discipline allemande imprime aux subalternes. Je remplis donc dans un temps très court toutes les gibernes avec ordre, et imposant cet ordre à des soldats qui n'en avaient pas l'habitude.

Il me revient un souvenir assez insignifiant au sujet de mes chevaux, mais cela complète le tableau de mon arrivée. Napoléon, comme je l'ai déjà dit, allait partir à cheval ; et, à pied, chapeau bas, je parlais avec lui.

Des sentinelles en grand nombre entouraient encore ce château de Louisbourg, dont sortait l'Empereur. — « Halte! qui vive? on ne passe pas! Caporal, venez vite « voir; ce sont des cavaliers. » L'Empereur à un aide de camp : « Vite, voyez ce que c'est. » L'aide de camp fait un temps de galop et revient : « Ce sont des cava- « liers allemands, ils mènent trois beaux chevaux en « main et disent : OFFITZIR. C'est tout ce que j'ai pu en « tirer. » — Je m'écriai : « Ah! ce sont sans doute mes « chevaux. » Ils arrivent; il y en avait en effet un très beau, donné par l'Électeur. J'entendais dire par toute cette troupe dorée : « Comme il est bien monté!.. Diable, « l'Empereur lui-même n'en a pas aujourd'hui un si « beau!... » Je le montai, et ce fut avec ce beau cheval que je fis cette distribution de munitions, en uniforme allemand, mais en cœur français.

Je préparai donc ainsi dès mon début la bataille d'Elchingen, la prise d'Ulm, et j'eus cet étonnant et nouveau spectacle de voir sortir, comme par enchantement, de ces masses informes de troupes pêle-mêle, des divisions, des colonnes d'attaque, des masses imposantes que le maréchal Ney maniait en militaire expérimenté. Pas le moindre frottement, pas le moindre retard; à peine massée sur les points convenables, cette armée prenait une offensive vive, bien calculée, mais non pas sur le redoutable front de cette belle armée autrichienne si bien retranchée.

Je vis là, pour la première fois, ces masses enfoncer un point, tenir en respect une des fractions, écraser l'autre, revenir sur celle qu'on avait maintenue et occupée, l'écraser à son tour, et porter cette masse trois fois victorieuse sur le point qui devait le plus inquiéter l'ennemi. Aussi, chez celui-ci, il n'y a plus qu'effroi, incertitude, obligation de se renfermer dans la ville d'Ulm pas encore fortifiée. Pendant cette déroute, il y avait des combats sans suite sur des pelotons épars qui voulaient entrer dans la ville. Une autre armée se formait comme celle du maréchal Ney; puis une troisième, une quatrième avec les troupes qui avaient moins bien marché. C'est ainsi que quatre corps investirent la place d'Ulm, renfermant toute l'armée démoralisée des Autrichiens.

Telle est en gros cette bataille d'Elchingen et celle d'Ulm le lendemain, l'une et l'autre si célèbres et si étonnantes!... C'était bien, comme César, venir, voir et vaincre. Je n'avais point de mission spéciale; pour la première fois dans une bataille je pouvais voir autre chose que ce ce qui se trouvait devant moi, fixé à un point. Pendant quarante-huit heures, je fatiguai mes chevaux, mais je vis tout, et je ne frappai nulle part.

Ce spectacle était nouveau pour moi; cela ne ressemblait en rien aux batailles que j'avais vues. On avait livré jusque-là des batailles à grand front, ce que l'on appelle des batailles rangées. Ceci formait dans ma tête, et pour lui donner un nom, l'ordre profond par excellence; et dans le fait ce fut un massacre, une boucherie. Les morts, les blessés, les affûts brisés, les chevaux, tout se trouvait l'un sur l'autre; pas le moindre soin pour les blessés; les armes jonchaient la terre; partout des traces de sang!...

A ce spectacle en succède rapidement un autre : ce ne sont pas des réjouissances de victoire, pas de l'ordre, pas de soins, rien de tout cela; mais une prompte et rapide récapitulation des valides pour courir à de nouveaux combats. Une colonne de douze mille hommes, prisonnière aussi, arrivait dans la direction de Memmingen. Elle apprend qu'il y a eu une bataille, une armée vaincue, en subissant déjà le même sort, mais pour elle ce n'était pas en combattant. Surprise en marche, enveloppée et capitulant sans brûler une amorce, elle avait jeté ses armes et venait grossir la colonne de prisonniers. Sans s'arrêter, l'armée française fait un mouvement en masse sur Donawerth. Un autre corps est détruit, et ses débris rejetés en Bohême.

Ainsi, entre les vainqueurs et Vienne plus d'ennemis à combattre! la Bavière, débarrassée de son ennemi méthodique, est encombrée de ce torrent de troupes amies, qui pillent, brûlent et marchent...

Pendant cette bataille, comme pendant la marche qui la suivit, je remarquai surtout le maréchal Ney. Brillant sur le champ de bataille, il enlevait bien les masses. Son jugement prompt, son exécution vive le mettaient en relief. Il s'était formé dans les armées de Moreau et de Pichegru. Hors des combats, il était grossier, trivial, désagréable, irréfléchi ; mais il avait de l'esprit naturel, beaucoup d'action, voyait et agissait bien et sans hésiter. A son exemple il se forma plusieurs sabreurs, mais aucun ne s'éleva jusqu'aux combinaisons. En Italie surtout, hormis Masséna, il ne se développa parmi ceux que je connus plus tard que de la jactance et des bravades.

Selon mes connaissances, Ney fut un des meilleurs généraux de Napoléon, parce qu'il n'avait pas de méthode particulière et agissait suivant les circonstances, aussi bien en attaque qu'en défense. Bonaparte ne variait pas: après une bataille gagnée, il poussait l'ennemi par une déroute en avant. Alors Ney l'accompagnait, laissant son corps d'armée suivre le mouvement. Avec une activité extraordinaire, il allait et venait dans cette foule, ramassait les traînards, les faisait marcher en bon ordre et soit pour lui, soit pour d'autres, composait toujours une réserve qui aurait arrêté une défaite, ou arrivait comme renfort; et cela, toujours si à point, que la victoire était réellement à lui. Il faisait bien les mouvements de flanc. Un étranger, qui aurait examiné la grande armée en mouvement sans connaître l'Empereur, eût pu croire que Ney occupait le commandement; seul, il paraissait et agissait sans être sous l'influence de Napoléon.

Il venait de gagner la bataille d'Elchingen. La consommation de cartouches avait été énorme. J'avais une réserve au-delà du Danube, en ce moment débordé. Je faisais une reconnaissance sur la rive, accompagné par quelques bateliers bavarois qui connaissaient bien ce fleuve. Je traversais une prairie inondée, ayant environ un pied d'eau. Un aide de camp à cheval, suivi d'un chasseur, hésitait sur un tertre. Passe une charrette portant un officier supérieur autrichien blessé. L'aide de camp arrête la voiture, jette le blessé à l'eau, et pistolet au poing, il ordonne qu'on le conduise sûrement. Je m'approche du malheureux blessé, je lui demande s'il peut se tenir à cheval; je descends du mien, l'y place, et le fais conduire au quartier général par un de mes bateliers en le chargeant de garder mon cheval.

Je continue ma reconnaissance, ayant souvent de l'eau jusqu'à la ceinture. J'établis une communication par nacelles avec la rive opposée. En revenant, bien mouillé, je trouve mon batelier pleurant, contusionné par suite de plusieurs coups à la figure. Il me dit que le même aide de camp cruel l'a battu, et a pris mon cheval de force; il me montre du doigt où on l'a conduit. J'y vais de suite, et je trouve cet aide de camp occupé avec des valets à dénaturer mon équipage en essayant de le couvrir avec des chabraques autrichiennes (1).

Je prends mon cheval par la bride; l'aide de camp me menace, et dit que c'est une bête de prise, venant d'un colonel autrichien, et il me montre la chabraque marquée F. II. Je soulève le coin, et je montre la mienne, marquée du lion bavarois. J'ai la présence d'esprit de dire que Sa Majesté, informée par moi de la cruauté exercée envers un prisonnier blessé, a mis à ma disposition des gendarmes pour trouver le coupable. L'aide de camp et ses valets se sauvent, abandonnant mon cheval, couvert de ce harnais autrichien. J'en équipai un de mes chevaux de suite, et lui fis faire toute la campagne à côté de ceux de cet officier que j'ai toujours fait semblant de ne pas reconnaître.

(1) Peau de mouton recouvrant la selle et la charge sur le dos du cheval.

CHAPITRE XIX

MARCHE SUR VIENNE

A partir de la prise d'Ulm, il n'y eut plus qu'une marche triomphale. Cette grande armée victorieuse, cette armée bavaroise, vraiment magnifique, tout cela était magique. Augsbourg, puis Munich, eurent ce grand spectacle. Plus de cent lieues sont franchies aussi rapidement qa'aurait pu le faire un voyageur en poste. Il ne fut accordé à cette grande parade que le temps d'arriver à Vienne à la course.

Je ne connaissais pas encore la manière d'agir de Bonaparte; je croyais qu'il ferait comme les généraux contre lesquels j'avais combattu, c'est-à-dire qu'il tirerait parti d'une victoire avant d'en préparer une autre; que les troupes victorieuses auraient du repos, des vivres, du butin. Mais loin de là. Ulm pris, négligemment occupé, l'armée de Bonaparte, l'armée victorieuse a été débandée et ne m'a plus montré qu'une marche en déroute, mais déroute en avant au lieu de déroute en retraite. Ce torrent prit la direction de Vienne, et cela n'a plus été qu'un arrive qui peut, par routes pleines et encombrées. Notre armée allemande a seule marché comme marchent les troupes régulières, aussi a-t-elle eu seule des combats de flanc; à Lintz, à Saint-Pœlten, dans le Tyrol; mais la victoire lui était facile, parce que la rapidité de la marche française sur Vienne inquiétait l'ennemi et ne lui laissait, pour ces attaques de flanc, ni courage ni volonté.

Je vois encore ce désordre qui multipliait l'effroi, et qui, sans l'aveuglement qui fascine le jugement, aurait dû offrir mille occasions de se venger à un ennemi entreprenant.

Cette marche à la course se fait sur une route, une seule route jonchée de soldats. Il n'est question ni de corps, ni de régiments, ni de haltes, ni de repos. Quelques feux s'allument ; des soldats s'y chauffent ; d'autres les repoussent et sont repoussés à leur tour. Les rivières se traversent sans qu'on sache presque comment. Tout cela se nourrit on se demande de quoi. Je vis un temps d'arrêt à Saint-Pœlten : cela m'intriguait. Je ne concevais pas comment, en cas d'attaque, les corps pourraient se réunir. Cela fut plus prompt que ne l'aurait été une manœuvre connue de tirailleurs qui forment des carrés pour se défendre. Il fallut seulement des aides de camp galopant et criant : « Formez des carrés ; espacez des carrés ». S'il faut combattre, ces carrés attaquent, se déploient : « Serrez les rangs ; » et voilà tout. L'ennemi n'attaque pas ? — « Messieurs les généraux de bri-
« gade, formez vos brigades ; pelotons de brigade, formez-vous. »

Le carré s'ébranle; les soldats s'appellent et les pelotons de brigade se forment et vont rejoindre leurs divisions respectives. Les aide-majors disent: « J'ai tant de têtes à feu (soldats valides). » On griffonne sur une carte et on dit au général de division : « Tant de traînards. » Je puis affirmer que montre en main, en dix minutes, il y avait une ligne de bataille de quatre-vingt-dix mille hommes, et qu'après trois heures de séjour à Saint-Pœlten, il y en avait plus de cent mille, bien rangés, bien équipés, marchant sur Vienne avec une précision étonnante. On a de la peine à se faire une idée de ces lignes de baïonnettes et d'armes brillantes qui se montraient quand l'Empereur avait ordonné de faire déboucher les colonnes d'attaque.

La mise en ordre de Saint-Pœlten n'était pas, comme j'avais cru, pour se préparer à attaquer Vienne, mais pour lutter avec un corps russe dont on ne connaissait ni la force, ni les projets, et qui venait inopinément de se montrer. Ce corps, au plus de six mille hommes, avait été détaché d'une armée russe, mise en mouvement par les Anglais. La poste et les chariots n'avaient pu suffire à en amener davantage. C'était une démonstration dont on voulait effrayer Napoléon.

Lui, de son côté, se mit en devoir de les écraser avant qu'ils eussent eu le temps de se reconnaître. Je les retrouvai tels que je les avais connus à Constance, se laissant bien tuer en lignes, mais incapables d'un mouvement combiné.

En une heure, tout semblait fini avec eux, mais il n'en fut pas tout à fait ainsi. Sur le champ de bataille, les blessés ramassèrent des fusils et firent plus de mal qu'on aurait cru aux traînards et aux badauds qui allaient le visiter. Ils avaient caché deux de leurs canons sous un pont avec l'intention de tirer sur l'Empereur quand il passerait. Ils ne le connurent pas et le groupe fastueux d'un maréchal essuya leur feu. Ils furent mis en pièces, mais il en résulta quelques temps d'arrêt, quelques fouilles et quelques prises de position.

L'écrasement de ce petit corps de Russes acheva de

démoraliser Vienne ; cette ville nous fut abandonnée cette fois si précipitamment, que les ponts des deux rivières, le Danube et la Vienne, restèrent intacts.

J'étais le seul Allemand entraîné dans ce torrent français, marchant, courant sans s'arrêter. La tête pleine de ma vieille tactique, je ne voyais pour conclusion à ce désordre que de futurs désastres, et, dans ma barbe, je faisais manœuvrer en idée ma petite armée de Condé, en ordre bien serré, en batterie bien réunie sur ce troupeau pillant et chantant.

Mon erreur était grande. Je cheminais entre le colonel Guilleminot, éclaireur de la tête pour l'état-major; de Montholon, éclaireur pour le prince de Neuchâtel, et de Caulaincourt, relevé par Lauriston, tous deux aides de camp de l'Empereur, allant, l'un après l'autre, de nous à Bonaparte qui était je ne savais où. Nous allions ainsi jour et nuit, et si vite que je n'ai, je crois, jamais su en combien de jours nous avions été d'Ulm à Vienne.

Nous aperçûmes enfin quelques cavaliers autrichiens, à l'entrée d'une ferme qui se trouvait à notre droite. Guilleminot et Caulaincourt s'arrêtèrent; Montholon et moi nous partîmes de ce côté, moi, parlant allemand pour questionner les habitants s'il y en avait. A notre vue, les cinq cavaliers autrichiens partirent au galop. Un paysan se sauva emportant un paquet. Nous ne trouvâmes qu'un mendiant, boîteux en apparence. Je le questionnai; il me dit que nous étions à trois lieues de Vienne. Une maison qu'il nous montra à un quart de lieue environ, était la maison de poste que la belle garde hongroise venait de quitter, suivie par tous les habitants. Montholon me dit : « Il faut nous assurer si ce coquin est réellement boîteux ; prévenez-le que s'il l'est, je vais le tuer, et s'il marche droit, je lui donnerai de l'argent. » Cet homme fut embarrassé ; puis il se décida, jeta son bâton, et ôta les guenilles qui entouraient sa jambe. Il nous apprit qu'il était soldat, resté en arrière sur l'ordre de son commandant. Montholon me remit cinq francs pour lui, en lui ordonnant d'aller dire à son commandant que nous arrivons, et que nous sommes beaucoup, beaucoup.

Quand nous l'eûmes perdu de vue, nous revînmes vers Guilleminot, où nous trouvâmes Lauriston et Caulaincourt. Sur ce rapport, ils partirent au galop. Guilleminot, Montholon et moi, nous passâmes la nuit à écouter et faire à pied la patrouille.

Il parut une troupe rangée quand le jour commençait, c'était un maréchal à la tête d'un corps d'infanterie en bon ordre. De loin, nous vîmes de même Windham ; puis, sur notre droite, un gros corps de cavalerie de douze régiments, commandé par Nansouty (1). Sur la route, au grand trot, arrivait Lassalle avec un autre corps de cavalerie légère. Ensuite l'artillerie, presque toute à cheval.

Un de mes amis et contemporains, Sénarmont, qui la dirigeait, m'offrit une batterie de huit pièces à conduire, mais cette offre n'eut pas de suite : l'Empereur arrivait, et Caulaincourt avait l'ordre de nous mener tous trois à lui, Guilleminot, Montholon et moi.

Le soleil se levait ; le cortège de l'Empereur était

---

(1) Etienne Champion, comte de Nansouty, capitaine de dragons en 1788, ses soldats qui l'aimaient le nommèrent colonel en 1792. En 1803 il devint général de division et colonel général des dragons en 1813. Il commandait la grosse cavalerie pesante à presque toutes les batailles de l'Empire. Il assista à Fontainebleau à la chute de Napoléon et mourut, sans fortune, avant les Cent Jours. Ce général humain, désintéressé, donnait aux hôpitaux les sommes que les villes qu'il avait préservées du pillage le forçaient d'accepter. Sa famille était voisine et amie de celle du baron de Comeau.

superbe. Des habits brodés, galonnés, des panaches, de beaux chevaux, les guides ou chasseurs en grande tenue ; cette belle garde à pied et à cheval ; tout cet ensemble était en réalité ce que j'avais vu de plus beau. L'Empereur, seul, s'habillait aussi simplement que de coutume.

Guilleminot et Montholon eurent courte audience ; la mienne devait être plus longue ; je puis la rendre presque mot pour mot :

— « Approchez ; j'ai besoin de vous. L'Italie et l'Egypte
« n'ont pas appris l'allemand à mes braves. Saint-Cyr et
« la Polytechnique ne leur ont enseigné que l'allemand
« de grammaire ; il n'y en a point qui puisse faire parler
« un paysan et il n'y a que des paysans que l'on apprend
« ce que l'on veut savoir. Croyez-vous qu'ils se retirent
« et qu'ils abandonneront Vienne à ma discrétion ? »

— « Je le crois, Sire. »

— « Eh bien ! Voici ce que j'attends de vous. Il faut,
« dans leur jargon, dire bien haut : Napoléon aime le
« peuple ; il est magnanime ; il ne fait de mal que quand
« on lui résiste. Il a marqué en Italie ce qu'il voulait. Il
« ne demande rien aux Allemands plus loin que le Rhin.
« Pourquoi l'attaquent-ils ? Voilà ce qu'il faut dire. Vous
« comprenez ? Allez et continuez de bien servir comme
« vous avez déjà fait. »

Mon étonnement fut grand quand je vis, en si peu de temps, ce tumulte, ce désordre, former comme par enchantement cinq superbes corps d'armée.

Nous arrivions dans Vienne que l'Autriche connaissait à peine ses revers. Autre spectacle de terreur et de désordre : les habitants d'une grande ville qui ont perdu la tête, et qui se jettent au milieu de nous, croyant se sauver !... (12 novembre 1805.)

L'Empereur occupa Schœnbrünn et y passa une belle revue; il y déclara la campagne de 1805 terminée; celle de 1806 commençait.

Vienne, où nous passâmes trois ou quatre jours, fut très ménagée. Le palais fut épargné ; non seulement on y donna sauvegarde, mais on y mit des sentinelles pour empêcher de le visiter. Ici le grand capitaine m'apparut dans tout son éclat. Point d'entrée triomphale; point de lois dures, point de cruautés ni de faiblesse! Une armée énorme, ivre de gloire, serre ses rangs, néglige tout trophée et tout autre butin. L'artillerie, cependant, s'empare de l'Arsenal. La ville est rapidement traversée par cette superbe armée victorieuse et multipliée par ce mouvement français, si bien fait pour étourdir une nation lente, méthodique et sévère dans ses mouvements. Les corps qui avaient défilé au pas de charge se débandaient, et revenaient tourbillonner dans la ville tandis que d'autres corps passaient régulièrement. Les curieux qui étaient aux fenêtres, ou dissimulés derrière les persiennes closes, virent au moins trois fois nos troupes et crurent ne les voir qu'une seule.

L'armée bavaroise défila à son tour, ses charmants régiments de chevau-légers ouvrant la marche avec des batteries légères. Je me trouvais alors dans les salons d'une princesse d'Hatzfeld, avec ordre de l'Électrice de Bavière de lui offrir services et sauvegardes. Le cercle des grandes dames était nombreux ; la curiosité les retenant aux fenêtres les empêchait de faire grande attention à moi et je parlais français trop naturellement pour n'être pas supposé attaché au Maréchal Bernadotte qui avait là ses quartiers.

Des exclamations admiratives partirent à la vue de ces troupes.

— « Quels Français ! Quelle belle tenue ! comme cela « marche !... »

— « Ah ! dis-je, ce sont mes Bavarois. »

— « Vos Bavarois !... vous êtes Bavarois ! Ah ! les « traîtres ! Mesdames, fermons les volets, retirons-nous ; « maudits Bavarois ! » dit l'une d'elles en me mettant le poing sous le nez.

La princesse de Hatzfeld me pria de passer dans une pièce voisine, et me demanda si j'avais quelque chose de particulier à lui transmettre. Je lui présentai la lettre obligeante de ma souveraine ; elle la lut avec dépit et la déchira en petits morceaux, qu'elle éparpilla sur une table de marbre.

— « Je m'étais flatté, Madame, » dis-je, « de pouvoir « être utile à Votre Altesse. Ma souveraine ignorera le « sort de son billet ; je l'aurai perdu pour ne pas brouil-« ler deux amies, étrangères aux événements qui éton-« nent et affligent bien du monde. »

— « Pauvre Caroline ! « dit la vieille princesse, » mais « voyons, que comptez-vous faire ? »

Après un instant de réflexion : — « Madame, deman-« der mon logement pendant deux jours dans votre hô-« tel, et un de mes Bavarois à la porte pour en défendre « l'entrée à quiconque voudrait s'y placer. »

J'écrivis un mot au commandant présidant la commission des logements, je défendis qu'il me fût préparé des repas, et la princesse vit mon uniforme avec moins de déplaisir.

CHAPITRE XX

AUSTERLITZ

Un grand lever fut annoncé à Schœnbrünn. On présumait qu'on parlerait de la paix et il devait s'y distribuer des grâces. La réunion fut très belle, mais le désappointement très grand. L'Empereur, de sa voix expressive et saccadée, s'exprima ainsi : « Une armée russe est venue
« réunir des débris autrichiens... Il faut aller au devant...
« il faut les battre... A première rencontre, entendez-
« vous?... Des masses d'artillerie... il ne s'agit pas de
« faire coup pour coup, boulet pour boulet. C'est sur les
« masses qu'il faut diriger un feu terrible... La cavalerie
« fera des charges aussitôt qu'elle remarquera l'ébranle-
« ment causé par le canon. » Un salut, et il se retire.

Chacun court à son poste. Je n'en avais plus, car les magasins bavarois n'étaient plus chargés de fournir les munitions; on les prenait à l'arsenal de Vienne. Je restais dans ce grand salon, embarrassé de ma personne. En allant monter à cheval, Napoléon le traverse, me regarde et passe. Puis il se retourne et me dit : « Que voulez-
« vous? Qu'attendez-vous? » — « Des ordres, Sire. » —
« A cheval, et suivez-moi. »

Je cours à Vienne prendre mes chevaux; je rejoins le groupe impérial avec peine, mais enfin je peux le rejoindre en chemin, à Brünn, en Moravie. Cette route d'une part, celle d'Italie d'autre part, s'encombraient comme j'avais vu celles de Bavière et de Souabe. Brünn fut rempli de soldats qui allaient se placer sur les hauteurs, les rideaux, dans les défilés. Austerlitz fut le point où trois Empereurs rangèrent leurs armées pour faire un champ de carnage. L'armée russe entrait en action; là tout était neuf.

A la grande reconnaissance dans la plaine d'Austerlitz, Napoléon ne m'adresse pas un mot, pas un regard. Je me crois en disgrâce, ce qui m'est assez indifférent. J'avais déjà vu bien des batailles, mais pas encore de cette importance. Je savais que deux mille quatre cents bouches à feu, triplement approvisionnées, formaient notre artillerie; que deux réserves de cavalerie, chacune de douze mille hommes, allaient faire de ces charges dont je n'avais pas encore idée. Une de ces divisions se composait de chasseurs et de cavalerie légère sous les ordres de Lasalle et de Kellermann. Nansouty commandait la grosse cavalerie.

La ligne ennemie offrait un aspect imposant. Immobile, elle couronnait les hauteurs; les Russes occupaient le centre; les débris de plusieurs armées autrichiennes formaient les ailes. On ne peut voir plus belles lignes d'hommes prêts à combattre.

Leur front se couvrait de chasseurs, de hussards, d'artillerie légère; plus de deux mille canons allaient tonner. Des masses de belle cavalerie paraissaient en seconde ligne. Le front Russe était à découvert; des groupes de cosaques immobiles, des régiments de cavalerie habillés de blanc, coupaient de distance en distance cette ligne verte de l'infanterie russe.

De notre côté, les masses débouchaient de toutes parts;

L'armée française me semblait moins bien placée : des masses d'infanterie, les unes en carrés, les autres en triangles occupaient tous les fonds, toutes les petites vallées. Des batteries de canon, les unes de six pièces, d'autres de douze, plusieurs de quarante, couronnaient les mamelons ; derrière les grandes batteries, les masses de cavalerie ; beaucoup de pelotons de cavalerie légère se mouvaient devant le front de leur corps d'armée. La garde avec toutes ses armes se voyait à part et un peu en avant de la ligne. L'Empereur était là, seul, assis sur une caisse de tambour. Son nombreux État-major avait mis pied à terre dans un petit ravin.

Un aide de camp arrive ventre à terre ; il parle à Napoléon, lui montre un bois sur la gauche. L'Empereur avait souvent regardé du côté de ce bois. Deux autres aides de camp arrivent, et indiquent ce même point où je remarque une troupe en mouvement. L'Empereur se lève, monte à cheval ; chacun en fait autant. Nous mesurions des yeux nos ennemis immobiles. Entre ces deux lignes, celle de l'ennemi stationnaire, et la nôtre, plus remuante, Napoléon galopait et ne parlait à ses troupes que par phrases brèves, hachées, tout en galopant. Je ne distingue que ce commandement : « Sénarmont (le général d'artillerie) quarante canons à ce *santon* et commencez le « feu ! » et il lui indiquait une chapelle isolée. Depuis sa campagne d'Égypte, Napoléon les nommait ainsi. Il ordonne aussi à Berthier de faire attaquer ce même santon.

Berthier part avec tout son État-major et une compagnie des guides. M. de Lagrange se dirige sur une des grandes batteries, M. de Monthion sur l'autre, M. de Montholon va à la division Kellermann. Les feux de l'infanterie se mêlent ; leur fumée nous enveloppe d'un épais brouillard. Les charges de cavalerie, les charges à la baïonnette enfoncent des masses ; les colonnes qui avaient rompu ces masses sont repoussées à leur tour; de nouvelles masses forment de nouvelles attaques, puis, ramenées, se jettent encore sur l'ennemi tête baissée !...

Le feu de l'artillerie commence; celui de l'ennemi répond vigoureusement. La terre tremble sous un mouvement de cavalerie; c'est la division de Kellermann. L'infanterie russe fait un feu, d'abord de bataillon, comme à l'exercice, c'est-à-dire qu'un bataillon reste fixe et l'autre fait feu. Ce tir régulier dure peu et est remplacé par un feu de file, mais toujours de pied ferme.

Les généraux de cavalerie légère, Lasalle et Kellermann, perdent du terrain. Le général Rapp s'ébranle avec les chasseurs de la garde. La mêlée est furieuse. Les grandes batteries ralentissent leur tir; elles font un mouvement en avant pendant lequel l'artillerie à cheval faisait un feu à la prolonge, feu de mouvement sur ses flancs. Les carrés d'infanterie, flanqués d'artillerie, s'avançaient sur le santon. Les autres carrés développaient en bataille et commençaient le feu de file en se développant. Les deux carrés d'attaque firent des évolutions que la fumée du canon m'empêcha de voir; les tambours et la musique indiquaient une charge à la baïonnette. J'y courus, mais j'arrivai trop tard : la ligne ennemie était enfoncée et le santon pris.

Les ailes autrichiennes s'ébranlent et font des feux bien mieux nourris que les feux russes. Ces deux ailes marchent pour attaquer et reprendre le santon. Quatre-vingts pièces d'artillerie les reçoivent.

Ce corps de gauche dont je remarquais le mouvement depuis le commencement de l'action prenait l'ennemi en flanc. L'Empereur s'y porta. Le combat devint là vif et acharné. La cavalerie autrichienne fit de très belles charges, qui mirent du désordre dans notre infanterie. Les fantassins de la garde donnèrent, en chargeant à la baïonnette après leur second feu.

Le combat se maintenait sur ce point et recommençait d'une manière très vive sur notre droite. C'étaient les Russes, qui, reformés sous les murs du parc du prince de Kaunitz (1), reprenaient l'offensive. Ce parc fut enlevé par le corps de Davoust ; la droite tint bon, et la division de Nansouty fit une charge.

Ce fut alors que l'armée russe, pour rejoindre l'aile autrichienne qui allait être écrasée par les masses de cavalerie de Nansouty, fit un mouvement de flanc qui fut dérangé par un étang mal gelé. Le bulletin dit que cet étang en avait englouti des milliers. J'en étais assez près pour voir ce qui s'y passait. L'armée russe longeait l'étang et le mettait entre elle et cette cavalerie qui l'aurait inquiétée. Quand même quelques pelotons auraient eu le pied dans l'eau, il n'y avait pas de quoi les noyer. Les quelques corps d'hommes et de chevaux que j'y ai vus avaient été tués par le canon ; c'était comme sur la rive, et encore moins (2). Je mets en fait que ce n'est pas deux mille hommes qui ont péri là, mais au plus deux cents, tandis que, sans cet obstacle, cette colonne aurait été écrasée.

(1) Le château et le parc d'Austerlitz appartenaient à la famille du prince de Kaunitz.
(2) Le 30ᵉ bulletin de la grande armée qui raconte la bataille d'Austerlitz parle des milliers de Russes qui auraient été noyés dans les lacs ; M. Thiers évalue le nombre des noyés à deux mille. Le bulletin ne saurait faire autorité : l'inexactitude des bulletins était passée en proverbe dans l'armée : « menteur comme un bulletin, » disait-on. M. de Comeau, attaché à l'état-major général, était très bien placé pour voir ce qui se passait.

Pendant cette bataille, je ne voyais rien à faire pour moi qui ne recevais pas d'ordres, et je parcourais cette mêlée générale ; pendant plus de deux heures, impossible de me douter à qui resterait la victoire. J'avais entendu l'Empereur parler de la batterie de quarante bouches à feu dirigée par Sénarmont. Ce général, mon contemporain et mon camarade, faisait partie de ma promotion. Il m'avait retrouvé avec plaisir. J'allai près de lui juger de ses œuvres ; le centre ennemi enfoncé, sa gauche battue et repoussée vers cet étang mal gelé, amena Napoléon à cette terrible batterie du santon qui avait si bien réussi. Il fut tout content d'y trouver Sénarmont et moi, deux artilleurs de son temps ; il n'en fallut pas davantage pour me remettre dans ses bonnes grâces, et il me donna la mission de faire charger par Kellermann un carré russe de leur droite qui résistait.

Dans la colonne de douze régiments de cavalerie légère qui devait exécuter cette charge, il y avait deux régiments bavarois ; je les accompagnai, et je vis toute la puissance qu'a une masse de cavalerie sur une infanterie incertaine, où l'on commence à remarquer ces frôlements qui sont le signe de la démoralisation. Il n'y eut pas de ces décharges d'infanterie qui font rebrousser les chevaux ; pas de ces menaçantes baïonnettes qui arrêtent l'impulsion. C'étaient au contraire des armes jetées par terre, des fuites entre les jambes des chevaux ; des mains se cramponnant à leurs brides, des crinières hérissées, des chevaux se cabrant, se mordant, hennissant ; d'autres s'élançaient, s'abattaient, se relevaient, se dressaient !... Jamais bataille, jamais tableau de bataille ne m'avait donné l'idée de semblable mêlée !...

On fit là plusieurs prisonniers. Je regardais comment

les soldats distinguaient les morts et les blessés. Il y en eut bien moins que je ne l'aurais pensé. Néanmoins, de ce moment la victoire, un instant incertaine, ne fut plus douteuse. Il ne restait à vaincre que des Autrichiens : ils demandaient à conclure la paix, mais la déroute était rare et partielle. On voyait des masses se retirer en bon ordre, reprendre des positions, forcer nos généraux de former contre elles des colonnes d'attaque, et ne les attendant pas, mais ne fuyant pas.

Pendant cette charge de cavalerie, je m'emparai d'un bon cheval en faisant prisonnier un colonel russe, qui avait été jeté à terre, mais avait encore un pied pris dans l'étrier. Je vis, près d'une haie écrasée, un cheval se cabrer, s'agiter, les rênes de sa bride étaient coupées et pendaient comme quatre lanières. Il ruait, traînait et piétinait son cavalier. Je sautai à bas du mien et je tins ce fougueux animal par la bride en sommant l'officier de se rendre. Lui, avec une figure furieuse, me répond en français qu'il ne se rendra pas. Je coupe la courroie de l'étrier d'un coup de sabre; j'abandonne la bride et je prends l'officier au collet. Je le mets entre les mains de deux soldats bavarois, mes ordonnances.

Ce cheval, si furieux avant, restait là, sans bouger ; je le pris aussi, bien qu'il essayât de faire le difficile, se cabrant, donnant des coups de pied de devant. Aidé par je ne sais qui je le montai et je n'en ai jamais eu de si bon et de si doux. C'était un de ces petits chevaux kalmouks, à moitié sauvages comme leurs maîtres ; je le remis au Roi de Bavière qui m'avait semblé le désirer; en place le Roi m'envoya un rouleau de ducats cacheté.

Je crois qu'il le donna à Napoléon. Du moins quelques officiers de ma connaissance m'ont assuré l'avoir vu à

Paris, au jardin des plantes, mais c'en était peut-être un autre, car j'en ai retrouvé en Russie beaucoup de cette race, peu connue dans nos contrées. Le pelage de celui-là était noir et formait une épaisse toison frisée comme celle d'un chien barbet, queue et crinière très fournies et les jambes de devant courtes et couvertes en arrière de flocons de crin comme des barbes de bouc.

La paix fut la suite de cette mémorable bataille. Les Russes se retirèrent en Pologne et les Autrichiens signèrent à Presbourg un traité qui créa les rois de Bavière et de Wurtemberg et la confédération du Rhin. Je quittai ce champ de gloire et je revins à Vienne faire l'officier d'artillerie pillard. Les arsenaux de Vienne, les fonderies, les manufactures d'armes se trouvaient dans le meilleur état. Je sentis que la Bavière, toujours convoitée par l'Autriche, et actuellement en guerre avec elle, devait l'affaiblir le plus possible et surtout la retarder, en ruinant ce matériel lent à se reproduire. Le traité à conclure avec la France aurait pu le conserver, et je me livrai avec ardeur à évacuer ce matériel, à mettre hors de service les machines employées à sa construction. On ne se battait plus; j'ai fait tant que j'ai pu cette guerre sourde à ce dangereux voisin, et j'y voyais la punition de son orgueilleux dédain pour tous les services que les émigrés avaient offerts et qui avaient été rejetés. J'expédiai donc le plus vite que je pus à Munich les canons bavarois, trophées de l'arsenal de Vienne depuis l'Électeur Charles VII (1) qui avait été empereur et ennemi

---

(1) Charles-Albert, électeur de Bavière, prétendit, à la mort de l'empereur Charles VI (1740), disputer son héritage à sa fille Marie-Thérèse; il se fit même élire Empereur sous le nom de Charles VII, mais, malgré l'appui de la France, il fut battu, ses États envahis, sa capitale prise et son fils, pour rentrer en possession de ses États, dut signer la paix.

assez malheureux de la maison d'Autriche. Je décrochai aussi quelques drapeaux bavarois de cette époque qui faisaient assez mauvais effet au milieu d'un grand nombre de queues de pacha et je revins à Munich aussitôt que cela fut possible.

CHAPITRE XXI

RÉCOMPENSES

La paix étant conclue (1), l'ancienne constitution de l'Empire Germanique changea. Les huit cents petits États environ qui la composaient furent réduits à trente-deux et formèrent la Confédération du Rhin dont Napoléon se déclara le protecteur. Les ressources considérables qu'il y trouva lui furent d'abord fort utiles; mais, plus tard, les Allemands, épuisés et irrités par les exigences continuelles de l'Empereur et de ses généraux, mécontents de la désastreuse campagne de Russie, entreprise malgré eux, l'abandonnèrent et se tournèrent contre lui.

L'Électeur de Bavière reçut le titre de Roi ainsi que le duc de Wurtemberg. Le prince Eugène de Beauharnais, beau-fils de Napoléon, épousa, le 14 janvier 1806, la fille aînée du roi de Bavière, la princesse Augusta, qui avait dû épouser son parent, le grand-duc de Bade; et Napoléon fit épouser à ce prince une nièce de sa femme, la charmante princesse Stéphanie de Beauharnais (2).

(1) L'Empereur d'Autriche signa la paix à Presbourg le 26 décembre 1805. L'acte qui constitua la Confédération du Rhin ne fut signé que le 12 juillet 1806.

(2) Elle était fille de Claude de Beauharnais, cousin germain du général de Beauharnais, premier mari de Joséphine, et de Mlle de Nettancourt et mourut en 1860. Sa mère, morte en émigration, l'avait laissée à une amie anglaise qui la confia à d'anciennes religieuses en France. Quand Napoléon l'apprit, il la fit enlever de force, la plaça chez Mme Campan pour achever son éducation et la maria très peu de temps après.

Je rentrai à Munich lorsque la paix fut signée avec l'Autriche ; mais bien convaincu que les Anglais recommenceraient la guerre en poussant en avant d'autres puissances, je m'occupai sans retard de mettre l'armée bavaroise dans le meilleur état possible, surtout pour le matériel qui était encore spécialement ma partie.

Je reçus des éloges de toutes parts, ainsi qu'un superbe rapport, adressé à l'Empereur par son corps d'artillerie (1). Je fus chargé du travail des récompenses honorifiques, c'est-à-dire de la distribution des croix et médailles à l'armée bavaroise (2). Je me fis un point d'honneur de soutenir mon caractère d'émigré et de reporter au prince de Condé et au temps où j'avais servi sous ses ordres tout le talent qu'on me supposait et que je pouvais avoir réellement. Le fait est que je venais de voir des événements de guerre beaucoup plus importants que ceux où j'avais été mêlé avant ; j'avais vu manœuvrer des armées beaucoup plus nombreuses, mais sans en excepter l'Empereur, je n'avais pas trouvé de talents supérieurs à ceux du prince de Condé.

Cette position d'ancien émigré placé, contre mon gré, parmi les ennemis de mon Roi, me fit demander, comme grâce au souverain qui m'avait adopté, que cette circonstance ne me procurât ni avancement, ni récompense honorifique de France. Je crois que j'avais tort, et que je portais trop loin le souvenir et l'attachement que je conservais pour le duc d'Enghien. Je voyais dans Napoléon celui qui avait fait fusiller mon ancien chef. Je ne le

---

(1) Voir à la fin, aux *Pièces justificatives*.
(2) L'Empereur accorda à l'armée bavaroise quarante croix de la Légion d'honneur, dont vingt pour les officiers et vingt pour les soldats. Le général de Wrède fut fait grand officier et le général Deroy reçut une pension (lettre de Napoléon, 6 janvier 1806).

servais que parce que le roi de Bavière était obligé de suivre sa fortune, et je ne faisais pas assez la différence, bien réelle cependant, qu'il y a entre un usurpateur, et son pays natal, sa patrie.

Les courtisans s'évertuèrent à flatter les nouvelles puissances. Le roi, dans les cercles de la Cour me répétait souvent à peu près la même chose ; « Ils voient mainte-
« nant et ils veulent en profiter ; et vous, qui avez vu avant
« eux, resteriez-vous donc stationnaire ! Ce n'est pas
« juste, mon cher Comeau. Seriez-vous donc de ceux qui
« aiment à se plaindre de l'ingratitude des rois ? »

Un soir, après un concert à la Cour, il me dit de venir le trouver dans son cabinet le lendemain, à huit heures précises. Cette heure, après son petit lever, n'était jamais indiquée que pour une conversation intime.

Le roi m'attendait, assis sur un canapé. Il me fit asseoir à côté de lui, et il me dit en mettant le doigt sur les trois boutonnières du collet de mon uniforme (c'est en Bavière le signe du grade de capitaine.)

— « Vos trois stries m'offusquent. Voyons, à nous
« deux, comment changer cela. Allons, ne vous gênez
« pas, vos idées ? Vous savez que vous m'en avez souvent
« donné de bonnes. »

— « Sire, puisque vous l'ordonnez, je vais faire abs-
« traction des personnes et m'occuper des choses. L'Au-
« triche, la Prusse et la France vous entourent et vous
« pressent. Il faut avoir une bonne armée à leur opposer
« ou à leur offrir. Il faut que cette armée soit nationale
« pour qu'aucune influence ne puisse paralyser votre direc-
« tion. Votre Majesté vient de se rendre compte, dans
« cette campagne, de l'importance d'une bonne artillerie,
« bonne, non seulement par son tir, mais par ses maga-

« sins et l'abondance de ses munitions. L'avancement est
« borné dans ce corps. Un général de brigade, quelques
« colonels y sont les plus hauts gradés. Donnez ces em-
« plois à des étrangers : vous amortirez, pour cette arme,
« l'élan national. Vous avez déjà un Anglais, M. de
« Rumpfort ; un Hessois, M. de Shell ; un Suédois, M. de
« Pireh ; des Français, Manson, les Espiard de Colonges,
« de Zoller, moi. Nous avons successivement occupé les
« places importantes dans votre artillerie (1). Les nota-
« bilités du pays l'ont toujours laissée de côté, et tout
« le corps d'officiers est composé de ces vieux routi-
« niers qui ont trouvé là leur bâton de maréchal, étant
« incapables d'obtenir mieux. Hé bien, Sire, c'est ce
« dont il faut bien se préserver. Il faut attacher à cette
« arme les notabilités du pays, pour que la réputation du
« corps dédommage de la lenteur de l'avancement. Et plu-
« tôt que d'emprunter des officiers aux autres puissances,
« il vaut mieux que votre artillerie, par sa renommée,
« soit à même de leur en fournir. Il y a, en ce moment,
« une place de major vacante. Si vous me la donnez, le
« découragement augmentera. Aux yeux de Votre Ma-
« jesté, mes services sont ceux d'un artilleur. Aux yeux
« de votre armée, il en est autrement, parce qu'elle ne
« m'a pas vu tirer un seul coup de canon. J'engage Votre
« Majesté à s'informer du capitaine le plus méritant dans
« les batteries, et à lui donner la place de major. »

— « Mais, vous, vous ? » reprit le Roi.

— « Hé bien ! Sire, je viens de remplir un rôle dans
« l'état-major ; tout l'état-major du prince de Neuchâtel,

(1) Le général de Manson était directeur général de l'Arsenal de Munich ; de Zoller était son adjudant général et M. de Comeau son sous-directeur. Les deux Colonges étaient lieutenants-colonels, l'aîné était de plus directeur de la manufacture d'armes.

« le prince lui-même, m'ont dit : nous nous reverrons.
« Je le pense aussi. L'Angleterre, qui ne met que de l'ar-
« gent en jeu, engagera de nouveau la guerre et bien-
« tôt. »

Le roi s'écria vivement : « En soutenant l'Autriche ?
« Jamais ! je puis vous l'assurer, j'ai là dessus des données
« positives, que vous ne connaissez pas. »

— « Mais la Prusse, Sire ; ce royaume si décousu dans
« ses parties principales, avec son armée de parade, com-
« posée pour un bon tiers de déserteurs de tous pays. La
« Prusse faisait plus la cour à la France en république
« qu'elle ne la fait à la France monarchique. Elle qui a
« été si bien soutenue par l'Angleterre pendant la guerre
« de Sept ans (1), ne peut-elle encore être subsidiée par
« cette puissance, ennemie à mort de Napoléon ou plu-
« tôt de la France ? Je puis assurer Votre Majesté que la
« Prusse n'est pas vue de bon œil, je ne dirai pas au
« cabinet des Tuileries, mais au quartier général. »

— « Cela ne se peut pas. C'est l'Espagne qui préoc-
« cupe actuellement ce grand génie.

— « Hé bien ! Sire, l'Angleterre dégagera l'Espagne
« en suscitant la Prusse. »

— « Allons, dit le Roi, nous en reparlerons et en
« attendant que vous ayez conquis la colonne de Rosbach,
« je vous salue, monsieur le chef de mon état-major
« général. »

Le lendemain, l'ordre de l'armée nommait le major
d'artillerie comme je l'avais conseillé. Les intrigants de
cour et d'armée me croyaient tombé en disgrâce, ce
qu'on expliquait, il est vrai, par une préférence que je

---

(1). Cette alliance de l'Angleterre et de la Prusse dure encore et n'a pas eu d'interruption.

donnais au service de France ; j'avoue que les regrets de mes camarades bavarois étaient minces. On intriguait déjà pour savoir quel lieutenant aurait ma compagnie; je n'avais pas beaucoup à me louer de ces lieutenants d'artillerie qui avaient été sergents-majors; je fis nommer capitaines deux lieutenants d'infanterie. L'un avait été page et l'autre sortait d'une école militaire. Tous deux, instruits, intelligents et bien élevés, étaient de bonne famille et je passai à l'état-major et au ministère de la guerre avec le grade de major, étant alors plus disponible pour les missions, pour les vues générales que dans une arme comme celle de l'artillerie, dont on ne pouvait me détacher sans nuire au service si actif de ce corps, aussi bien pendant la paix que pendant la guerre.

Je fus d'abord un peu étourdi de ce nouveau travail, j'en conviens. J'avais bien compris l'artillerie et je crois y avoir bien servi ; ne pensant qu'à cela, je mettais toutes mes études, toutes mes observations, tout mon jugement à voir où et comment il fallait s'employer dans ses attributions. J'avais bien remarqué, cependant, que les officiers d'état-major étaient des aides qui préparaient la besogne du vrai général, du général commandant. Leur chef, surtout, le major général, est, pour la partie militaire, l'officier qui a le plus de rapport avec le général en chef : il ne peut pas le quitter. C'est par lui qu'il connaît ses forces, qu'il règle ses mouvements. Quel que soit le grade du chef de l'état-major, il est, de fait, le second dans l'armée. Initié à tous les secrets, à tous les projets de son chef, c'est toujours lui qui le remplace s'il vient à manquer par une cause quelconque. Ses bureaux sont ceux du général même. Or, comme c'est là que l'espionnage est le plus dangereux, ils doivent être formés et surveillés avec une attention toute particulière. On voit aisément par là avec quel soin ce chef d'état-major et ses aides doivent être choisis. Les bureaux du ministère de la guerre, les bureaux topographiques, les corps de l'artillerie et du génie fournissent les meilleurs. Si la faveur y place des gens à système, des rivaux du général, alors tout va mal.

Il faut connaître l'état de l'armée, ses positions, ses voies de communication; recevoir tous les rapports de détail, les résumer pour le général en chef ; recevoir aussi immédiatement ses ordres et les expédier avec célérité, sûreté et précaution. Ce travail énorme demande beaucoup d'aides bien choisis. Le poste est périlleux : les aides doivent toujours être en grand nombre, et toujours prêts à reprendre la besogne sans que le service en souffre. Un bon major général est ce qui soulage le plus le général en chef. Outre l'état-major général, chaque division doit avoir le sien propre. C'est le seul moyen de transmettre les ordres avec garantie et simplicité.

La masse de la grande armée resta en Allemagne, surtout en Franconie. De forts détachements partaient pour l'Espagne. On les remplaçait en Allemagne par de nouvelles levées. J'eus là occasion d'observer le vaste génie militaire de Napoléon, si bien servi et secondé par ses officiers. Jusque-là, je n'avais remarqué son armée que dans ses singulières marches sans ordre en apparence. J'avais vu une ou deux fois avec quelle rapidité ces foules formaient des masses fortement constituées et remportaient des victoires sans exemples, mais il me restait à étudier le système de son administration dans les moments de calme; je ne puis dire de repos : là, le repos était inconnu.

Voici le jugement que j'en portai et ce fut ce jugement dont j'avais émis les premières idées dans le cabinet du Roi qui me valut d'être placé dans l'état-major avec assez d'avancement pour être chef partout où il m'enverrait dans ses armées et dans ses états.

Je lui dis donc : « Napoléon juge l'Autriche assez
« abattue pour ne pas prendre maintenant l'initiative
« dans une nouvelle guerre, aussi il surveillera peu cette
« puissance. Ailleurs il tendra des pièges. C'est le côté
« où il les tendra qu'il faut étudier. »

Le roi me dit : « Ces pièges, les connaissez-vous ? Pou-
« vez-vous les connaître plus que moi qui ai des ministres
« dans toutes les cours ? » — « Et il faudrait avoir des
« officiers sur toutes les grandes routes, » lui répondis-je en souriant. Le roi fit quelques tours dans son cabinet et reprit : « Vous avez raison, parlez-moi sans gêne,
« je vous écoute. Que pensez-vous de tout cela ? »

« Sire, votre belle armée vous rend l'allié le plus im-
« portant de Napoléon ; mais, lui étant planète, vous n'êtes
« qu'un satellite dans ce système ; aussi il faut penser
« exclusivement à vous, et laisser les autres princes être
« le jouet de ses mouvements. Je sais que tous ces alliés
« qui vous sont inférieurs ont l'œil sur vous. Il faut donc
« qu'ils ignorent vos vues pour que vous ne soyez pas
« entraîné par eux quand l'Autriche sera ennemie. Vous
« êtes en première ligne et elle peut se relever. C'est
« donc sur ce point que Votre Majesté ne doit pas laisser
« grande sécurité à l'Empereur. Il vaut mieux être son
« avant-garde dans vos propres états que d'aller au loin
« lui procurer d'incertains lauriers. A juger par les
« gazettes, ce serait l'Espagne qui serait menacée ; en
« jugeant sur ce que j'ai vu de lui, je crois que c'est à la
« Prusse qu'il tend ses pièges. »

Le Roi reprend avec vivacité : « Comment, Comeau !
« La Prusse vient de lui rendre un fameux service en
« restant neutre dans la guerre qui vient de finir. La
« Prusse, mais c'est l'alliée naturelle de la France. »

— « Sire, la fédération du Rhin fait de Napoléon
« l'empereur d'Allemagne, et la Prusse non humiliée
« devient un obstacle à cette ambition. Oui, la Prusse
« était l'alliée naturelle de la France quand le sceptre
« impérial dominait à Vienne; elle devient ennemie si le
« sceptre passe à Paris. »

Le roi sonne et demande Montgelas, puis à moi :
« Vous avez le doigt dessus, Comeau. »

Montgelas arrive et le Roi lui dit : « J'ai réfléchi à tout
« ce qui se passe autour de nous. Je commence à re-
« douter la Prusse. Voilà un officier dans lequel j'ai con-
« fiance; multipliez-lui les missions dans la direction
« qu'il vous indiquera; il observe bien; il est actif. »

Montgelas lui répond que l'orage se porte sur l'Espagne et que là où se trouvera l'Empereur, là se jouera le
sort des royaumes; il continue :

— « Notre rôle est d'être une bonne armée d'observa-
« tion, c'est pourquoi je ne conseille pas à Votre Majesté
« de désarmer, quoique l'armée autrichienne soit en
« grande partie en congé et que jamais notre frontière
« n'ait été aussi dégarnie qu'elle l'est maintenant. C'est
« tout au plus s'il y a deux bataillons depuis Passau jusqu'à Vienne. »

— « Fausse sécurité ! dit le Roi, que toute mon armée
« occupe l'Innfirtel; je donnerai là-dessus des ordres. »

Me voilà hors des arsenaux, séparé des canons et des
canonniers. Le tailleur me faisait à la hâte de nouveaux
costumes; pour moi, j'étudiais de nouveaux plans, de

nouvelles bases pour y appuyer ma nouvelle carriè re

Loin de moi l'espionnage! toujours à découvert, me dis-je. En attendant que je serve dans les armées avec ma nouvelle qualité, mon devoir est d'observer la guerre en grand, de juger les distances, les communications, les apparences. Ce n'est plus du matériel que j'aurai à faire mouvoir, ce sont des masses d'hommes...

CHAPITRE XXII

A L'ÉTAT-MAJOR. — IÉNA

Les Prussiens furent très suspects à Napoléon pendant la première campagne d'Autriche et la paix qui la suivit. Évidemment les Anglais intrigueraient de ce côté et du côté de la Russie. Ils ne redoutaient plus ni l'Égypte, ni le débarquement, mais ils travaillaient l'Espagne pour occuper Napoléon entre ces deux dangers : l'Espagne et la Prusse. L'Empereur se regardait comme assuré de l'Italie par le mariage d'Eugène de Beauharnais; il croyait tenir la Prusse en respect par la Saxe, la Westphalie, et une armée française, commandée par Berthier prince de Neuchâtel. Les vues de Napoléon se portaient sur l'Espagne.

Berthier s'établit à Munich comme point central. L'armée bavaroise, encore augmentée, est mise sur le pied de guerre. Berthier demande et obtient que j'entre à son état-major; je n'y consens que sous mes couleurs bavaroises. Ce général, aimable, fastueux, vain et sans vues profondes, ne sortait pas de sa spécialité : savoir le nombre des soldats et la manière de les faire arriver en même temps aux points donnés. Quand je lui parlais des intrigues anglaises, de ce qu'on leur demandait, ce qu'ils promettaient pour susciter des ennemis à la France et faire diversion, il me répondait des non-sens, si bien que deux fois, je dus aller à Paris pour en instruire directement l'Empereur. Selon l'opinion du roi de Bavière, dont il n'avait parlé qu'à moi, l'Angleterre s'attacherait l'Autriche en lui promettant la Bavière, se vengeant ainsi d'avoir vu son argent employé à créer l'armée bavaroise, qui servait maintenant la France; en lui promettant le Hanovre elle mettait en mouvement la Prusse, qui devait nous attaquer directement avec deux cent mille hommes soutenus par une armée russe.

Je reçus en ce moment une mission; elle était vague, je la compris. Je dus parcourir la Franconie, la Saxe, pénétrer en Poméranie, au pays de Brunswick, dans les Hesses. J'avais assez d'ordres spéciaux pour me présenter dans ces cours et traverser ces provinces; aussi partout je reçus bon accueil.

Je dois dire à la louange du grand Capitaine que je remarquai dans l'armée française un échelonnage fort singulier. On pouvait y voir abandon, sécurité, dislocation pour subsister. Il y avait du mouvement dans les vieilles troupes et c'était un leurre; elles partaient pour l'Espagne; à quelques marches, elles rencontraient des masses de recrues. Sur les routes même, les vieux soldats faisaient des détachements et s'incorporaient avec les jeunes; ils recevaient une autre direction, et il y avait réellement de solides régiments au lieu des conscrits vus par l'œil peu exercé. Les brigades existaient; on ne s'en doutait pas. Les divisions pouvaient se former dans un temps très court et devenir des divisions nouvelles, mais inconnues. Cela était bien à la française : vivacité, désordre apparent toléré, mais résultat positif et connu du plus petit nombre. Belles fêtes, courses à cheval, chasses, tout, sans s'en douter, concourait au même but, et ce but était inconnu à tous.

J'avais eu ordre d'examiner les mouvements de l'armée prussienne; c'était délicat et difficile; cependant le prétexte de leurs grandes revues, les établissements de magasins me suffirent pour juger. Cette armée bien alignée, mesquinement vêtue, pleine encore des souvenirs de son grand Frédéric ne ferait qu'une belle déconfiture. Frédéric savait marcher, mais il ne savait pas courir; et une armée formée de déserteurs n'est bonne que dans les lignes qui ne se dérangent pas, même en marchant : les Prussiens, bien exercés, ne pouvaient faire de mal qu'à la première décharge.

Je revins à Munich; je demandai au Roi une audience particulière et je lui montrai qu'il y aurait guerre contre la Prusse; je lui prédis que cette puissance serait écrasée, et faisant ce que j'avais vu, je lui échelonnai quarante mille hommes dans la Franconie, le haut Palatinat, et les frontières de la Bohême.

J'avais bien jugé; la guerre éclata peu après. Ordre me fut donné de tout mettre en mouvement pour faire cette grande armée qui culbuta tout à Iéna. La campagne de 1806 fut brillante pour l'armée française et ses alliés. Comme je l'avais pensé, l'Empereur, qu'on croyait parti pour l'Espagne, revenait en Allemagne; aussitôt il me fit ordonner de rester près de lui pendant toute cette guerre. Le Roi me dit : « J'aurais désiré vous garder près de
« moi pour observer ce mauvais voisin, l'Autriche. Si
« Berthier veut vous prendre avec lui, déclinez la ques-
« tion. Mais si c'est l'Empereur, allez, parce qu'il pro-
« mettra la Silésie pour obtenir la neutralité; et c'est en
« Silésie qu'il emploiera mon armée. »

Une grande armée prussienne voulut surprendre, et elle fut surprise. Une marche forcée l'atteignit à Iéna. En un instant je revis les masses informes inonder le pays, couvrir toutes les routes. Une vallée fut encombrée dans une nuit, et au jour, des corps bien formés tombaient sur une belle armée bien placée, superbe à voir. Elle était culbutée, enfoncée, dispersée, démoralisée en bien moins de temps qu'il n'en avait fallu pour triompher d'aucune armée autrichienne. Telle fut la bataille d'Iéna (14 octobre 1806), et le même jour Davoust gagnait de même celle d'Auerstädt.

Les Bavarois et les autres alliés allemands prirent part à la bataille d'Iéna. Je n'en vis que les débuts, parce que Napoléon en prévit le résultat du premier coup d'œil, et il m'envoya observer l'Autriche en Bohême et chercher une armée de sièges, pour attaquer toutes les places de la Silésie dans la première émotion occasionnée par ces succès. Quarante mille Bavarois firent ces sièges; je ne rejoignis l'armée victorieuse qu'à Berlin.

L'Autriche rendit à la Prusse ce qu'elle en avait éprouvé. Si la bataille d'Iéna avait été perdue par nous, l'Autriche aurait pris part à la guerre; elle resta en contemplation de ce désastre et laissa prendre Berlin comme la Prusse avait laissé prendre Vienne.

Ainsi que je l'avais prévu, les premiers feux prussiens furent très meurtriers. Jamais bataille n'avait eu autant d'officiers tués ou blessés que celle d'Iéna. Une ligne stationnaire combattante en aurait été démoralisée. Cela ne se vit pas quand les masses furent lancées, mais à Berlin, les corps arrivés à la course s'aperçurent de ces pertes. On nomma des officiers à la hâte; les écoles furent vidées, les sous-officiers devinrent officiers sans s'occuper des emplois à conserver aux blessés. La mesure était forcée et Napoléon dut plusieurs fois y avoir recours; mais elle avait l'inconvénient de remplir les rangs des officiers inférieurs d'un personnel incapable de tout avancement par son peu d'éducation et d'intelligence. Ce fut l'origine de ces officiers que la Restauration dut licencier et mettre à demi-solde à la paix, et qui lui furent si hostiles.

A Berlin comme à Vienne, on ne s'amusa pas à un triomphe de capitale. L'armée s'élança de nouveau. Comme à Austerlitz, les Russes présentèrent une armée nouvelle à laquelle se rallièrent les débris prussiens.

Si les Prussiens avaient fait la guerre à la façon de Bonaparte, ils n'auraient pas perdu la bataille d'Iéna, parce qu'ils avaient beau jeu pour manœuvrer. Leur perte était évidente en attendant l'attaque dans leur bel ordre mince, cet alignement de parade, ce pied ferme, tandis qu'il fallait beaucoup de mouvement. L'armée de Bonaparte formait une masse compacte, resserrée dans une vallée; si l'armée ennemie qui allait éprouver le choc avait cédé avec vitesse à son centre, et porté avec la même vitesse sa masse ainsi augmentée du côté de l'Autriche, son aile droite, aussi en grand mouvement, aurait entretenu l'illusion du succès dans l'armée française. Celle-ci aurait, sans s'en douter, présenté un flanc mal en ordre à la masse combinée de l'ennemi.

Tout cela paraissait si clair à ceux qui avaient observé et calculé sur la réputation de la vieille tactique de Frédéric, que j'ai vu avec une inquiétude réelle les premiers coups de la bataille. J'aurais voulu ne pas quitter l'Empereur pour le prévenir de se méfier de sa fausse victoire et l'engager à porter sa masse compacte sur les frontières de la Bohême. Mais je faisais trop d'honneur à l'armée prussienne, à cette armée raccolée, tourmentée d'une dure discipline et dénuée d'élan et d'intelligence individuelle.

Napoléon voulait affermir son sceptre impérial en rendant la Prusse une puissance secondaire, dans sa dépendance et sa protégée; il voulait mettre une barrière au Nord par la Pologne et il s'abusait sur l'affaiblissement de l'Autriche. Ces pensées secrètes de Napoléon me mirent dans une position fort singulière avec lui. Il avait de moi un besoin moral et il craignait que je ne m'en aperçusse. Il voulait être avec moi officier d'artillerie sans faire ombrage aux chefs des trois corps : artillerie, géographie et génie, et surtout sans détruire le prestige d'aucun de ces généraux divisionnaires. Ce fut immédiatement avant la bataille d'Iéna que j'en vis les premiers signes.

Il m'avait demandé au Roi comme dans la campagne précédente. Je me hâte et me place à l'état-major du major général. Napoléon venait d'arriver, pas pour une grande revue de sa grande armée, mais pour une grande bataille, préludant comme à celle d'Ulm, galopant pour reconnaître les lignes ennemies. Il s'arrête, promène sur tout ce groupe d'état-major et de son escorte ce regard fixe qui n'appartenait qu'à lui. Moi aussi, je le regarde fixement. Son regard vient trois fois sur moi sans que cela me fasse détourner le mien. Il me fait signe de venir lui parler, et voici son laconique discours :

— « Votre armée est là, n'est-ce pas? Vos deux gé-
« néraux Wrède et Deroy? Je suis content de vous. Vous
« avez eu une bonne idée de masquer et échelonner vos
« réserves en regard sur la Bohême. Quarante mille

« hommes n'est-ce pas? Allez-y, et si ces b.....-là bou-
« gent, tombez-leur dessus. Vous savez comme je fais;
« tête baissée, sur un seul point et marche rapide en
« avant. Vous n'êtes pas général, mais j'ai vos généraux
« avec moi ; vous ne serez pas contrarié. Allez. »

Je remarquai, en partant au galop et me retirant de la mêlée qui commençait, un air d'envie et de dépit sur toutes les figures de cet état-major. Berthier lui-même, major général et par conséquent mon chef, semblait étonné et exiger des explications. Mais le signe du doigt impérial l'appela à son tour. J'entendis très distinctement dans le groupe de mes camarades : « Belle « mission, ma foi, mission en arrière ! » Je galopais en effet en arrière et la terre tremblait sous le bruit du canon...

Rien ne remuait du côté de l'Autriche ; leurs douaniers, leurs petits postes, tout cela restait dans la paix la plus profonde : ils semblaient curieux, voilà tout. J'appris le gain de la bataille avant eux ; je leur en donnai connaissance sans affectation, sans joie. Je voulais juger par le temps mis pour venir aux informations et par le grade de ceux qui y viendraient, si j'avais près de moi une armée ou des corps détachés. L'épreuve me satisfit ; je vis bien qu'il n'y avait que des commandants de poste et un chef subalterne de cordon.

J'envoyai un lieutenant faire ce rapport et porter mes remarques à l'Empereur. A son retour et pour toute réponse, cet officier me dit : « L'Empereur vous demande à « Berlin. » Il était en marche pour y aller, mais cette assurance en imposait bien fortement soit à son armée, soit à la nôtre.

CHAPITRE XXIII

PLASSEMBOURG

Lorsque j'arrivai à Berlin, Napoléon s'y trouvait comme un vainqueur accoutumé à enlever les capitales. Son armée le voyait à chaque instant. Il y faisait des promotions, distributions de décorations et surtout réorganisation et mise en marche. Aussitôt qu'il m'aperçut, il me fit signe d'approcher, et sans me parler de la mission qu'il m'avait donnée à Iéna, sans un mot sur l'importance de la victoire, il me dit : « Je sais qu'il y a dans le « pays de Bayreuth une forteresse qui passe pour imprenable. C'est trop près de l'Autriche; s'ils y mettaient « du monde, cela me déplairait fort. Elle coupe les communications entre la Bavière et la Saxe. Je n'aime pas « ces forteresses que l'on oublie au milieu de pays dont « on est maître. Prenez-moi cela, Monsieur l'élève de « Bélidor (1). Emportez avec vous vos vieux livres d'artillerie et vos munitions. Je vais vous en donner d'autres qui feront peut-être aussi bon effet : le nerf de la « guerre. Faites-vous donner cent mille francs. Vous « comprenez : cent mille francs, et allez. » Et, ayant appelé Savary, il me fit compter cette somme que je chargeai dans un caisson avec le nom d'artifices de guerre.

(1) Bélidor (1693 à 1761), professeur à l'école d'artillerie de la Fère. Il laissa sur l'artillerie et le génie des ouvrages qui firent école dans son temps.

Je comprenais très bien et je repartis, abandonnant chevaux et équipages à Berlin ; mais, là encore, je vis des signes d'envie et j'entendis ce propos tenu par un général aide de camp : « En voilà un qui n'usera pas son « uniforme allemand sur son dos d'émigré ! » J'arrive. Me voilà à Laufen, sur l'extrême frontière de la Bohême, près de Culmbach sur le Mein, contemplant cette forteresse de Plassembourg, que je devais prendre : vrai nid de cigognes, perché sur un rocher séparé du bourg par un vallon étroit. Les ouvrages se prolongeaient sur une crête de montagnes très courte. Je jugeai que l'eau devait arriver par là. Le rocher était trop escarpé pour le brusquer par un assaut, trop mal placé pour ouvrir des tranchées. J'observe sa situation vraiment importante, fermant la vallée bavaroise de Laufen, et pouvant faire un bon point d'appui à la Prusse et même à l'Autriche contre la Bavière. Mon honneur particulier me disait : Prouvez au souverain qui vous a adopté que vous le servez avec courage, fidélité, intelligence et désintéressement. L'honneur et la science militaire me conseillaient de prendre cette forteresse pendant que la Bavière et la Prusse guerroyaient ; nous devions être maîtres de ce fort ; il fallait qu'il fût pris par des Bavarois pour rester à leur souverain.

Tout cela bien posé dans ma tête, je prends deux bataillons de troupes bavaroises ; je forme le blocus du fort et je m'empare de la ville de Laufen avec tous les simulacres de brûlure et de destruction qu'on est en droit de faire dans les lignes de feu et d'attaque d'un fort à assiéger. Je n'épargne rien pour amener l'effroi, l'angoisse et le désespoir ; les torches sont allumées ; je menace de contributions ; je demande d'énormes réquisitions, surtout en toiles, matelas, lits de plumes, traversins et tout ce qui est si précieux à la bourgeoisie allemande. C'était un système nouveau : ouvrir la tranchée avec des lits de plume !... La population est repoussée quand elle veut quitter la ville. Je renferme la garnison, et, ma foi, c'est tout ce que je pouvais faire.

Quand la peur, la crédulité ont un peu opéré, oh! alors, je suis le meilleur homme du monde. Aussitôt la nuit venue, mes gardes bien posées, je m'avance seul; je convoque les notables et les magistrats. J'affecte de me montrer, ce que je suis du reste, humain et ne faisant le mal qu'à mon corps défendant. Je traite largement la politique présente et future et j'observe soigneusement les effets moraux.

J'obtins qu'un ou deux bourgeois iraient dans le fort, parler au général commandant; je permis de porter les journaux et les lettres de ce jour, et en attendant le retour de cette députation, je gardai ceux qui étaient venus à ce conseil. Alors ils causèrent et me dirent tout ce que je voulais savoir. On me confia sans détour qu'un vieux général commande ce fort depuis nombre d'années et le regarde comme son château; qu'il est bien armé, bien casematé, bien approvisionné; il est entré dans la place beaucoup de voitures, de mulets et de chevaux de bât, mais il n'y a pour tout liquide qu'une seule fontaine et une citerne. La garnison se compose de trois bataillons, deux bons et un de nouvelles levées pas encore habillées, plus une compagnie de vieux canonniers. Ces premiers renseignements m'importaient militairement pour proportionner mes attaques aux résistances, mais cela ne me disait rien sur l'emploi de mes cent mille francs, ce que je nommais ma batterie plate. Les magistrats avaient un air de tristesse et d'honneur qui me glaçait quand je voulais aborder les voies de la séduction. Les notables, un excepté, gardaient un silence imperturbable.

Les bourgeois envoyés revinrent l'oreille fort basse, mais les remerciements du commandant, pour les lettres que je lui avais envoyées, me firent soupçonner qu'il capitulerait.

Je me doutai que le notable parleur devait être marchand, et, tout en tournant mon compliment d'adieu à l'assemblée, j'annonçai que pour mon service particulier je désirais du drap, des toiles et que j'avais l'habitude de payer ce que je prenais pour mes besoins personnels. Le bourgmestre me dit de frapper la réquisition, qu'elle sera acquittée de suite. « Frapper une réquisition pour
« moi! repris-je. Fi donc! Messieurs, c'est sur le comp-
« toir et après choix et prix convenu que je frappe la
« réquisition sur ma propre bourse et que je requiers
« du marchand une quittance pour ma justification. »

Je réussis. Le marchand m'offrit ses services et une tasse de thé pendant qu'il chercherait ce qui m'était nécessaire. Me voilà chez ce marchand, à la boutique bien dégarnie ; le thé, le beurre arrivent, mais pas encore les étoffes, elles étaient trop bien encavées. Il se faisait un devoir de m'entretenir et de me parler pour que mon œil ne découvrît pas la cachette. Le bonhomme croyait tenir un bonhomme ; sa politique était ses magasins cachés et la mienne le personnel de ce rocher fortifié, de ce vrai nid de cigognes.

Il me dit : « Ces maudits Français ont attaqué si brus-
« quement, et par tant d'endroits à la fois, qu'on ne sa-
« vait par où sauver ce qui en valait la peine. Nous vou-

« lions nous jeter en Autriche par cette vallée; et voilà
« que vos Bavarois qui aiment les Autrichiens comme
« la colique, inondent le pays et barrent le passage. Re-
« culer, pas moyen, il y avait plus de Français que de
« feuilles aux arbres. Cela fait que tout est là-dedans;
« caisses, archives, que sais-je?... Plût à Dieu que vous
« n'y laissiez pas pierre sur pierre. Ce sera notre mal-
« heur que ce fort!... Avoir travaillé toute sa vie comme
« j'ai fait, et voir sa pauvre petite fortune exposée à être
« brûlée pour ce maudit château !... Mais ce n'est pas
« tout. Voilà que six gros fourgons voulaient aller en
« Autriche. Un Français émigré les conduisait. Il s'en-
« tendait avec les Autrichiens. Un escadron de dragons
« blancs l'attendait là-bas, vers ce corps de garde de
« douaniers autrichiens. On disait : c'est ceci ou cela,
« c'est le trésor du prince de Condé, ce qu'il a pillé ou
« reçu des Anglais pendant ses guerres. Tandis que cet
« émigré est avec les Autrichiens, nos contrebandiers se
« jettent sur les voitures; notre commandant fait vite
« sortir un bataillon ; il annonce qu'elles sont à la prin-
« cesse de Salm, la sœur de notre reine, et il fait entrer
« les six fourgons dans le fort, mais ce n'est pas de pou-
« dre que ceux-là sont chargés, allez. Le Français y va,
« y vient et voudrait bien les en sortir, mais ils sont
« dedans, et bloqués comme le reste. »

— « Savez-vous son nom ? »

— « Non, on l'appelle le major. »

— « Cet émigré a eu tort de vouloir aller en Autriche,
« dis-je. Il serait bien plus aisé d'aller en Bavière. Le
« roi de Bavière prend ce qui sert à la guerre, mais il ne
« prend pas, il ne laisse pas prendre des équipages de
« femme, de princesse. C'est fâcheux que ce major ne

« soit pas venu à moi. Je suis aussi émigré français.
« Diable ! quand nous nous rencontrons, nous ne nous
« mangeons pas. »

Je disais tout cela dans l'espoir que le marchand le dirait ou le ferait dire au major, ce qui, pour moi, remplissait le double but d'avoir des intelligences dans la place, et de juger si mon blocus était assez bien fait pour intercepter toute communication avec la ville. Je pensais que mes investigations sur le commandant seraient plus difficiles, mais pas du tout. Mon bavard me dit tout de suite qu'il était avare, placé là comme en retraite depuis plus de vingt ans; il était veuf et n'avait qu'une fille qui demeurait là avec lui; elle devait épouser un dicaster (1) de Bayreuth, mais de mauvais bruits empêchaient ce mariage de se terminer.

Je sus immédiatement que ces mauvais bruits étaient que le commandant avait acheté un ruisseau ; il y avait établi un martinet, une forge; et la caisse du Roi, destinée à l'entretien de cette forteresse, avait été employée à ce martinet; le dicaster avait empêché jusque-là d'y voir clair, mais un ingénieur, un Français émigré, nommé Blumenstein, n'avait pas trouvé cela plaisant. « Ces émi-
« grés n'entendent pas raison dit-il, et de Berlin, il
« pourrait bien arriver au commandant, au dicaster et
« à la demoiselle d'avoir du Spandau (2) etc. »

Je paie tout ce que l'on me demande pour de bien mauvais drap, je donne de beaux ducats, tout neufs, et je fais porter le paquet jusqu'à mes avant-postes, par le marchand lui-même, en lui disant que c'est pour le faire reconnaître au commandant du poste, afin que, si j'ai

---

(1) Classe de magistrature en Allemagne, quelque chose comme nos avoués.
(2) Prison d'état en Prusse.

encore besoin de marchandises, je puisse le faire venir, et nous nous séparons très contents l'un de l'autre. J'étais satisfait des résultats déjà obtenus dans cette première journée.

J'avais encore à peu près deux heures de nuit. Je fis faire bon feu à mon bivouac et, la tête dans les mains, je résumai toutes mes investigations. Rien qu'une fontaine et une citerne!... l'eau doit être tirée des hauteurs voisines. Voyons si je ne pourrai pas la découvrir et la couper.

Je prends aussitôt deux soldats intelligents; je fais mes observations géologiques. Après quelques essais infructueux, un des soldats me fait voir une ligne tortueuse, où l'herbe était plus fraîche et plus verte. Il avait trouvé le cours d'eau, mais il lui en coûta la vie. Étant aperçu de la place sur ce point important, un coup de carabine lui cassa les reins. Je voulus le secourir. Cela me fut impossible, tant il arriva de balles. J'y fis marcher un détachement. La place découvrit une batterie et mitrailla. Je me vis obligé d'y arriver par la sape. En deux heures de travail, j'eus le conduit et je coupai l'eau.

Elle ne fut pas plus tôt coupée qu'il m'arriva un parlementaire, bien bavard, bien ignorant, bien plein de jactance. Il me présenta d'abord des excuses du commandant de ce que l'on m'avait tué un homme. C'était, me dit-il, un officier de recrues qui ne savait pas le service. Je répondis qu'il ne le savait pas trop mal, puisqu'il avait deviné que nous étions là pour tuer ou être tués. Puis de la jactance sur l'eau coupée, que ce n'était pas celle du fort, mais une fantaisie du commandant pour arroser ses fleurs. Ce à quoi je répondis que le commandant tirait plutôt ses amusements de ses martinets. L'officier pâlit à cette plaisanterie et me parlant bas, il me dit que le major Rouville voudrait bien communiquer, et que le capitaine*** recommandait cette lettre ouverte à ma générosité militaire.

Je fis reconduire le parlementaire avec les politesses de la vieille guerre et je lui dis de prévenir le commandant que je me présenterais en personne, le lendemain, au matin, précédé d'un trompette qui sonnerait trois appels. Qu'au troisième, la place sonnerait au large si on ne me recevait pas, et sonnerait l'arrivée si on voulait communiquer de bonne foi.

J'avais eu peine à obtenir ce trompette du général Legrand qui commandait tout le pays de Bayreuth. Je ne m'étais fait donner par l'Empereur aucun pouvoir écrit ; le général pouvait et voulait me contester toute action là où il était seul gouverneur. Mais, dans le débat même, son aide de camp me fournit le moyen de réussir. J'appris par lui que dans ce fort il y avait un trésor et que le général tenait beaucoup à s'en emparer. Je lui dis :
« L'Empereur le sait aussi ; vous êtes perdu si vous
« mettez obstacle à sa volonté. Voulez-vous une preuve
« de ma mission? Voyez cette ceinture pleine de pièces
« d'or. » Il n'y eut plus d'opposition et le trompette me fut aussitôt accordé.

Le parlementaire m'avait aussi demandé suspension d'armes pour enterrer les morts. Cette suspension est d'une heure. Moi seul en avais un. Je l'accordai en cessant le travail de la fontaine, pendant que je faisais enterrer avec honneur la première victime. Mais tout cela répondait si peu à la guerre moderne, cela avait tant de rapports avec les guerres à l'eau de rose d'autrefois, que je crus devoir recorder mes idées et brusquer le succès de l'intrigue.

Il m'était démontré, d'abord, que la ville correspondait avec le fort, et que le marchand avait parlé; puis, que le major Rouville, sauveteur des fourgons de la princesse de Salm, trouverait peut-être le sauvetage plus facile en Bavière qu'en Autriche; ensuite que le commandant aux martinets et à la caisse vide, pourrait bien espérer ma revue de caisse moins sévère que celle de mon ancien camarade, Blumenstein.

La pluie me chasse de mes réflexions. Je fais mon rapport au commandant laissé par l'Empereur à Bayreuth, vieillard prétentieux, très occupé à frapper des réquisitions. J'avais fort à cœur qu'il ignorât le contenu véritable du fort, et qu'il apprît les difficultés de l'attaque. Je lui demande donc de me former un escadron de guerre avec des dépôts de cavalerie bavaroise qui étaient en Franconie, pour tenir en respect des douaniers et dragons autrichiens peu éloignés, à une lieue environ.

Je l'engage à faire savoir qu'une armée autrichienne a quitté ces parages, file le long de ses frontières, et se porte sur celles de la Silésie : mouvement militaire très important, vu la destination de l'armée bavaroise, qui est de faire le siège des places prussiennes en Silésie. Je le prie de frapper des réquisitions de cordages, échelles, fascines, bois de batteries ; de faire des préparatifs bien ostensibles, pour une armée française venant d'Italie, et qui s'arrêterait dans le pays de Bayreuth jusqu'à la reddition de la place. En un mot, je ne néglige rien pour l'occuper à Bayreuth, et lui ôter l'idée de visiter ma petite sphère, au moins dans les premiers moments.

Je donne ma dépêche à un jeune officier bavarois, fort intelligent. Je lui donne en même temps la lettre non cachetée du capitaine prussien, enfermé dans la place, et ayant femme et enfants malades à Bayreuth ; la lettre avait plus de sentiments de famille que de dévouement militaire ; je veux que mon envoyé voie cette famille et m'en rapporte du pathos.

Le lendemain de grand matin, je visitai les postes du blocus, et je fis sonner un appel. On y répondit, et je me présentai moi-même en parlementaire, cérémonie toute nouvelle pour moi. J'avais affaire à une vieille ganache du temps de Frédéric II et je me doutai que j'allais passer par tout ce formulaire suranné du général de Tempelhof. En effet, une voix cassée me crie par une meurtrière :

— « Que voulez-vous, ennemi de mon roi ? »

— « Je veux porter des paroles de paix avant de livrer « les braves de deux nations aux fureurs de la guerre. »

— « Si telle est votre intention, prouvez-le moi en vous « mettant sous mon feu. »

Je marche ; la meurtrière se ferme.

— « Halte ! Que voulez-vous ? Si vous êtes hostile, « vous êtes sous mon feu. »

— « Je ne suis pas hostile. »

— « Désarmez-vous. »

— « Oui, mais entre les mains de mon trompette qui « est mon héraut d'armes. »

— « J'accorde. Avancez ; héraut d'armes, restez sous « le feu de la bonne foi. »

Je marche. — « Halte ! Qui vive ! »

— « Parlementaire. »

— « Halte ! En joue ! Commandant, hors la poterne, « parlementaire en présence. »

Les chaînes font du bruit ; la porte se garnit de soldats. Un officier prononce : « Halte ! parlementaire. Consentez-« vous à avoir les yeux bandés, et à ne faire ni signes,

« ni tentatives pour répandre des proclamations ? »

— « J'y consens. »

— « Tournez les regards sur la campagne. »

Je le fais. C'était réellement risible de voir un sergent entre deux fusiliers me mettre le bandeau par temps d'exercice, et me voilà en marche soutenu et guidé par les deux fusiliers. Encore une halte.

— « Parlementaire, votre caractère ? »

— « Officier supérieur de très haut et très puissant sire, « monseigneur le roi de Bavière, et fonctionnant comme « son héraut d'armes. »

— « Tambour, battez au champ, soldats de très haut « et très puissant sire, notre seigneur le roi de Prusse, « présentez les armes en signe d'honneur. »

Deux officiers me conduisent sous le bras ; au mauvais allemand, je me doute que le major, mon co-émigré, est de la partie. Je ris dans ma barbe de toutes les évolutions militaires sur mon passage à yeux clos pour me faire croire à très forte garnison. Je remarque un temps d'arrêt sur une pierre de fontaine, dont l'eau jaillit en abondance ; tandis qu'on donne l'ordre de faire laver et baigner les soldats qui ne sont pas de service. En guerre comme en paix, qui prouve trop ne prouve rien, et j'en conclus que j'ai bien intercepté l'eau.

Me voilà introduit dans une maison : le bandeau tombe ; je suis dans un vestibule voûté ; je vois des allées et venues, et j'entends. « *Tunder witer, was gelbt donn* (Donne la coupe). Une jeune fille mal vêtue essaie un trousseau de clefs, s'impatiente ; poliment un officier débrouille la vraie clef, ouvre le buffet, et sort la coupe ainsi qu'un flacon carré contenant un liquide jaune. Le général sort, verse ce vin dans la coupe, en boit, pour prouver que ce n'est pas du poison, et me l'offre comme à un frère de Bavière.

Puis on m'introduit dans la chambre du conseil, caricature s'il en fût jamais; quelques planches, élevées à un pied de terre, recouvertes d'un vieux pan de tapisserie. Dessus, un fauteuil vermoulu, le dos retourné; c'est le trône du Roi absent. Au-dessous, le général, ayant sur la tête le chapeau à la Frédéric. A droite, un officier avec une jambe de bois; à gauche, un autre vieil officier, très voûté, portant une queue d'au moins une aune de long, tous chapeau bas, excepté le général. A droite et à gauche, des officiers en belle et bonne tenue moderne, debout, mais coiffés selon leur uniforme : chapeau, shako, bonnet de hussard et bonnet de hulan, un officier cuirassé. Tout cela formait une sorte de demi-cercle, et au point central se trouvait un vieux fauteuil, drapé probablement avec un châle de la *gnedigue fraulein*, la gracieuse fille de M. le général Outinhof. On m'y fait placer. J'étais beau là !... Il me prenait des envies de rire que j'avais peine à réprimer.

Un piquet de grenadiers se tenait sous les armes. Le conseil de guerre s'assied sur des banquettes.

Ordre poli m'est intimé de ne pas regarder du côté des fenêtres. Le vieux général salue les membres du conseil et débute ainsi :

« Compagnons et camarades, je me flatte qu'aucun de
« vous ne suspecte ma fidélité à notre auguste souve-
« rain. Un ennemi est introduit, le voilà; il est sous la
« sauvegarde du droit des gens. Que veut-il ? Question-
« nez-le ? »

Le triste capitaine se lève et m'aborde en hésitant; je

lui dis en français que sa lettre est à Bayreuth, qu'il aura la réponse le soir.

— « L'ennemi, dit-il, n'a peut-être pas notre langue
« familière; il m'a parlé en français. Je demande que le
« major Rouville, qui possède cette langue, me soit
« adjoint. »

Alors, le commandant d'un ton grave :

— « Major Rouville, soyez interprète et traduisez au
« conseil mot pour mot. »

Le greffier se lève et dit : « *Che ché assez le france
« pour afoir ententu lettre und Bayreuth.* »

Je reprends à voix très haute : « Monsieur le général,
« messieurs de son conseil (ici le salut qui enfle tant les
« allemands), j'ai reçu une lettre de Bayreuth, me don-
« nant l'ordre spécial de vous assiéger. Sa Majesté le Roi
« de Bavière, mon auguste souverain, me fait d'autant
« plus d'honneur en me donnant cette commission qu'elle
« connaît votre bravoure. Sa Majesté, Messieurs, est
« par circonstance une alliée de la France, mais de
« cœur et d'âme elle est allemande, elle a toujours affec-
« tionné la Prusse. Ses ordres sont d'activer le siège
« pour éviter de le voir continuer par cette armée d'Ita-
« lie, qui va traverser la Bavière et doit le reprendre s'il
« n'est pas terminé. »

Tout le monde resta muet; puis, le vieux général se
leva, mit la main sur le pommeau de son épée et s'écria :
« J'ai des vivres, de l'eau, une bonne garnison; je ré-
« serverai une barrique de poudre pour rendre le fort qui
« m'est confié à la Baractair si j'y suis contraint. »

J'entendis des sanglots féminins dans la pièce à côté.
Le commandant se rassit et, prenant un paquet de
papiers et de journaux, il continua : « Messieurs du blo-

« cus croient peut-être que je ne suis pas au fait de ce qui
« se passe. Je connais mon malheur, mais je sais aussi
« que de puissants alliés ne m'abandonneront pas. »

Jactance et fanfaronnade, tout allait au mieux ; j'écoutais et je ne perdais rien parce que j'ai bonne mémoire ; mais un physionomiste, apparemment, me devina ; car avec toutes les formes de la discipline allemande pour un officier subalterne, il émit l'avis qu'on aurait tort de discuter devant moi ; qu'il fallait d'abord m'écarter ; puis me faire reparaître pour apprendre par une seule bouche la délibération de ce conseil de guerre.

Me voilà donc invité à aller, par un petit corridor, attendre dans une chambre voisine la décision de l'auguste aréopage. Un froufrou de robe me donne l'idée que la jeune commandante, la *gnedigue fraulein*, prenait part à la délibération du conseil par le trou de la serrure. Elle avait dû s'échapper par une porte mal fermée que je vois ; j'entre sans frapper ; la chambre était vide. Après un peu de réflexion, je frappe bien doucement à une porte au fond de cette seconde chambre. Cette porte s'entr'ouvre, et Mlle de Outinhof me demande d'une petite voix minaudière *si elle ose*. Je lui assure qu'*elle ose* et voilà la vraie négociation qui se prépare au travers d'une porte qui (1) grince sur ses gonds et qui ne laisse passer qu'une très petite partie d'une petite figure qui, vue ainsi, ne me semblait pas belle du tout. Je pérore seul.

— « Mademoiselle parle français ? C'est dans cette
« langue, peu connue sur ce rocher, que je veux vous
« confier mes secrets. Votre père a ici tous les trésors de

---

(1) Il y a dans l'original *couine*. C'est une locution bourguignonne qui exprime mieux qu'une périphrase ce qu'elle veut dire, mais qui serait peu comprise ailleurs.

« la princesse de Salm, la sœur de votre Reine. Il a re-
« cueilli de plus toutes les archives des deux provinces
« d'Anspach et de Bayreuth. Eh! bien, c'est pour sauver
« tout cela que je suis envoyé par le généreux Roi de
« Bavière, ami dans le cœur du Roi de Prusse. Cette
« petite citadelle n'intéresse Napoléon que parce qu'elle
« cause des détours à ses communications avec l'Italie
« et le centre de l'Allemagne. Si elle appartenait à un de
« ses alliés, le Roi de Bavière, par exemple, il n'y pense-
« rait plus ; et ainsi gardée comme dépôt elle rentrerait
« sans dommage à celui à qui la paix donnera ou ren-
« dra ce pays. Ce n'est pas moi, avec deux bataillons
« sans canons, qui puis enlever de vive force un poste
« défendu par un vieux général, qui servait déjà quand
« vous avez perdu le grand Frédéric. C'est vingt-quatre
« bataillons et cent pièces de canon. Ils viennent du
« royaume d'Italie, traversent en ce moment la Bavière
« et doivent faire de la citadelle, de la ville qui est au-
« dessous, de toutes les usines qui sont sur la rivière un
« monceau de ruines et de décombres. »

Quand j'ai parlé des usines, la porte a *grincé* encore plus fort, mais le bruit de grosses bottes marchant lentement dans le corridor m'a fait sentir qu'il fallait vite fermer la petite porte et ouvrir la grande, et me voilà de nouveau sur mon fauteuil central, écoutant gravement cette décision si fière, si ronflante. C'était tout à fait théâtral, de voir ces officiers, la main sur le pommeau de leurs épées, me toisant des pieds à la tête. Je salue aussi comme un héros de comédie ; je souris à tous en disant :
« Brave général, c'est un grand honneur pour moi de
« combattre contre vous. Nous nous ferons bien du mal ;
« mais nous nous estimerons toujours. »

Le général répond : « L'humanité veut que nous mé-
« nagions la ville, l'un et l'autre. »

— « Oui, si cela se peut. Je commencerai les attaques
« du côté des usines. L'art de la guerre le veut : je dois
« me rendre maître de l'eau. »

Je portais là le grand coup aux martinets, aussi le
général termina : « La séance est levée ; fermez le pro-
« cès-verbal, et qu'on reconduise cet ennemi comme on
« l'a introduit. »

Le greffier dit alors en allemand : « Mais, général, il
« faut son nom. »

— « Feind (ennemi) et pas d'autre. »

Le bandeau me fut remis sur les yeux ; mais, en lou-
chant, je m'aperçus que mes acolytes étaient le major
Rouville et le triste capitaine. Quand je jugeai être hors
de portée des oreilles, je murmurai en français : « Des
« fourgons couverts pour sauver les richesses de la prin-
« cesse de Salm ; quittance de la caisse militaire pour la
« somme qu'on me dictera ; licenciement du bataillon de
« milices ou landwert ; solde et vivres pour les prison-
« niers en Bavière et pas ailleurs. » On me serra le bras
affectueusement. Un peu plus loin on me dit de parler
encore, je continuai : « Tout possible pendant trois jours.
« Plus tard, l'armée d'Italie. »

Le reste de la reconduite fut semblable à l'introduction ; la poterne se franchit, le bandeau est enlevé ; la
pluie tombait à torrents. Le trompette et moi-même nous
ne nous fîmes pas prier pour obéir au commandement :
« Au large ! Partez, ou je fais feu ! » Mais, quand on
voit vite, il n'est pas défendu de regarder, et je pouvais,
étant rendu chez moi, faire le plan de la rampe, de la
rivière, de ces usines qui inquiétaient tant le vieux géné-

ral et sa fille, qui y voyait probablement toute sa dot. Je fais prendre les armes à mes deux bataillons ; je change la ligne du blocus ; je surcharge les usines et je donne exprès du large du côté de la ville, désirant que les bourgeois puissent fortifier le vieux général dans ses incertitudes et ses frayeurs de perdre son martinet.

En sortant de la forteresse, j'avais remarqué, hors de la portée du canon, sur le coteau opposé, une maison isolée où était étendu du linge de diverses couleurs. La grande pluie me paraissait peu propice à cette lessive ; j'allai moi-même visiter et menacer cette maison avec quelques soldats que je fis cacher. Je rencontrais juste. Ce sécheur de lessive perdit contenance ; il me dit qu'il était garde-chasse et qu'avec ces signaux il télégraphiait des nouvelles aux assiégés.

Je lui montrai mes soldats et la corde qui allait le pendre, s'il ne m'avouait ce que je savais déjà sur ses signaux. Il les livra tous, me montrant son livre et je lui fis marquer que les Français avaient pris Berlin ; que soixante mille hommes arrivaient par la Bavière ; que l'Empereur d'Autriche venait d'envoyer des ambassadeurs à Napoléon ; que des escadrons bavarois battaient le pays ; qu'il n'y avait plus de communications faciles avec l'Autriche, et enfin, qu'un colonel bavarois avait été envoyé au commandant pour lui obtenir tout ce qu'il pourrait raisonnablement espérer d'un prince allemand, qui sera, en tout état de cause, un bon voisin.

Des menaces, des promesses, des habits mouillés comme des éponges, telle avait été ma première ouverture de tranchée. Le soir même, je vis que Mademoiselle la générale avait bien compris et bien fait comprendre ; on m'amena un Prussien de bonne mine en l'annonçant comme déserteur. Il demanda à ne parler qu'à moi; et en dédoublant un carton qui faisait partie de sa coiffure il me donna un mot d'écrit, portant en bon français : « Douze charriots couverts; quittance de caisse de huit mille écus; le bataillon de milices quittant le fort sans être poursuivi; deux mois de solde; les honneurs de la guerre; prisonniers sur parole en Allemagne et non enfermés. »

Le général Legrand et son aide de camp étaient à Bayreuth. Je ne les consulte pas, et vite j'envoie mon trompette sonner. On me répond l'arrivée, et me voilà de nouveau déguisé en *Amour*. La capitulation fut bientôt faite et bientôt exécutée. Je ne m'amusai pas à discuter : j'avais cent mille francs à mettre en sûreté. Je soignai moi-même le sauvetage des dépôts, remis à la conserve du major Rouville; je donnai largement quittance des caisses, non de ce qu'elles contenaient, mais de ce qu'elles auraient dû contenir. J'accordai à la garnison les honneurs de la guerre, et plus prévoyant que le général lui-même, par l'intermédiaire de sa fille, je lui fis me demander un mois de solde pour la garnison et pour tous les employés, à prendre sur cette caisse vide avant de la livrer. Je lui fis comprendre que ce serait le mettre à l'avenir à l'abri de toutes recherches de la part de son gouvernement. Je lui indiquai moi-même comment il devait s'y prendre.

Les caisses fermées, les clefs dans ma poche, des sentinelles bavaroises les gardant, le général convoque qui de droit dans la Chambre du conseil. Il me fait cette proposition que je conteste d'abord; puis je fais semblant de calculer les chiffres par un mouvement de générosité.— « Bagatelle, » dis-je. J'ouvre une caisse; je tire assez de sacs pour parfaire cette somme ; je les laisse sur le parquet en disant : « Messieurs, arrangez-vous ! La « prise est encore assez belle comme cela ! Allons, Ba- « varois, enlevez ! Chargez sur les caissons verts et faites « partir sous l'escorte d'une compagnie. »

Je conservai ainsi mes cent mille francs intacts, et j'eus, avec le seul secours de mon trompette, une citadelle bien armée, bien pourvue de vivres, et très importante vu le genre de guerre de l'Empereur. Il ne fut plus question des réquisitions et contributions devenues inutiles, et qui n'avaient pas encore été livrées du reste.

J'avais bien compris Napoléon ; le succès était brillant pour moi, mais dans son cabinet seul. L'envie me suscita là-dessus des ennuis de plusieurs côtés, et j'aurais infailliblement succombé si j'avais tardé. Par un hasard singulier, un transport de deux mille recrues étant en marche pour l'armée bavaroise, je les mis en garnison dans ma place conquise, et je portai moi-même les cent florins promis au garde télégraphiste. Le lendemain matin, le général Legrand vint et me demanda pourquoi j'avais attaqué, capitulé, occupé sans sa participation ; il me sommait de rendre compte, de lui faire remise de la citadelle pour qu'il en prît possession, ou sinon il allait me faire arrêter. Mais tout était terminé.

Je répondis en riant au général Legrand, ce qui l'intimida : « Vous n'avez de toute votre nation que votre « aide de camp. Ce sont mes Bavarois qui composent ici « vos forces. »

Un vieux général bavarois avait bien comme commandant en Franconie quelques droits de commandement sur cette section de notre armée, surtout sur la partie sédentaire : il me fallait une garnison pour cette citadelle. Je lui envoyai une estafette avec un rapport ; j'expédiai un officier au Roi de Bavière, et j'allais en envoyer un à l'Empereur quand un incident nouveau m'en dispensa : un officier suisse, disant venir de l'état-major général du prince de Neuchâtel, venait d'arriver ; il me prévient d'un ton très sec qu'il a l'ordre de prendre le commandement du siège et de me renvoyer tout de suite à l'état-major général, où on examinera si j'ai le droit de m'en absenter sans les ordres de mon chef.

Je réponds : « Le siège est fini, la place est prise et « les ordres de l'Empereur exécutés. Il aime les bonnes « nouvelles ; je crois vous rendre service en vous priant « de lui porter la capitulation que j'allais envoyer par cet « officier. » Il y eut de sa part un peu d'hésitation ; il m'insinua : « Mais c'était un nid ; il y avait argent, ar-« genterie, archives, bijoux, enfin ce que ces nids ren-« ferment dans les temps d'alerte. Avez-vous bien fouillé « au moins ? »

— « C'est à cause de tout cela que je vous propose de « porter à l'Empereur une bonne nouvelle. »

Il part, mais à tout instant m'arrivaient de nouveaux officiers, français, suisses, italiens. Tous annonçaient leurs troupes pour assiéger, mais aucun n'en ayant, je restais là, avec mes Bavarois, content et fort, tandis que tous les autres ne l'étaient pas. De leur groupe il s'en détacha un qui alla à Munich. Je me doutai qu'il allait former contre moi un gros orage germanique. Mon vieux général bavarois, le comte d'Isembourg, ne savait que me suivre pas à pas et me dire : « Comeau, que faut-il « faire ? Le général français est bien en colère. Comeau, « que faut-il faire ? »

J'avais bien envie de lui répondre comme M. de Vioménil fit une fois au vieux général de Mazancourt à l'armée de Condé :

— « Vous taire, morbleu, et me laisser faire. » Mais cela n'aurait pas fait rire en Bavière. Je fis donc quelques pas du côté de la place; je revins comme si j'en sortais, et chapeau bas :

« Général, j'ai l'honneur de vous prévenir que vos
« ordres sont suivis en tous points. Un bataillon est sous
« les armes sur la place et il fournit des patrouilles; le
« second bataillon fournit les postes aux portes. Le corps
« de garde de la place est doublé et il place des senti-
« nelles à tous les magasins. Selon votre ordre, la caisse
« a été chargée sur des voitures du trésor et a été en-
« voyée immédiatement sous l'escorte d'une compagnie
« à votre quartier général. » — « Mon quartier géné-
« ral ? » demanda-t-il d'un air étonné. — « Oui; le quar-
« tier général de Rosemberg. Le mot est : Ingolstadt et
« Isembourg. »

Des officiers français, sortant probablement de déjeuner, arrivent ensemble. — « Mais voyons, que fait-on
« donc? Ce n'est pas tout que de prendre une place; il
« faut la garder, l'assurer, l'inventorier... » Et moi, d'un air et d'un ton aussi français que le leur : « Oui, Mes-
« sieurs; mais par ceux qui ont pris la place; par ceux
« qui y ont leurs troupes; par ceux qui ont le droit d'y
« commander. Ici, je suis la partie active, et vous, la
« partie neutre. Je vous prie d'attendre tranquillement
« dans vos quartiers les ordres supérieurs qui ne peuvent
« manquer de vous arriver avec les moyens de les exé-
« cuter. »

Ainsi le temps se passait, et je m'efforçais de rendre cette conquête utile aux projets de l'Empereur et en état de rester à mon souverain, auquel mes prévisions donnaient déjà ces provinces d'Anspach et de Bayreuth.

J'avais bien deviné : l'officier d'état-major qui avait porté la capitulation à l'Empereur lui portait une bonne nouvelle. Mais celui qui allait à Munich y semait l'inquiétude et allait m'attirer des déboires. Un ordre sec du ministre de la guerre, le général de Triva, m'ordonne de venir à Munich sans délai pour rendre compte et répondre sur ce qui m'est imputé. J'arrive à Munich et il est facile de voir que le vent ne m'y est pas favorable. Je vais, avant tout, m'annoncer au ministre de la guerre. On m'indique son cabinet; son premier chef de cabinet, M. Langlois, m'y suit :

— « Vous êtes trop vif, trop léger. Nous ne sommes
« pas partie principale, nous ne sommes qu'alliés. La
« politique veut qu'on ne froisse aucun intérêt. Ce n'est
« pas Napoléon qui fait le mal, mais il est obligé de le
« tolérer. Vous avez blessé le major général; il a de-
« mandé qu'on vous rappelât, qu'on vous fît rendre
« compte. Il a spécialement demandé qu'on lui envoyât
« un autre officier. C'est Pocci qui vous remplace. Vous
« a-t-il vu ? »

— « Non, mais le major général se trompe. Je suis
« parti sur l'ordre même de l'Empereur, avec ses instruc-
« tions secrètes, ses voies et ses moyens. »

Le ministre entre : « Vous devez être farci de dia-
« mants, de colliers, de vases, de documents d'une haute
« importance. Vous êtes accusé de pillage au premier
« degré et d'un peu de trahison. »

— « Me permettez-vous d'écrire ? »

— « Certainement. »

Au Roi, à lui seul : « Sire, de la part de l'Empereur, je

« dois parler à Votre Majesté. » Je plie à la française, je cachète ; je demande l'huissier du cabinet ; je lui remets mon billet adressé : « au Roi, à lui seul. Le major Comeau. » Et je ne réponds plus rien. Ce ne fut pas long, le Roi m'appela tout de suite.

Il sut tout : les fourgons de la princesse de Salm, leur direction et protection jusqu'en Autriche ; la caisse vide qui aurait dû être pleine ; les cent mille francs que j'avais encore, le secret de l'Empereur, le motif de son choix et de mon expédition de son cabinet même. Le Roi me serra la main, puis il m'embrassa. Il se promena quelque temps dans son cabinet et me dit : « Voulez-vous
« attendre la fin dans une chambre du palais ou chez
« vous ? Non, mieux chez vous, mais ne vous montrez
« que peu. Vous viendrez tous les matins à mon petit
« lever à sept heures. Allez, mon cher; vous êtes un
« brave. »

Je restai quelques jours en cet état. Les ministres Hompesch et Montgelas appuyaient la plainte. Triva ne disait ni oui ni non, mais il laissait entendre que mon audace avait besoin d'être réprimée. Je reçus, peu après, un rouleau d'un millier d'écus à titre de part de prise.

Qui ne connaît pas les Cours ne se figure pas combien la curiosité est active et adroite, dans ces circonstances de chute et de faveur. Le comte de Pocci était arrivé à l'armée, mais celle-ci marchait ; il n'eut audience de l'Empereur qu'en Pologne, à Posen. Elle fut courte, laconique :

— « C'est Comeau que je veux. Qu'on le récompense
« et qu'on me l'envoie. Vous, restez si cela vous convient,
« mais que ma réponse arrive sans délai à mon cousin. »

Un courrier arrive ; je suis appelé et de suite expédié à Posen avec le grade de lieutenant-colonel et une lettre autographe pour l'Empereur. Un page donne la lettre et me rapporte l'ordre de me présenter le lendemain matin accompagné de Maret. Je crois que j'aurais dû aller prendre mon quartier chez ce ministre, mais lui ayant fait demander ses ordres, il me fit répondre qu'il me prendrait dans le salon de service. Dans ce salon, M. de Caulaincourt me dit que ce serait le matin, pas pendant la nuit; que ma place était près du major général. Au salon de service du major général (Berthier), on me regarda comme si l'on ne me connaissait pas. Pocci y était fêté et accueilli. J'allai à lui : « Mais, mon cher, lui dis-je, on mange à Posen. Dis-moi où? » Guilleminot, qui entendit la plaisanterie, me tendit la main, me prit sous le bras et m'emmena à une cantine qu'il connaissait.

Là, Guilleminot me dit : « Vous êtes en faveur plus
« que jamais. Je sais tout. Demain nous nous trouverons
« ensemble et je crois que nous aurons quelques rapports
« dans le courant de cette campagne. Vous êtes un fin
« compère, mais vous me faites rire quand je vous vois
« embarrassé au milieu de toutes ces figures allongées.
« Tout cela court après la fortune, après la faveur. On
« va son chemin; on les laisse aller, bouder, flatter,
« caresser, etc. »

Ce qui fut le mieux, c'est qu'il me fit souper et coucher, deux choses dont j'avais extrêmement besoin.

Le lendemain, je fus un des premiers à ce salon de service impérial, et j'eus le temps d'y faire mes remarques sur la foule des ambitieux, galonnés ou non galonnés, qui attendaient là, comme moi, le lever du soleil. Je pus discerner le groupe auquel j'appartiendrais : les chefs de l'artillerie, du génie, les intendants, les officiers que je savais prendre part aux mouvements se groupaient, se questionnaient.

Maret parut avec son porte-feuille ; il s'assura de ma présence et fut introduit. Peu après, l'huissier appela le groupe, et moi nominativement.

L'Empereur, debout, les bras croisés, me dit : « Vous « avez parfaitement bien fait tout cela. J'attache une « grande importance à cette place, à la vallée qu'elle com- « mande ; Messieurs, voilà le vainqueur en deux jours « de la citadelle de Plassembourg. Maret, lisez cette capi- « tulation ; donnez-en connaissance à ces messieurs. » Et à Bertrand : « Vous aurez soin de la mettre dans le « bulletin. »

Comme l'Empereur paraissait content, il fallait voir les *bien*, les *très bien*. Napoléon, reprenant la capitulation, me dit tout bas : « Vous avez très bien joué à la bague, « vous voyez que je sais tout. » Puis plus haut : « Expo- « sez à ces Messieurs ce que vous pensez de cette place. »

— « C'est très peu étendu ; ce serait surchargé avec « une garnison de deux mille hommes. C'est un rocher « de granit rouge très dur et entièrement dépouillé de « terre ; une plate-forme étroite, escarpée, sur trois faces, « et tenant par la quatrième en pointe au dos d'une mon- « tagne qui va en s'élargissant. Là, serait le seul point « attaquable par tranchées. Les batteries sont toutes « taillées dans le roc et recouvertes de voûtes ; elles ont « de bonnes directions et sont armées de cent sept canons « de bronze. Les grandes pièces enfilent les routes des « deux vallées. Les magasins pour vivres et munitions « sont superbes, tous voûtés, à l'épreuve de la bombe ; « dans un assaut, il faudrait déloger trois fois l'infan- « terie. Ce serait un poste inexpugnable avec des chefs « fermes, mais l'eau y est rare et facile à couper. Son « vrai rôle serait de conserver un corps de partisans qui

« inquiéterait par ses sorties les transports dans les deux
« vallées. Il faut quatre bataillons pour la bloquer. Avec
« ses magasins de vivres, elle eût pu tenir sept mois sans
« secours. Il y a une énorme quantité de projectiles à
« cause des forges et hauts fourneaux mus par la rivière
« qui coule au dessous. »

Le conseil délibéra; il fut arrêté que cette citadelle serait ruinée, démolie et culbutée par la mine.

Je fus comblé de félicitations. Après Napoléon, Clarke, Berthier, Maret, Champagny me complimentaient, m'approuvaient. Une réplique de moi courait tout l'état-major. Napoléon m'ayant demandé : « Mais comment
« avez-vous fait tant de choses en si peu de temps!
« C'était horriblement fort. » — « Sire, comme les Juifs
« à Jéricho, avec des trompettes. »

En rendant mon compte à l'Empereur, je lui remis les cent mille francs intacts. Il lisait l'inventaire du nombreux matériel, expliquant à Berthier ce qu'il fallait en faire. Il me dit qu'il ne reprenait jamais ce qu'il avait donné. Puis, remarquant que j'étais embarrassé, il me demanda avec quelles troupes j'avais agi. — « Avec des Bavarois,
« Sire. »

— « Hé bien! cela est aux Bavarois. » Et je les expédiai en bons du trésor par un courrier. On les employa à habiller, armer, mettre en ligne les prisonniers de guerre soit Bavarois, soit de la Confédération du Rhin.

La prise de Plassembourg me fut comptée comme fait d'armes utile au pays, lorsque le chapitre de l'ordre du Mérite militaire de Maximilien-Joseph me conféra cet ordre si distingué, qui ne se donne ni à la faveur, ni à la témérité.

CHAPITRE XXIV

CAMPAGNE DE POLOGNE

Ces messieurs se retirant après ce conseil, je les suivais, mais l'Empereur me retint, ainsi que Guilleminot. Nous assistâmes aux diverses introductions, aux nombreuses audiences; affaires de l'intérieur de la France, affaires du clergé, affaires étrangères, affaires de la guerre sur différents points, affaires futures de la Pologne, tout se traita. Il était réellement très curieux de voir ce général mouvoir avec tant d'ordre, tant de précision et de laconisme tous les rouages d'une machine aussi compliquée.

Enfin Guilleminot et moi restâmes seuls avec lui, et il nous entretint de la consommation d'hommes et de chevaux qui aurait lieu sur ce sol pauvre; de la difficulté des arrivages; de ce qu'il pensait des magasins qu'il regardait comme de gênantes indications des lieux où l'on pourrait combattre. Il émit ce singulier principe qui, cependant, a du vrai : quand les troupes pillent les matières dont on remplit les magasins, les troupes vivent mieux et le pays souffre moins. Toute cette conversation avait pour but de se faire bien comprendre sans qu'il s'expliquât trop; et pour que nous pussions lui parler des routes et communications, des moyens d'avoir toujours en mouvement des hommes arrivant, réunissant les traînards, les pillards; les ramenant avec les nouveaux, ce qui donnait à ceux-ci l'apparence de vieilles troupes. Tout cela est fort singulier, surtout pour ceux qui n'ont fait la guerre que d'après des livres. C'est en cela que se trouvait beaucoup du génie militaire de Napoléon; des succès avec des masses; et le bruit de ces succès lui ramenant d'autres masses qu'une discipline trop régulière lui aurait fait perdre.

C'est sans flatterie, sans talent d'écrivain, sans exactitude minutieuse des dates, stratégie, détail des marches, ordres de batailles, directions de sièges ou vues politiques, que je rappelle à ma mémoire ce que j'ai remarqué dans la campagne de Prusse, ou de Pologne, comme on appela la fin de cette guerre.

La prise de Plassembourg me mit avec l'Empereur dans un rapport d'intime bienveillance, parce que j'avais refusé les cent mille francs qu'il croyait nécessaires pour acheter ces *vieilles ganaches,* et qu'il avait voulu me donner quand je les rapportai. Après la campagne d'Autriche j'avais été sondé pour entrer comme colonel dans son artillerie, mais j'avais refusé de quitter le service de Bavière. Aujourd'hui, je lui refusais de l'argent : j'étais jugé. Dans son armée, il me trouvait unique dans ma trempe de la vieille roche; avec moi, sous mes couleurs bavaroises, il pouvait raisonner sans se gêner.

Il se mettait en mouvement contre une armée russe qui arrivait, après Berlin, comme après Vienne, au secours des armées battues. — « Les imbéciles! » ce fut son expression. Je lui dis un jour pendant cette marche : « Sire, et l'Autriche? qu'en pensez-vous ? Ils vous « guettent plus qu'ils ne vous aiment. » Il me répondit

très vivement : « Je leur ai promis la Silésie s'ils me
« laissent tranquille. Ils ne l'auront pas. » — « Mais
« la Pologne, où nous allons entrer, Sire. N'en pourriez-
« vous pas faire un puissant royaume? »

Il eut l'air de ne m'avoir pas entendu, ne me dit plus
rien, fit avancer des officiers et leur donna des missions.
Maret resta près de lui... puis il me chercha des yeux,
me fit signe d'approcher, et sur le même ton de conversation, il reprit :

— « La Pologne! tant pis pour eux! ils se sont laissé
« partager... ils ne sont plus une nation, ils n'ont plus
« d'esprit public... Des nobles qui sont trop ; un peuple qui
« est trop peu... C'est un corps mort auquel il faut redonner de la vie avant que de penser à en faire quelque
« chose... Je leur ferai des soldats, des officiers ; après je
« verrai... »

Ici encore beaucoup de mouvement dans les aides de
camp, état-major, ordonnances. — Et moi, n'ayant pas
de mission, je restais là, m'arrêtant quand on s'arrêtait,
ou avançant quand on marchait...

Puis l'Empereur me fit signe d'avancer et reprit la
conversation sur la Pologne : — « Je vais prendre sa
« part à la Prusse. J'aurai Posen, Warsovie, mais je ne
« toucherai ni à Cracovie, ni à la Galicie, ni à Vilna. On
« se trompe quand on croit que j'aime la guerre... Je
« n'attaque plus parce que j'ai ce que je voulais avoir.
« Actuellement, on m'attaque toujours et je me défends...
« Tant pis pour eux si, en me défendant, je les écrase...
« Ils sont tous sous l'empire d'une fatalité qui les fera
« broyer... Pourquoi?... Savez-vous pourquoi? C'est que
« dans tout cela je n'ai qu'un ennemi réel, la Grande-
« Bretagne. Avec son or et son astuce, elle m'occupe

« pour que je ne la gêne pas... Ce sont des marchands,
« qui font la guerre par eux et pour eux; ils me font la
« guerre par procureurs et les procureurs prolongent les
« procès... Voilà pourquoi, quand ils m'occupent par l'Au-
« triche ou par la Prusse, ils font marcher les Russes,
« et ils gardent aujourd'hui l'Autriche pour la lâcher
« contre moi si j'en finissais avec Prusse et Russie. »

La conversation finit là; on prit le gîte de nuit. Le lendemain, lorsqu'il se mit en marche avec toute sa suite, il me fit signe d'approcher et me dit :

— « Vos deux Colonges, qu'est-ce que c'est? »

— « Sire, deux officiers d'artillerie d'un grand mé-
« rite. »

— « Lauriston me l'a dit. Ce sont eux qui dirigent les
« sièges que j'ai ordonnés en Silésie. Mais ils ont au
« moins vingt ans de plus que nous. Ce sont des vieux...
« c'est ce dont on fait des inspecteurs. »

— « Sire, c'est ce qu'ils sont en Bavière; l'aîné est
« chargé du personnel et le chevalier du matériel. »

— « J'aime les Allemands. Ils n'ont pas l'élan de nos
« Français, mais ils sont plus solides, plus disciplinés.
« Vos Bavarois sont de bons points d'appui dans les
« mouvements et changements de front... J'ai envie de
« vous envoyer en chercher une division, celle de Wrède...
« Ce sera un homme de guerre, votre Wrède; un autre
« Mercy en Bavière. Je verrai cela... »

Il me fit signe de reprendre mon rang, et jusqu'à Finkenstein ne me parla plus. Là, j'eus mission sur mission : en Silésie, en Bavière, et tout cela arrangé pour observer l'attitude de l'Autriche sur toute cette ligne de sa frontière. Quand je revins, on se mettait en marche pour passer le triste désert d'Ostrolenka.

De Berlin, l'armée française s'était élancée sur la Marche de Brandebourg. Les Russes arrivèrent; la Saxe prit parti pour nous. Nous attaquâmes le duché de Posen, province de Pologne annexée par la Prusse. Nous y trouvâmes de nombreux et utiles amis. A mon grand étonnement, l'Empereur fit peu de cas de cet avantage; j'ai pensé qu'il tenait à maintenir la neutralité de l'Autriche...

La guerre se porta en Pologne. Warsovie, Thorn, Elbingen, tout plia devant nous. Notre entrée à Warsovie (1) émut fortement la Russie; elle nous attaqua avec plus d'ordre et de méthode qu'elle n'avait fait jusque-là. Les Russes nous présentèrent la bataille à Pulstuck; ils y furent battus ainsi qu'à Populavi, et se réfugièrent à Ostrolenka, dans sept lieues d'affreux déserts et de marais mal gelés. Nous les y attaquâmes, malgré froid et frimats. Je me trouvai à cette bataille, la plus triste, la plus fâcheuse où j'aie jamais assisté. La bataille se livra la veille et le jour de Noël; les jours ne duraient que quelques heures; la gelée n'était pas forte, et la neige, seulement incommode. Les premiers mouvements de l'armée brisèrent la glace; nous enfoncions jusqu'au ventre dans cette fange à moitié gelée!... Il n'y avait de praticable qu'une seule route ou chaussée garnie de perches de sapin; aussi tout s'y accumulait, s'y écrasait, et se rejetait dans le marais, parmi les Russes comme parmi nous. Ce n'était qu'une bataille de cris et de confusion. Il n'y eut d'affaire un peu chaude que sur le pont d'Ostrolenka. Les Russes nous laissèrent ce lieu de désolation et s'établirent à Preussich-Eylau.

(1) Murat y fit son entrée le 28 novembre 1806.

Les Russes étaient *éreintés*, nous étions *échinés*. Il fallait bien, de part et d'autre, chercher à se refaire, à se nourrir, se monter, s'habiller. L'armée française s'établit autour de Finkenstein, petit château situé près de la forêt d'Ostérode. Les colonnes de recrues nous arrivaient ; les Russes recevaient aussi de nombreux renforts. En février, les Russes nous présentaient la bataille ; ils étaient fanfarons, offensants. On se rapprocha et on livra cette bataille de Preussich-Eylau, bataille meurtrière, maladroite au delà de ce qu'on peut imaginer (1). Je l'ai toujours jugée comme n'ayant ni plans, ni vues. On prétendit même que le hasard seul l'avait engagée. La bataille fut longue, très sanglante, et malgré les chants de victoire, malgré les bulletins, c'est une de celles que j'ai toujours trouvée perdue. De part et d'autre, les pertes étaient si sensibles, la lassitude telle que des deux côtés on prit des positions pour attendre des renforts. L'armée française revint à Ostérode, à Finkenstein, comme elle put y arriver et s'y établir, sans brûler une amorce. L'Empereur lui fit faire le siège de Dantzig et reçut de nombreux renforts. Ceux des Russes arrivèrent plus lentement.

C'est une grande faute que de faire sans de grandes nécessités des campagnes d'hiver ; elles usent vos moyens et ne vous laissent pas à même de résister aux attaques qu'un ennemi plus prudent pourrait vous faire dans la belle saison. Une bataille gagnée à l'ouverture d'une campagne peut procurer des avantages solides, qui effacent et surpassent tout ce qu'une guerre d'hiver a produit de chimérique. Je ne prétends pas cependant blâ-

---

(1) 8 février 1807.

mer toutes les campagnes d'hiver que bien des causes peuvent rendre nécessaires, ni ramener au système des guerres à l'eau de rose, comme les appellent les généraux actuels. Je veux dire seulement que ces guerres d'hiver épuisent et fatiguent davantage les armées; un général habile en pourrait profiter.

Je ne vis qu'une partie de la bataille d'Eylau ; comme elle se perdait (du moins c'est l'idée que j'en ai toujours eue), je reçus des missions peu importantes en apparence, mais dont le vrai but était d'observer l'effet de cette affaire sur l'Autriche. Peu après, je fus rappelé au quartier général, à Finkenstein ; j'y restai quelque temps sans avoir rien à faire. Il est probable que l'inquiétude revint ensuite à l'Empereur, car il m'envoya en Pologne sous prétexte de voir l'armée bavaroise, en réalité, pour surveiller l'Autriche et la Bohème. Après, je dus aller à Dantzig; à peine de retour, je fus chargé d'aller réunir les détachements qui étaient en Pologne, puis de les ramener. Je dirai cette mission en détail.

A Finkenstein, je dus parler à Napoléon de l'inquiétude qu'avait le Roi de Bavière sur une diversion que pouvait faire l'Autriche. Il me dit : « Mon cousin n'a rien « à craindre. L'Autriche est muselée ; si elle remue mal- « gré mon armée d'Italie, je mettrai les Turcs à la porte « de Vienne, et mon Poniatovski ne sera pas pour eux « un Sobieski. Quand j'aurai Kalkreuth, qui est assiégé « à Dantzig, ce sera fini avec la Prusse et une bataille « rejettera les Russes dans leurs steppes. Je n'ai plus « qu'eux à combattre. »

Nous étions alors dans un pays meilleur, nommé le Niderung. Ce pays a beaucoup de rapports avec la Hollande. Après la bataille d'Eylau, et pour expliquer ses mouvements presque rétrogrades, l'Empereur avait ordonné le siège de Dantzig. Du quartier général, alors à Finkenstein, j'occupais souvent mon inaction à visiter les travaux du siège en amateur (1). Les croisières des Anglais, à l'embouchure de la rivière, gênent beaucoup nos arrivages. Thorn, Elbingen nous approvisionnent et fournissent les matériaux nécessaires pour ce siège. Le vieux général Kalkreuth se défend bien ; il a avec lui des émigrés, officiers du génie, entre autres M. de Blumenstein, encore un des contemporains de l'Empereur. Il le force, comme Phélippeaux à Saint-Jean-d'Acre, d'attaquer à la tranchée et dans les règles. Le siège fut savant, et, au commencement, les ingénieurs de Bonaparte n'étaient pas les plus forts. Le travail de la tranchée, l'arrivage des équipages de siège, le service des munitions, tout cela fut d'une difficulté extrême, mais enfin la place succomba.

Les Russes firent après cette chute ce qu'ils auraient dû faire avant : ils se massèrent pour attaquer l'armée d'observation et rentrer à Dantzig par la brèche.

Leur armée réunie attaque le corps de Ney, qui formait ce corps d'observation. Ils le délogent, tuent beaucoup de monde et s'emparent de la forêt de Liberose. Dans cette circonstance, vraiment très difficile, le talent de Napoléon développe une grande énergie. L'armée russe, victorieuse dans ce combat, avait divisé l'armée française et pouvait la battre en détail. L'Empereur manœuvre et refuse la rencontre jusqu'à la réunion de tous ses corps. Ces manœuvres ramènent les Russes sur le champ de bataille d'Eylau, et à Heilsberg et Friedland

(1) 26 mai 1807.

qui en sont peu éloignés. Napoléon laisse peu de troupes dans la place conquise de Dantzig; il fait arriver l'armée de siège et les corps qu'il avait laissés depuis Warsovie jusqu'à lui pour s'opposer aux Russes. Par ce double mouvement, il réunit toute son armée et fait attaquer avec furie, par sa garde, qui enfonce le centre de la garde impériale russe dans une plaine, entre Preussich-Eylau et Friedland. Ces deux troupes d'élite se mesurent à la baïonnette. Ce combat, peu bruyant, est un des plus furieux que j'aie vus. Après avoir battu leurs ailes l'une après l'autre, Napoléon repousse les débris de l'armée russe jusque dans la forêt de Gulstadt, qu'ils ne font que traverser, et ils ne prennent position qu'à la ville d'Heilsberg. Ils y sont culbutés. Nouvelle bataille à Friedland; jetés en désordre sur le Niémen, ils le longent jusqu'à Tilsitt, y traversent cette rivière, en retirent le pont, et, dans l'état le plus misérable, ils envoient demander la paix. Elle se traite, se conclut, et ainsi se termine ma treizième campagne. Ces faits sont les événements généraux; en marche, je quittais peu l'Empereur; mais il m'employa beaucoup et me donna de nombreuses missions. Jamais je ne l'ai vu autant, ni suivi ses opérations d'aussi près, aussi je reviens volontiers sur les faits particuliers, ceux surtout auxquels j'ai pris part.

Ces deux campagnes sont très remarquables. L'Empereur y montra plus de talent militaire que dans aucune de celles où il acquit tant de gloire. Les combats, très multipliés, se livrèrent toujours sur des terrains difficiles et dans des pays pauvres. Les sièges furent dirigés avec beaucoup d'art; il y eut une énorme consommation d'hommes et de chevaux; les arrivages successifs de troupes, méthodiquement organisés, eurent lieu sans frottements, sans obstacle. La guerre fut vive et bien combinée. Si la guerre peut s'appeler un art, il faudrait l'étudier dans ces campagnes, bien décrites, bien observées.

Il n'y eut point de quartiers d'hiver. On combattit en tout temps pendant cet hiver, plus humide que froid. On combattait, on marchait dans la boue ; on serait mort de froid et de misère sans le mouvement. Il fallait porter les armées sur des points nouveaux pour se procurer des aliments ; et ce besoin d'en trouver, et d'être nombreux pour les conquérir, causait autant les changements de théâtre que la stratégie. Contre les obstacles, je dois le dire, Napoléon luttait avec courage et talent. Jusque-là, son bonheur faisait tout à mes yeux. En Prusse, je retrouvai l'homme élevé dans cette arme spéciale de l'artillerie, qui existe au milieu des embarras et se fait une étude particulière de les surmonter sans autre récompense que la satisfaction d'avoir réussi.

Je regardais un général d'artillerie comme peu propre à devenir général en chef, le même homme ne pouvant pas bien voir en grand et voir en détail ; et l'habitude du détail prenant le dessus, l'emploi des moyens ne devait pas se faire à propos. L'Empereur fit exception ; il jugea rapidement la situation où l'avaient placé ses belles victoires d'Iéna et d'Auerstadt, et de suite, il échelonna ses communications avec le Rhin, avec la France ou la Hollande d'une manière convenable à ses projets, à la nature de ses armées et à celle du pays où il devait combattre. Avec des magasins, il n'eût fait qu'une lutte ; avec sa méthode, il fit une guerre de conquêtes.

Dans ces campagnes, j'ai plus vu, plus compris, mieux appris la guerre que dans mes campagnes précédentes et même dans celles que j'ai faites après. Napoléon n'y a rien dû au hasard. Tout était combiné, prévu. Il ne voulait là ni conquérir, ni envahir; il voulait surpasser un grand homme de guerre qui avait agi avant lui dans ces contrées. Il voulait faire de la Prusse un allié assez affaibli pour n'être pas son rival, assez fort pour tenir l'Autriche sur ses gardes de ce côté. Dans cette campagne surtout, Napoléon fut réellement grand homme. Ses partisans pourraient y trouver les plus belles pages de son histoire politique, administrative ou militaire.

J'eus de fréquents rapports avec lui dans cette guerre, non pas que cela lui fût utile ou nécessaire, mais parce qu'il avait pour moi une sympathie que j'ai été long à m'expliquer. C'est parce que je ne lui demandais rien, parce qu'il savait que je ne voulais rien de lui. Il me considérait comme un amateur, faisant de l'algèbre avec ses données, et, d'une manière qui lui était devenue familière vis-à-vis de moi, brièvement, selon sa coutume, il me disait : « Êtes-vous content de vos X? » C'était me demander si je l'avais deviné.

Et cependant cette campagne est celle où la partie militaire m'a été le moins connue. J'y eus mission sur mission; j'y fus accablé de fatigues, exposé à beaucoup de hasards. Je n'avais point de fonction spéciale pour y rattacher mes idées; l'armée française se servait de ses moyens. Dans la campagne précédente, elle combattait avec les munitions et les canons bavarois; je m'y trouvais en réalité chef général de l'artillerie. En Prusse, je n'étais, à vrai dire, qu'un homme auquel Napoléon avait reconnu de l'adresse et qu'il employait à des choses si différentes que l'une faisait oublier l'autre.

Napoléon s'inquiétait de l'attitude de l'Empereur d'Autriche. A cette époque aussi, il eût voulu dominer les loges et associations secrètes qu'il redoutait. Il m'avait jugé ennemi implacable de l'Autriche, et c'était vrai. Il pensait que je pouvais lui être utile; ma qualité d'émigré, ma réputation de fidélité inébranlable à mon parti lui semblaient un autre gage de sécurité. Il m'a dit une fois que seul dans son armée je n'avais point d'ambition; c'est pourquoi je convenais à tout.

Je ne pouvais m'empêcher de comparer les deux hommes de guerre sous lesquels j'ai servi et dont les talents supérieurs ont laissé à ma mémoire des impressions ineffaçables. L'un avait toute mon affection; je ne pouvais pardonner à l'autre l'assassinat du duc d'Enghien. De l'un, mon ambition eût tout accepté avec enthousiasme; de l'autre, je ne voulais rien recevoir. Dans les neuf campagnes, toutes désastreuses pour les armées auxquelles il avait été obligé de s'attacher, le prince de Condé a toujours su maintenir sa gloire et sa réputation avec une poignée de combattants, hommes de cœur et d'honneur. Je suis resté frappé de ces six ou huit mille gentilshommes sans fortune (on leur avait tout pris), se battant sans espoir, ne pillant jamais, payant partout, toujours esclaves des exigences de leurs préjugés, s'amusant de leurs misères et n'en murmurant jamais. On peut dire que, sans statuts, nous formions un ordre de chevalerie pratiquant les vœux de pauvreté, de dévouement et d'honneur.

J'ai étudié Napoléon sur d'autres théâtres, mais c'est en cette campagne qu'il m'a paru le plus grand, l'homme né général, combinant froidement ce qui se trouvait possible, difficile ou impossible. Il laissait ce dernier à l'ennemi, et avec les autres se donnait gloire et utilité.

En Prusse, dans ces sables, ces boues, j'ai vu d'énormes masses de soldats, se mouvant comme un seul homme, se précipiter sur un ennemi bien placé, l'écraser, le pulvériser; puis se remettre en désordre pour vivre; former des masses pour se défendre et se porter avec rapidité là où on ne le supposait pas afin de chercher de nouveau à vivre sur place neuve. D'autres masses, se composant en arrière par le désordre, encadrent les nouvelles levées et leur donnent l'apparence et la valeur d'anciennes troupes. Alliés, nationaux, amis, ennemis, forment un tourbillon dont un unique et vaste génie est l'âme. Les prestiges de la victoire, la stupeur des défaites planent sur toutes les routes, dans les villes comme dans les villages, en Italie, en Allemagne, en Hollande comme en France. Le génie de cette guerre, Napoléon, seul calme au milieu de cette tourmente, est point, est centre, tout se dirige sur lui — et tous les matins, Berthier lui donne sur une carte à jouer le nombre des combattants qu'il a autour de lui et par où les appeler au besoin. Sur ce chiffre seul il prépare sa journée et j'en ai souvent été témoin. Cette carte dans le creux de sa main gauche, une carte sale du pays étendue par terre, lui, couché dessus à plat ventre, sa main droite sur une pelote portant des épingles surmontées de têtes de couleur; il plantait ces épingles, se relevait, regardait fixement l'ensemble, puis la carte de chiffres; il y faisait des traits avec son ongle. Cette opération mentale terminée, sa figure changeait et prenait un caractère d'autorité indélébile. Il donnait ses ordres presque toujours verbalement, d'un laconisme unique, par saccades, et toujours avec la même formule. J'en donnerai un exemple dans le récit de ma mission au cinquième corps.

J'avais fait une remarque qui m'a souvent servi. Le

corps nombreux d'état-major, d'aides de camp, de guides ou d'ordonnances, l'entourait. Son œil les passait en revue. Quand ce regard arrivait vers moi, si la mission ne m'allait pas, je baissais les yeux ; mais si elle me convenait je le regardais fixement. Il passait à d'autres, puis revenait à moi, et s'il trouvait dans mon regard la même résolution, j'avais signe d'avancer. C'était lui dire : « Je vous ai compris, je suis votre homme. » Je ne me suis jamais trompé sur la mission qu'il voulait donner, mais j'en ai reçu aussi que je n'avais pas demandées.

Lorsque l'Empereur avait donné à un officier une mission toujours aussi claire que laconique, un autre officier suivait et ainsi commençait le mouvement pour toute la journée. La manière dont ces rapports arrivaient présente aussi quelque chose de remarquable. Ils étaient doubles ordinairement : chaque corps envoyait un officier porter un rapport au major général qui l'analysait et l'ordre restait. Quant au rapport de l'envoyé direct de l'Empereur, il se faisait à lui-même et de la manière suivante :

Au salon de service, l'officier envoyé disait : rapport de tel corps. Un aide de camp, un page entr'ouvrait la porte de l'Empereur et répétait : rapport de tel corps. Tout travail cessait. L'Empereur se présentait à la porte et vous regardait sévèrement, ce qui signifiait : si vous avez dit un seul mot avant que de m'avoir parlé vous avez eu tort. L'officier n'était pas admonesté pour cela, Napoléon ayant le tact de ne jamais intimider ceux qui allaient lui parler. Mais il ne faisait pas bon pour ceux du salon de service qui se seraient seulement approchés de cet envoyé de retour. Il aurait apporté la peste qu'on ne se serait pas écarté plus soigneusement. Soit pour montrer de la mémoire soit pour rassurer cet interlocuteur, Napoléon le nommait toujours par son nom, lui faisait signe d'avancer, puis l'attitude impériale les bras croisés, et l'officier parlait...

Quand il s'agissait des ordres journaliers, on se servait de cartes à jouer, découpées selon les traits et désignations principales des routes. Chaque secrétaire, traçant un paquet, indiquait sur l'enveloppe la route à suivre et l'heure du départ. L'ordonnance, simple cavalier, rapportait pour récépissé cette enveloppe avec la mention de l'heure d'arrivée et de l'heure du départ. J'ai vu souvent le même ordre partir par plusieurs routes et avec les mêmes précautions, chaque route tracée de même avec un numéro d'ordre. Il en résultait, non seulement que l'ordre arrivait, mais que la course était une espèce de reconnaissance.

CHAPITRE XXV

MISSION AU 5º CORPS. HEILSBERG. DÉCORATIONS

Au moment de la capitulation de Dantzig, j'y fus envoyé pour recevoir le matériel parce que je parlais allemand. En revenant avec l'Empereur et le prince de Neuchâtel, Napoléon me dit : « Allez jusqu'à Varsovie en sui-
« vant la rivière, rapportez-moi un état de la situation pré-
« sente de cette armée. Dites à Masséna de serrer davan-
« tage ses divisions, de les concentrer sur Zaïonczeck, et
« d'éclairer la Passargue. Qu'est-ce que je vous ai dit ? »

— « Vous m'avez dit, sire, d'aller à Masséna, de lui
« dire de concentrer ses divisions sur Zaïonczeck, d'é-
« clairer la Passargue et de vous rapporter un état de la
« situation présente de ce corps. »

— « Allez, filez et vous me ferez votre rapport. Vous
« trouverez vos Bavarois à Pulstuck et à Varsovie. »

Je remplis cette mission en trois jours et trois nuits. Pendant ces trois jours, l'armée russe, dont je n'aperçus que quelques Cosaques, s'était massée, et attaquait Liberose et sa forêt, défendue par le corps de Ney. A mon retour, je trouvai tout en mouvement, en émotion au quartier général. Voici mon rapport à l'Empereur :

— « Sire, j'arrive du cinquième corps. Trois jours et
« trois nuits entre mon départ et mon retour. J'ai vu

« d'abord Zaïonczeck ; je l'ai prévenu que vous le feriez
« centre du mouvement ; de ne pas se déplacer, mais
« d'appeler à lui les divisions de sa gauche, que j'al-
« lais successivement lui envoyer les détachements de
« droite. » — « Bon ! et qu'a-t-il dit ? » — « Il m'a de-
« mandé s'il aurait le commandement. Je lui ai répondu :
« Non ; je vais vous envoyer Masséna. » — « Bon ! et
« Masséna ? » — « Je ne l'ai joint qu'à la nuit ; mais j'ai
« ébranlé à deux lieues plus loin la division Gazan, qui
« doit avoir dix mille hommes. Ensuite j'ai envoyé
« Wrède sur Zaïonczeck. A trois lieues de là, plus loin,
« j'ai vu Masséna qui m'a dit que Zaïonczeck, Gazan,
« lui, la division de Belavoine et celle de Wrède avaient
« un total de cinquante-cinq mille fantassins et deux
« mille dragons ou chevau-légers. Tout cela est en bon
« état ; mais les Polonais à gauche et les Bavarois à
« droite sont les seules divisions massées. Les autres
« occupent des villages pour y trouver des vivres. » —
« Bon ! et Masséna ? » — « Le Maréchal m'a dit : Mais
« vous m'avez mis en l'air. Il fallait d'abord venir à moi,
« et j'aurais refoulé sur Zaïonczeck. » — « Il a raison. »
« — J'ai pensé, Sire, que Masséna attendant ses divisions
« de droite, Belavoine et Deroy, le mouvement langui-
« rait. J'ai d'ailleurs soigneusement observé les rives de
« la Passargue, et il m'a semblé que l'ennemi gagnait la
« forêt. » — « La forêt de Liberose, je parie ; ma carte...
« Ah ! c'est cela. A Ney la bordée... Ah ! il est sur ses
« gardes !... Continuez. » — « J'ai joint Belavoine et l'ai
« mis en mouvement. J'ai joint Deroy. Il m'a demandé
« le temps de retirer sa cavalerie et ses postes du côté de
« Varsovie. » — « Ma carte. Je parie que cette division
« a été compromise. » — « Il y a eu engagement avec

« les Cosaques, mais les chevau-légers de Linange les
« ont maintenus. Belavoine s'est arrêté ; la jonction s'est
« faite ; la marche de nuit a été rapide. Masséna m'a
« montré tout le cinquième corps réuni. Il m'a demandé
« s'il marchait, si je guidais, qu'il croyait que sa jonc-
« tion avec Ney serait à propos. Je lui ai dit que mes
« ordres n'en faisaient pas mention. Il a demandé : Vos
« ordres, vos ordres, de qui? Neuchâtel ou l'Empereur ?
« J'ai répondu: de l'Empereur. Hé bien ! dites à l'Empe-
« reur que si je le juge nécessaire, on me trouvera bor-
« dant la forêt, là, devant vous, et qu'il y a là du mou-
« vement. » — « Bon ! très bien ; il a du coup d'œil, le
« maréchal. Restez. »

Je causais encore à bâtons rompus avec l'Empereur
sur cette course que je venais de faire par son ordre
lorsque le page ouvre : « Officier du troisième corps,
mais pas le rapport. »

L'Empereur se précipite : « On se bat, n'est-ce pas ?
« Ney tient ? » — « Sire, dit cet officier pâle et ayant
« l'air fatigué, il lutte, mais il est débordé ; son chef
« d'état major, le général du Taillis, a eu le bras empor-
« té par une bombe. » — « Vous direz cela après. On
« tient, n'est-ce pas ? » — « Sire, on est débordé. » —
« Mais vous n'avez rien vu ; rien entendu sur votre droi-
« te ? » — « J'ai entendu des coups de canon assez vifs.
« Un officier de Sa Majesté s'y portait au galop. C'est
« M. de Montholon. La forêt d'Ostérode... et il s'éva-
« nouit. — « Bon ! mais quoi, vous vous trouvez mal ?
« Ne laissez pas voir cela. Qu'on le soigne. » On cherche
s'il a des dépêche écrites... rien. Il revient un peu à lui
et continue : « La forêt d'Ostérode est prise. L'ennemi
« se retire sur la Vistule. »

Entrent le prince de Neuchâtel, un nombreux état major ; l'Empereur affectant d'être encore plus tranquille, plus calme, dit : « Je sais tout, Messieurs. Vos « chevaux ? Vous allez courir. » — « Ils sont là, Sire. » « Bon ! Neuchâtel, Oudinot, la jeune garde, en masse « sur Marchflue. Je veux avoir tous les corps qui sont sur « la Vistule sans en excepter Varsovie. »

L'officier malade reprend : « Mais, Sire, c'est impos« sible tant que les Russes et leurs Cosaques seront « maîtres de la forêt de Liberose, de Gulstadt, d'Osté« rode, d'Heilsberg, etc. »

Avec une figure altérée l'Empereur commande : « Il le « faut !... Que l'on envoie par toutes les routes des offi« ciers intelligents. Il en faut cinq. Mais vous en arrivez, « Comeau ; voulez-vous y retourner et me les amener en « toute hâte ! » — « Volontiers, Sire » — « Hé bien, re« tournez à Masséna ; parlez en mon nom. Ramassez « tout; qu'on batte la générale à votre arrivée ; qu'on « parte sans s'attendre !... coûte que coûte à March« flue. » — « Mais, Sire, pardon. Il n'y a pas un seul « endroit de ce nom dans toute la contrée. » — « Ma « carte. Eh ! si le voilà. » — « Non, Sire, c'est Fried« land. Marchflue signifie que c'est un bourg à foires. » — A Neuchâtel : « Vous voyez ! il faut, mon cher, nous « aider d'officiers allemands en Allemagne... Ah ! Fried« land !... Ce nom datera longtemps, j'en réponds !... « Envoyez à Davoust et à Nansouty. Nansouty proté« gera Ney. Davoust prendra Friedland et vous, avec « Masséna, vive attaque aussitôt que le feu sera com« mencé sur Friedland. La vieille garde ?... » — « Elle « est sous les armes, Sire. » — A moi : « je compte sur « vous ; du moins pour donner une bonne direction de

« marche au cinquième. Vous me reviendrez aussitôt que
« Masséna sera engagé. Vous comprenez. Qu'est-ce que
« je vous ai dit ? » — Je répétai brièvement ses instructions. — « Allez, partez. » Et je partis.

Hé bien ! Ce fut avec des corps placés à trois, cinq, huit et six lieues de Friedland que cette grande bataille fut conçue, livrée et gagnée. Tout s'y trouva à point nommé, et c'est encore inconcevable pour moi. Il faut que de longue main ce point de Friedland ait été pour l'Empereur le centre d'un cercle et que sa grande armée, comme par hasard, en ait occupé les rayons. Mais pourquoi l'armée ennemie a-t-elle pris le même point central de Friedland plutôt que Liberose ou Ostérode ? — A cette question Guilleminot m'a répondu que Napoléon les aurait laissés aller où ils auraient voulu ; que son point à lui étant Friedland, toute la différence pour lui était de les battre en détail, du centre à la circonférence, ou de les assommer en masse, s'ils avaient, comme ils l'ont fait, pris son centre. — « C'est comme cela, mon cher, disait-
« il, que Napoléon gagne les batailles et qu'il les gagnera
« tant que ses ennemis ne feront pas comme lui... »

Prédiction qui s'est trouvée vraie !...

Dans mes nombreuses courses, j'avais remarqué que ce n'était jamais au relai qu'il arrivait mésaventure à un courrier ou officier, mais toujours une demi-heure ou une heure après le départ. J'en avais conclu que des envoyés ou des signes faisaient agir des personnes embusquées. J'avais toujours évité ce piège en ne m'arrêtant jamais aux relais suspects, en annonçant une destination très rapprochée entre les deux relais, en traitant du retour par les mêmes chevaux ; les payant même quelquefois. Je prends à la hâte du café moulu, quelques tablettes de bouillon et de chocolat, un petit vase de fer blanc et un briquet. Je pars en m'arrangeant pour arriver de nuit à la forêt d'Ostérode, évitant Liberose et sa forêt.

Au relai le plus proche, je laisse ma voiture et, muni de mes provisions, je prends un guide postillon pour me conduire sur les bords de la Passargue. Aussitôt dans la forêt, je fais un peu de feu, puis du café, et en payant bien mon guide, je change de route, j'évite deux relais, et au point du jour j'atteins un de ceux où j'avais passé plusieurs fois. Je dis que j'ai cassé ma voiture ; j'en demande une à la poste pour aller en ramasser les débris ; mais aussitôt que je suis hors de vue, le pistolet d'une main, une pièce d'or de l'autre, je décide le postillon à me conduire aux avant-postes de l'armée polonaise.

Marchant ainsi du côté de l'ennemi, j'aperçois quelques faibles piquets de Cosaques sur le bord de la rivière, qui les séparait des Polonais. J'avais combiné que ce corps russe devait être un de ceux qui agissaient, et que quelques postes isolés faisaient seuls illusion aux Polonais. J'avais bien jugé. Ces Cosaques ne bougèrent pas. Quelques-uns seulement tirèrent sur la voiture et la criblèrent de balles. Je passai derrière eux ; je laissai la voiture, ne prenant que les chevaux et le postillon encore récompensé et, entre deux gardes, je parvins au poste polonais.

Je donne l'alarme ; le général Zaïonczeck arrive lui-même et je lui fais prendre les armes. Je lui laisse mes deux chevaux et je vais en poste vers le général Gazan. Je le mets en marche et lui transmets l'ordre de joindre Zaïonczeck, et ensemble de marcher sur Friedland. J'arrive ensuite à Masséna, qui part de suite pour rejoindre les deux premières divisions. Il était prêt à combattre à Liberose, se dirigeant sur Friedland. Je lui promets de le rejoindre avec Belavoine et les Bavarois et, en effet, je presse tellement la marche de ces deux corps qu'à une lieue de Friedland ces cinq divisions, environ soixante mille hommes, faisaient masse. Je reprends mes chevaux et, au galop, je rejoins l'Empereur.

La mission était scabreuse!... Des six officiers envoyés, je parvins seul et je revins seul. Les autres furent pris ou tués.

Napoléon avait déjà réuni son armée et celle qui avait assiégé Dantzig. Lorsque je le rencontrai, il déjeunait dans une espèce de hangar ruiné. Je lui fais mon rapport. Il demande sa carte, se couche dessus et me redemande le nom des lieux en les marquant avec des épingles. J'ai beau lui représenter que les troupes que j'amenais étaient exténuées, il n'y a aucun égard, et, se relevant promptement, il appelle son cheval, passe au galop devant une troupe en bataille et dit : « Développez « vos drapeaux; cela va commencer. » A peu près au milieu de sa ligne, je lui montre à la sortie d'un bois de sapins les corps que j'amenais. En me faisant deux ou trois signes de tête, il me dit : « Bien, très bien, vous « avez parfaitement servi. »

Il y avait six fois vingt-quatre heures que je ne m'étais nourri que de café, de tablettes de bouillon et d'un morceau pris à la hâte près du général Zaïonczeck. L'Empereur, à mon arrivée, me fit partager son modeste repas.

Cette fois, comme à Austerlitz, tonna une grande batterie d'au moins soixante canons. La plaine se remplit de feu et de fumée. Ce fut une grande bataille, et la première journée de la plus considérable de la campagne, celle de Friedland. Elle dut être très sanglante. Je fus toujours près de l'Empereur et ne le quittai pas, pendant cette partie de la bataille qui eut lieu dans une plaine entre Eylau et Friedland, et où se livra le furieux combat entre les deux gardes impériales. En poursuivant vivement les Russes, ils furent rejetés dans la forêt de Gulstadt. Ils ne s'y arrêtèrent pas, franchirent la plaine au delà et prirent position à la ville d'Heilsberg, située sur la crête d'un coteau opposé.

L'Empereur, sa suite et sa jeune garde prirent à droite pour ne pas trop s'engager dans la forêt qui n'était pas encore fouillée. Une division d'infanterie opérait cette fouille et sortait de la forêt, n'ayant pas encore reconnu la hauteur du côté opposé. Le général de Saint-Hilaire, qui la dirigeait, officier de l'ancien régime, avait toujours des troupes renommées pour leur bon ordre et leur discipline. En cette occasion, elles se tenaient en bataille, et le reste de l'infanterie de l'armée, dans ce désordre de troupes qui cherchent vivres et butin.

De la petite hauteur d'où l'Empereur observait, s'éleva une discussion. Des perches ou mâts paraissaient à l'horizon sur la crête de la montagne. On les prenait pour des jalons, indiquant une direction. Mon excellente vue distinguait l'homme placé au sommet et j'annonçais des vigies. J'en concluais que l'armée ennemie se postait là, ces vigies étant en usage chez les Russes ; j'en étais si persuadé qu'au lieu de m'arrêter à la discussion je pars sans ordre et vais sur le terrain du côté de ces vigies pour mieux observer.

La division Saint-Hilaire occupait la grande chaussée (route) ; les Saxons, avec des renforts français, venus avec eux de la Saxe, faisaient la gauche. La garde, jeune et vieille, se trouvait à droite. Les troupes que j'avais amenées débouchaient de la forêt ; je n'ai jamais connu la place des autres corps.

Mais j'avais bien vu ! L'armée russe débouche d'Heilsberg en colonne serrée, ayant des batteries de canon à droite et à gauche, et enfonce la division Saint-Hilaire. Celle-ci, coupée en deux, allait être détruite lorsque le prince de Neuchâtel m'envoie sur ce point. J'avais mon grand uniforme bavarois, écharpe, chapeau galonné. Je me jette au milieu des fuyards, je leur parle des quarante mille Bavarois que j'amène ainsi que Masséna. La troupe de cette division Saint-Hilaire reprend courage ; elle se rallie par petits pelotons ; elle occupe des mamelons, reforme des carrés ; ceux qui avaient fui jusqu'à la forêt en reviennent. Ce mouvement à la sortie du bois est pris par les Russes pour l'armée entière qui débouche. Ils arrêtent leur redoutable colonne, hésitent, et déploient réellement pour faire une ligne de bataille. Le maréchal Lannes et son chef d'état-major, Belliard, à la tête de plusieurs régiments, arrivent tête baissée sur ce développement maladroit et chargent avec impétuosité. L'armée russe se débande et rentre en désordre à Heilsberg. Le prince de Neuchâtel accourt avec sa jeune garde qui fait un feu irrégulier tout en courant. Oudinot vient aussi à la tête de ses douze mille grenadiers. De toutes parts, la plaine se remplit de troupes arrivant et faisant feu. Les Russes s'intimident et remontent la montagne en déroute. Notre artillerie à cheval arrive au galop et fond sur cette montagne couverte de fuyards. La perte des Russes fut des plus considérables en tués et blessés, mais surtout en prisonniers. La fuite alla jusqu'à Tilsitt (bataille d'Heilsberg, 10 juin 1807).

Cette bataille, improvisée à la suite du premier com-

bat, dura au plus une heure; elle devait être au grand avantage des Russes qui avaient réellement enfoncé le centre en enfonçant la division Saint-Hilaire, et l'Empereur lui-même était plus que compromis; aussi, quand on se rangea sur ce champ de bataille si promptement gagné, il y vint en personne, aborda le général Saint-Hilaire et lui dit à haute voix : « Saint-Hilaire, voilà une
« belle journée pour vous. Vous avez sauvé l'armée, vous
« m'avez sauvé! C'est vous qui avez gagné la bataille;
« cela aura de grandes conséquences. »

Le général de Saint-Hilaire vient à moi, me frappe sur la cuisse en disant : « Sire, c'est à ce brave Bavarois que
« je le dois. C'est lui qui a remonté le moral de mes
« troupes en annonçant les puissants renforts qu'il a
« amenés. »

L'Empereur ordonne à Berthier : « Décorez-le sur le
« champ de bataille; donnez-lui votre croix. »

Le prince met pied à terre, détache sa croix et l'attache à ma boutonnière en disant : « Messieurs, l'accolade à
« ce brave Bavarois, qui, au fait, est Français comme
« nous. »

Je m'écartai un peu et la mis dans mon gousset. Je fus inquiet, embarrassé, même un peu piqué. A ce ruban rouge j'aurais bien préféré la croix de Saint-Louis!... Dans la campagne précédente j'avais eu à distribuer de ces décorations dans l'armée bavaroise et j'avais motivé un refus formel pour moi, émigré, ayant des biens dotant cette Légion d'honneur. Ceci tourna cependant mieux que je ne croyais : On m'en reparla quelques jours après. J'alléguai l'autorisation du souverain que je servais comme indispensable. Un brevet m'arriva de la chancellerie de Paris, m'agrégeant à la Légion française et non étrangère, attaché avec traitement à la sixième cohorte et droits politiques à Beaune ; je reçus en outre un autre brevet comme étranger et un troisième comme fait d'armes à l'extraordinaire.

A cause de l'éclat, de l'apparat qui fut mis à cette décoration, le Roi de Bavière ne voulut pas être en reste. Il fit assembler à Munich le conseil de guerre qui, selon les statuts de son ordre militaire de Maximilien, décerne cet ordre aux faits d'armes seuls avérés et débattus et utiles à l'État. Un privilège de cet ordre difficile à obtenir est de donner la pension de retraite selon le grade supérieur au lieu du grade inférieur ; quand je suis devenu invalide, j'ai eu la retraite de maréchal de camp, tandis que je n'aurais eu que celle de lieutenant-colonel, ce qui faisait une différence de cinq cents florins ou mille francs ; c'est le traitement de cette décoration en activité de service. Ainsi je reçus en une seule fois deux décorations très honorifiques.

Outre l'ordre de Bavière, il me fut donné de l'avancement, des gratifications pécuniaires, et enfin la place de chambellan dont je faisais cas, parce qu'elle me mettait à même de parler plus souvent au Roi et d'avoir avec lui ces rendez-vous de conversations à huit heures du matin.

La bataille de Friedland, fin de la bataille d'Heilsberg, et la paix de Tilsitt suivirent rapidement. Je fus envoyé en mission en Saxe, en Bavière, à Paris. Je revins à Berlin et là je quittai tout service, étant exténué de fatigues. D'ailleurs l'Empereur n'y était plus et l'on ne s'occupait que de l'exécution des traités.

Maintenant que la croix de la Légion d'honneur est la seule décoration française, je dois peut-être dire pourquoi je l'acceptais avec une sorte de répugnance. D'abord, c'est que je ne voulais rien recevoir de Napoléon ; ensuite cette croix a le défaut d'être donnée aux emplois civils. Il est bon que les vertus civiles aient leur récompense, mais pourquoi la même que les vertus militaires ? Cela décourage l'officier de voir sa décoration, gagnée au prix de son sang, portée aussi par des bavards et des intrigants. En la voyant prodiguée à tant d'anciens Jacobins, je ne pouvais la respecter comme nous faisions jadis pour la croix de Saint-Louis. On acquérait celle-ci par de longs et loyaux services, par de belles actions militaires. Les peines de chaque campagne comptaient comme autant d'années supplémentaires et abrégeaient le temps consacré à l'obtenir. Elle donnait droit aux honneurs de la noblesse, facilitait aux enfants l'entrée dans les écoles militaires. Cette récompense attachait à l'État de bons serviteurs et ne lui coûtait que bien peu. Elle ne se décernait pas à la bravoure seule, qui est une nécessité de la profession des armes, mais à la bravoure accompagnée de patience, de persévérance et de bon exemple en toute occasion.

L'ordre de Marie-Thérèse, très en faveur sous l'Empire, récompensait de brillants faits d'armes. Le prétendant devait lui-même prouver ses exploits, produire ses témoins. Ceci indique son origine féminine ; les faits d'armes seuls, bien racontés, souvent exagérés et parfois incroyables peuvent les séduire ; les véritables vertus militaires ne frappent que ceux qui, les pratiquant eux-mêmes, apprécient leur utilité. L'ordre bavarois, décerné aussi par un chapitre, ne se donne pas à la bravoure seule : il faut encore une action utile à l'État.

La campagne de Prusse m'avait valu une réputation d'adresse et de désintéressement au siège de Plassembourg, de prudence et de courage pour avoir amené tous les corps d'armée qui étaient sur le Bug et la Vistule; elle aurait pu m'enrichir, si j'eusse aimé l'argent. Cette petite forteresse de Plassembourg contenait des trésors pour un officier qui aurait été plus intéressé qu'attaché aux sentiments d'honneur. Elle était devenue ma propriété de bonne guerre; j'aurais pu à cet égard subir toute la sévérité d'un conseil de guerre. Obligé par mon serment d'obéir au Roi de Bavière pour tout ce qui me serait commandé pour son service, je devais, comme Bavarois, me retrouver dans l'armée française, mais je ne devais y agir en rien ni pour rien dans mes intérêts particuliers.

Après la bataille d'Heilsberg, mon crédit près de l'Empereur augmenta encore : je n'en usai ni abusai pas plus qu'auparavant.

L'Empereur approuvait intérieurement ma conduite et ma position à son armée, c'est-à-dire celle d'un émigré avoué, d'un Condéen ne négligeant aucune occasion de relever les mérites de son ancien général, d'un officier sacrifiant toute ambition pour ne pas laisser douter de sa reconnaissance et de sa fidélité envers le souverain qui l'avait adopté, mais il en était préoccupé. Duroc et Savary, deux de mes contemporains et anciens camarades (1), avaient à cet égard ses confidences et n'entraient pas là-dessus dans ses idées. La flatterie, peut-être l'envie, ou la crainte de voir surgir un nouveau favori les inquiétaient. Sénarmont, général d'artillerie et nullement courtisan, fut consulté ; il vint me trouver avec

(1) Duroc et Savary étaient ainsi que le baron de Comeau et le général de Sénarmont, d'anciens élèves de l'école d'artillerie de Metz. Ils y avaient laissé la réputation le premier, de faire la cour à tous ses professeurs et le second d'espionner et de dénoncer ses camarades.

beaucoup d'empressement et me parla ainsi. « Vous avez
« frappé l'Empereur; il m'a dit qu'il voudrait faire
« quelque chose pour vous, que vous le méritiez comme
« homme de caractère, comme brave, et comme homme
« juste, mais que la politique, en cela, n'était pas d'ac-
« cord avec son cœur; que s'il était possible de vous dé-
« tacher de la Bavière, à qui on donnerait un autre ar-
« tilleur, il pourrait, en se servant du sénatus-consulte
« d'amnistie, vous donner le deuxième régiment d'ar-
« tillerie qui avait été le vôtre, sous le nom de régiment
« de Metz. Le colonel de ce régiment vient d'être tué et
« n'est pas encore remplacé. »

Sénarmont me pressait; il me disait que l'état militaire français n'était plus cette sévère fraternité envers les camarades; l'avancement s'y faisait par saccades, et ce que les mécontents avaient de mieux à faire était de courtiser ceux que l'Empereur favorisait.

J'avoue que le ton et les manières de ce général m'ébranlèrent un peu. L'ambition se réveilla; mais, me retrempant tout à coup, je raisonnai cette affaire avec le général en mettant en avant l'intérêt même de l'Empereur.

« Des colonels, lui dis-je, l'Empereur n'en manque
« pas, mais où trouvera-t-il un Français pour lui con-
« cilier, dans tous les frottements inévitables, un allié
« aussi important que le Roi de Bavière, le plus puissant
« des princes secondaires d'Allemagne. La Bavière est,
« pour l'Empire, ce que le duc de Bourgogne fut pour la
« France. Mais ce pays peut aussi bien augmenter l'Au-
« triche d'une province, que la France d'un allié en avant-
« garde ou barrage. Je suis attaché à mes principes,
« entêté même, mais je déteste les Autrichiens. Je suis,

« en Bavière, mieux dans les intérêts de l'Empereur que
« dans aucune des places où il voudrait me mettre. Mais,
« ajoutai-je, l'Empereur peut me faire un grand plaisir :
« mon père a été tourmenté pour mon émigration. On
« lui a pris des parcelles de terre à titre de présucces-
« sion (1) ; ces parcelles dotent la Légion d'honneur dans
« le département de la Côte-d'Or. Il m'est pénible d'être
« membre de cette Légion et de la voir spoliatrice de ma
« propriété. Mon père est mort ; mes frères et sœurs
« viennent de procéder au partage avec moi. Tiens, lis
« ce qu'on m'en écrit. »

Sénarmont lut et dit : « Sois tranquille ; c'est bon, je
« comprends. » Il revint plus tard vers moi, avec un
nouvel empressement, et me dit : « Sois tranquille, l'Em-
« pereur part ce soir même (2), je ne l'accompagne pas,
« étant destiné à l'Espagne, mais tu ne seras pas oublié. »

En effet, je reçois peu après, de M. Léjéas, l'annonce
que la portion de mes biens, dotant la Légion d'honneur,
dans le département de la Côte-d'Or, pour une faible portion, va être vendue par la caisse d'amortissement ; que
je dois acheter, et lui communiquer la délivrance qui
m'en sera faite, qu'il a à cet égard des ordres supérieurs.
Vite, j'envoie cette note à mon beau-père. La vente a
lieu, j'en communique la délivrance à M. Léjéas et poste
pour poste, je reçois de M. de Lacépède une assignation
du prix de mon achat divisé en cinq termes de sept à
huit cents francs chacun, le dernier payable en 1812.

---

(1) On avait confisqué la part qui devait revenir aux émigrés dans la succession de leurs parents, même encore vivants. La portion vendue pour
MM. de Comeau consistait en bois qui venaient d'être coupés et pouvaient
valoir 8 ou 10.000 fr. de capital. Le tiers acheté fut de 3 à 4.000 fr. Cette
restitution fut tout ce que M. de Comeau accepta de Napoléon comme faveur.

(2) Il rentra à Paris le 27 juillet 1807.

CHAPITRE XXVI

COUP D'ŒIL GÉNÉRAL, SOCIÉTÉS SECRÈTES

Napoléon avait glorieusement terminé ses guerres contre l'Autriche et contre la Prusse et constitué fortement la Confédération du Rhin. Par le duché de Varsovie donné au Roi de Saxe, la Pologne semblait ressuscitée. L'Italie, Naples, lui appartenaient et son jeune frère, Jérôme, était devenu roi de Westphalie. Cette immense puissance avait un ensemble de grandeur fait pour fasciner les yeux : l'Empereur paraissait grand dans ces contrées qui avaient vu ses merveilleuses victoires. Moi-même je le trouvais grand en Allemagne, mais, à Paris, j'étais frappé d'une foule de signes morbides.

A Paris, on ressentait les revers, les contrariétés de cette funeste et injuste guerre d'Espagne (1). A Paris, le luxe des quartiers généraux ne s'harmonisait pas avec

---

(1) Le roi d'Espagne, Charles IV, laissait gouverner un indigne favori, Godoï, prince de la Paix. Par suite des intrigues de Murat, ambassadeur de Napoléon, le peuple se souleva et voulut mettre sur le trône le prince des Asturies, fils du Roi, sous le nom de Ferdinand VII. Sous prétexte d'accorder ces Princes, Napoléon les fit venir à Bayonne, les interna en France et les remplaça par son frère Joseph. Tous les Espagnols, instruits de sa conduite envers leurs rois et envers le Pape, se réunirent contre lui pour défendre leurs libertés et leur religion. Aidés par les Anglais, ils luttèrent avec tant d'avantage que Napoléon dut retirer, en 1813, ses troupes, décimées par cette longue lutte contre tout un peuple.

Les sociétés secrètes avaient décrété la chute de tous les Bourbons

le bon ton et l'élégance d'une grande ville. Une étiquette sans vraie Cour; une Cour sans étiquette; c'était toujours un quartier général, gâté encore par beaucoup de femmes sans mœurs. Le commerce, peu actif, souffrait du blocus continental, décrété à Berlin pendant notre passage. On voyait souvent beaucoup de luxe, mais rarement de bon goût : le bon goût et l'élégance étaient relégués dans le faubourg Saint-Germain et les châteaux, et la plupart des officiers supérieurs n'en sortaient pas. Napoléon, lui-même, manquait de goût, et chacun se modelait sur lui; mais il tenait au luxe et aux fêtes pour faire gagner le commerce. Ce Paris de la toute-puissance m'a toujours paru inférieur à Paris avant la révolution. Ces nuances m'étaient plus sensibles parce que, y allant plus rarement, je les remarquais mieux.

J'ai toujours eu un système de liberté et d'indépendance basé sur mes devoirs, sur l'honneur, selon l'idée que j'en avais sucée avec le lait; sur une religion (peut-être peu orthodoxe) qui m'a toujours laissé juger selon des principes constants; aussi les catastrophes que je prévoyais devenaient la consolation des maux que j'éprouvais. Avec cette idée fixe, je n'ai jamais couru après la fortune, ni après les grades et emplois. J'ai pris ce qui est venu sans blesser mon for intérieur; j'en ai usé comme d'une chose passagère, très casuelle, en regrettant le passé, m'inquiétant du présent, espérant dans l'avenir. Ces idées ont agi plus fortement sur moi, en 1807 et 1808, fin de la plus glorieuse campagne, qu'en aucune autre circonstance.

L'Autriche était humiliée ; je le désirais depuis 1789, où je la voyais laisser dans la peine Marie-Antoinette, grande princesse de son sang; depuis 1790 et 91, où je voyais qu'une seule parole diplomatique, peut-être quelques escadrons, auraient favorisé le projet bien conçu d'abandonner le cloaque de Paris à la Révolution (1) et de refaire la France monarchique soit à Lyon, soit dans le midi. En 1792 et 1793 la belle armée autrichienne ne m'a montré qu'orgueil et incapacité !...

La Prusse était plus qu'humiliée ; elle l'avait mérité pour avoir reculé à Valmy au lieu d'arriver à Paris, en usant noblement de sa réputation militaire pour dissiper des bandes informes, bouillantes de courage, mais privées d'officiers. Il ne fallait qu'un revers à ces incertitudes pour les ramener à l'ordre. Il ne fallut qu'un succès même éphémère pour donner à ce courage une direction propre à tout renverser. Oui, j'ai demandé à Dieu de vivre assez pour voir l'armée prussienne humiliée, puisqu'elle et ses chefs n'avaient pas compris que leurs grades et leurs honneurs se liaient aux grades de l'armée royale française. Il fallait, d'après mes idées, qu'ils succombassent, et ils venaient de succomber.

Le salut final de ma patrie, de cette chère France, m'avait fait désirer que les peuples du Nord ne fussent pas tentés de transporter leur *cosmopolitage* de leurs froids déserts, dans nos fertiles contrées ; et la Russie était as-

---

(1) Au temps de l'Assemblée Constituante, chacun bâtissait sa théorie de gouvernement. M. de Comeau et beaucoup de ses camarades, auraient désiré voir dans la France entière, les États provinciaux qui en régissaient déjà une partie, Bourgogne, Bretagne, etc. ; sous l'autorité du Roi, seul maître de l'armée (celle-ci recrutée selon l'usage alors par des enrôlements volontaires) chaque province aurait voté ses impôts et se serait administrée elle-même selon ses besoins et ses coutumes : Paris aurait perdu sa prépondérance.

Au lieu de doubler le Tiers-Etat, ils eussent préféré en faire deux chambres : l'une pour les villes, la bourgeoisie, l'autre eût représenté les campagnes, les patrons, les corporations par un suffrage à deux degrés. Avec le clergé et la noblesse, toutes les classes se trouvaient représentées. Le passage d'une classe à une autre classe eût été facilité.

sez repoussée pour m'avoir satisfait sur ce point. Mais l'ivresse de ces victoires ne laissait plus de frein à l'orgueil. Le vainqueur ne m'inspirait point de confiance pour l'avenir. Je me retirai sans rien demander en ces moments où on obtenait tout quand on avait participé à tout.

Traité avec l'Autriche, traité avec la Prusse, traité avec la Russie : l'Empereur se croyait affermi, et je le voyais décliner... Je quittai Berlin, dans ces circonstances, pour plusieurs motifs : je trouvais indiscret de prolonger les énormes appointements que la Bavière était obligée de me donner pendant les séjours au grand quartier général. J'avais à cœur d'avoir des entretiens secrets avec mon souverain sur ces événements si graves et acceptés avec tant d'enthousiasme. Puis j'avais l'air d'un disgracié, là où j'étais stationnaire, tandis que pleuvaient les avancements, les grades, les pensions, les domaines, les starosties. C'était moi qui le voulais ainsi, mais on ne le savait pas, et on l'aurait su qu'on ne l'aurait pas cru.

D'ailleurs, on m'obsédait pour obtenir des décorations bavaroises. La manie du moment était d'arriver à Paris avec des ordres étrangers, relevant les décorations françaises.

L'armée bavaroise s'était distinguée par les sièges des places fortes de Silésie, par sa valeur dans les combats, par sa bonne tenue partout. Porter ses décorations à Paris, c'était dire qu'on avait contribué à ses succès.

Je fus confirmé dans mes idées de décadence par un fait inattendu pour moi. J'avais reçu des politesses, des marques d'intérêt de la part de plusieurs généraux et officiers. J'avais partout agi en bon camarade, et je laissais réellement de bons camarades dans ces armées. Je fis des visites d'adieu. Elles m'attirèrent une invitation à un repas donné en mon honneur. J'acceptai et je tombai dans une loge, celle des philadelphes. Il est probable qu'on me croyait mécontent; on m'avait vu capable, et on voulait m'enrôler.

Je subis donc une bordée d'indignation, de voir un militaire qui avait fait tel acte, tel fait d'armes, donné tel conseil, ou sauvé de tel désastre, renvoyé tout juste comme il était venu, tandis que tel ou tel bas valet avait honneurs, grades et fortune.

— « Messieurs, leur dis-je, l'intérêt que vous me témoi-
« gnez me touche ; mais, dans les combats, vous n'avez
« vu en moi qu'un soldat. Aujourd'hui, pendant la
« paix, vous avez autre chose à y chercher : un émigré
« par sentiment de son devoir vis-à-vis de son roi légi-
« time; un homme qui n'a pas de confiance dans les for-
« tunes extraordinaires ; un Français qui met tout son
« honneur à prouver qu'il sait se battre, et jamais pour
« avancer plus vite que son tour; qui est de cette classe,
« née dans les châteaux, et qui n'aspire qu'à y mourir
« avec l'épaulette de capitaine, autrefois notre bâton de
« maréchal. Je vois, Messieurs, que vous chérissez la
« république; moi je suis voué à la monarchie, et à la
« monarchie héréditaire. »

Un des jeunes me dit avec une sorte d'emportement :
« — Nous sommes philadelphes, et je vois bien que vous
« êtes des serviles. »

— « Je suis, Monsieur, catholique, apostolique et
« romain. C'est le nom de ma loge et je ne ferai jamais
« partie d'aucune autre. »

— « Hé bien! Après avoir servi le despote qui pèse
« sur nous, vous allez servir la messe? »

Un dignitaire, sans doute, lui imposa silence et porta

un toast à tous les hommes de caractère, qui mit fin à la séance.

A propos de ce repas, je vais conter ce que j'ai su en ce temps sur les sociétés secrètes, si nombreuses alors en Allemagne, surtout dans les pays protestants. Mais je dois avouer qu'absorbé par mes affaires militaires je ne m'en occupais guère, et ce que j'entendais dire semblait peu certain, se contredisait parfois et tout en en parlant souvent, on n'osait rien affirmer.

Les plus dangereux étaient les Illuminés, fondés par Weisshaupt, et dont j'ai dit un mot lors de mon entrée en Bavière. Plus à craindre encore que nos francs-maçons, ils plaçaient leurs partisans dans les emplois principaux, aux ministères, près des jeunes princes. Le bruit courait que le prince royal de Bavière avait été élevé par un affilié secret. Ils faisaient parvenir leurs créatures, effrayaient les Rois, les dominaient dans leurs conseils. On soupçonnait leurs partisans de correspondre avec les républicains jacobins; on leur attribuait les facilités, les intelligences qu'avaient trouvées partout les armées de la République. Ils passaient aussi pour dangereux lorsqu'on leur avait déplu, c'est pourquoi on en parlait d'une manière si peu affirmative. Une de leurs ruses habituelles, d'ailleurs, consistait à beaucoup parler du pouvoir de la secte, mais à cacher soigneusement les noms de ses adhérents. Les uns prétendaient que le Roi de Prusse et son général, le duc de Brunswick, en faisaient partie et y voyaient la cause de la retraite de Valmy et de tous les déboires des émigrés dans cette campagne. D'autres affirmaient que, depuis Joseph II, des ministres de cette société dirigeaient la politique autrichienne et expliquaient ainsi la différence entre les paroles du souverain et les actes de ses armées et de son administration (1).

Un des principes de ces associations consiste à cacher leurs chefs dans un gouvernement maintenu en paix et à faire agir des affiliés là où ils ravagent. Vivement attaqués dans un état, ils passent dans un autre; c'est ce qui arriva pour Weisshaupt. Le vice organique qui facilite ces loges occultes est la centralisation; elle les couvre, les protège, les rend difficiles à attaquer. C'est le venin mortel de toutes les sociétés.

La centralisation amène l'oisiveté : on ne peut d'avance faire un choix spécial; on ne peut atteindre aucun but par le travail qui y serait propre. On espère, on désire, on se montre comme étant propre à tout, et... on reste oisif. Alors les chimères fermentent; la folie, les mauvaises actions réalisent les chimères et engendrent les illusions. La centralisation est une maladie pour les états, et souvent une maladie mortelle. Elle se soutient par les loges : ce sont deux maux qui, se prêtant un mutuel appui, acquièrent une force destructive qui renverse tout, si une puissance surnaturelle ne vient à bout d'en neutraliser l'effet par l'anéantissement d'un de ses éléments de désordre, mais les détruire est très difficile!...

Maintenir les droits, les antécédents de chaque chose est protéger, régner. Tout niveler, tout accumuler dans une capitale, c'est froisser, dégoûter, désoler, affliger; c'est *trônailler*. Quand un empire en est venu là, son passé n'est plus que regrettable souvenir, son avenir n'est que craintes, appréhensions. Les loges, la franc-maçonnerie, les illuminés, rosecroix, saint-simoniens et toutes autres diaboliques inventions prennent naissance dans

(1) Le prince de Kaunitz, le baron de Thugut, le comte de Cobentzel, Metternich, etc.

la centralisation. Ce ne sont que des vitesses qui, imprimées aux masses concentrées, font cette quantité de mouvement destructeur qu'on nomme une révolution. Ce sont des tempêtes à grand effet, à grand spectacle, mais elles ne laissent après elles que ruines et débris. Un bon observateur ne s'y trompe pas : où il voit calme, harmonie, ensemble, il voit solidité et durée, tout y est naturel. Mais si tout est enflé, déplacé, boursouflé, il peut s'étonner des grands effets, mais ne doit attendre que frottements, ruptures et déchirements. La sagesse lui dit qu'il ne peut rien heurter, rien arrêter; la prudence ne lui sert qu'à se mettre à l'écart pour laisser passer le torrent.

Un état en décadence multiplie les emplois et les charges pour s'attacher des partisans par ses profusions. Un état fort, au contraire, paie surtout en honneurs, en considération. Les loges, les sociétés secrètes, les rumeurs qu'elles excitent dans les lieux publics, l'audace, la multiplicité des folliculaires ne sont pas la vraie cause de la décadence des empires, mais des signes de leur faiblesse. Ce qu'on prend pour la cause n'est qu'un effet, spontané comme une explosion. Les causes ont été lentes et successives, mais chaque faute produit son venin, et ces venins deviennent poison presque sans remède.

En France la centralisation produit tout le mal. Cette capitale, cette tête monstrueuse annule, épuise la province et donne aux émeutes dans cette grande ville une force qui détruit tout. Les provinces auraient défendu leurs privilèges; ces uniformes départements ne servent qu'à régulariser cette force matérielle qui agite tout et ne vivifie rien.

Le Roi de Bavière avait conservé les ministres de ses prédécesseurs. Deux d'entre eux, M. de Hompesch et

M. de Montgelas (1), ce dernier surtout, passaient pour être illuminés. Ce M. de Montgelas, quoique incrédule, était superstitieux. Il assurait avoir vu en rêve un de ses amis le saisir d'une main glaciale en lui disant : « C'est ainsi qu'on meurt. » Réveillé le lendemain de bonne heure, il envoya savoir des nouvelles de cet ami : il était mort à l'heure même du songe effrayant!...

Le nombreux parti qui n'aimait pas M. de Montgelas essaya par tous les moyens d'en dégoûter le Roi. Un jour, par exemple, pendant le carnaval, le Roi se trouvait à une académie. On appelle de ce nom, en Allemagne, une grande réunion où la Cour et la ville sont confondues. Il suffit de dire son nom à un factionnaire placé à la porte, et d'avoir un petit masque, qui ne couvre que les yeux et la moitié du nez. Les dominos y sont admis ainsi que les déguisements. On y joue aux cartes, on cause d'un côté; on danse ou l'on entend de la musique de l'autre, comme dans un salon de ville d'eaux minérales. Parfois on y joue de jolies pantomimes italiennes, avec arlequins, colombines, etc.

Le Roi était donc à une partie, un de ses chambellans près de lui, et ce soir-là, c'était moi. Une troupe de masques, déguisés en charbonniers, arrive, s'approche du Roi, le regarde jouer, puis s'éloigne, ne laissant près du jeu que l'un d'entre eux. Ce masque s'adresse au Roi et lui fait de vifs reproches de sa confiance dans un illuminé. Le Roi ordonne de saisir cet insolent; les soldats de garde accourent et saisissent... un mannequin, revêtu

---

(1) Il resta ministre jusqu'en 1817. M. de Hompesch était proche parent de celui qui livra Malte à Napoléon.
Les ministres de Prusse baron de Stein, baron de Hardemberg, etc., etc., et beaucoup d'autres étaient aussi affiliés.

d'un domino que probablement quelque ventriloque avait fait parler.

En Italie, on parlait beaucoup des charbonniers ou carbonari. On disait qu'ils rêvaient une Italie *une;* les uns la voulaient en république, les autres en monarchie, sous un roi italien. En France, les francs-maçons dominaient très nombreux; les philadelphes étaient surtout répandus dans l'armée (1).

Les idées protestantes allemandes fermentaient aussi contre Napoléon et les Français, grâce surtout aux ministres luthériens. J'ai connu une brave femme d'Augsbourg, chez qui j'avais logé pendant l'émigration, et qui me voyant décoré me disait : « Quoi, Monsieur! vous

---

(1) Sous le Consulat, la France, lasse de la terreur, regrettait ses anciens princes. Le comtois Oudet conçut, dit-on, l'idée d'un accord possible entre royalistes et républicains, et de ramener Louis XVIII tout en conservant les principes, les institutions et les hommes de la révolution, seul moyen, croyait-il, de la fonder solidement et de renverser Bonaparte. Pour ce projet, il se servit d'une adelphie, ou association d'écoliers déjà fondée à Besançon. Il s'affilia aux autres sociétés secrètes; il envoya de nombreux émissaires en province et dans l'armée. Peu d'initiés savaient le but réel de la société : on parlait à chacun, selon ses préférences, de république une ou fédérative, de royauté constitutionnelle, etc. Oudet, Moreau, Malet furent chefs de cette société devenue très nombreuse et dont on trouve la trace dans tous les fréquents complots militaires de cette époque. Plusieurs faillirent réussir.

Oudet périt le soir de Wagram, après la bataille. On prétendit qu'il était tombé dans une embuscade. Le général Malet voulut profiter de la campagne de Russie pour arriver au résultat désiré. Découvert au moment de l'exécution, il fut fusillé avec quelques complices. Les philadelphes, n'espérant plus réussir seuls, rappelèrent Moreau, chef honoraire et, Bernadotte, qui en avait fait partie avant d'être prince royal de Suède. Ils demandèrent aussi l'intervention des monarques étrangers dont l'aide leur semblait indispensable pour renverser Napoléon. — Les carbonari d'Italie avaient à peu près le même but. Du reste toutes ces sociétés secrètes semblent avoir été les différentes branches d'un même tronc adaptées à des milieux différents, mais ayant un esprit commun.

On trouvera de curieux détails sur les philadelphes dans une brochure de Ch. Nodier publiée sous ce nom en 1816 et rééditée, dans le second volume de ses *Souvenirs de la Révolution et de l'Empire* en 1850.

« aussi vous portez le signe de la bête !... » Napoléon était pour eux l'Apollyon de l'Apocalypse.

Les catholiques étaient moins superstitieux, mais l'Autriche comptait en eux bon nombre de partisans. D'abord assez amis de Bonaparte, la nouvelle de ses démêlés avec le Pape les lui aliéna; noblesse, peuple, clergé se tournèrent contre lui, surtout après 1809 et l'excommunication (1). L'armée seule lui resta fidèle. Jusque-là, on avait vu en lui le soutien de la Confédération germanique, le sauveur des nationalités bavaroise, wurtembergeoise, badoise, etc. On n'y vit plus qu'un oppresseur. Je crois que les illuminés dirigeaient ce mouvement des esprits. Des associations anti-françaises, comprenant atholiques et protestants, se formaient partout, sous le nom de Tugenbund ou amis de la vertu. Il faut avouer que les employés de Napoléon n'avaient pas bien compris l'Allemagne. Son armée pillait tout, amis et ennemis. Avec plus de prudence, on eût pu se faire des alliés solides, au lieu que l'abandon des petits princes, et surtout de leurs sujets, n'a surpris personne. Napoléon, en faisant des rois avec les électeurs, avait aboli la constitution de l'Empire germanique, et détruit l'ancienne liberté européenne, mal remplacée par les idées libérales. Il avait réduit plusieurs petits princes, tous les seigneurs immédiats, la plupart des villes libres à n'être que des sujets, ainsi que les évêques princes, privés en outre de leurs biens. Toutes ces diverses classes étaient naturellement contre lui. Il avait déplu aux loges, les avait froissées en voulant les diriger au lieu d'être seulement leur instrument. Elles ameutèrent contre lui les protestants

---

(1) Pie VII excommunia Napoléon en réponse au décret qui unissait les états de l'Église à l'Empire français (en mai 1809).

allemands, les protestants réfugiés français, les étudiants et associations germaniques.

Le fanatique qui voulut le frapper en 1809 à Schœnbrünn était fils d'un ministre protestant (1).

---

(1) Le 12 octobre 1809, tandis que Napoléon faisait une revue, un jeune homme se présenta, demandant à remettre une pétition à l'Empereur. Son insistance ayant paru singulière, il fut arrêté et trouvé porteur d'un couteau. Ce jeune homme, du nom de Staps, fils d'un pasteur d'Erfurt, interrogé, déclara qu'il était décidé à tuer Napoléon, l'oppresseur de sa patrie. Il fut traduit devant une commission militaire et fusillé. L'Empereur signa la paix et quitta Vienne aussitôt après.

CHAPITRE XXVII

COUR DE L'EMPEREUR, COUR DE MUNICH, KUCKELÉ

La fin de 1807, 1808 et le commencement de 1809 furent en Allemagne des années de paix. La guerre et les événements politiques s'étaient reportés en Espagne. Je fus souvent envoyé en mission à Paris et je pus faire quelques séjours dans ma famille en Bourgogne. Ma femme vint avec mon fils passer avec moi plus d'une année à Munich. Elle y était déjà venue en 1802 et 1803; elle fut présentée à la cour et participa aux nombreuses fêtes de cette époque.

Dans quelques occasions, la cour de Munich fut fort brillante; en 1806, le mariage du prince Eugène Beauharnais avec une des filles du Roi, la princesse Augusta, y attira toute la cour des Tuileries. Elle n'était pas encore montée sur le ton où elle le fut après le mariage de Marie-Louise. Au contraire : elle avait encore beaucoup d'un quartier général et peut-être plus encore du laisser-aller des mœurs du Directoire. Plus d'une intrigue scandalisa les Allemands, pourtant assez faciles, mais conservant habituellement un certain décorum. Joie et fêtes de noces, prodigalités, gaîté et légèreté qui n'étaient pas du meilleur ton... Napoléon en fut instruit; il me fit apler à Braunau, à une petite journée de Munich, et cela pour aller de sa part dire à l'Impératrice Joséphine de maintenir sa Cour dans le bon ordre et lui exprimer sa colère, commission désagréable et difficile ; et dans toute sa troupe dorée, sa logique ne trouve que moi, capitaine bavarois, moi, lieutenant français de son temps pour comprendre son idée et la mettre à exécution. Du ton et de l'air le plus sévère, il me dit : « Allez à Munich « dire à l'Impératrice que je suis très mécontent ; oui, « mécontent d'elle et de sa suite. Qu'est-ce que c'est ?... « Singer la cour de Louis XV !... Nous n'avons pas les « mêmes antécédents. Allez ; si vous m'avez compris, « vous sentirez pourquoi je vous ai choisi. » La mission était délicate, mais Joséphine avait de l'esprit. Un nouveau scandale venait d'éclater, et elle me devina presque aussitôt qu'elle me vit revenir. Il paraît que Napoléon l'avait habituée à ces sortes de gronderies impériales par envoyés ou aides de camp.

Dans la famille de l'empereur, elle n'était pas la seule. Je pus voir, plus tard, que les frères de Napoléon furent souvent rappelés à l'ordre. Dans une de mes missions, et admissions dans le cabinet de l'empereur, je me trouvai, une fois, en même temps qu'un général envoyé par son frère Jérôme, roi de Westphalie. J'eus satisfaction et accueil très gracieux. Le général westphalien fut indignement traité. De la part de son souverain, il donna un mémoire à l'Empereur, qui le lut en fronçant les sourcils de temps en temps. Tout à coup, se levant : « Je « voudrais bien savoir, dit-il, où mon frère Jérôme prend « ses prétentions. Est-ce par hasard dans son dividende « de la succession de feu notre père ? Reportez-lui ma « réponse. »

On ne peut parler de la cour impériale sans parler de la maréchale Lefebvre. Tous les livres d'anecdotes sont pleins de ses coq-à-l'âne, de ses reparties un peu poissardes. Presque tous ces faits sont vrais ; mais elle était fort bonne femme, ayant bonne conduite et bons sentiments, malgré son mauvais ton. On la regardait comme une sorte de jouet à la Cour de Paris; à Munich, à Berlin, on en faisait autant, mais on le laissait moins voir. Je ne rapporterai que ce que je lui ai entendu dire.

Je l'avais conduite de Munich à Berlin dans ma voiture. Ce n'était, certes, pas une compagne de voyage embarrassante, loin de là. Quand elle trouvait les postillons un peu lents à changer leurs chevaux, elle avait vite fait de sauter à bas de la voiture, et de les activer avec quelques gros mots bien accentués. Elle n'avait pas sa pareille pour faire le bouillon avec les tablettes, si utiles aux militaires de cette époque. A notre arrivée à Berlin, elle reçut une invitation à un spectacle de la Cour, et y vint un peu en retard. Je l'accompagnais. Le factionnaire ne voulait pas d'abord la laisser entrer; il tenait la porte fermée et lui disait en allemand, en mauvais français, que sa consigne s'y opposait. « Ferme ta gueule, ouvre « ta grille, » lui dit la maréchale.

C'est moi, qui, après la prise de Dantzig, fut chargé de lui porter la nouvelle que son mari venait d'être nommé duc. Elle se trouvait debout, au milieu des dames d'honneur et d'atours. Dès qu'elle a lu son brevet, elle va elle-même prendre un tabouret, le traîne, par un pied, derrière elle, le place devant les fauteuils de l'impératrice et de quelques princesses, puis s'y assied en leur disant: « Ça vous étonne? Eh bien, moi aussi (1). »

En donnant à tous ses maréchaux des richesses énor-

---

(1) Ce fut le premier titre de noblesse décerné par Napoléon. Les autres ne vinrent que l'année suivante.

mes, Napoléon exigeait d'eux qu'ils tinssent un état de maison proportionné à leur rang. Il fallait de beaux hôtels, des fêtes, du luxe en tout genre.

Je me trouvai un jour chargé, dans une de mes missions à Paris, d'un paquet pour la maréchale Lefebvre. Son mari profitait de mon voyage pour lui envoyer sûrement, promptement et économiquement de beau linge de Saxe. J'arrivai dans un bel hôtel, sortant des mains de l'architecte. Il y avait nombreuse compagnie, et la maréchale lui faisait tout visiter. En passant à la bibliothèque elle nous fit remarquer comme ces rayons eussent été bien disposés pour faire un fruitier, « mais, » continua-t-elle, « il paraît qu'il faut y mettre des livres. Le« febvre n'est pas *lecturier*, moi je ne suis pas *lisarde*, « mais notre garçon, Coco, sera bien *induqué* et j'ai « chargé un *percepteur*, que je viens de prendre pour lui, « de nous acheter ces livres. Il a déjà *bin induqué* Coco, « depuis qu'il reste avec lui au lieu d'aller polissonner « avec les ordonnances. Je vas vous le faire voir. Coco, « Coco. » Après s'être laissé appeler en vain deux ou trois fois, Coco, grand garçon d'une quinzaine d'années, ému enfin par la menace d'être mis au pain sec, entr'ouvre la porte de la chambre où il était censé travailler, y passe la tête en faisant le geste narquois des gamins de Paris, et ne prononce que le mot célèbre prêté depuis à Cambronne. La maréchale, furieuse, lui promit le fouet. Nous avions tous peine à garder notre sérieux, devant le beau résultat déjà obtenu par cette merveilleuse *inducation*. La pauvre femme avait mauvais ton, manque total d'éducation, mais elle avait bon cœur, et, ce qui est plus rare, beaucoup de bon sens.

Toutes les autres femmes de l'entourage impérial ont

pris de bonne heure bon ton, sinon bonnes mœurs. Les hommes ont été beaucoup plus longs à prendre les manières des cours, mais ils ont fini par s'y plier. Napoléon les a mis à même de n'être pas ridicules sous la Restauration et leur a appris à faire leur cour à Louis XVIII et à Charles X. Dans le début, plusieurs avaient l'air gauche et raide dans le costume d'apparat. Ils grognaient sans dissimuler de n'avoir plus l'uniforme.

J'ai parlé tout à l'heure de ces académies où se réunissaient à Munich la Cour et la ville. Outre ces académies, où le roi se trouvait avec les marchands, les négociants, les gens de toutes les classes, il y avait, comme dans tous les états, des soirées où il fallait être présenté. On n'y parlait que français; on exigeait au moins les seize quartiers de noblesse de rigueur en Allemagne pour y être admis. Là, comme dans toutes les cours d'Allemagne, régnaient le luxe, la morgue, les plaisanteries et surtout l'intrigue. De vieilles duchesses ridicules à force de singer les jeunes, des hommes voulant imiter les manières françaises, des femmes qui les avaient naturellement, des militaires distingués et haut placés, des ambassadeurs, etc., etc.

La reine, fort sévère pour les mœurs, ne tolérait aucune intrigue, et cependant il y en avait bon nombre. Mais l'accueil froid réservé par cette princesse à toute femme un peu compromise était cause que l'on s'en cachait.

Le roi, ayant été souvent, dans sa jeunesse à la Cour de France quand il était colonel du régiment français d'Alsace et simple prince de Deux-Ponts, avait un peu moins de sévérité. Il aimait même beaucoup ce genre d'esprit léger qui avait dominé en France en ce temps.

Il excellait dans l'art de dire des plaisanteries avec bonhomie.

Cette simplicité ne le quittait jamais, et cependant il était digne quand il le fallait; humain, bon administrateur, affable, ses sujets le chérissaient.

Que de fois je l'ai vu, assis sur un banc de son jardin anglais, suivi de son superbe barbet, Belleface! Que de fois je l'ai vu revêtu d'un simple habit de drap gris brun, dit drap palatin, s'en aller au marché aux grains et, là, causer avec les gros fermiers de leurs affaires, du prix des grains, des bestiaux. Tous connaissaient leur Max-Joseph, l'aimaient et le respectaient comme les Mathurins de nos anciennes comédies aimaient et respectaient leurs seigneurs, les pères nobles!...

Pendant un des séjours de Napoléon à Munich, après Austerlitz, le roi, ayant envie de savoir l'opinion de son peuple sur les événements, m'avait pris pour l'accompagner au marché. L'Empereur, précédé de ses gardes, escorté de ses aides de camp, passe, et reconnaît avec surprise le Roi au milieu des paysans. Il met pied à terre renvoie son brillant état major, et reste quelque temps avec « son frère Maximilien », puis il s'éloigne ; le Roi le suit et Napoléon lui témoigne son étonnement.

Le roi de Bavière lui raconte que les autres princes d'Allemagne en font souvent autant ; que jamais il n'a reçu le moindre manque de respect. Napoléon garda un moment le silence, puis il dit: « Voilà ce que c'est, cependant, que d'être souverain par la grâce de Dieu, ou de l'être seulement par sa permission! »

Cette distinction entre grâce et permission, qui s'est si souvent renouvelée depuis 1830, montre toute la portée qu'elle avait en 1806 dans la bouche même de Bonaparte. Du côté de la grâce, les souverains comptaient leur existence par siècles ; du côté de la permission les États peuvent à peine compter par années.

On avait encore, à Munich, d'autres visites que celles de la cour des Tuileries. C'étaient, tantôt les princes de la maison de Saxe (1), alliée du prince royal ; tantôt les sœurs de la reine, née princesse de Bade. Lorsque le prince de Condé était dans la forêt Noire, ces princesses recevaient souvent la visite de nos trois princes, surtout du duc d'Enghien. L'aînée devint reine de Bavière, la seconde, impératrice de Russie, la troisième reine de Suède, deux autres, duchesses de Brunswick et de Hesse-Darmstadt ; la princesse Amélie, sœur jumelle de la reine de Bavière, ne s'est pas mariée.

La reine de Suède fut fort malheureuse ; son mari, Gustave IV, bon et excellent homme au commencement, devint fou ; sa folie fut d'abord mystique, de ce genre de déraison fort commune chez les protestants.

L'apocalypse mal entendue, mêlée à des idées de mysticisme illuminé, aux folies de Svedenborg (2), fermente dans ces têtes du Nord, beaucoup plus portées à la rêverie que les têtes méridionales. Bientôt, le colonel Gustafsöhn (c'est ainsi qu'il se fait nommer) se croit appelé à de grandes choses. Il ruine son pauvre royaume en se croyant un nouveau Charles XII. Bientôt encore, le désordre de ses idées le rend jaloux de sa malheureuse

---

(1) La reine de Saxe était sœur de Maximilien-Joseph, et le prince royal de Bavière épousa, en 1810, Thérèse de Saxe-Hilbourghausen.

(2) Célèbre physicien et théosophe suédois (1688-1772). Il prétendait avoir été investi par Dieu d'une mission sacrée et du pouvoir d'entrer en relations avec le monde des esprits et des anges. Il fonda une religion nouvelle établie sur une interprétation des textes sacrés, qui lui était inspirée, disait-il, par Dieu lui-même.

femme, qui était la vertu même; il se porta sur elle aux derniers excès.

Un jour, allant en Prusse dans une de mes missions moitié militaires, moitié diplomatiques, j'entendis des sanglots dans une auberge. Une dame d'honneur de la reine de Suède m'en apprit la cause. C'était cette infortunée princesse, que le roi, dans un moment de folie, venait de maltraiter et d'abandonner dans cette auberge, sans argent, sans voiture, sans moyen de s'en aller, et qui n'osait se faire reconnaître. Je donnai à cette dame d'honneur quelques ducats, le peu que j'avais sur moi; je lui laissai ma voiture, et la malheureuse reine put retourner auprès de sa sœur la reine de Bavière. Jamais elle ne m'a parlé de cette circonstance si embarrassante, mais je vis bien par la suite, à l'accueil que je reçus, soit à Munich, soit à Saint-Pétersbourg, soit à Bade, que je n'avais pas obligé une ingrate. L'argent et la voiture me furent rendus par la dame d'honneur. Je conserve encore plusieurs lettres de la princesse Amélie pleines de la plus grande bonté pour moi (1).

La folie du roi de Suède étant devenue de plus en plus publique, les États du royaume lui enlevèrent la couronne, donnèrent le trône à un oncle qui n'avait point d'enfants, le duc de Sudermanie, et choisirent le général Bernadotte, déjà protestant, disait-on, pour héritier du royaume. Le roi et la reine se traînèrent de cour en cour jusqu'à la mort du roi.

La musique était très à la mode à la cour de Munich. Indépendamment de la belle chapelle, héritage de l'élec-

---

(1) Ces lettres, relatives aux sommes à distribuer aux prisonniers bavarois en Russie, sont toujours conservées dans la famille.

teur Charles-Théodore, il y avait des chanteurs, des musiciens, attachés au roi ou à la reine. On citait pour sa grâce, son amabilité une jeune cantatrice italienne, sœur du célèbre compositeur Blangini. Je n'ai jamais vu minaudière pareille, mais je lui ai pardonné de bon cœur un tour qu'elle m'a joué :

Il y avait eu concert à la Cour, au château de Nympheubourg, à deux petites lieues de Munich et le Versailles de la Bavière. Tout le monde y était venu en voiture; Mlle Blangini, je ne sais comment; mais au moment de partir, comme elle ne pouvait trouver de voiture pour la ramener à Munich, poliment, je lui offre place dans la mienne. Elle accepte, monte, et lorsque j'allais monter aussi, il lui prend un remords de conscience. — « Mais « que dira la reine, elle qui est si sévère, si elle apprend « que je suis partie avec un militaire? Fouette, cocher. » — Et la voiture part, me laissant là, seul, à pied. Heureusement que Mme de G... me ramena, en riant avec moi du succès de mon obligeance.

J'ai nommé le barbet du roi, Belleface; je puis bien parler aussi de mon barbet, Kückélé (prononcez kikélé). Il mériterait presque d'être mis dans le recueil des chiens célèbres.

Je l'avais acheté vers la fin de l'émigration. Il m'a servi d'abord à me fournir des cheveux noirs, quand j'étais obligé de travailler en cheveux pour vivre. La chienne blonde, épagneule, de Mme de Vezet, nous fournissait les cheveux blonds. Plus d'un Allemand sentimental a sans doute embrassé les poils de ces deux chiens, croyant embrasser les cheveux de sa belle, mais ils en donnaient trop peu, et le poil frisé du barbet noir et de la blonde épagneule se travaillait beaucoup mieux.

Revenons à Kückelé. Son premier trait d'intelligence a été d'aboyer contre les juifs, qui nous aidaient dans notre commerce; ennuyé de son tapage, je lui ordonnai de parler bas, ce qu'il fit à l'instant.

J'entrai peu après au service de Bavière. Les canonniers et artilleurs l'adoptèrent. Ils cultivèrent son intelligence. Lorsque le régiment sortait, jamais Kückélé ne manquait; il se croyait indispensable. Les soldats, en jouant, lui mettaient dans la gueule quelques kreutzers et l'envoyaient acheter des petits gâteaux. Il sautait sur l'éventaire de la marchande et lui donnait l'argent qu'il portait dans sa gueule. C'est de là que lui est venu son nom de Kückelé, ce qui veut dire : petits gâteaux.

Il connaissait tous les officiers du régiment, et acceptait les repas qu'on lui offrait; il s'y rendait à l'heure prescrite, se comportait avec convenance, ne demandant jamais; mais si on ne l'avait pas bien traité, quand l'hôte peu attentif l'invitait une autre fois, il serrait la queue et ne répondait pas à l'invitation, bien heureux quand il ne levait pas la patte sur son pantalon.

Un jour, on avait interdit l'entrée du jardin de la cour à tous les chiens. Je crois que Belleface avait été mordu par des confrères qui ne respectaient pas le commensal du roi. Les soldats mirent dans la gueule de Kückelé un placet demandant la libre entrée du jardin. Kückelé, sans se tromper, porta le placet au roi, qui rit beaucoup et leva la consigne.

Un autre jour, Kückelé accompagna, dans les coulisses du théâtre royal, des soldats qui allaient servir de comparses. Un hurrah se fit entendre dans le parterre. On criait : à bas le chien, à la porte!... Mon barbet se met à faire le mort, à monter la garde, à sauter pour le roi;

tous les tours que les soldats lui avaient appris. Il fut couvert d'applaudissements.

C'était lui qui m'éclairait dans les rues des petites villes d'Allemagne. Il allait fièrement devant moi, portant deux lanternes au bout d'un bâton. Je dus cependant renoncer à ce genre d'éclairage. Un jour, Kückelé rencontra un chat et le poursuivit dans un grenier, sans lâcher ses lanternes. Il aurait pu, de la sorte, brûler ces maisons bâties en bois. Je n'en fis plus mon porte-lumière.

Il vivait encore quand je suis revenu de Russie; il avait près de dix-sept ans, et était trop vieux pour me suivre en France; je le laissai en pension chez une vieille fille, très dévote, et qui me l'avait déjà souvent gardé; il y mourut un an après, comblé de soins et d'égards.

Je sais, par plusieurs personnes de ma connaissance qui sont allées à Munich, que sa mémoire vit encore dans cette ville, et qu'on n'y parle pas du major général de Comeau sans se rappeler son chien.

CHAPITRE XXVIII

SOUPÇONS SUR L'AUTRICHE

La campagne ou plutôt la guerre de Prusse terminée, l'Empereur retourna à Paris, laissant un quartier général à Berlin. Je fus rappelé à Munich avec le titre de chef d'État-major. Nos troupes rentrèrent dans leurs garnisons; on les fêtait, on les récompensait, la joie était générale. Je puis dire que tout le monde était content, excepté moi. Cependant, je venais d'avancer en grade; mes pertes en chevaux, qui avaient été énormes, m'étaient grassement payées; je recevais bon accueil à la Cour; l'activité régnait dans les arsenaux et j'avais été décoré avec un certain apparat. Mon air pensif et soucieux ne s'expliquait guère. Les courtisans l'interprétaient plutôt défavorablement qu'à mon avantage, en insinuant que, basant une grande fortune sur la faveur de l'Empereur, je cherchais à m'attacher à lui en quittant la Bavière.

Mais il était facile à un observateur, errant naguère entre Paris, Berlin et Varsovie de juger l'effet que cette mémorable campagne allait produire en Europe. J'avais la tête pleine de l'idée émise par Napoléon que les Anglais entretenaient la guerre en le faisant sans cesse attaquer par les puissances qu'ils soudoyaient l'une après l'autre, et cela dans le but d'occuper ses armées et de s'abriter ainsi des attaques directes qu'il pourrait leur faire. Je me persuadais que les Autrichiens pourraient bien entrer en action, d'autant plus qu'ils n'avaient pas eu la Silésie qu'on leur avait laissé espérer pour les maintenir en neutralité pendant que la Prusse était en jeu. Je ne pris pas le repos dont j'avais cependant grand besoin ; je les observais sans interruption, et j'avais bien prévu : en 1809 ils firent une attaque brusque à la Bavière.

J'eus peine à en parler au Roi : MM. de Hompesch et de Montgelas m'éloignaient soigneusement du Roi et je désirais l'entretenir en tête à tête. Je le suivais fréquemment dans ses nombreuses visites au marché aux grains où il allait converser avec les fermiers et les paysans, mais ce n'était pas plus le lieu d'une conversation sérieuse que les fêtes de la Cour. Je lui demandai un jour un entretien.

— « Qu'avez-vous ? Que vous manque-t-il ? Est-ce pour
« me demander un brevet de général ? » dit le Roi. « Je
« le voudrais bien, mais c'est difficile »

— « Non sire ; Dieu m'en garde ! Je suis comblé de
« vos bienfaits. Rien pour moi, tout pour votre royaume. »

— « Mon cher ami, mon royaume va bien. Vous n'avez
« pas été étranger à son élévation ; je le sais et je le dirai
« toujours ; mais il est des points où il faut savoir s'ar-
« rêter. »

— « Sire, la guerre qui vient de se terminer est un
« événement si majeur qu'il doit être suivi de quelques
« explosions, et j'étudie, j'écoute, je voudrais deviner par
« la direction des craquements. »

Je saluai et me retirai. Le Roi me suivait des yeux. Un paysan m'apporte un morceau de papier informe où je lus, écrit au crayon, le billet suivant : Le colonel de Comeau arrachera des tulipes dans le jardin Salabert à onze heures; il sera avec Shell (le jardinier paysagiste de la reine) et en habit gris, comme on le voit souvent avec cet artiste.

J'y allai tout de suite; le roi m'y attendait et me dit :
« Arrivez donc, père la Tulipe; hé bien, qu'y a-t-il?
« Vous ne croyez pas à la fortune de Napoléon? Pépin
« le Bref, suivi d'un Charlemagne, n'est pas l'échelle à
« laquelle vous mesurez les Rois? Vous avez deviné juste
« un jour; aujourd'hui, c'est moi qui vous devine. »

— « Oui, sire, Votre Majesté a deviné. »

— « Parbleu, ce n'est pas difficile; mais lisez cette
« lettre ».

Elle venait du prince de Neuchâtel et disait au Roi qu'il était au terme de ses sacrifices; que le héros de la France avait atteint le comble de ses désirs, sa puissance ayant mis des bornes solides à l'ambition de ses voisins; que des traités de paix fixaient les frontières entre les divers États; qu'après avoir usé de courage il fallait régner par la prudence et l'économie; que le Roi devait montrer de la confiance, diminuer ses armées, ne conserver sous les armes que ce qui était nécessaire à une bonne police; s'attacher le Tyrol (1) par le commerce, l'industrie, des lois sages, etc., etc.

— « Sire, dis-je, on m'a prévenu de ce qu'on vous
« écrit là, quand j'étais encore près de Napoléon; c'est
« pourquoi j'ai observé de plus près; l'Angleterre, l'Es-
« pagne et les loges sont pour l'Empereur de terribles
« ennemis. Pour dégager l'Espagne, l'Angleterre fera
« naître de nouvelles guerres en Allemagne. Les loges

---

(1) Par le traité de Presbourg, le Tyrol, enlevé à l'Autriche, avait été donné à la Bavière.

« abattront la puissance qui commence à les mécon-
« naître. Bonaparte a heurté ces loges; ce n'est pas
« assez : il devait les pulvériser ou les ménager. J'en
« soupçonne de plusieurs sortes dans sa propre armée,
« entr'autres les philadelphes et les carbonari. Ceux-ci
« ne cherchent qu'un Italien, un Romain pour en faire
« un roi d'Italie. Les philadelphes rêvent des Sénats,
« dirigeant une république à Paris, et des armées sub-
« juguant le monde entier. »

« Bonaparte, une fois bien engagé dans la guerre avec
« l'Espagne, les armées du Nord pousseront une con-
« quête facile jusqu'au Rhin. Votre Majesté est une
« barrière; je ne crois pas que Votre Majesté doive dé-
« sarmer, comme on le lui conseille; quatre-vingt mille
« hommes organisés en armée nationale doivent toujours
« être mobiles et montrer votre force quand même le
« royaume serait envahi. »

— « Chimères, dit le Roi. Impossible, mon cher. Je
« l'ai pu avec des subsides étrangers; je ne le puis avec
« les ressources de mon pays. J'aurai les cadres, oui;
« mais il faut que les hommes soient rendus à l'agricul-
« ture. Je les rappellerai s'il le faut; et vous avez vu
« comme mes Bavarois ont bien répondu à l'appel? »

La conversation se termina là; mais, peu après, je vis
que j'avais été compris par une mission pour Paris, qui,
ayant rapport avec ma famille en Bourgogne, ne faisait
nullement supposer une surveillance indiscrète.

L'Empereur m'appelle dans son cabinet; il s'entretient
familièrement avec moi; mais je ne partage pas sa sécurité au Nord. Mes raisons, que je cherche à insinuer,
ne sont ni approuvées, ni repoussées, mais je puis remarquer que l'Empire de Charlemagne forme la base de

ses désirs. Il finit par me dire : « Dans votre Bavière,
« désarmez, envoyez vos soldats en congé ; montrez de
« la sécurité, et vous avez le droit d'en avoir. Ne soyez
« pas taquins pour les douanes ; il y a des circonstances
« où il faut savoir être large. Je vous ai donné le Tyrol ;
« cela vous met en contact avec mon royaume d'Italie.
« Je ne vous ai point pris de troupes pour mes guerres
« en Espagne, cela dessine votre rôle. Me comprenez-
« vous ? Vous êtes un chaînon de ma grande chaîne au
« Nord : l'Autriche désintéressée, sa puissance plus réu-
« nie, plus compacte ; la Prusse, mise à peu près à votre
« niveau. Remarquez cela : vous êtes un centre et je pro-
« tège vos ailes. A droite, mon royaume d'Italie divise
« les forces que l'Autriche pourrait vouloir vous oppo-
« ser. A gauche, j'ai occupé la Prusse par la Pologne ; je
« croyais que vous compreniez tout cela ; dans ma cam-
« pagne de Prusse vous me secondiez si bien !... Vous me
« couvrîtes les frontières de la Bohême, vous m'ouvrîtes
« la vallée de Laufen !... Tout est fait au Nord ; il ne s'agit
« que de savoir maintenir. »

Je n'eus plus qu'à examiner Paris où, ordinairement,
on ne remarque rien ; je fis quelques voyages par la Bourgogne, la Franche-Comté, l'Alsace, et je rentrai en Bavière bien persuadé qu'à Paris les idées sur le Nord n'é-
taient pas justes. J'obtins audience du Roi. D'abord, il
m'écouta ; puis il me dit des choses analogues à celles
que l'on m'avait dites à Paris. Son ministre, M. de
Montgelas, qui était présent, y mit son mot. Il dit que les
rapports diplomatiques étaient on ne peut plus satisfaisants du côté de l'Autriche ; la correspondance avec
Metternich, amicale ; Napoléon avait raison ; tout étant
fait au Nord, il n'y avait plus qu'à maintenir, etc., etc.

Je crus apercevoir dans la manière dont il parlait un peu de style illuminé...

J'allai prendre mon habit gris et me promener dans le jardin de la Cour. Je fis bien. Le Roi le traversa avec Manély, directeur de la galerie des tableaux. Je vis que je pouvais sans inconvénient être un amateur de peinture.

Ce fut dans cette galerie que je fis au Roi le vrai rapport sur ce que j'avais vu, sur ce que je conjecturais. Le Roi me comprit parfaitement et j'ajoutai : « Hé bien, « Sire, j'ai une proposition à vous faire, c'est de m'é- « loigner de la Cour comme par disgrâce, je conserve- « rai mon grade et ses appointements comme l'une de « ces grâces si naturelles à Votre Majesté. Étant sans « fonctions, je n'aurai à répondre à personne. Je voya- « gerai par goût sur les frontières de la Bohême, dans « votre nouvelle province de Saltzbourg. J'observerai « ainsi les Autrichiens, vos ennemis naturels, et je ne « communiquerai mes remarques qu'à Votre Majesté. Si « je me trompe, il sera facile de me replacer. »

— « Bonne idée, dit le Roi. Je l'approuve fort. Vous « serez demain à l'ordre et comptez sur mon inviolable « appui et mon attachement. Cependant, dans votre « exil simulé, n'emportez pas de préventions contre mes « ministres. Ils m'ont toujours parlé de votre énorme « capacité. »

Dès le lendemain, en effet, un ordre de l'armée fit des dispositions telles qu'il m'était permis de faire le boudeur, et je boudai tout de suite, refusant ma porte à toutes ces visites d'usage quand la disgrâce vous arrive. J'eus encore une autre entrevue le lendemain dans le jardin de la Cour. Je m'y rendis à l'heure dite, sur les huit heures. Le Roi arriva avant moi. Je rencontrai d'abord son barbet, Belleface, qui fut réellement mon introducteur : en le suivant, je ne pouvais manquer de rencontrer le Roi, et j'arrivai dans un bosquet où le Roi était assis sur un banc avec son ministre, M. de Hompesch.

— « Parlez, me dit-il en riant; Belleface n'est point
« un illuminé de Weisshaupt. »

— « Je pense, dis-je, que le royaume de Votre Ma-
« jesté demande un surcroît de vigilance. Vous êtes le
« premier, le plus puissant allié de la nouvelle alliance.
« Votre armée a brillé dans les dernières guerres. Vous
« pouvez être sacrifié à deux ambitions : celle de l'An-
« gleterre ou celle de Napoléon; si Napoléon porte ses
« efforts au Midi, il peut y être occupé, embarrassé à un tel
« point que l'Angleterre puisse vouloir rétablir l'Empire
« Germanique, non pas avec la vieille bulle d'or, qui
« bordait la France d'une foule de princes impuissants
« dont le territoire ne servait qu'à faire un théâtre de
« guerre entre les grandes puissances belligérantes; mais
« un empire compact, solide, n'ayant qu'un chef hérédi-
« taire et protestant comme elle. Dans ce cas, votre
« royaume aurait le sort qu'a eu le royaume de Bour-
« gogne et serait le premier point à conquérir. C'est pour-
« quoi je voudrais voir la Bavière toujours sur ses
« gardes, et que toujours elle puisse faire une résistance
« assez longue pour être secourue à propos. Les forces
« militaires de toutes les puissances voisines, sans excep-
« ter la France; les distances où ces forces se trouvent
« par rapport à la Bavière; les intrigues tendant soit à
« les faire mouvoir, soit à les entraîner, sont à tout
« instant des données indispensables dans le cabinet de
« Votre Majesté. Les calmes apparents doivent lui être

« suspects. Il n'y a pas encore de bases posées; si la
« guerre de Prusse ne pose pas ces bases, tout est encore
« livré au hasard. Si l'Espagne occupe Napoléon autre-
« ment que dans la politique de Louis XIV, rien n'est
« assuré pour la fédération du Rhin, et, dans ce cas, la
« Bavière doit toujours être assez forte, elle doit avoir
« des forces assez mobiles pour dire : malheur à qui
« m'envahira ! »

Le Roi me fit signe qu'il m'avait compris, et me répéta à peu près ce qu'il m'avait dit la veille.

Dès le lendemain, je partis pour le pays de Saltzbourg, de là, pour le nord de la Bavière avec mon habit gris, peu de bagages, en explorateur de montagnes. Ce pays m'intéressa, me rappela la Suisse, mais je vis que des émissaires autrichiens le travaillaient. Le clergé surtout restait fidèle à ses anciens princes; les paysans, jadis aussi libres que les Suisses, regrettaient leurs libertés et se pliaient mal à la centralisation, mauvais système imité de la France, et que les ministres préfèrent parce qu'il simplifie leur besogne.

Cette mission, que je m'étais fait donner, ne resta pas longtemps inutile. Les garnisons autrichiennes n'avaient que le strict nécessaire, mais sur toutes les frontières je trouvai les villages pleins de soldats en permission, battant en granges, travaillant à la campagne. Je vis bien que le nombre dépassait en proportion énorme les contingents de ces communes; puis je voyais surtout des cavaliers et je savais que seuls des régiments d'infanterie se recrutaient dans ce canton. Je m'informai de la sellerie; elle marchait comme contrebande de guerre pour les Tyroliens ainsi que des armes, des canons. Je pénétrai dans le Tyrol : la révolte y était déjà organisée.

L'ambassadeur français, endormi à Vienne par des fêtes et des égards, assurait Napoléon de la solidité de la paix et de la haine contre l'Angleterre et mon œil militaire voyait arriver un prochain orage. Je reconnus même un général autrichien, conduisant comme charretier de petites charrettes.

Je me rendis en secret près du Roi pour lui demander d'envoyer un officier que je lui désignai observer la Bohême et la Prusse. Ensemble nous pûmes, à son retour, esquisser le plan de la conjuration : un gros corps de troupes de cavalerie et d'infanterie légère, inondant la Bavière et la Souabe ; une grande armée d'infanterie débouchant de la Bohême, prêtant secours à la Prusse et une marche forcée sur le Rhin.

Je retourne à la Cour ; je déroule ce plan, et je persuade si bien le Roi qu'il m'enferme dans son cabinet, m'y fait donner à manger ; et à la nuit tombante me met en calèche de courrier pour Paris, en me prévenant que le télégraphe m'annoncera à Strasbourg et à Paris. J'eus cependant la permission de prévenir par un billet ma femme qui se trouvait encore à Munich et de la renvoyer en France.

CHAPITRE XXIX

ANNONCE DE LA CAMPAGNE DE 1809

Un officier m'attendait au relai de Kehl. Il me fait atteler et me donne mon billet d'heure de départ. J'arrivai à Paris le matin; je ne m'arrêtai qu'au poste de l'arc de triomphe du Carrousel et je remis au commandant un morceau de papier écrit au corps de garde même où il y avait : A l'Empereur seul et Comeau de Bavière. Le maréchal Duroc vint à l'instant me reconnaître et m'introduisit dans le cabinet. L'Empereur, probablement, sortait de son lit : je le trouvai avec une sorte de turban de cachemire, en robe de chambre, à moitié couché sur des cartes, suivant sa coutume. Elles représentaient l'Espagne et le midi de la France (1). Quelques officiers de sa maison l'entouraient. Il n'examine pas qui entre et continue sa conversation avec Bertrand.

(1) Napoléon se mit à la tête de ses troupes en Espagne en novembre 1808. Il en revint précipitamment en six jours, le 23 janvier 1809. On a dit plus tard qu'il fut rappelé par le bruit des armements de l'Autriche. Il est bien probable que le motif de ce retour si inopiné fut de s'opposer en personne aux nombreux complots tramés contre lui pendant son absence. On regardait sa mort comme possible; sa succession était disputée et presque espérée d'avance. L'Empereur, ne voulant pas avouer la véritable cause de son retour, mit en avant les préparatifs de l'Autriche qu'il surveillait, du reste, depuis Austerlitz. Il ne croyait pas si bien dire et espérait en finir avec l'Espagne avant de retourner en Autriche.
Voyez là-dessus de curieux détails dans le 5ᵉ volume du Mémorial de Sainte-Hélène (août 1816). Mémoires de Fouché (tome Iᵉʳ, pages 384 et suivantes), la duchesse d'Abrantès, les Philadelphes, de Charles Nodier et plusieurs autres auteurs de ce temps.

Duroc annonce : « Le télégraphe de Strasbourg. » L'Empereur, les bras croisés sur la poitrine, me regarde fixement! « Major, c'est vous? Votre Roi n'a pas peur, « je pense. Mon cousin s'alarme volontiers. J'ai une dé- « pêche à finir. »

Calme plat pendant une ou deux minutes. La dépêche finie, Napoléon me demande : « Qu'y a-t-il? »

— « Sire, attaque violente aussitôt que Votre Majesté « sera engagée en Espagne. »

— « Bien choisi! Je pars demain. » Il se frotte le front, se promène un peu : « Point de chimères? point d'illusions? »

— « Non, Sire. C'est moi-même qui ai observé. »

— « Un militaire comme vous, c'est quelque chose! »

M. de Caulaincourt, qui était présent et voulait douter, dit à demi voix quelque chose de fort malhonnête : c'est un officier qui a peur. D'un signe l'Empereur fait sortir tout le monde, même Duroc. Il se croise les bras et continue : « Asseyez-vous et parlez. Hier encore j'ai eu de « Otto, mon ambassadeur à Vienne, des rapports bien opposés à ce que vous venez de m'apprendre. »

— « Sire, M. Otto observait à la Cour, tandis que « sans mission ostensible j'observais le pays dans ses « points de contact avec mon souverain le Roi de Bavière. « Les Anglais circulaient sur cette frontière; des voitures « du commerce, des voitures du pays passaient par des « chemins affreux, souvent la nuit et sous prétexte d'a- « mener en contrebande des marchandises anglaises pour « pénétrer dans votre royaume d'Italie. Le nombre des « soldats autrichiens en congé et répartis dans leurs « villages pour y travailler dépasse de beaucoup la po- « pulation de ces villages; des équipages de cavalerie

« remplissent sur le Danube des bateaux couverts comme
« le sont les bateaux de sel; de soi-disant maquignons
« amènent des dépôts de chevaux très nombreux et j'ai
« bien vu que ce ne sont pas des chevaux de commerce.
« Sire, vous allez être attaqué de ce côté, le Tyrol va se
« révolter, la Bavière sera envahie si elle ne l'est déjà.
« Telle est, Sire, la mission que le Roi de Bavière me
« donne pour Votre Majesté. »

Et sortant de mon portefeuille un fragment de papier déchiré je le remets à l'Empereur qui, sans répondre, le tenant d'une main, tire à plusieurs reprises un cordon de sonnette auquel il donne plusieurs saccades. Des gens en livrée, des pages entrent précipitamment; l'Empereur demande le ministre Champagny et se promène toujours dans le même silence. M. de Champagny arrive : « Les rapports avec Vienne? — « Sire, ils sont
« des plus satisfaisants, un calme parfait. »

— « Votre ambassadeur est une bête; écrivez-lui qu'il
« prenne de meilleures lunettes. Sévère attention sur les
« ministres des puissances. Faites garder à vue l'ambas-
« sadeur d'Autriche, le prince de Metternich. On nous
« la gardait bonne là-bas!... Eh bien! il n'y aura plus
« d'Autriche. »

Un autre coup de cloche. « Le prince de Neuchâtel. » Il entre, l'Empereur continuait de se promener. Berthier, m'ayant reconnu, m'adresse un sourire d'un air gracieux, mais inquiet. L'Empereur se campe devant lui et lui dit :
« Encore la guerre en Autriche!... Tout en mouvement des
« Pyrénées au Rhin; dirigez tout en Allemagne. La réu-
« nion en Souabe. Que l'Italie occupe le Tyrol : marches
« forcées, entendez-vous? Qu'on dirige sur le Rhin à
« marches sans interruptions tout ce qui allait en Espa-

« gne ; tous les maréchaux ; ma garde à Strasbourg. Où
« est Davoust ? »

Je n'entends pas la réponse. Napoléon se promène
encore, sonne, et demande Bassano, qui attendait, et entre
à l'instant. Ici il n'y eut plus de silence, plus d'ordres
par saccades, il y eut explosion :

— « Encore toute l'Europe sur les bras !... » et il déroule le rapport comme j'aurais pu le faire, moi qui venais d'observer les frontières. « Le Tyrol révolté ; une
« guerre de paysans et de montagnes. Une armée enva-
« hissant la Bavière, donnant la main aux Tyroliens.
« Une armée débouchant de la Bohême, donnant la
« main aux Prussiens. Les Prussiens révoltant la Hol-
« lande et peut-être les Pays-Bas. Les marins anglais
« sur toutes les côtes... Eh bien ! il faut assommer tout
« cela d'un coup de massue. Préparez tout, c'est en Alle-
« magne que je vais faire la guerre. Envoyez-moi Ber-
« trand et Duroc. »

Duroc arrive. Napoléon lui remet le morceau de papier déchiré.

— « Duroc, vous étiez prêt : ce n'est qu'un changement de direction. Tout encore en Allemagne ; je partirai le jour que je vous ai dit.

A mesure que ces ordres si nets, si précis se donnaient, le cabinet s'évacuait. Le général Bertrand, officier du génie, eut l'ordre de préparer les cartes pour guerres en Allemagne, Italie, Russie, Turquie..., puis voyant son air étonné, il lui dit : « Oui, les Alpes, et plus les Pyré-
« nées. Au surplus, voilà un officier, Bavarois de nom
« seulement, mais de cœur Français et de la vieille école.
« Prenez-le avec vous, ayez-en soin, je vous rappellerai
« l'un et l'autre. »

Ce qui, pour moi, est frappant dans cette audience c'est que, étant toute inopinée, toute à un réveil où les combinaisons précédentes étaient diamétralement opposées, la marche des ordres, leur précision, l'absence de remarques ou de questions sont d'un homme réellement supérieur.

M. de Caulaincourt fut malhonnête, quand je signalai cette campagne en langage militaire et animé par ce qu'il était diplomate ; et j'apportais des faits qui allaient montrer M. Otto l'ambassadeur joué, et moi émigré, officier d'une puissance secondaire, persuadant ce grand militaire, cet Empereur, qui, par ses armes, faisait trembler tout l'univers. Une fortune, peut-être, allait surgir en en déplaçant d'autres faites ou en voie de se faire : ainsi mon arrivée, ma véhémence, mon entrée dans le cabinet sans autre préalable que ma volonté surmontant toute consigne, toute étiquette, devait nécessairement être une alarme de palais.

Peu après, je fus rappelé seul. Napoléon, habillé et assis, me fit asseoir vis-à-vis de lui. Ce n'étaient plus un Empereur et un officier, mais deux camarades se reportant à leur temps primitif. Il me demanda quelles données j'avais eues pour observer si soigneusement ce qui avait échappé si bêtement à son ambassadeur à Vienne, et, sans attendre ma réponse, il continua :

— « Vous voyez bien, vous comprenez bien. Je vous
« suivais, je vous comprenais comme si j'avais fait moi-
« même la reconnaissance. Nos écoles modernes ne nous
« fournissent plus d'officiers habitués à cette narration
« spéciale. Ils en savent actuellement plus que nous, mais
« ils ne comprennent pas si bien. »

Je répondis, et j'étais à mon aise, car je ne sais pour-

quoi je me suis toujours trouvé à l'aise avec l'Empereur et jamais avec ses généraux. Je répondis donc : « Sire, la
« guerre est un grand maître ; quand on a fait beaucoup
« de campagnes, l'une aide à bien juger l'autre. J'ai, d'ail-
« leurs, un avantage que peu ou point de vos officiers
« possèdent. C'est d'avoir servi pour et avec les Autri-
« chiens, et de servir actuellement contre eux. Les Au-
« trichiens changent peu : je sais par cœur leurs entrées
« en campagne. Leur armée principale, j'en répondrais,
« est sous le commandement de l'archiduc Charles, dans
« les montagnes de la Bohême où elle fait des invites à
« la Prusse. Une autre masse, dans la Carniole et la
« Carinthie, doit viser l'Italie, et des corps de cavalerie
« protègent une infanterie irrégulière destinée à envahir
« la Bavière, la Souabe et arriver jusqu'au Rhin. Ce
« sera une quantité de petits succès qu'on fera mousser
« bien haut, pour ébranler les irrésolus. »

— « Savez-vous bien que sans vous ils auraient pu
« réussir ? J'aurais été occupé ailleurs et c'eût été à
« recommencer en Italie comme en Allemagne. Pourrai-
« je pénétrer loin en Hongrie ? »

— « Sire, cette province, très attachée à son souve-
« rain, a des chemins en mauvais état. Il y a de l'esprit
« public, de la nationalité ; ils subiraient longtemps les
« désastres de la guerre sans se rebuter. »

— « Je les ai combattus en Italie ; je n'ai rien trouvé
« en eux qui les ait rendus supérieurs aux Allemands.
« Tous ces peuples se battent bien en ligne, mais ils ne
« marchent pas. Vous avez vu comme les Français se
« meuvent en masse. Vous m'avez vu arriver à Ulm, à
« Iéna, à Friedland ; ce ne sont que ces troupes mobiles,
« combattant en arrivant, qui me rendent supérieur.

« Vous verrez comme je vais leur tomber sur le dos...
« Pourvu, seulement, que vos Bavarois résistent au pre-
« mier choc! Votre Wrède va bien; il tiendra le Danube,
« j'espère. Quand j'aurai vu, je me déciderai pour Vienne
« ou pour Prague. »

— « Votre Majesté peut compter sur les Bavarois
« vers Straubing ou vers Ingolstadt. Je penchais pour
« Ingolstadt à cause des marais et des digues, ce qui pa-
« ralyserait la cavalerie autrichienne, mais Wrède vou-
« lait vous conserver le pont de Straubing. »

— « Il avait raison : ce n'est pas moi qui couperai les
« armées en deux par un fleuve ; mais si la Prusse s'en
« mêle, ce pont de Straubing sera mon affaire. Votre
« Wrède voit bien!... Je porterai de grands coups par
« Erfurth et la Franconie. Je battrai les Autrichiens de
« manière à dégoûter les Prussiens. Les Russes sont à
« moi. »

Je souris. — « Vous ne le croyez pas, vous verrez. »

Je répondis : « Selon mes remarques, la Bavière,
« Bade et le Wurtemberg seront envahis par une armée
« forte en cavalerie et faible en infanterie régulière,
« comptant sur l'insurrection du Tyrol et la sympathie
« de bon nombre d'Allemands. Elle sera très forte et
« organisée en grande armée au débouché de la Bohême;
« et cela, pour appuyer et encourager la Prusse pous-
« sée, aidée par la Russie. Là seront les cornes du tau-
« reau. A la place de Votre Majesté, je laisserais le
« Tyrol se révolter et faire sa guerre de montagnes et
« je porterais l'armée d'Italie sur le Carinthie pour me-
« nacer Vienne. Je laisserais aussi à la grande armée
« autrichienne ses illusions de succès et d'appui de la
« Prusse, c'est-à dire que je refuserais l'aile gauche.

« Mais le centre, la Souabe, la Bavière, l'Autriche le
« long du Danube auraient l'attaque vive, la marche sur
« Vienne. Cette capitale, menacée par votre grande
« armée et par l'Italie, rappellerait vite la guerre dans la
« Moravie. »

L'Empereur vivement : « Vous avez raison. Si j'ai
« pensé un moment autrement, c'est que cette belle
« cavalerie dont vous me parlez me laissait craindre que
« la mienne, arrivant fatiguée, ne puisse lutter avec avan-
« tage mais ; j'y pourvoirai. »

Le coup de cloche et la demande : « « Berthier. » A
son entrée Napoléon lui dit : « Renforcez l'armée du
« vice-roi en Italie. Le vice-roi agira sur Vienne et
« négligera les Alpes. Davoust aura quatre divisions :
« son armée sera une puissance; Masséna, Lannes, Mac-
« donald auront chacun un corps dans la grande armée
« qui suivra la droite du Danube sur Vienne. Dès ce
« soir, vous ébranlerez Nansouty qui aura une masse
« compacte de quatorze régiments de grosse cavalerie.
« Vous ferez à Lasalle un corps de cavalerie légère que
« vous augmenterez successivement des jolies cavaleries
« bavaroises et wurtembergeoises. Mettez tout de suite
« Davoust en campagne. Depuis Hambourg jusqu'à
« Erfurth ramassez tout sous son commandement. »

Ici, resté seul avec l'Empereur, je ne puis que m'étonner de sa connaissance des localités, et de la rapidité
avec laquelle les idées se combinent dans sa tête. Il continue :

— « Oui, par là, Davoust, avec cinquante-six mille
« hommes, arrivera tel jour sur mes derrières ; alors,
« pour combiner son action avec la mienne, il faudra
« que je rétrograde : je n'aime pas cela. » Puis, se

passant la main sur le front : « Si je prévenais les
« perfides? Votre armée, vos quatre-vingt mille hommes
« seraient mon avant-garde, Davoust, mon arrière-garde,
« et l'archiduc, avec sa pesante armée, n'irait pas à Paris
« pendant que j'irais à Vienne... Mais je ne le prévien-
« drai pas! Vous avez trop bien vu, et mon imbécile
« d'ambassadeur, trop mal vu!... »

— « Mais, Sire, ce ne serait pas Votre Majesté qui fe-
« rait le mouvement rétrograde, ce serait l'armée bava-
« roise. Nous sommes cinq émigrés à ce service, qui
« avons organisé cette armée sur les documents et prin-
« cipes du Prince de Condé; point de pays, la patrie
« dans le camp; une armée bien mobile. »

L'Empereur, à mi-voix : « Oui, c'était un grand homme! »
et tout haut : « Voyons, votre plan. »

— « Sire, je suppose que l'armée autrichienne fasse
« invasion en Bavière; la Cour se retire; l'armée se
« réunit, tient la campagne, ne se laissant pas entamer
« et elle porte sa masse au premier qui la secourra.
« Dans cette circonstance, l'armée est peut-être déjà en
« mouvement sur le Danube et la Cour, en marche,
« cherchant un asile. Votre Majesté arrive et fait une
« pointe pour nous dégager, ce qui est un premier suc-
« cès. Avec nous, elle choisit un champ de bataille, at-
« taque, triomphe, non seulement par hasard, mais par
« combinaison. L'armée bavaroise dégagée, l'armée de la
« confédération arrivant, votre armée de Davoust, dé-
« bouchant à propos, et voilà un ennemi démoralisé!... »
Napoléon, avec une vivacité qui ressemble à de la colère !

— « Partez tout de suite; criez : aux armes! Levez
« toute la confédération. Envoyez partout des estafettes;

« faites en partir d'heure en heure. Envoyez-en surtout
« en Franconie ; en Franconie, entendez-vous ? A chaque
« relais de poste, laissez votre nom et l'heure où vous
« aurez relayé. Allez, je compte sur vous. — Non, un
« moment, ne partez pas encore. » Il sonne : « Une voi-
« ture, un page ; qu'on m'amène le baron de Cetto, le
ministre de Bavière, et qu'on se dépêche. Allons, Cau-
« laincourt, cela presse. »

Il quitte son fauteuil, la tête basse, les bras croisés sur la poitrine et fait quelques tours à pas lents. Il s'arrête brusquement près de moi en disant : « Vous êtes émigré ;
« on a pris vos biens ; vous n'avez donc rien à demander,
« pas de bois, quelque chose enfin ? »

Je ne m'attendais pas à cela. La réponse fut aussi prompte que l'attaque : « Sire, je n'étais pas riche ; au
« moment de l'émigration, mon père vivait encore ;
« quelques bois, quelques champs m'ont été confisqués
« en Bourgogne. Cela valait au plus dix mille francs ; je
« n'y pense plus depuis longtemps. »

Le baron de Cetto arrive alors, et Napoléon lui dit :
« Hé bien, baron, voici du nouveau. Vous êtes probable-
« ment envahi à l'heure qu'il est. Ce courrier (en me
« montrant) vous est envoyé. Sur sa dépêche demandez
« des explications au baron de Saint-Vincent, ministre
« d'Autriche, et que votre note dise que vous vous rendez
« auprès de moi : Vous comprenez ; — je ne veux pas
« passer pour être l'agresseur. » A moi, il ordonne :
« Rendez-vous à votre ambassade. Ne vous montrez pas
« dans Paris, allez-y dans votre calèche, attendez mes
« ordres, puis faites la cour à vos postillons. »

M. de Cetto me suivit de très près. Il se rendit immédiatement à l'ambassade d'Autriche. A son retour il me

dit : « l'Empereur est enchanté de vous ; mais êtes-vous
« fou de ne rien demander en pareille circonstance? Il
« vous aurait donné cent mille francs comme un liard,
« plus, peut-être. En voilà dix mille pour frais de voyage
« et d'estafettes ; mettez cela en écrit là dessus, signez
« et partez. »

Un aide de camp de l'Empereur, le général Bertrand, arrive et me rapporte des ordres courts, clairs et précis. Je devais mettre tout sur pied, Bade, Wurtemberg, Hessois et Saxons et concentrer le plus de forces possibles sur Straubing. Il me rappelle : « Tout ce que l'Empereur
« vous a commandé, mais surtout votre nom de relais
« en relais pour que je puisse vous trouver quand vous
« serez demandé. »

CHAPITRE XXX

BATAILLES DE SANDLHUT ET D'ECKMÜHL

Dès mon départ de Paris, je pus remarquer l'effet résultant de ma mission. Ce fut bien autre chose le long de la route ; je n'étais resté que huit heures à Paris et déjà des officiers, des courriers avaient passé. A chaque relais des chevaux harnachés m'attendaient. A Vitry, à Châlons, les troupes s'ébranlaient. A Strasbourg, rues et places étaient encombrées par les préparatifs militaires. Déjà le pont de Kehl se couvrait de colonnes en marche ; il y avait dans l'air comme un bruit de guerre.

En arrivant dans le grand-duché de Bade, je vois la même ardeur guerrière. A Carlsruhe j'apprends la révolte du Tyrol ; les désastres de nos garnisons bavaroises dans les montagnes ; le départ de la Cour de Bavière, l'occupation de Munich par une armée autrichienne venue par l'Inn firtel (10 avril 1809). On me dit aussi la bonne contenance de l'armée bavaroise dont quarante mille hommes sont concentrés à Straubing et ont déjà battu deux corps autrichiens, un surtout venant de Bohême. Wrède commande cette armée ; il défend le pont et leur tient tête à l'embouchure de l'Isar. Deroy, avec aussi quarante mille hommes et des masses de paysans s'armant d'eux-mêmes, tient la campagne et empêche les Tyroliens de sortir de leurs montagnes. J'apprends aussi qu'une nombreuse cavalerie autrichienne parcourt le pays; qu'une faible infanterie occupe Munich et Landshut; que la cavalerie est employée à commander les gorges du Tyrol pour maintenir les Allemands et favoriser la sortie des Tyroliens dans la plaine.

Le grand-duc me donne des officiers pour porter les ordres de l'Empereur aux Hessois et aux Saxons; je me chargeai de ce qui concernait le cercle de Souabe. Jusqu'à Augsbourg je ne remarquai que curiosité, inquiétude et peut-être mauvaise volonté. Mais en Bavière tout était électrisé, tous voulaient résister et faire guerre sans quartier à l'Autriche et à ses adhérents. Quand j'annonçais l'Empereur Napoléon et ses grandes armées, on m'aurait volontiers porté en triomphe !...

Près d'Augsbourg, le canon tonnait sur ma droite et sur ma gauche; je ne pouvais pas aller plus loin : Masséna avait déjà amené trente mille hommes de nouvelles levées et trente mille Badois, Wurtembergeois, Hessois et Suisses, étonnés de servir sans être payés, mais se battant bien. Je n'étais pas à cent pas du relais qu'un postillon ou estafette court après moi, me donne une lettre à quatre cachets, et me dit que l'Empereur, qui n'avait dû quitter Paris que le 13 avril, est arrivé et me demande tout de suite. Le maître de poste me selle lui-même son cheval, je joins l'Empereur à une lieue de là tout au plus.

Même calme, même air froid que dans son cabinet des Tuileries; tous autour de lui semblaient inquiets, préoccupés, fatigués. Il était debout sur la porte avec Masséna et plusieurs officiers de l'état-major du corps de Masséna occupés à lui équiper des chevaux. Il me dit en étendant son bras à droite : « C'est Masséna qui est déjà « engagé; le canon à gauche doit être celui de Wrède. Il

« a pris la direction du Danube ainsi que vous me l'aviez
« dit ? » — « Oui Sire. »

Se tournant vers le prince de Neuchâtel : « C'est parfait.
« Voilà mes deux ailes en action comme par miracle. Ce
« Wrède va bien ! Cet homme a le génie de la grande
« guerre. Ramassez-moi tout ce que vous pourrez ; ce
« sera par ici que je ferai une attaque de centre. » Puis
à moi : « Avez-vous des chevaux ? » — « Non, Sire. Il
« paraît que les miens ont été pris à Munich ou qu'ils sont
« dans quelque dépôt. »

— « Tâchez de vous en procurer ; il y a des Juifs, vous
« connaissez le pays, cela doit vous être facile. Je ne veux
« pas que vous me quittiez, là, à ma botte, » et prenant
un air plus gai : « Je les connais ; ils vont faire un mouve-
« ment superbe ; ils vont serrer leurs ailes, que je bats, sur
« un centre, que je battrai encore, et ils apprendront par
« là que je suis arrivé. »

Pendant ce temps, des charrettes, des chevaux amenaient des soldats. Il venait des Allemands à pied pour
voir l'Empereur. Arranger les pierres des fusils, rafraîchir les amorces, assurer les baïonnettes aux canons,
prendre rang sans s'inquiéter ni du nom, ni du commandant du bataillon, tout cela allait tout seul, sans commandements, sans hésitation, sans discussion sur grades et
droits. Il n'y a réellement que dans une armée française,
au moment de l'action, que ces choses se voient.

L'Empereur avait jugé cette bataille d'un seul coup
d'œil. Gravement l'aile gauche des Autrichiens, sans céder aux vives attaques de Masséna, se concentrait sur son
centre qui était à Landshut, et par cette concentration
l'aile gauche devenait plus forte ; mais de Landshut au
Danube, où cette armée appuyait sa droite, cette ligne

trop longue occupait la division bavaroise de Wrède.

Avec son pied, Napoléon me dessine sur le sable le plan de la bataille disant : « Je coupe cette ligne en deux, vos « deux corps vont prendre Landshut ; avec Masséna j'a- « néantis la fraction qui va au Danube et cela s'appellera « la bataille de Landshut. »

Dire et faire ne font qu'un. C'est tout au plus si l'Empereur avait avec lui quatre bataillons mal rangés et trois cents cavaliers montés ; mais il se fait conduire par moi du côté de Straubing à l'armée bavaroise qui fait des merveilles (1). Wrède, croyant rejoindre Masséna, se rencontre avec l'Empereur et lui explique la position ennemie. Napoléon fond tête baissée à un coude au-dessous de Landshut, et arrive victorieux entre les deux divisions bavaroises de Wrède et de Deroy. Il n'en fait qu'une masse, et avec son centre, qui se renforçait de troupes arrivant sans interruption, il retourne une vive attaque sur Landshut où des masses d'infanterie autrichienne se renferment avec le général Hiller. Un grand intervalle se trouve entre cette ville ainsi remplie et bloquée et le gros de l'armée autrichienne, très forte en cavalerie, qui se resserrait sur le Danube.

L'Empereur me dit : « Allez dire à votre brave de « Wrède de prendre Landshut et de descendre l'Isar en « droite ligne. Je veux, avec Masséna, anéantir cette frac- « tion à ma gauche. » Je ne pouvais remplir cette mission qu'à pied, n'ayant pas encore eu le temps de me procurer des chevaux. M. de Saint-Laurent, commandant de l'artillerie de Masséna, me dit : « Mon cher, il faut « que je vous aide ; prenez ces chevaux ; signez-moi une

---

(1) Bataille d'Abersberg, 20 avril 1809.

« traite de trois mille francs, payables à Paris, délai de
« six mois. » Les chevaux étaient bons, pas trop chers.
« Ce fut dans cette circonstance un vrai service d'ami.
Saint-Laurent était, avant la Révolution, un officier clubiste de mon régiment.

Je rencontrai les brigades bavaroises de Zandt et de Béchars. Je les menai à l'attaque de Landshut, déjà commencée par Wrède du côté de la rive droite. Le général de Zandt y fut tué, les deux brigades perdirent environ cinq cents hommes, mais Wrède entrait dans la place par assaut (21 avril). Il fit trois bataillons prisonniers, plus de la cavalerie et de l'artillerie. Le commandant nous échappa et j'en fus très fâché, car c'était un agent anglais, le commodore Williams, auquel j'en voulais depuis Constance.

Une colonne autrichienne, presque toute d'infanterie, se retira en bon ordre par pelotons échelonnés sur la route de Vienne. Il arrive au galop un aide de camp du prince de Neuchâtel; il me dit : « Puisque ce n'est pas vous qui êtes tué comme le bruit en a couru, allez tout de suite près de l'Empereur, il vous demande. Il veut que la division de Wrède poursuive à outrance la colonne qui se retire et que je lui amène la division Deroy et le plus de cavalerie possible. Je rejoignis l'Empereur que je trouvai à pied, les bras croisés, regardant l'armée de Davoust, encore éloignée, qui arrivait. Il étend le bras, me montre le bord de l'Isar couvert de cadavres autrichiens et me dit: « Voyez comme je les *ai torchés*. Allez aider Berthier ;
« annoncez-lui Davoust; c'est son corps d'armée que vous
« voyez là en marche; Lagrange m'amène de la cavalerie. »

Je rejoins le prince de Neuchâtel; il me dit qu'il organise une marche *à tire d'aile* sur Vienne. Je tourne

bride et reviens au galop vers l'Empereur; il était en présence de la fraction ennemie, presque toute de cavalerie, qui semblait vouloir s'appuyer au Danube et paraissait très belle, en bon ordre et ayant des batteries légères. Avec la vivacité de l'action des combats dont je sortais, je m'approche de Napoléon, et, avec cette familiarité qu'il m'avait inspirée à Paris, je lui dis : « Prenez garde,
« Sire, il y a la tactique. Ne livrez pas la bataille là; cette
« plaine est large, leur cavalerie, superbe, et la vôtre
« accablée de fatigue. Vous n'avez pas défait toute l'ar-
« mée autrichienne; vous n'en avez battu qu'une partie.
« Voyez ces vigies dans le lointain et voyez-en au-dessus
« de ce corps qui est de votre côté. C'est l'archiduc qui
« arrive et ce corps l'appuie. L'archiduc Charles commande,
« et il n'a jamais dirigé que de grandes armées. Je le crois
« en pleine marche sur la rive opposée avec au moins
« soixante mille hommes. Il tâche de vous occuper en
« Bavière pour se mettre sur vos derrières par Ratis-
« bonne, Ulm et l'insurrection du Tyrol qui le mettra en
« contact avec l'Italie. Au-delà du fleuve, ce corps quit-
« tera sans combattre, mais à une lieue d'ici environ, il
« va trouver les marais d'Ingolstadt, où la seule grande
« route lui permettra de charger. Vous ne seriez pas
« assez fort en cavalerie contre cette muraille de cuiras-
« siers. Il n'y a de pont qu'à Ratisbonne. Il faut vous
« en emparer. Votre infanterie sera toute-puissante sur
« les nombreuses digues des marais : Par là, vous arrivez
« avant l'archiduc, avant les Tyroliens. Gagnez ces digues.
« Tenez, d'ici, je vois le moulin du Coin (Eckmühl) où
« commence le terrain marécageux. »

Sans le moindre signe d'émotion, Napoléon me dit :
« Les Tyroliens! troupeau de paysans! Ces marais d'In-

« golstadt, les connaissez-vous ? » — « Oui, Sire. Ils com-
« mencent à moins d'une lieue d'ici, vers ce moulin, nom-
« mé le moulin du Coin. C'est le point où quatorze digues
« devaient assainir ce marais. Sur ces digues, votre infan-
« terie sera toute puissante ; la cavalerie autrichienne n'y
« pourra rien et vous gagnerez plusieurs marches sur
« l'archiduc, vous combattrez ses plans et ses espérances. »

L'Empereur déploie une carte ; je lui montre du doigt cet emplacement ; je lui montre ce moulin du Coin (Eckmühl). Il ploie sa carte et me dit : « Vous avez raison ;
« c'est Ratisbonne qui sera mon champ de bataille. J'irai
« au-devant de Davoust qui m'arrive par là avec quatre
« divisions et de la cavalerie. » Il fait faire aussitôt ce mouvement. La cavalerie autrichienne le suit par le flanc, mais ne hasarde rien. L'Empereur prend le galop, va lui-même reconnaître ce moulin, ces fossés, ces digues. Il voit déboucher le corps d'armée de Davoust. Il frappe dans ses mains et dit qu'encore une fois j'ai eu raison. Il prend tout ce qui est à cheval et fait galoper vers l'armée, vers Berthier sans autre ordre que de ramener tout le monde à Eckmühl en toute hâte. On n'entend que : « Eckmühl ?
« qu'est-ce qu'Eckmühl ? Où est-ce ? »

Mon ardeur m'emporte sans ordres. Je galope vers le général qui marchait à la tête de ses colonnes. Je ne lui dis pas, je lui ordonne de rétrograder sur Eckmühl. C'était le maréchal Davoust, et bien le plus vain, le plus orgueilleux de tous les généraux français. Il me reçoit avec colère, avec offense même. Je ne lui réponds seulement pas ; je galope sur sa ligne en criant : halte ! J'arrive à la queue ; je commande volte-face et je dirige à la course sur ce moulin dont on voyait les toits. Le maréchal y court, pour me sabrer peut-être. Il y trouve l'Empereur qui, pour toute réponse, lui dit : « C'est moi. Vite, vite, entrez sur « les digues; occupez-les. » Masséna arrive. « Les digues, » lui crie Napoléon. Wrède arrive, et comme aux autres : « les digues, les digues » : c'est le cri de guerre.

Les aides de camp sont envoyés en foule; moi qui connaissais le pays, j'étais retenu à la botte de l'Empereur, et je le comblais de joie en lui montrant son armée occupant les digues et les dessinant.

Le corps autrichien s'en aperçut, mais tard, selon sa coutume. Il s'ébranla, l'Empereur aussi et il se porta à ce moulin du Coin. Là, les Autrichiens font sur nous la plus belle charge en muraille que j'aie jamais vue. Ils se mettent en désordre au passage d'un pont vers ce moulin, se reforment promptement sur un plateau, font une charge en masse et enfoncent notre cavalerie qui se reforme derrière une grande batterie de l'artillerie légère de Davoust. Notre infanterie, dispersée en tirailleurs dans tout ce marais, abat les cavaliers, la batterie légère les mitraille; l'ennemi abandonne ses canons dans les fossés de la route. Ils eurent cependant la chaussée et la nuit pour en profiter.

Pendant ce temps, je vois une colonne de cavalerie arrivant au trot sur la gauche. Sans permission de Wrède et sans ordre de l'Empereur, je prends six régiments de cavalerie bavaroise, je les mène à la colonne qui débouchait; je vois encore la cavalerie wurtembergeoise que je dirige aussi sur cette colonne en marche qui était celle du général de Lagrange. Je lui adjoins mes huit régiments et je lui ordonne de charger en masse, par charges et contre-charges, un corps de cavalerie autrichienne en mouvement sur la route de Landshut à Ratisbonne. Il y eut carnage et désordre. Les Autrichiens cédèrent, mis en déroute de cavalerie; ils gagnèrent la grande route et se sauvèrent dans la direction de Ratisbonne. Par des marais, des digues, des champs, avec des postes de chevaux et de cavaliers je fais gagner au plus court pour leur barrer cette route. On arrive, on se bat de nouveau. La cavalerie autrichienne quitte la route, se rallie, se forme avec beaucoup de talent dans une bonne position couverte par un bois. Davoust charge, et enlève cette position à la baïonnette; Masséna et Wrède battent tout ce qu'ils rencontrent.

Il était déjà tard; toute cette nuit, toute cette marche ne fut que charges et attaques. Ce ne fut plus que confusion dans cette masse de cavalerie autrichienne qu'on poursuivit toute la nuit, tuant ou faisant des prisonniers. L'artillerie autrichienne resta dans les marais; moi seul je pris douze pièces, si c'est les prendre que de les voir jeter dans les fossés par les Autrichiens eux-mêmes. Le soleil levant nous trouva tous, battants et battus, pêle-mêle dans la plaine de Ratisbonne.

Les débris de la nouvelle cavalerie et environ quatre bataillons d'infanterie ennemie se rangèrent en bataille, appuyant leur droite à Ratisbonne. L'Empereur les attaqua aussitôt avec toutes ses forces. Le corps ennemi rentra dans la ville et en ferma les portes. On l'attaque, on est repoussé; on bataille toute la journée autour de cette mauvaise place. Le soir, les échelles arrivent. On met le feu à la ville avec des obus et on donne l'assaut à ces vieilles murailles; mais il n'y a rien de si embarrassé que de la cavalerie dans une ville qui brûle; celle-ci passe le pont, le coupe et y met le feu. Elle veut se rallier dans le faubourg de Stadtamhofen appartenant à la Bavière, où était situé l'hôtel des Invalides bavarois. Dans leur rage, les Autrichiens accusent ces invalides d'avoir tiré sur eux. Ils massacrent tous ceux qui leur tombent sous la main et mettent le feu aux quatre coins de la ville.

Dans la ville brûlant, on fit plusieurs bataillons prisonniers. Dans le faubourg bavarois on n'entend que cris. Ratisbonne, ville impériale et libre, Stadtamhofen, faubourg bavarois, grand pont de bois sur le Danube entre les deux villes, faubourgs, tout est feu, tout est carnage!...

Telle fut la fin de la bataille d'Eckmühl, bataille dont Napoléon parlait souvent, et toujours avec enthousiasme (1).

En agissant ainsi nous gagnâmes une marche sur la lourde armée de l'archiduc Charles, commandant l'armée autrichienne. Cette bataille eut le résultat immense d'avoir coupé toute communication entre la grande armée autrichienne et l'invasion du Tyrol, dont la grave insurrection fut renfermée dans les vallées; et une marche ou plutôt une course en désordre nous porta jusqu'à Vienne.

---

(1) 22 et 23 avril. Napoléon disait que cette bataille avait été sa plus belle manœuvre. (*Mémorial de Sainte-Hélène*, janvier et août 1816).

CHAPITRE XXXI

DE RATISBONNE A VIENNE

Il est impossible de dépeindre la course de la grande armée sur Vienne. L'enthousiasme d'une part, la terreur de l'autre; cet Empereur qu'on avait annoncé engagé dans une guerre désastreuse en Espagne et qui renverse tout devant lui jusqu'à Vienne même!... La prise de Vienne, son simulacre de défense pour passer les ponts du Danube et de la Vienne ne font que rendre le désordre plus complet.

La tactique familière de Napoléon était devinée : à force de battre ses ennemis il leur avait appris l'art de la guerre. L'archiduc, après avoir vu ses projets déjoués par la bataille d'Eckmühl et la capitulation de Ratisbonne ne s'amusa pas à porter sa belle et grande armée en Bavière; il la porta sur la rive gauche du Danube, se dirigeant sur Vienne. Nous descendions la rive droite, dans cet ordre tumultueux qui ressemble tant au désordre, et répand partout la terreur. De cette manière nous gagnâmes cinq marches sur la méthodique armée autrichienne, et nous nous emparâmes de Vienne. La grande armée française reprit ses lignes comme elle le faisait dans cette redoutable tactique propre à Napoléon et n'ayant aucun antécédent connu dans l'histoire militaire ancienne et moderne. De la confusion, du désordre, des mouvements sans magasins, sans vivres, sans moyens réguliers de transport, sortaient comme par enchantement les masses que Napoléon nommait corps de son armée et qui lui composaient cette grande armée si redoutable dans sa main.

Je dois le dire ici : A Paris, de Paris jusque devant Landshut et de Landshut à Ratisbonne, je restai près de Napoléon, et, selon son expression, je dus ne pas quitter sa botte. Après les victoires d'Eckmühl et de Ratisbonne mes fonctions près de lui prirent une autre direction. Il me dit : « Jetez votre division Deroy contre ces paysans
« tyroliens; je la renforcerai des corps des petits princes
« allemands, ces Saxons de la petite Saxe, ces Reuss, ces
« je ne sais quoi. Lefebvre les commandera. Il aura aussi,
« selon les circonstances, des Français, des Italiens... Mais
« vous, suivez de Wrède; il longera le Danube sur la rive
« droite. Il a bien vu dès le commencement, et j'ai toute
« confiance en lui pour cette importante mission. Dites-
« lui d'avoir toujours son œil gauche sur l'archiduc Charles
« et son œil droit sur moi, et cela, jusqu'à Lintz ou
« Vienne. »

J'allais partir; il me fit signe d'attendre, et à pied, les mains derrière le dos, il vint à moi. Je sautai à bas de mon cheval; il me prit sous le bras et se promena avec moi, ce qui me fit remarquer des signes non équivoques d'envie et même d'humeur, surtout de la part du maréchal Lannes, duc de Montebello.

La conversation fut courte et la voici : « Cet archiduc
« est-il vraiment général? » — « Oui, Sire. » — « A-t-il
« de grandes vues? Voit-il au-delà de ses lignes de ba-
« taillons? » — « Oui, Sire. » — « Croyez-vous qu'il tourne
« ses vues sur la Prusse? » — « Sire, j'en doute. Votre

« Majesté a neutralisé la Prusse à Landshut, Eckmühl,
« Ratisbonne. Je crois que l'Autriche est aujourd'hui le
« seul point stratégique de l'archiduc. »

— « Laissez donc là vos termes de l'école ; nous sommes
« sur le terrain. »

— « Sire, s'il pouvait arriver à Lintz avant vous, il
« appuierait sa gauche au Danube, sa droite au Tyrol ré-
« volté ; il vous ferait combattre en Bavière, en Souabe.
« Il vous ferait menacer en Franconie par les alliés à déci-
« der avec l'or de l'Angleterre. A Vienne, Ah! Sire, c'est
« différent! Là vos deux talents sont en regard ; je n'ai
« aucun doute sur le côté qui l'emportera. » — « Hé bien,
« c'est entendu. A Lintz avant tout. Mais ne vous amusez
« pas sur un point. Il faut que vous me retrouviez chaque
« jour vers le soir. Vous savez bien que pour moi c'est la
« veille qui fait le lendemain. »

Et me voilà parti, jouant les Olivettes entre les montagnes et le Danube. Ce fut pénible, embarrassant, et souvent avec des dangers. Examiner le fleuve, jeter des reconnaissances au-delà de ses bords par nacelles, envoyer chercher des nouvelles de la situation de l'armée d'Italie occupait jour et nuit. Dans ces diverses reconnaissances je dus risquer plusieurs fois ma vie. Après avoir reconnu le Danube et pris des renseignements sur les mouvements de la grande armée autrichienne, il fallait aussi savoir quelle était la situation des montagnards révoltés, voir les Bavarois de Deroy, traverser et retraverser ces masses, arrivant de toutes parts et encombrant toutes les routes, chercher l'Empereur qui était toujours en avant, sans quartier général ; on arriva si vite aux environs de Lintz que là, au milieu des combats, je dus prendre un peu de repos.

En traversant sans cesse cette armée en marche je pus

mieux me rendre compte du caractère des peuples différents dans ces pillages en quelque sorte forcés par la rapidité de la marche. Le soldat allemand pille avec une opiniâtreté qui brave tout. J'ai vu un grenadier bavarois bâtonné deux fois et passé aux verges pour le même vol dans l'espace d'une heure : s'étant introduit chez un curé il forçait le tiroir d'une commode lorsque le général le prit sur le fait et lui fit donner vingt-cinq coups de bâton. Aussitôt libre, il escalada un mur, fit sauter un barreau de fenêtre et fut surpris près de la même commode. Il reçut cinquante coups qui ne l'empêchèrent pas de remarquer que le curé jetait dans un cabinet le contenu de cette commode. A l'entrée de la nuit, la patrouille arrêta plusieurs pillards, dont ce grenadier ; il avait vu un gros sac d'argent parmi les effets du curé et il cherchait à entrer dans ce cabinet pour le prendre.

Le soldat français sait qu'il ne fait pas bien en pillant ; il est facile de lui faire lâcher prise en s'adressant à son honneur. A mesure que les armées françaises se démoralisaient, cet heureux préjugé s'est affaibli, mais les généraux sortis de la révolution y manquaient plus que de simples soldats. A une table d'officiers supérieurs, il disparaissait parfois du linge, de l'argenterie ; il n'en manquait pas à celle du soldat. J'ai entendu quatre soldats à qui on avait donné des couverts d'argent dire avec humeur : « Pourquoi la bourgeoise n'a-t-elle pas caché ses « beaux couverts ? les trouver eût été un bon coup et « nous en voilà les gardiens !... Nous serions déshonorés « si quelque intrigant les dérobait. » Ils appelèrent l'hôtesse et lui dirent : « Madame, nous pas gripper, mais « garder là dans le sac, » ce qu'ils firent en effet. L'hôtesse effrayée vint me conter sa peine ; je la rassurai.

Au moment du départ, chacun lui rendit le sien en disant : « Camarade, jamais gripper dans le sac du camarade. Là, les couverts bien gardés. » J'expliquai ces paroles à cette femme qui en fut d'autant plus étonnée que ces mêmes soldats avaient fouillé partout chez elle pour trouver des cachettes.

Je retrouvai Napoléon à Wels, près de Lintz. Je connaissais bien ce pays, y ayant séjourné pendant ma dernière campagne à l'armée de Condé. Quelques troupes autrichiennes se trouvèrent dans les environs, soit qu'elles y fussent venues de la grande armée de l'archiduc comme avant-garde, soit pour garder les ponts du Danube. On se précipita sur elles : elles ne tinrent pas ; le pont tomba sans résistance aux mains des Bavarois qui l'occupèrent militairement (1).

Pendant ce temps, une colonne française, celle des grenadiers réunis, commandés par Oudinot, pilla la ville et surtout les magasins de vins qui bordaient le fleuve. Bientôt, presque tous ces soldats devinrent ivres. L'ennemi, en étant averti, revint sur ses pas. Cette colonne de grenadiers partit à sa rencontre. La petite colonne autrichienne recule en bon ordre et occupe un pont de bois long de plus d'un quart de lieue, sur le lit d'un torrent, la Traun, qui alors n'avait pas d'eau et qui sépare la ville d'Ents de celle d'Ebersberg. La colonne de grenadiers attaque tête baissée et à la baïonnette. Quatre pièces de canon de l'ennemi enfilent ce pont et mitraillent. Les trouées dans cette attaque de gens ivres étaient quelque chose d'affreux !...

Le pont pris fut maintenu, et les Autrichiens occupè-

---

(1) 3 mai, combat d'Ebersberg.

rent la petite ville d'Ents, sur les bords du torrent et à la tête du pont. On enleva la ville comme le pont et on mit le feu partout; habitants, soldats, tout vendit chèrement sa vie, tout fut massacré. Les rues étaient obstruées de grenadiers morts. Je n'ai jamais vu horreur et carnage pareils et tout à fait inutiles. Le torrent avait été franchi par tous à gué; l'armée avait déjà passé au-delà ainsi que l'Empereur lui-même, Wels étant du même côté que cette malheureuse ville d'Entz. Toute cette boucherie était une suite de cette ivresse, de ce pillage de caves !...

L'Empereur n'était pas content; mais pour faire semblant de l'être, il parcourut trois ou quatre fois ce pont dégoûtant, encore tout fumant et y ordonna des fortifications, aussi inutiles que le combat.

De là jusqu'à Vienne il n'y eut plus de rencontres, rien qu'une marche rapide. Les Bavarois de Wrède, les Wurtembergeois prirent poste à Lintz et le reste continua sa course. J'arrivai devant Vienne avec ce torrent de troupes.

Il y a apparence que l'on me boudait en haut lieu parce que ce sanglant et inutile combat d'Ebersberg n'aurait pas eu lieu si ceux qui connaissaient le pays avaient été là pour guider et faire tourner la position. Je connaissais le pays, mais l'Empereur m'avait envoyé à dix lieues de là... Et sans le pillage des caves où officiers et soldats s'étaient *pataudés*, il ne fallait ni guide ni direction. Au surplus, cela n'entra pas en discussion. J'avais déjà remarqué que mon influence se perdait à peu près toute lorsque nous sortions de la Bavière; soit que le duc de Bassano, Maret, Bourguignon comme moi, s'en fût aperçu aussi, soit qu'il eût reçu des instructions à cet égard, je devenais l'homme de Maret lorsque je cessais d'être celui de l'Empereur. Il en était à peu près de même avec Guilleminot.

Je n'eus plus de missions : l'urgence amène les circonstances. Au début de cette campagne, rien n'était prévu. Ce n'est pas un plan mûrement réfléchi et qui se déroule; tout est à faire, à combiner sur place. Seul, j'ai vu, deviné, annoncé; seul je serai questionné, et il faudra me céder : major général, alliés, maréchaux, tout va être obligé d'obéir par moi. Dans le fait, ce sont deux lieutenants de même âge, de même arme, de même école, mais séparés par d'incommensurables distances, qui vont s'entendre et combiner ensemble. Le faible, le proscrit va aller de pair avec le tout puissant, etc., etc... En un mot tout ce qui passe par la tête des parvenus étourdis de leur fortune. Cela sortait par tous les pores à cause de cet incident, cette bataille sur le terrain que j'ai choisi ... D'Eckmühl à Vienne je marche tout bonnement comme on me le dit, je laisse tout aller comme on veut; je ne critique rien, je ne demande rien, je n'apprécie rien, je n'approuve et ne conseille rien... Je puis dire, sans vanité, qu'en cette circonstance j'ai été adroit et sage en restant ce que j'ai toujours cherché à être : noble, loyal et désintéressé, parce que j'ai toujours pensé que ce qu'on gagnait extraordinairement compromettait ce qui appartient légitimement.

Cette disgrâce, si c'en était une, et qui me laissait très indifférent, me donna le loisir de voir avec quel talent on formait une belle armée d'un tourbillon aussi décousu, aussi informe. A Schœnbrünn, les maréchaux, les généraux de brigade et de divisions, tout est pêle-mêle, la garde est en rangs. Un corps très beau de la Saxe royale, une jolie troupe Hessoise étalent un front devant Schœnbrünn. Tous les aides de camp, tous les adjudants commandants se tiennent sur les côtés de la route; ils crient aux sol-

dats : « L'Empereur va passer une grande revue ; à vos
« rangs... Que chacun rejoigne son régiment. »

Chacun regarde les numéros des shakos ; on se réunit, et on ne voit plus que des fractions de vingt à trente hommes, cherchant d'autres fractions de mêmes numéros, s'y rejoignant et formant des noyaux toujours de plus en plus nombreux où se trouvent des aigles et quelques tambours battant des rappels. Les officiers galopent ; les soldats accourent, mais toujours en cherchant, s'indiquant. En un clin d'œil, cela présente des espèces de régiments d'un millier d'hommes et déployant leurs aigles. On ne conçoit réellement pas avec quelle célérité les corps d'armée existent. Au lieu de se mettre en bataille, ces corps se mettent en colonne, laissant des intervalles à volonté d'une colonne à l'autre.

Lorsque le nombre des arrivants eut beaucoup diminué on cria : Messieurs les généraux de brigade, formez vos brigades !.. Chaque brigadier réunit les corps de sa brigade et les conduisit au général qui les mit en bataille, et sur cette ligne, les généraux de divisions et leurs aides de camp placent leurs divisions ; sur une autre ligne en avant tout se trouvait à sa place, serré et sans intervalle, prêt à passer la revue de l'Empereur. C'est alors que je l'ai vu dicter : « Davoust, prince d'Eckmühl, quatre divisions,
« et nommer leurs généraux ; Lannes, duc de Montebello,
« trois divisions désignées par le nom de leurs généraux ;
« Masséna, trois divisions, plus les Saxons et les Hessois ;
« Oudinot, formez vos grenadiers ; Nansouty, réunissez-
« moi un corps de douze régiments de grosse cavalerie, et
« vous, Lasalle, un corps de douze régiments légers. Messieurs les généraux de cavalerie, joignez successivement
« aux corps les arrivants. »

Il ne fallut pas une heure pour tant de besogne et la revue de Schœnbrünn fut superbe. C'était le 10 mai, quinze jours après la bataille d'Eckmühl.

J'ai vu toujours les choses se passer ainsi dans les mêmes circonstances. Une première revue, très rapide, donnait le nombre des soldats prêts à combattre dans chaque division ou régiment. De là se composait ce si simple résumé sur un carré de papier que l'Empereur tenait dans le creux de sa main; il le lisait une fois ou deux et le jetait à terre : tous semblables, ils contenaient ces deux mentions : Têtes à feu, et un nombre en gros chiffres. En arrière, mais pouvant arriver promptement en corps de réserve, environ : un chiffre.

Alors la revue commençait : elle était rapide et très brillante. L'Empereur donnait beaucoup de louanges aux régiments; il ne grondait jamais. Il avait une éloquence militaire toute particulière : des phrases courtes et hachées, d'une voie forte et provoquant les lazzis des soldats. J'ai lieu de croire qu'il y avait une répartition méthodique de ces diseurs de bons mots dans les rangs des régiments.

Peu après la revue de Schœnbrünn vint l'attaque des faubourgs de Vienne. L'un d'eux, le Léopoldstatten, fit résistance. Il y avait de la troupe de ligne sur les glacis et émeute dans la ville, mais le faubourg offrait plus d'obstacles : les rues étaient barricadées; les caves pleines de tirailleurs. Chaque maison faisait feu par toutes ses ouvertures.

De l'autre côté du fleuve on voyait beaucoup de mouvement. Je regardais, j'observais; je soutenais que cela devait être une grande armée et par conséquent l'archiduc qui arrivait. J'étais questionné, contredit, blâmé, ridiculisé et l'Empereur finit par y prendre part. Il me

demande si je vois des vigies, comme à Heilsberg. — « Non
« Sire; mais je vois les fumées de feux qui font cuire les
« rations de cent mille hommes. » Sur le terrain, mon naturel avait repris le dessus. Il n'y avait là que les souvenirs de mes premières guerres et la logique algébrique dont mes études m'ont laissé le goût.

L'Empereur regarde les vapeurs qui couronnent la crête des coteaux et dit : « Il pourrait avoir raison; dans le
« doute il faut brusquer l'attaque de ce faubourg. A che-
« val, Messieurs. » Il se rend sur ce point si disputé; je me trouvais aussi près de lui qu'à Eckmühl. Il envoyait à chaque instant demander du canon, beaucoup de canons. Il me regarda plusieurs fois; je voyais bien qu'il désirait avoir ma pensée sur ce combat. Il mit pied à terre, s'avança lentement vers une petite maison de jardiniers et me fit signe de le suivre.

Là, les bras croisés, il me demanda : « Qu'en pensez-
« vous? Je forcerai bien, mais ce sera comme à cette
« petite ville, près de Lintz, un massacre. J'ai envie de
« faire là une fausse attaque et de pousser ma masse sur
« un autre point. » Je lui répondis sans hésiter : « Sire,
« agissez comme j'ai fait à Lyon, attaquez les toits et les
« cheminées à coups de canon. Ordonnez de commencer
« le feu par les toits les plus éloignés. Dans cette guerre
« de populace, c'est la queue qui pousse la tête, mais
« cette queue se sauvera et tout suivra. »

— « Vous avez parbleu raison, monsieur le royaliste,
« monsieur du camp de Jalais. »

Le général en chef de l'artillerie s'approche tout crotté, tout essoufflé et annonce que cent cinquante-cinq bouches à feu, approvisionnées chacune de trois cents coups vont arriver. C'est le premier parc; les autres suivent. Tout est bien attelé, bien approvisionné. Avant peu, deux mille pièces seront là. L'Empereur lui répond très gracieusement : « Bien ; c'est avec cela qu'on gagne des batailles. « Envoyez-moi une batterie de quarante pièces et beau- « coup d'obusiers. » Et s'adressant à moi : « Je vais faire « ramoner les cheminées. »

Il remonte à cheval, et, les batteries arrivées, il ordonne un feu vif sur les toits et les cheminées les plus éloignés, les obus incendiaires sur les toits les plus proches. Cela fut bien exécuté par plus de cent bouches à feu. Les toits tombent par grands pans ; les cris du peuple s'y mêlent ; les parlementaires se présentent ; on capitule promptement, et nous entrons en triomphe avec cette grande armée bien rangée, traversant la ville sans aucun désordre et s'arrêtant sur le beau village d'Ebersdorf, à deux lieues environ hors de Vienne, ayant en regard les îles du Danube, si large en cet endroit.

Vienne était à nous, mais le Danube prêt à déborder, les ponts coupés, une belle armée ennemie rangée sur l'autre rive, telle fut la réalité de la situation. Là, je n'avais rien à faire, rien à dire ; je n'avais que le mérite, si c'en était un, d'avoir jugé la présence de l'ennemi par la fumée de ses feux.

CHAPITRE XXXII

A VIENNE. — RENTE DE 500 FRANCS. — CHEVAUX DE BAVIÈRE.

Je suivis l'Empereur à son nouveau quartier général d'Ebersdorf. La grande armée, si bien formée, ayant tous ses éléments, m'avait rendu moins utile; je n'avais qu'à regarder, prévoir et faire parvenir mes conjectures au souverain que je servais. Pour les appuyer, je faisais des reconnaissances terre à terre et pour moi seul. Je longeais le fleuve; je montais comme amateur de beaux arts dans les clochers et sur les édifices; je savais qu'après le licenciement de l'armée de Condé beaucoup d'émigrés lorrains, ayant tout perdu en France, s'étaient réfugiés sous la protection de leurs anciens princes, devenus empereurs d'Allemagne, et se cachaient à Vienne pendant que nous occupions cette ville. J'en trouvai; je pus leur être utile, et eux, par leurs vaines espérances, me donnaient des traits de lumière.

Du haut du clocher de Saint-Étienne, je voyais bien dans la plaine, sur la rive gauche, des mouvements qui prouvaient l'existence d'une grande armée. Par les propos des émigrés, je ne pouvais douter que cette armée ne fût commandée par l'archiduc Charles: « L'Empereur « François II, disaient-ils, s'est retiré en Hongrie; une « armée se forme autour de lui; les commissaires anglais « sont nombreux et leur argent, prodigué. La fougue fran-

« çaise sera encore attirée plus loin ; alors, et alors seule-
« ment les armées de Darius trouveront leur tombeau
« dans le champ de leurs faciles victoires ; Charles, en
« vrai Fabius, saura temporiser... »

J'aurais bien voulu faire de tout cela un résumé clair, et avoir avec Napoléon un de ces entretiens que j'appelais à bras croisés, mais mon regard fixe n'attirait plus le doigt qui disait d'approcher.. Je rêvais ; j'étais triste ; on eût pu croire que je ressentais les préoccupations d'un disgrâcié... J'eus cependant une surprise : le duc de Bassano vint à moi d'un air affable et me dit : « J'ai une bonne nouvelle
« pour vous. Voilà une inscription de cinq cents francs de
« rente sur le grand livre que l'Empereur vous donne.
« J'envoie un courrier à Paris. Écrivez vite à quelqu'un
« de votre connaissance et il vous utilisera ce bienfait. »

Tout en cela se trouvait pour moi neuf et inexplicable. Je savais bien qu'au début de la campagne j'avais perdu mes chevaux laissés à Munich pendant que le roi m'avait envoyé à Paris et je me souvenais qu'à un relais près de Landshut Masséna procurait des chevaux à l'Empereur. Saint-Laurent m'en avait remis trois d'abord contre un billet de trois mille francs, exigible à Paris dans six mois. N'ayant aucune expérience de ce qu'on nomme les fonds publics, je ne voyais pas comment arranger trois mille francs de capital avec ce qu'on nomme cinq cents francs de rente ; ce que je trouvai de mieux à faire fut d'envoyer à mon ami, M. Sallier, l'inscription telle que je venais de la recevoir. Je fis cet envoi dans le cabinet même du duc, pour profiter de son courrier qui allait retourner à Paris. Maret, riant de mon ignorance, écrivit lui-même une autorisation de transfert pour permettre à M. Sallier de capitaliser l'inscription ; je n'eus qu'à signer et cacheter en dépêche du gouvernement. Tout cela alla au mieux : M. Sallier vendit au notaire de Saint-Laurent et ce fut chose dont je ne m'occupai plus.

Je remerciai le duc et lui demandai si je ne pourrais pas avoir une audience pour remercier l'Empereur. Il me dit : « Je ne le pense pas ; tout ici est pour la guerre, mais « je me charge de dire que vous êtes reconnaissant et « digne de la faveur, » puis il m'engagea à dîner seul avec lui, et dans ce tête à tête il me dit :

« L'Empereur vous aime beaucoup ; il me parle sou-
« vent de vous, à moi qui suis de Dijon, parce qu'il sait
« que votre famille ne m'est pas étrangère. Il vous nomme
« le type des anciennes idées, un faubourg Saint-Ger-
« main des castels et gentilhommières ; il dit que vous
« tenez plus à votre vieille croix de Saint Louis que lui
« à toutes ses couronnes ; et, en riant, il déclare que vous
« l'avez collée entre cuir et chair. Votre désintéresse-
« ment l'a frappé plusieurs fois, et c'est chose dont il ne
« s'ouvre qu'à Duroc et à moi. Voyons, ne lui avez-vous
« pas refusé la place de colonel de votre ancien régi-
« ment? Ne lui avez-vous pas rapporté la somme qu'il
« vous avait confiée pour prendre ce rocher fortifié que,
« d'après vous, il nomme Jéricho? et enfin, cette année,
« lorsque, pour vous récompenser du service que vous
« lui rendiez dans l'agression actuelle, il voulait vous
« rendre ce que vous aviez perdu par votre émigration,
« vous avez eu la simplicité, permettez-moi l'expression,
« de lui dire que vous aviez perdu tout au plus dix mille
« francs ; mais, par cette simplicité même, vous vous
« êtes acquis son estime au plus haut point. Vous
« ayant encore offert dans sa nouvelle noblesse un titre
« supérieur au vôtre, vous lui avez dit que, deux affirma-

« tions valant une négation, vous préfériez conserver le
« vôtre. Je lui ai entendu dire à ce sujet, dans une
« réunion où nous étions nombreux : oui, je lui ai en-
« tendu dire: « Il n'y a point de monarchie sans noblesse...
« Mes comtes et mes ducs, vous ne le serez réellement
« que quand les girouettes reviendront sur les castels.
« J'en connais qui sont émigrés fanatiques et qui n'ont
« pas dix mille francs à demander à leur idole s'ils peu-
« vent la rétablir... Hé bien, Messieurs, ces nobles-là,
« pour lesquels un brevet de capitaine était le bâton de
« maréchal, sont les fondations sur lesquelles on bâtit
« solidement les trônes. »

« Je vous donnerai un petit avis qui ne vous nuira pas.
« C'est Bertrand et moi qui, sous sa dictée, écrivons les
« notes sur ses campagnes. Les marais d'Ingolstadt y
« reviennent à chaque page. Ne dites jamais que c'est vous
« qui les lui avez montrés. »

Nous arrivions en ce moment au quartier général. Bassano me présenta à l'Empereur que je remerciai de l'inscription. Il prit son sourire gracieux, se croisa les bras, me fixa et, m'adressant quelques-uns de ces petits signes de tête qui ont toujours signifié identité d'idées, il ne me dit pas un mot.

L'armée française traversant la Bavière en désordre y avait fait un épouvantable pillage de chevaux. Généraux, aides de camp, états majors, administration, tous étaient montés de cette manière en payant peu ou point. Je fus chargé de faire parvenir à l'Empereur les justes réclamations du Roi de Bavière, fondées sur ce que l'Autriche, occupée par droit de conquête, pouvait subir cette réquisition, tandis que les chevaux de Bavière devaient être rendus ou payés. J'en avais soigneusement pris notes et signalements dans l'intérêt des Bavarois ainsi que le nom de ceux qui les avaient enlevés.

L'Empereur me fait appeler ; il approuve cette demande et donne un ordre spécial disant que j'ai le droit de rechercher et de me faire livrer les chevaux ou le prix que j'en demanderai. Il me dit : « La commission est difficile, « mais je vous connais ; j'ai pensé que vous la rempli- « riez avec zèle et intelligence. Je tiens beaucoup à satis- « faire mon cousin le Roi de Bavière, mais, à bien des « égards, il vaut mieux taxer que démonter. »

La commission n'était ni bonne, ni facile ; tous ces messieurs, les généraux surtout, tenaient beaucoup à leurs chevaux mal acquis, et ne se souciaient guère de les remplacer par ceux, très chers, que les juifs et les maquignons nous amenaient. Un détachement de dragons bavarois m'est adjoint. Je pars, et, précédé de l'ordre fulminant de l'Empereur, je fais bonne récolte. Jamais mon estimation n'est contrôlée ; un grand nombre sont rendus, deux mille environ, et, pour d'autres, il m'est signé des bons sur le trésor de l'armée ; mais à Schœnbrünn même, quartier du duc de Montebello, il y avait dans ses écuries un très bel attelage de six chevaux gris pommelés, spécialement recommandé par le roi de Bavière pour les faire revenir ou payer, et l'Empereur le savait. L'enlèvement venait d'un aide de camp de Vandamme (1). Ce général, requis de les rendre, avait fait semblant de gourmander l'aide de camp et se les était fait livrer sous prétexte de les restituer, mais en réalité pour les garder. Quand je les réclamai à son quartier, on me promena

---

(1) Vandamme était un des premiers généraux qui, ne recevant point d'argent de la Convention pour payer leurs troupes, avaient érigé le pillage en système.

pour m'égarer et je les vis fuir par des jardins. Le général Thurot (1) en montait un et faisait suivre les autres. Je barre le chemin au général; il saute à bas et disparaît. Je veux m'emparer des chevaux. Un aide de camp de Lannes, Espagnol ou Portugais, accompagné de chasseurs, les emmène.

Je vis encore plusieurs manœuvres, très basses, je puis le dire, pour les cacher et les soustraire. Je tins bon, et semblant ne croire que les valets et les subalternes capables de ces vilenies, je voulus parler moi-même au duc qui me fit dire de l'attendre dans son salon de service. Lannes avait le talent de très bien conduire les attaques de coin sur le centre ennemi, il savait trouver le terrain convenable, manœuvrait sa cavalerie avec dextérité, mais avec cette spécialité militaire, il était vain, fier, grognon, colère, presque inabordable, et il me détestait en qualité d'ancien émigré. Après les délais nécessaires pour escamoter les chevaux, il sort et me demande ce que je veux. Je lui réponds : « l'attelage des six chevaux gris pommelé « ou trente-six mille francs. » Il me toise de la tête aux pieds et me demande mon grade pour être si osé. Je lui réponds : « Ministre de Sa Majesté le roi de Bavière, « chargé spécialement de cette mission. » Toujours avec le même air menaçant, il s'écrie : « Quel grade, quel « caractère avez-vous pour parler de ce ton à un homme « de mon rang? J'en ai fait passer par la fenêtre qui « avaient peut-être plus de droits que vous. » Je mets la main sur la garde de mon sabre et je lui dis : « Par la fenêtre! voyons! »

Il s'aperçoit qu'il n'a pas d'armes, rentre dans son cabinet, dont il ferme la porte, et m'envoie son aide de

(1) Tué à la Moskowa.

camp espagnol, le jeune d'Albuquerque, qui le prend sur un ton de dignité et me dit que c'est offenser un général si élevé en position que de le soupçonner d'avoir dans son train des chevaux ne lui appartenant pas. Je savais que ce jeune étourdi parlait allemand et que le duc n'en savait pas un mot; je lui réponds fort sèchement dans cette langue qu'il y avait ducs et ducs, les anciens et les nouveaux, et que je l'engageais, lui, vrai duc, à ne jamais se *monter gratis*. Le duc écoutait à la porte; il sort comme un furieux et dit : Albuquerque, débarrassez-moi de cette affaire-là.

L'aide de camp prend son sabre à la main et me fait parcourir deux salles; au sortir de la dernière, il monte un petit escalier en vis. Je lui crie : « Monsieur, les che-
« vaux ne sont pas au grenier; il est probable qu'ils sont
« en bas. » Je descends assez vite ce petit escalier qui me conduit à une cour et cette cour, dans la rue où mes dragons tenaient en colonne quelques centaines de chevaux rendus. Je leur ordonne de monter à cheval; j'y montais aussi, quand on m'entoure, on me fait des excuses, on me dit que le maréchal n'est jamais maître d'un premier mouvement de colère, surtout quand il est dérangé de ses occupations. Son chef d'état-major sort aussi avec un air doux et conciliant, me disant : « N'insistez pas. Laissez
« passer ce mouvement d'impatience; tout cela serait dé-
« sagréable à l'Empereur. Les chevaux ou trente-six mille
« francs seront chez vous ce soir. Messieurs, prenez l'a-
« dresse de cet envoyé du Roi de Bavière, notre excellent
« allié. »

Je mets la colonne en marche, je donne les feuilles de route, et, la colonne bien hors de la ville et sur son bon chemin, je vais au château de l'Empereur pour rendre compte. Le duc m'y avait devancé, probablement. L'huissier m'ayant annoncé, l'Empereur vient à moi avant mon entrée dans le salon; je lui présente mon rapport; il me félicite sur le succès; je lui remets les bons; il les ordonnance, donne des ordres pour la remise des chevaux en nature et en souriant il me dit : « Et Montebello? » Je lui réponds sur le même ton : « Montebello sera montégratis. » L'Empereur part d'un éclat de rire, frappe dans ses mains en répétant : « Excellent. » Ainsi finit cette scène qui courait dans toutes les bouches une heure après. Cela faisait rire ou sourire, le duc excepté. Il y avait déjà longtemps qu'il me regardait de travers; mais il était écrit là haut que cette inimitié ne se prolongerait pas désormais.

Quelque temps après, je fus rappelé; je croyais encore que c'était pour ces malheureux chevaux, mais il s'agissait d'autre chose. L'Empereur me dit: « Vous êtes bon obser-
« vateur. Que pensez-vous de l'armée autrichienne, celle
« de l'archiduc?

— « Sire, vous avez gagné sept marches sur elle, cela
« vous a permis d'entrer à Vienne, ce qui est un avan-
« tage énorme. Si votre armée d'Italie avait pu aller aussi
« vite, la campagne serait à vous... Mais cette pesante
« armée arrive; je reconnais ses vigies depuis trois jours;
« aujourd'hui j'ai revu sa nuée de troupes irrégulières. »

— « Canaille que tout cela! Quelques compagnies de
« mes voltigeurs les ont déjà bridés. »

— « Sire, ces troupes ne combattent pas, mais elles
« assurent la grande armée; elle ne doit pas être à une
« lieue. »

— « Vous avez deviné juste; mais je passe le Danube,
« je les attaque, je les étonne, et je les envoie se camper

« suivant les plans de Carmontaigne (1) dans leurs posi-
« tions étudiées de la Moravie. »

— « Mais, Sire, ils sont arrivés en masse compacte
« tandis que Votre Majesté a encore cinquante mille
« hommes, peut-être plus, qui pillent et ravagent la
« basse Bavière et la haute Autriche tout le long du Da-
« nube. »

— « Je sais cela ; mais ces pillards sont de bons sol-
« dats ; ce sont eux qui m'ont fait gagner la bataille de
« Marengo. J'ai déjà détaché les généraux qui savent
« les réunir et les ramener, et je viens de placer votre
« brave de Wrède à Lintz. Vous admirez votre Autriche
« qui se couvre sur le devant avec la canaille ; moi, je
« mets mes braves en avant, je laisse la canaille en ar-
« rière, et elle devient brave quand elle apprend que la
« tête a bien fait ; voyez, mon cher ; cette foule effarée
« qui se précipite sur le corps le démoralise ; si vos Ba-
« varois agissaient ainsi, je n'en ferais pas plus de cas
« que de ça ; mais vous m'avez dit le mot ; pour eux, le
« camp c'est la patrie. Voilà des hommes !... »

— « Mais, Sire, avez-vous pensé que nous sommes
« à l'époque de la fonte des neiges et que le Danube va
« déborder ? »

— « C'est donc le Nil, que votre Danube ! Soyez tran-
« quille, je vais le passer, et qu'il déborde après tant
« qu'il voudra, je m'en f... Le Tyrol est fermé par ces
« vachers ? Vous n'en avez pas plus de nouvelles que
« moi ? »

— « Sire, le Roi me mande que le vice-roi rencontre
« des obstacles et qu'il se bat tous les jours sur l'Adige,

---

(1) Célèbre ingénieur français mort, en 1782, âgé d'environ soixante ans. Il a laissé plusieurs ouvrages sur les sièges et les fortifications.

« la vallée de Neustadt lui est fermée et il pénétrera par
« la Hongrie du côté de Raab. »

— « Le Roi ne devait pas vous mander cela, une lettre
« se perd... »

— « Sire, j'ai beaucoup observé par le clocher de Saint-
« Étienne; je n'y ai jamais été seul. Je suis étonné que
« ces points élevés soient si négligés. »

— « Mais, vous avez raison. Que fait donc Savary (1)? »

---

(1) Aide de camp de Napoléon, chargé de la police secrète de l'armée; il remplaça Fouché au ministère de la police en 1810; à Vienne, il surveillait surtout les complots des philadelphes, qui s'agitaient beaucoup pendant cette campagne.

CHAPITRE XXXIII

BATAILLE D'ESLING

Tout se préparait pour passer le Danube à force ouverte et livrer sur l'autre rive une bataille qui fut la fameuse bataille d'Esling. Dans cette partie de son cours, le Danube a un bras profond et large; c'est celui de la navigation. Des canaux en sont tirés; ils sont couverts de bateaux accouplés, portant des moulins. La Vienne, petite rivière qui se jette dans le Danube à Vienne même, occasionne, par son confluent, des canaux naturels plus ou moins larges et des atterrissements. Un bras assez étroit du fleuve, joignant le grand bras à environ une lieue de là, forme une île, ou plutôt beaucoup d'îles, qui se nomment d'un nom commun, Lobau, en français le taillis. C'est effectivement couvert de bois peu élevés et souvent coupés. L'empereur d'Autriche en avait fait un parc de cerfs, daims et autres fauves.

Napoléon choisit ce point pour traverser le fleuve. J'y passai avec les officiers pontonniers et d'artillerie : le colonel Dessalles pour les pontonniers, le général Sénarmont pour les directions des batteries et le colonel ingénieur géographe Guilleminot. J'étais de trop pour cette reconnaissance et je dus me taire; mais on le sut, car j'étais seul opposé au choix de cette île que je trouvais basse, sujette aux inondations. Je le démontrai par les nombreux canaux qui la sillonnaient en tous sens ; par les traces des hautes crues indiquées sur l'écorce des arbres, et j'annonçai une de ces crues comme prochaine parce qu'il faisait très chaud et très beau, ce qui provoque la fonte des neiges dans les Alpes ; enfin je fus là oiseau de mauvais augure !... Aussi, le lendemain je regardais en curieux travailler au grand pont de bateaux lorsque l'Empereur y vient, y jette un coup d'œil, et tournant brusquement à gauche, il arrive à moi comme s'il avait voulu me charger : — « Vous n'approuvez pas, « je le sais, mais je ne m'amuse pas à un point, moi ; je « masse. Le petit bras est du côté opposé ; je le franchis, « j'attaque, j'enfonce et je finis la campagne en Moravie. » Je ne répondis pas et il n'en fut pas plus.

L'artillerie et le génie travaillèrent à l'envi pour faire le pont ; poutres, tonneaux, bateaux de moulins, rien n'y fut épargné, mais les nacelles étaient extrêmement rares. Avec ces nacelles, on avait jeté des voltigeurs dans l'île. Un feu espacé, bien que continu, pouvait laisser croire ces taillis encore occupés par l'ennemi, mais on sut bientôt que nos voltigeurs faisaient la guerre au gibier.

Cette découverte fit naître des sentiments bien opposés. Le grand nombre la regarda comme une suite de la démoralisation, de l'effroi de l'armée ennemie. Je la considérais comme la preuve d'une position étudiée, d'un piège tendu, et je prévoyais une grande bataille sur la rive gauche. Dans cette opinion, le lendemain matin, je passe le grand pont ; je le repasse, je le juge en officier d'artillerie.

J'avais traversé seul ; et, seul, j'avais été étudier le petit bras, celui qui nous séparait de la rive gauche, boisée et occupée par l'ennemi ; je reconnaissais très bien les corps francs dont les Autrichiens se couvrent toujours. J'avais la tête basse, les mains derrière le dos et je me plongeais dans mes conjectures qui me disaient : On tend ici un piège. Cette nuée de troupes d'avant-garde devraient occuper l'île, et cela n'est pas. C'est donc que l'on veut nous y attirer, afin que nous nous servions de cette île pour franchir le fleuve. Ces troupes irrégulières fuiront; nous les poursuivrons; et, derrière ce rideau de collines, nous trouverons l'armée autrichienne pour nous arrêter...

Là, je fus tiré de ma rêverie par le bruit d'une troupe de cavaliers. L'Empereur arrivait, accompagné de plusieurs généraux, entre autres le duc de Montebello, monté sur un cheval gris que je reconnus parfaitement et son aide de camp, d'Albuquerque, sur un autre que je reconnaissais de même. Je fus suspect, et j'entendis très distinctement : « Il faudrait l'arrêter. » Ce à quoi l'Empereur répondit : « Lui ! Il étudie toujours. C'est un « idéologue en guerre; » et il me fit signe d'approcher, ce que je fis avec empressement. Alors Napoléon, d'un ton très brusque : « D'où venez-vous? » — « J'ai reconnu « le Danube sur la rive gauche. » — « Qu'avez-vous vu? » — « Un bras facile à passer, mais des uniformes qui « m'ont indiqué les Croates qui enveloppent les armées « autrichiennes. Je crois cette armée rangée en arrière « de ces collines. » — « Mais, en avez-vous vu ? « Avez-vous remarqué du mouvement? » — « Non, Sire : « un grand calme; c'est pourquoi je crois qu'ils y sont. »

On me quitte, et je retourne au grand pont, où cette troupe dorée revient peu après. En passant, l'Empereur me dit : « Vous avez bien vu; ils y sont. A demain. » On redoublait d'activité sur le pont. Napoléon me le montrant : « Vous êtes connaisseur. Qu'en pensez-vous ? »

— « Sire, c'est un chef-d'œuvre, mais si le Danube
« enfle, il n'est pas assez ancré. »

— « Dame ! C'est que les ancres sont rares ici. »

Les généraux d'artillerie s'avancent avec rapidité et impatience, et s'adressant à l'Empereur :

— « Sire, nous y avons pensé et nous suppléerons aux
« ancres par des caisses remplies d'obus, et ce que nous
« nommons des corps morts. »

— « Dépêchez-vous avec vos corps morts. Quand
« Comeau dit : si le Danube enfle, c'est comme s'il vous
« disait qu'il l'est déjà. Il m'a prévenu que la fonte des
« neiges commençait. »

Le général de Lariboisière (1), chef de l'artillerie, me tire à part et me demande : « Est-ce que vous avez quel-
« que appréhension sur une inondation ? le temps est
« superbe; il n'y a aucune apparence d'orage. »

— « C'est bien cela qui m'inquiète, dis-je; ce beau
« temps fond la neige dans les montagnes. Ce fleuve ne
« ressemble pas au Rhin que vous connaissez. La fonte
« des neiges n'augmente le Rhin que d'un pied, deux au
« plus. Celui-ci monte de quatorze ou quinze. Je m'en
« suis encore assuré d'après l'échelle des eaux à Vienne.
« Tenez : en voilà le relevé et les dates. Je vous prédis
« que la crue de cette année sera forte, et, si je ne me
« trompe, l'ennemi y compte. »

---

(1) Ambroise Baston de Lariboisière, né à Fougères en 1759, général de division, commandait en chef l'artillerie de la grande armée. Il mourut en 1812, à Kœnigsberg, des suites de la retraite de Moscou et du chagrin d'avoir perdu son fils à la bataille de la Moskowa. Son cercueil est aux Invalides.

Il avait été lieutenant au régiment de la Fère en même temps que Napoléon et Savary, et avait connu M. de Comeau à Auxonne.

Lariboisière retourne auprès de l'Empereur. J'observe le colloque ; on me regarde ; on me fait signe d'avancer. Mon relevé de l'échelle des eaux passe de main en main. Masséna, Lannes, Davoust, Saint-Hilaire, Neuchâtel et plusieurs autres se groupent autour de Napoléon et m'enferment dans ce cercle. J'aurais voulu en être bien loin !...

Lannes dit avec vivacité et un reste de l'humeur que je lui avais causée par les réclamations de chevaux : « Qu'est-ce que cela me fait cette enflure, quand j'aurai « passé le pont et que je serai établi là-bas ? » en montrant avec sa cravache la crête des coteaux.

Je souris, et réponds, avec humeur aussi, que j'ai pris connaissance des hauteurs de l'eau ; mais je ne connais pas encore l'échelle du feu qui sera à mesurer sur ces coteaux.

Lannes dit : « Je passe. » Et, avec un geste et une attitude théâtrale et militaire il envoie chercher ses troupes et fait traverser le pont, opération de toute beauté. La légèreté de l'infanterie, la vivacité de ses mouvements, le déploiement dans l'île de Lobau, sur la rive opposée pour ne pas encombrer, est la plus belle manœuvre de rivière que j'aie vue de ma vie. L'armée française ne m'avait pas encore montré cette brillante tactique, où, au pas accéléré, les pelotons se serrent, s'écartent, s'élancent sur la rive, se reforment, et vont, aussi vite que la pensée, former des carrés qui sont de vraies citadelles ambulantes.

L'armée de Masséna passa avec moins d'ordre, mais ce fut la faute du pont que le gonflement du fleuve avait déjà relâché. L'artillerie se distingua là par son savoir et son courage. Cela tenait à mon métier ; aussi y mettre la main et admirer était pour moi un devoir.

Voici le fait : à cause du peu de consistance des terrains, les culées du pont étaient fautives. Les ancres du milieu, trop rares, comme je l'avais remarqué, cédèrent. L'axe du pont ou le dos de voûte horizontal que l'on donne à ces ponts contre le courant rejetait les efforts aux culées; elles s'engagèrent dans la rive du fleuve et ne cédèrent plus. Le pont fit arc en dessous et allait s'enfoncer dans son milieu. Ce fut en creusant graduellement aux culées, et cela, sans interrompre le mouvement militaire, qu'on facilita à l'arc du pont un allongement successif qui neutralisait l'effort, décomposé au milieu, en relevant les matières flottantes dont le pont était formé.

Il fallut là une attention constante pour tenir en équilibre trois données : la vitesse de la marche, pour que le pont fût franchi par les troupes avant qu'il eût perdu sa force de courbure en devenant ligne droite; la combinaison de sa charge avec le poids de l'eau déplacée par ses parties composantes, lesquelles, étant irrégulières, n'admettaient aucune formule; et enfin, la proportion toujours variable de ses liens, avec l'allongement qu'il fallait leur accorder, pour obtenir, aux culées, la résistance perdue à l'ancrage.

Lors que le corps d'armée eut passé, je rendis à mon ancienne arme le service de relever son mérite auprès de l'Empereur qui, ainsi que moi, en avait fait partie.

« Sire, lui dis-je; transportons-nous un moment à notre
« école d'artillerie. Jamais cette arme n'a fait une opéra-
« tion si savante et si juste que celle que nous venons de
« voir. Sénarmont, Dessalles et cet autre colonel dont je
« ne sais pas le nom, ainsi que ces braves canonniers
« pontonniers, ont fait des prodiges de courage et de

savoir sous les pas en péril de ce corps d'armée qui vient
« de défiler. »

— « J'ai vu, dit l'Empereur ; je vous sais gré de me
« l'avoir fait remarquer. Je récompenserai. Pouvez-vous
« disposer de trois croix de votre ordre ? »

— « Sire, promettez-les, je m'engage à les obtenir
« avec des brevets motivés. »

Le soir même, l'île était pleine de troupes ; il y eut
du mouvement toute la nuit. Le Danube croissait à vue
d'œil ; le pont résistait à peine ; il fallait le soutenir avec
des tonneaux. Le transport de l'artillerie devint fort difficile. Le lendemain, vers midi seulement, le canon se fit
entendre et voilà la grande et très grande bataille d'Esling commencée (22 mai 1809).

L'archiduc avait placé son champ de bataille sur ce
véritable champ de Mars de Vienne ; c'est là qu'il développa sa grande ligne d'une belle armée dans ce vieil
ordre mincé si souvent funeste aux armées autrichiennes ;
mais là, cet ordre mince n'était qu'une ruse pour attirer
Napoléon, qui y porta effectivement sa tactique habituelle
du coin ou de la tête de cochon, comme on disait dans
cette armée. Ces troupes légères, que j'avais remarquées,
prirent la fuite. On donna tête baissée sur une ligne
d'infanterie qui était venue couronner les coteaux ; elle
résista peu ; mais étant arrivés sur ces hauteurs, nous
vîmes une armée superbe ; plus de deux mille canons
bien placés nous firent un feu bien nourri ; une belle
cavalerie nous menaça. Il y eut des troupes maltraitées,
surtout des chasseurs. La nuit arriva : on se replia sur
le Danube, on occupa l'île, on y traça des ouvrages, et,
au point du jour, on reprit l'offensive.

Le corps de Masséna s'empara de vive force de la

petite ville d'Esling. Le corps de Montebello fit l'attaque du centre, vers une tuilerie, la garde faisait réserve. Les douze régiments de cuirassiers de Nansouty composaient une masse. Quatorze régiments de chasseurs et de hussards, commandés par Lasalle, en formaient une autre. Notre artillerie se divisait en trois grandes batteries. Les feux de canon et d'infanterie étaient continuels. Les morts, les blessés de part et d'autres tombaient en nombre incroyable, mais le centre autrichien restait inébranlable; rien ne put le faire céder.

A chaque attaque des troupes françaises, la ligne autrichienne s'ouvrait, mais ne se fractionnait pas. Les troupes cédaient avec une précision étonnante et renforçaient les lèvres de la partie ouverte. Le canon, réparti d'abord en ordre mince, se concentrait en batterie forte et formidable; et la masse française, portée avec trop de vitesse sur ce point, enfoncé en apparence, présentait les flancs à ces carrés autrichiens, formés avec tant d'art et de précision. Ce fut ainsi que le maréchal Lannes, Saint-Hilaire et bien d'autres généraux furent tués. Cela se renouvela trois fois : à Esling par Masséna; à la tuilerie par Lannes, qui y fut blessé à mort, et encore à la tuilerie par Saint-Hilaire, qui y éprouva le même sort. Il ne fut pas possible de continuer l'offensive, et l'artillerie française, nombreuse, belle et bien servie, sauva le reste de l'armée. Sous ses redoutables batteries, celle-ci reprit son premier front et se retira la nuit en bon ordre dans l'île de Lobau.

Il y avait, entre Vienne et l'archiduc Charles, commandant la grande armée autrichienne, une correspondance d'espionnage qu'on aurait pu éviter avec plus de finesse et moins de présomption. Les Autrichiens avaient su faire la part de ce qu'ils croyaient pouvoir combattre et anéantir, et quand cette part eut franchi le fleuve, ils attaquèrent les ponts et communications par des moyens irrésistibles.

La ville d'Esling, quoique en feu, était prise et reprise à chaque instant. Tous les corps de Davoust, environ cinquante mille hommes, n'arrivaient pas. Je fus le premier officier envoyé au devant de cette armée de Davoust et je vis les désastres et leur cause : des bateaux de moulins, accolés deux à deux, chargés de pierres et tirant beaucoup d'eau, étaient mis au fil de l'eau ; des gouvernails doubles, attachés ensemble, leur conservaient cette direction. Abandonnés à eux-mêmes, ils arrivaient sur le milieu de notre pont avec une force qui emportait tout. Rien ne put couler ces masses! rien ne put changer leur direction! pas un ne manqua son effet; pas un seul ne fut lancé mal à propos!... Il fallait un travail infini pour retirer les matériaux et refaire le pont; et à peine était-il réparé que l'ennemi envoyait une autre embarcation de pierres!...

D'ailleurs, le Danube s'enflait de plus en plus ; son lit s'étendait ; le désastre allait toujours croissant. Je retournai bien vite vers le champ de bataille et je cherchai l'Empereur. La première chose qui frappa mes yeux fut cet aide de camp, le jeune d'Albuquerque, tué, un de ces chevaux gris que j'avais réclamés, tué aussi ; et plus loin, le duc de Montebello blessé à mort et un autre des chevaux gris tué près de lui; le général de Saint-Hilaire, blessé à mort, un carnage horrible sur ce point central.

L'Empereur y vient; je cours à lui; je lui rends compte des désastres du pont, rendant impossible au corps de Davoust de venir au combat. Le sang-froid de l'Empereur fut imperturbable; il ne me dit rien d'abord ; il appela un officier d'état-major, M. de Mongardé, et lui dit : « Allez sur la gauche; dites à Masséna d'abandonner Esling et de faire une retraite sans désordre jusqu'à la tuilerie; là, de réunir son corps à celui de Montebello et de tenir cette tuilerie à outrance. » Puis à moi : « Ne dites mot de la situation des ponts; faites tous les efforts possibles pour passer et parler à Davoust. Vous lui direz de tenir son corps d'armée et le reste de ma garde dans le meilleur état possible, hors de Vienne, où, cependant, il maintiendra calme et respect. »

J'arrivai avec beaucoup de peine. Les blessés encombraient les approches du pont, et les ouvriers, dans leur hâte, écrasaient et foulaient sous leurs pieds ces malheureux en apportant les matériaux qu'ils avaient pu rassembler à la dérive. J'aperçus heureusement de mon côté du fleuve le maréchal Davoust, avec le colonel des pontonniers. Je lui transmis l'ordre ; je lui dis succinctement la situation du combat, et rappelant le colonel Dessalles, je lui dis à l'oreille : « Parmi les débris, gardez deux ou trois bateaux prêts; l'Empereur en aura besoin, je vous en réponds. »

Je prends le galop et retourne à la mêlée; je trouve tout bien changé de face ; le corps d'armée de Masséna opérait avec beaucoup d'ordre son mouvement de flanc. Le cimetière d'Esling opposait une forte résistance; l'armée autrichienne avançait par cette aile et couronnait le coteau. Leur artillerie faisait ce feu qui indique le manque de munitions. Je pus apercevoir, derrière leurs lignes, ce mouvement de soins à donner aux blessés qui emploie toujours tant de combattants et empêche si souvent de profiter des succès.

J'aperçus l'Empereur; j'allai lui dire que j'avais transmis ses ordres à Davoust; j'ajoutai qu'il n'y avait plus de pont possible, que le colonel Dessalles lui tenait trois barques en réserve, et les avait mises sous la direction des marins de la garde; le maréchal y avait placé un fort piquet pour empêcher les blessés de s'en emparer, mais la crue d'eau augmentait tellement qu'il n'y avait plus de temps à perdre. Il fit de la tête un mouvement d'impatience et de désapprobation. Je lui répondis avec vivacité et impatience à mon tour : « Sire, je connais ce fleuve;
« quand il s'enfle par fonte de neige, c'est toujours à
« l'entrée de la nuit que ses affluents lui donnent sa
« plus haute élévation. Si Votre Majesté n'est pas dans
« une heure sur la rive haute, il faudra attendre deux
« ou trois jours le retrait des eaux. »

Il alla à Masséna, lui parla bas, et, revenant à moi;
« Pouvez-vous me conduire jusqu'à ce bateau? » — « Oui,
« Sire, encore dans ce moment, mais en petit nombre :
« l'inondation est déjà dans l'île. »

J'avais, en cassant des branches, marqué un tertre tortueux qui était formé par les terres d'un canal profond. Ce tertre conduisait à une petite place où le bois était coupé et où il y avait une baraque, des râteliers; puis on redescendait le long du fleuve, de l'autre côté de l'île, là où se trouvait cette anse où Dessalles avait mis les bateaux réservés. Il ne s'en retrouva que deux, l'autre ayant transporté des généraux morts ou blessés.

L'inondation croissait toujours; je comptais bien être un de ceux qui passeraient sur ces barques en sacrifiant mes chevaux. Mais Napoléon en y entrant avec le prince de Neuchâtel, me dit : « Vous avez été là un homme « spécial; vous y êtes encore nécessaire; » et au prince de Neuchâtel : « Voilà les hommes de la vieille école. Croyez-vous qu'ils ne valent pas autant que vos *savantasses?*

CHAPITRE XXXIV

DANS L'ILE DE LOBAU

Je crus bien que je serais ou noyé par l'inondation, ou prisonnier des Autrichiens. J'enviais, en vérité, le sort des morts qui couvraient partout la terre. Je retrouvai mon sentier et je rejoignis le groupe de l'état-major. Personne encore n'y savait le parti pris par l'Empereur. Masséna se retirait dans l'île, et tout en se retirant, faisait face à l'ennemi. Il me parut là être un autre homme de guerre même que Napoléon. C'était en même temps l'homme d'ensemble et l'homme de détail. Retirer les canons, faire revenir la cavalerie, donner un coup de boutoir avec une réserve lorsqu'on le serrait de trop près…. De six heures du soir à plus de minuit, Masséna me fit voir la guerre savante; mais, dans cette guerre, l'état-major n'est que machine : on n'a ni le temps de juger, ni celui de se concerter; tous sont en action en même temps.

J'avais une envie démesurée de converser avec Guilleminot de ce que je venais de faire et de ce qui devait nous arriver, mais, impossible ! — « Monsieur Guillemi-
« not, faites appuyer cette colonne à gauche. Monsieur de
« Comeau, faites tendre des câbles, pour passer l'artillerie
« et les prolonges. Monsieur de Mongardé, faites faire

« une charge au général de Lasalle. Monsieur de Noailles faites passer Nansouty, à gué ou à la nage, et qu'il se forme dans l'île. » C'était un feu roulant d'ordres de ce genre !...

En dix heures de ce travail, environ quarante mille hommes, ce qui nous restait, traversa le petit bras de ce fleuve débordé et se porta dans l'île submergée, où le plus grand nombre avait de l'eau jusqu'à mi-jambe. Enfin quand le maréchal eut passé le dernier en attirant à lui les matériaux de ses ponts, je parvins à m'aboucher avec Guilleminot, à lui dire ce qui existait au-delà de ce grand fleuve, comment l'Empereur y était parvenu. Il alla aussitôt le dire à Masséna, qui m'appela, non pas pour me demander de rien raconter, non pas pour me parler des choses faites ou des choses à faire, mais : « Qu'est-ce « que ce tertre, cette cabane, ces râteliers ? »

— « Cette île est dans les chasses de l'empereur ; il est « probable que c'est un parc de cerfs ; que ces râteliers, « cette cabane doivent retirer le gibier pendant les inon- « dations. »

— « Quels en sont les tenants et aboutissants ? »

— « Des sentiers étroits dans les broussailles, faits « par la terre retirée du creusement des canaux. »

— « Qui vous a montré cela ? Comment le savez-vous ? »

— « Par des reconnaissances locales que je faisais « pour mon plaisir avant l'événement. »

— « Conduisez-moi. »

L'eau était si haute que j'eus de la peine ; les sommités du taillis guidaient seules pour trouver les tertres formés par le terrain tiré des canaux, et donner idée de la profondeur de l'eau ; j'y arrivai cependant et ce tertre devint un quartier général. Il est difficile de se figurer une position pareille. Il y avait quarante-huit heures de combats, une bataille perdue, un reste de quarante mille hommes dans l'île inondée, sans vivres, sans feu possible, sans moyens d'en sortir !... Des blessés se noyaient; des intacts restaient dans l'eau jusqu'aux cuisses ; des chevaux sans cavaliers, mais, moins malheureux que les hommes, ils broutaient les feuilles... Les rossignols, sur des tons lugubres, paraissaient chanter notre destruction. Nous aurions regardé comme un bienfait des secours autrichiens qui nous auraient faits prisonniers. Il en fut autrement : espèce de miracle ! la rupture même des ponts devint un avantage ; les restes de l'armée ne purent se débander.

Ainsi finit la bataille d'Esling. Le carnage y avait été affreux ! Le maréchal Lannes, le général de Saint-Hilaire et tant d'autres y trouvèrent la mort : mort glorieuse, sans doute, mais enfin, la mort. De notre côté, cinquante à soixante mille hommes luttèrent pendant deux fois vingt-quatre heures contre plus de cent mille Autrichiens placés sur le champ de leurs exercices et évolutions militaires. Les plans de cette bataille étaient étudiés, imprimés depuis plusieurs années ; je les ai eus entre les mains et les ai conservés longtemps comme un précieux monument.

L'intrépide Masséna nous fait commencer des retranchements, des redoutes, des coupures. C'était en tous points un bon général. Il pourra un jour être pris pour modèle surtout dans ses commencements. En Italie, il sut voir sous un autre point de vue que les autres généraux républicains. Avec les débris des régiments désorganisés par l'émigration, il se forme une armée plus régulière que celles qui agissaient ; il sait faire un choix parmi les officiers qui étaient restés en France et s'y trouvaient proscrits, insultés, menacés par ceux qui convoitaient les emplois qu'ils avaient espéré conserver. Il fait disparaître les noms, les uniformes des anciens régiments, dont il compose des brigades, des demi-brigades; sans s'astreindre à l'ancienne hiérarchie, il y place les officiers; il a une armée neuve, et une armée à lui; il est le seul allant lentement, mais solidement; il est constamment resté bon général.

Masséna était mou et insouciant au repos et admirable en action. Fixe sur son cheval, il semblait tâter le pouls à l'ennemi. Son regard vif et perçant n'observait que ce qu'il nommait la démoralisation ; il en voyait les signes avant tous ceux qui l'entouraient. C'est d'après ces signes qu'il enlevait la victoire par des ordres d'une clarté et d'une précision étonnantes. Il l'observait de même dans ses troupes et alors son ordre invariable était : « Allez ; « ne laissez pas combattre sur les morts. Quelques pas en « avant. »

L'inondation diminua le troisième jour. L'espoir nous revenait. Au commencement de ce troisième jour, Napoléon nous envoya des bateaux chargés de vivres ; il nous montra une belle armée en bataille sur la rive méridionale qu'il occupait. Il arriva lui-même, approuva alors les travaux ébauchés, en prescrivit d'autres, envoya des travailleurs, des outils. Des retranchements nous mirent à l'abri des feux de l'ennemi qui auraient pu nous inquiéter; l'île se couvrit de nos bivouacs. Masséna fut là un grand général ; nos ouvrages passeront peut-être à la postérité comme objets bien conçus, comme chefs-d'œuvre de l'art, comme exemples de ce que peut une armée animée de courage, d'intelligence et d'activité. Sous nos

mains, sous une aussi bonne direction que celle de ce
maréchal, notre marais inondé devint une citadelle qu'il
fallait assiéger par sape et tranchées, ou regarder avec
des lorgnettes. C'est ce que firent les Autrichiens et leur
armée victorieuse. Ils braquèrent des lorgnettes ; nous
braquâmes des canons, qui furent pour nous l'*ultima
ratio Regum*.

Et l'armée victorieuse, cette belle armée autrichienne,
que faisait-elle pendant ce temps-là ? — Des prodiges...
d'ineptie ; son artillerie, rangée sur la crête des coteaux,
tirait à poudre des salves de réjouissances. Cette armée
alignée, parée, éclatante à un beau soleil, faisait des parades. Le *Te Deum* se chantait au bruit des musiques de
régiments. Il n'eût fallu d'abord qu'un trompette qui
nous eût sommé de nous rendre, et ils prenaient quarante mille hommes, tous les drapeaux, les canons, le
matériel de l'armée vaincue ! Dieu en avait ordonné autrement !..

Par une conversation que j'eus plus tard avec un officier supérieur autrichien, j'appris que leur extrême prudence avait été un des résultats les plus vantés dans cette
affaire. Notre île farcie de soldats devait être un leurre,
un piège que nous leur tendions. Nous devions simuler
une fuite pour attirer leur armée hors de ce terrain si
bien connu, si bien étudié par eux. Nous voulions nous
battre sur la rive droite où, sans les embarras d'un fleuve,
nous nous renouvelions sans cesse par nos arrivages d'I-
talie et d'Allemagne. En se clouant sur cette position
inexpugnable, on paralysait tous nos moyens ; et beaucoup d'autres raisonnements de cette nature. J'en conclus qu'ils n'avaient donc pas regardé à nos pieds, ni sur
le grand bras du fleuve ; que, si près de leur capitale, ils

n'avaient donc aucun espion, reçu aucun avis ! leurs yeux étaient donc aveuglés !... Je sus aussi que l'armée autrichienne avait éprouvé dans cette campagne des pertes si considérables, qu'il lui avait fallu, comme à nous, le temps de les réparer.

Enfin je sortis de ce pas difficile ; l'Empereur s'informa dans l'île de ce que j'étais devenu et me fit repasser sur la rive droite avec lui. Il ne me fit aucune question ; je fus plus d'un mois, soit à Vienne, soit à Ebersdorf ou à Schœnbrünn, le plus oublié de tous les officiers de l'armée ; aussi, dans le plus grand silence et avec une complète indépendance, je vis se préparer le grand événement militaire qui s'est appelé la bataille de Wagram. Je ne m'occupais que des Bavarois. Wrède était toujours à Lintz, mais, dans le Tyrol, le corps de Deroy avait à faire une campagne pénible ; j'eus plusieurs fois à aller le visiter. Les Tyroliens se battaient très bien, et le paysan Andréas Hofer entendait réellement mieux la guerre de partisans, qu'il nous faisait, que la plupart des généraux autrichiens, sauf l'archiduc, n'avaient entendu la guerre savante qu'ils nous avaient opposée ; je ne parlerai que d'un de leurs moyens, qui fut très meurtrier. Les Tyroliens coupaient des sapins dans les lieux escarpés ; ils les couchaient au sommet d'une forte pente, dominant les passages dans les vallées ; ils les retenaient aux extrémités par des liens fixés à d'autres arbres. Le terrain était un peu préparé au-dessous pour leur donner plus de facilité à rouler. Puis ils faisaient, avec des paniers, des amas de pierres derrière ces arbres, les rangeant, appuyées les unes sur les autres, le premier rang ayant l'arbre comme point d'appui. Là, se cachaient femmes et enfants : et quand nos troupes passaient dans la plus grande sécurité, les liens étaient coupés et une avalanche de pierres et de bois écrasaient bataillons et batteries.

D'ailleurs, cela rendait les chemins presque impraticables et les communications devenaient très difficiles. Nous ne pûmes marcher, après quelques pertes, qu'en envoyant des tirailleurs sur les flancs, à la découverte, et faisant rouler nous-mêmes ces amas de bois et de pierres, mais l'inconvénient des chemins encombrés restait le même; on ne pouvait y parer qu'à force de travail; et alors, avec leurs carabines, les Tyroliens tiraient à coup sûr des victimes, choisies parmi les officiers surtout.

Toute notre armée se préparait à la revanche avec ardeur. Le génie et l'artillerie rivalisèrent d'une noble émulation. Les grands ponts furent faits avec soin, solidité et luxe pour communiquer avec l'autre rive. Les canaux de l'intérieur de l'île reçurent des ponts tout aussi soignés; les routes furent construites en véritables allées de jardins. Les camps s'ornèrent; les redoutes et lignes tracées par le génie devinrent des modèles de solidité, de propreté, d'objets bien conçus. Les batteries de l'artillerie y répondirent.

Le luxe alla jusqu'à éclairer les ponts, l'avenue sur Vienne et les communications dans l'île avec des réverbères; mais ce qui surpassa le tout fut un beau pont, fait géométriquement sur terre et sur des plans donnés par l'Empereur lui-même, disait-on. Ce pont portatif, construit dans un chantier retranché, pouvait arriver, et arriva en effet, à la rivière par un canal. Fixé à un point, le courant l'amenait se contrebutter au rivage opposé. Il portait la tête d'une colonne d'attaque et la colonne débouchait par un mouvement continu. Six autres ponts, construits avec moins de luxe, mais autant de solidité et d'art, facilitaient le passage, et formèrent autant de rayons d'attaque.

Pendant que ces travaux gigantesques s'effectuaient, Napoléon recevait des renforts par de fortes colonnes; l'armée d'Italie renversait et surmontait tous les obstacles. Un corps de troupes autrichiennes et hongroises s'était formé avec le reste de l'armée d'Italie et de nombreuses levées hongroises et voulait combattre à Neustadt. Un mouvement savant du vice-roi le fit déboucher à Raab (1). La bataille y fut livrée et complètement gagnée par le prince Eugène. Il y a de la petitesse dans les grandes têtes. Aucune bataille ne mérita plus d'éloges. Elle fut jalousée et passa presque inaperçue, mais ses résultats furent grands : Presbourg fut bombardé et, franchissant le Danube, l'armée du vice-roi nous fit une aile droite. Un autre corps d'armée, commandé par Macdonald, arrivait d'Italie par une autre vallée; ce corps prit la place de celui de Davoust. Il arrivait de puissants renforts. La grande armée devenait superbe, fortement pourvue en artillerie et munitions. Les travaux de l'île étaient immenses.

Outre les sept ponts sur le grand bras du fleuve, on construisit d'autres ponts, pour la traversée du petit bras, pouvant se porter tout faits par des hommes. De son côté, l'ennemi avait fini ses travaux et placé des batteries, mais son armée était restée stationnaire sur ses positions qu'elle disait inexpugnables : toujours Esling, la tuilerie

---

(1) 26 juin 1809.

et un gros village : Aspern. Lorsque tout fut prêt, l'armée entra dans l'île, les ponts furent transportés la nuit par des bataillons. Les éclairs brillaient sur des milliers de baïonnettes que l'ennemi ne voulut pas même remarquer.

CHAPITRE XXXV

BATAILLE DE WAGRAM

La bataille de Wagram, cette grande bataille de quarante-huit heures pour la masse des armées combattantes, dura pour moi en particulier plus du double : un matin, au point du jour, étant dans ma tente au quartier général, j'entendis l'Empereur dire à son mamelouk Roustan : « Où est Comeau ? Il me faut Comeau. » Je décrochai vite mon manteau et, dans un assez grand désordre de toilette, j'entre dans sa tente en disant : « Sire, me voici. »

Les cartes étaient étalées par terre sur le sol même ; la toilette de l'Empereur était encore plus négligée que la mienne. Il me donna cet ordre sec, sans commentaire, en regardant sa grosse vilaine montre du grand Frédéric : « Allez me chercher Wrède à Lintz, quarante mille « hommes, une grosse batterie. Vous les arrêterez entre « Closterneubourg et Vienne, près de mon septième. Il « sera flatté de recevoir cet ordre de ma part. S'il « demande le mot, vous lui ferez le salut, et vous direz : « Prince. »

La montre du grand Frédéric signifiait : « Votre temps sera compté. » Le septième était le septième pont. D'autres officiers, et c'étaient des Italiens, arrivaient dans la tente et allaient recevoir probablement des ordres analogues pour l'armée d'Italie.

Je ramenais mes quarante mille Bavarois ; au moment d'arriver, je rencontrai une armée française, d'au moins cinquante mille hommes, remontant la rive droite du Danube comme nous la descendions. Je n'y compris rien, mais, laissant mes Bavarois au point fixé par l'Empereur, j'arrivai à temps dans l'île de Lobau pour franchir le pont d'attaque avec lui. Pour toute réponse, il me dit : « Bien, très bien. »

Par une nuit sombre et orageuse (1), nous nous ébranlâmes dans le plus grand silence. Plus de cent mille hommes avec deux mille six cents bouches à feu se mirent en mouvement. Les éclairs seuls portaient des lumières incertaines sur ces colonnes de baïonnettes. Le pont principal se jetait à l'eau ou plutôt il y coulait. La grande colonne d'attaque le franchit sans une seule minute d'arrêt ou de frottement. Pendant ce temps, et en secret, une autre masse de quatre divisions passait sur notre gauche et exécutait ce mouvement si fameux de la tour de Wagram. C'était celle que j'avais rencontrée. Neuchâtel était adjoint à Davoust pour ce mouvement de flanc. L'armée d'Italie, diminuée du corps de Macdonald, qui avait rejoint la nôtre dans l'île de Lobau, opérait, depuis les environs de Presbourg, un autre mouvement de flanc avec encore une direction sur cette tour de Wagram. Napoléon, avec quatre de ses maréchaux, sa belle garde impériale, sa superbe cavalerie, avait l'attaque du centre. Deux mille canons tonnaient de notre côté ; les Autrichiens en avaient à peu près le même nombre.

---

(1) Nuit du 4 au 5 juillet.

En arrivant sur le champ de bataille le soleil se levait, et la fumée lui donnait une teinte rouge de sang : il allait éclairer une longue journée de carnage !...

Le centre autrichien, enfoncé facilement trois fois, comme à Esling, près de la tuilerie, ne nous cédait pas une toise de terrain sur ce champ de bataille promptement couvert de morts et de mourants. La nuit, alors de peu de durée, n'interrompit le combat que par un intervalle très court et sans repos. Les Autrichiens, serrés en masse sur le centre, répétaient avec ponctualité toutes les manœuvres de la bataille d'Esling, se flattant que le résultat serait le même. Le rôle de la grande armée fut de leur laisser cette illusion. Je n'étais pas dans le secret, et je ne voyais que la résistance des Autrichiens, que le bon choix de leur position, que leurs charges, et ces charges repoussées mollement.

Esling, fortifié par les Autrichiens, avait été pris par la surprise de l'attaque du beau pont, mais ses jardins, son cimetière, la tuilerie, le village d'Aspern, servait comme l'autre fois de champ de bataille, ainsi que le couronnement des hauteurs. Les ennemis employaient le même système pour couper les ponts et les détruire par des bateaux réunis deux à deux et chargés de pierres. Trois ponts sur sept avaient déjà succombé, mais des marins de la garde, montés sur des bateaux légers, attendaient ces lourds bateaux accouplés, y sautaient et, s'emparant du gouvernail, les échouaient sur la rive.

Le matin du second jour, quand on put se voir distinctement, l'armée ennemie, en très bel ordre, présentait un front redoutable, mais à canons divisés sur sa ligne. Napoléon nous envoya tous galoper sur ses corps d'armée, alors au nombre de quatre, pour dire qu'il défendait qu'on fît coup pour coup; il voulait que chaque corps réunît ses canons en une seule batterie et qu'on ne tirât que sur des masses d'hommes; chaque maréchal devait se persuader que ce serait lui qui ferait trouée dans la ligne ennemie.

Quand nous revînmes auprès de l'Empereur, la fusillade avait recommencé plus vive que la veille; nous avions le vent au dos et la fumée retournait vers l'armée ennemie; nous ne distinguions plus ses mouvements; les éclairs de ses feux, qui perçaient le nuage de fumée, nous indiquaient seuls sa position. Le corps de Macdonald, qui occupait la place où le duc de Montebello avait trouvé tant de résistance, était écrasé; le corps de Masséna avait beaucoup souffert; celui d'Oudinot luttait sur notre droite; la garde n'avait pas encore donné; notre cavalerie n'était pas heureuse et le général Lasalle venait d'être tué. Notre artillerie, seule, restait supérieure.

J'avais vu tout cela parce que l'Empereur, ayant prévu cette résistance, m'avait envoyé chercher Wrède et ses Bavarois. Je devais les mettre en ligne et j'errais d'impatience de les voir arriver. Je puis dire que l'espoir du succès n'existait nulle part. Chez les ennemis, rien n'annonçait la démoralisation, au contraire. Pendant trente-six heures cette bataille fut terrible!...

L'Empereur, assis sur une caisse de tambour, restait seul calme et d'une sérénité imperturbable au milieu de cette fumée, de ce vacarme, de ces troupes combattant depuis la veille et auxquelles la nuit passée sur le champ de bataille n'avait pas donné de repos. Il semblait indifférent à ce bruit, à ce carnage. Un piqueur tenait derrière lui son cheval gris, soigné par un chasseur. La ténacité autrichienne ne me laissait pas espérer une bonne terminaison; vers deux heures, leurs charges de cavalerie en grosses masses dérangeaient notre infanterie et décidèrent la formation en carrés compacts. Alors, les grosses batteries de vingt, trente, quarante pièces firent grand effet en écrasant les charges de cavalerie. Entre deux et trois heures, le carnage fut horrible; les Autrichiens, toujours en bon ordre, se posaient dans le sens du fleuve, lui tournant le dos, et dans ce mouvement, ils firent comme nous, ils massèrent leurs canons et dirigèrent tous leurs feux sur le quatrième corps, celui de Macdonald.

C'est alors que l'Empereur me fit signe d'approcher et me dit : « Allez chercher Wrède, faites-lui passer le pont « numéro sept, et placez-le en appui de Macdonald qui « a beaucoup souffert, mais souvenez-vous que je veux « une batterie ensemble, ne tirant que sur des masses, « tuer les fusils et mépriser les boulets. »

Je lui amenai aussitôt les quarante mille Bavarois, avec une formidable batterie dirigée par mon ami de Zoller. Ils traversèrent le Danube sur le septième pont, avec une grande bravoure et une brillante résolution. Je leur transmis l'ordre que j'avais reçu : renforcer le corps de Macdonald; mais Wrède dit qu'il n'en ferait rien; il ne démoraliserait pas son armée pleine d'honneur et de zèle en la mélangeant à une armée écrasée; il remplacerait ce corps, si l'Empereur l'ordonnait, mais il ne se mettrait sous les ordres d'aucun général. J'étais fort embarrassé pour porter ce rapport à Napoléon, que je trouvai toujours aussi impassible sur sa caisse; mais il prit très bien la chose et me répondit : « Soit ! qu'il « remplace Macdonald, que vous placerez au pont nu- « méro sept, mais que ce mouvement se fasse derrière la

« fumée d'une grosse batterie. Combien de bouches ? »

— « Quarante-deux, Sire. »

— « Bon, feu bien nourri ? »

— « Soyez tranquille, Sire, c'est un émigré qui la
« commande. »

Quand je revins à l'armée bavaroise, je la trouvai en action. Wrède ne m'avait pas attendu, il avait appuyé sa gauche au fleuve. De Zoller avait franchi un mamelon et à plus de cent pas en avant de la place qu'avait occupée Macdonald, il faisait un feu terrible sur les colonnes autrichiennes, les enfilant d'écharpe. La fumée ne les cachait pas dans cette direction. Wrède fut blessé, mais ce corps neuf des Bavarois commença à ébranler les masses fatiguées des Autrichiens. Ils ne tourbillonnaient pas encore, mais leur feu languissait et leur centre, sentant promptement qu'il était attaqué par des troupes fraîches, fit un faux mouvement et en occasionna un autre aussi faux à l'aile droite qui nous résistait à Esling. De retour auprès de l'Empereur, je lui faisais remarquer cet effet produit par un ancien artilleur condéen.

Le carré ennemi qui occupait la crête des coteaux disparut, et, dans le même temps, un feu de canon non moins vif s'entendait dans le lointain, dans la direction de la tour de Wagram qui dominait le champ de bataille : le renfort de Wrède n'était pas le seul ; Davoust arrivait ; et, sur notre droite, l'armée d'Italie avait reçu des ordres semblables à ceux que j'avais portés aux Bavarois. C'était de là que Napoléon et le prince de Neuchâtel, les seuls qui avaient d'avance connaissance de ce plan, attendaient la décision de la bataille. Pour un pareil résultat, il faut le secret, la combinaison des lieux ; il faut prévoir l'heure et la durée du combat !...

Un aide de camp de l'Empereur, Guilleminot, accourt au galop. Il prévient que l'armée d'Italie est en ligne. Des coups de canon s'approchent vers la tour. Napoléon se lève très vivement : « Bon, je les tiens, dit-il. C'est « Davoust ; la bataille est gagnée. Mon cheval. A cheval, « Messieurs ; au galop, à la tour. »

L'on revit toute la vivacité de ses attaques. Le canon tonne de plus belle ; aussitôt que nous eûmes franchi le rideau de collines, nous vîmes l'incertitude dans les mouvements ennemis. L'Empereur galope devant le front de sa ligne ; il crie à tue tête de faire donner la garde, de croiser la baïonnette, que la bataille est gagnée.

La garde, impatiente depuis douze heures, bat cette charge à la baïonnette ; toute la ligne suit. Ce n'est plus le bruit du canon, c'est cette charge de l'arme blanche à mouvements si accélérés !... C'est la seule fois que j'en ai vu une de si grande étendue, mais quel carnage !... Pendant plus d'une demi-heure, l'ennemi tint bon. L'archiduc était là ; mon excellente vue le reconnaissait quand la fumée le permettait. Mais notre droite, où l'armée d'Italie venait d'arriver, culbutait la gauche autrichienne qui revint en désordre sur l'archiduc.

La victoire fut complète : moissons incendiées, cadavres, canons brisés, blessés par milliers !... Qui n'a pas parcouru le champ de bataille de Wagram ne peut se faire une idée de ce théâtre de la fureur des hommes !... Je n'oublierai jamais un chemin creux, aboutissant à la tour de Wagram. Cela devait être le dépôt des blessés autrichiens. Les morts, les mourants, s'y accumulaient les uns sur les autres. Mon cheval ne pouvait plus passer !... J'arrivai enfin sur ce plateau où nos armées débouchaient par tous les points.

Telle fut cette bataille de Wagram, bataille de quarante-huit heures, où quatre ou cinq cent mille hommes, et plus de quatre mille bouches à feu ne cessèrent pas un instant d'agir et de vomir la mort. Je n'ai jamais su ce qu'elle a coûté à l'humanité; mais je savais que, de notre côté, deux cent cinquante-quatre mille hommes avaient été au feu, que deux mille sept cents bouches à feu avaient tonné et tous les parcs étaient vides!... Quand nous fîmes halte, les blessés encombraient tout; les morts se voyaient par monceaux. Je n'ai jamais vu, on ne verra pas de sitôt semblable boucherie!

Tout le monde était si animé, si occupé qu'on ne sentait ni la fatigue, ni le manque de nourriture, mais ce moment d'arrêt et de repos sur le champ de la bataille gagnée fit éprouver le besoin. On fouillait les morts pour trouver quelques morceaux de pain ou de biscuit; on buvait l'eau bourbeuse et souvent ensanglantée des ornières. L'administration envoya des fourgons de vivres; c'est la seule fois que je les ai vus arriver si à propos.

Pour moi, ce ne fut pas encore le moment de prendre un peu de repos et de nourriture. Le champ de bataille parcouru, visité, la galopade sur ces monceaux de cadavres terminée, je reçus l'ordre, à cause de ce maudit allemand que les officiers de l'état-major ne parlaient pas, d'accompagner ceux qui devaient précéder l'armée victorieuse, se mettant, selon sa coutume, en déroute en avant. On se remit en marche avec plaisir. Nous pensions avoir enfoncé, anéanti, mis en capilotade tous nos ennemis; on croyait aller vivre en pays neuf. Le corps de Davoust tirait en flanc sur les Autrichiens en retraite; on les poursuivit jusqu'au jour, et toute la nuit se passa au milieu d'un affreux désordre, éclairé par de fréquents incendies.

Au point du jour, nous avions devant nous la ville de Brünn en Moravie et presque la position d'Austerlitz. On ne fut pas peu désappointé de se voir en face, non d'une armée vaincue et en fuite, mais d'une belle armée autrichienne, en bon ordre, positions bien choisies, cavalerie et artillerie placées à leur plus grand avantage, et nous recevant par des feux de peloton et de bataillon, comme à l'exercice. Nous sûmes plus tard que nous rencontrions là l'armée de l'archiduc Jean arrivé trop tard pour prendre part à la grande bataille. Parmi les nôtres, les Saxons et les Bavarois avaient, seuls, conservé leurs rangs, aussi tout se ralliait sur eux, et nous répondions à l'ennemi par ces feux successifs de troupes qui arrivent et tirent avant de se ranger. Les officiers d'état-major, que j'accompagnais, rétrogradèrent aussitôt pour faire mettre nos troupes en ligne; une nouvelle bataille semblait inévitable. Si la politique avait voulu une autre journée de combats, il est plus que probable que l'armée de Napoléon, exténuée de fatigue, aurait fini par succomber.

Pour moi, autant par lassitude que pour observer, je restai en place et je vis arriver un général autrichien avec deux cavaliers d'ordonnance. Ils me crièrent de loin qu'ils avaient à parlementer. Mon uniforme bavarois déplut d'abord à ce général; il me dit en allemand qu'il voulait parler à un brave Français, et (avec un geste de dégoût) pas à un Bavarois. Je lui répondis en français qu'il pouvait parler; car non seulement j'étais Français, mais émigré, et je croyais l'avoir connu à l'armée de Condé. Je ne le reconnaissais pas, mais il prit confiance; il me dit qu'il y avait assez de sang répandu; que Sa Majesté l'Empereur François II avait ordonné à l'archiduc de proposer une paix honorable.

Je pris sur moi de demander le *statu quo* dans l'armée autrichienne; je le promis pour les nombreuses colonnes françaises, italiennes et bavaroises qui nous suivaient en ordre de bataille; et cela jusqu'à ce que sa majesté l'Empereur Napoléon, qui marchait en tête de ses colonnes victorieuses, fût prévenu. Nous nous donnâmes une poignée de mains, et je partis au galop. Mais d'autres avis étaient déjà parvenus, je n'avais pas fait cent pas que Caulaincourt, Neuchâtel, Bassano, et je ne sais qui encore, le cortège étant nombreux, arrivaient pour traiter.

Je donnai quelques poignées d'herbes à mon cheval; je l'attachai à un petit arbre et, à tout risque, je m'endormis d'un bon somme. Je ne sais combien il dura; à mon réveil, je me trouvai gardé par deux grenadiers français, placés près de moi par je ne sais qui; mon cheval avait beaucoup d'herbe et moi, un demi-pain ou biscuit et une gourde pleine de vin. Ces grenadiers ne voulurent jamais recevoir d'argent ni m'avouer qui les avait placés près de moi. L'un d'eux me dit seulement : « Nous n'avons pas besoin d'être commandés, allez, colo-
« nel; le *chevau* blanc à courte queue est bien connu.
« Dites donc, et les échelles de Ratisbonne (1)? »

Je regagnai l'état-major. On resta encore la nuit en place; puis nous revînmes à Vienne. L'armée séjourna

---

(1) Allusion à un fait d'armes qui n'a pas été retrouvé dans les papiers du baron de Comeau. Il avait procuré les échelles pour le siège de Ratisbonne et était monté des premiers à l'assaut.

encore quelque temps en Autriche; enfin on traita, on fit la paix (1).

L'art avec lequel l'archiduc sut résister à Wagram et retirer après la bataille une belle armée en retraite sans découragement mérite les plus grands éloges; mais l'honneur de cette journée reste à Napoléon pour les belles manœuvres qui lui amenèrent si à propos le renfort de ces trois armées d'Italie, de Davoust et de Wrède, concentrées, par soixante-douze heures de marche, sur trois points dont les deux extrêmes se trouvaient à plus de cinq lieues l'un de l'autre. Là, se montre le grand capitaine! Malgré le grand fleuve qui séparait le centre de ces deux ailes, dont allait dépendre le gain de la bataille, il sut les mettre en action à point et heure précis, mais ceci demande plus de détails.

L'armée bavaroise faisait une aile doublement combinée : j'avais été la chercher à Lintz, trente heures avant la bataille, pour la placer sur la rive droite du fleuve, entre Closterneubourg et le pont numéro sept; il aurait été naturel que cette armée fît le mouvement décisif sur la tour de Wagram en y passant le Danube. Mais Bonaparte calcula autrement; il voulut que par un mouvement de nuit combiné, le maréchal Davoust, avec quatre divisions, ou cinquante à soixante mille hommes environ, fît cette attaque principale. Il voulut que, pendant la nuit, les cinquante mille fantassins passassent le fleuve au septième pont, s'unissant en désordre aux quarante mille Bavarois amenés de Lintz aussi en désordre, afin que, le jour venu, les espions rendant compte à l'archiduc Charles, ne vissent dans cette réserve qu'une masse con-

(1) Paix de Vienne, 14 octobre 1809.

fuse et incomptable. Mais, au sortir de ce tourbillon, les cinquante mille fantassins français s'embusquaient inaperçus à travers les marais et les broussailles ayant la tour de Wagram pour jalon ; pendant ce mouvement secret, l'armée bavaroise formait ses rangs, montrait ses bataillons, sa grosse batterie, et ne laissait voir à l'ennemi qu'une forte réserve, menaçant son flanc droit par le septième pont.

Tout cela fit son effet, Pendant quarante heures de pénibles combats, les Autrichiens, acharnés à ce point du pont numéro sept, soutenu par le corps de Macdonald, avaient écrasé ce corps. Les Bavarois sont mis en mouvement, passent le pont à la vue de l'ennemi et lui semblent n'être qu'une réserve, venant au secours du point qu'il a entamé. L'archiduc change aussitôt de front; il porte ses forces sur ce point pour l'enfoncer et ensuite écraser l'une après l'autre les fractions qu'il aura obtenues. Ce piège si bien calculé lui échappa. Le corps de Davoust le prit par derrière à Wagram ; l'armée d'Italie eut bon marché des corps affaiblis pour faire la masse ; la grande armée avança sur le centre dégarni. Alors l'archiduc fut pris par ces armées nouvelles et ayant perdu les positions si vaillamment défendues sur son front pendant quarante heures de combats, il ne fallut rien moins que ses talents pour retirer en bon ordre son armée de cette triple étreinte.

Les troupes de l'archiduc Jean, ayant rejoint trop tard celles de l'archiduc Charles, montrèrent une fois de plus la vérité de ce principe : les réserves peuvent procurer de belles retraites, fournir aux vaincus une troupe neuve qui aurait l'avantage sur l'attaquante fatiguée, mais ce ne sont que des retraites et par conséquent une supériorité perdue. Arrivant à propos, réunies à la masse qu'elles eussent fortifiée, elles eussent pu faire gagner la bataille. Cette théorie des réserves est séduisante, sans doute, mais l'expérience lui est presque toujours contraire.

CHAPITRE XXXVI

SUITES DE LA BATAILLE

Je vis cette campagne finir avec plaisir. J'avais pris la guerre en dégoût; je n'y voyais pas de terme et tout ce brillant miraculeux m'inspirait peu de confiance. J'étais extrêmement fatigué de corps et d'esprit, et j'avais éprouvé de grands dommages.

Depuis mon entrée à l'état-major, mes appointements, plus considérables cependant, ne me suffisaient plus. Il avait fallu m'équiper en colonel, avoir domestiques, chevaux, voitures, et être plus gêné que lorsque je ne possédais pour vivre que mes quinze kreutzers par jour et point de dépenses à faire. Je devais encore tenir table d'état-major et être souvent pillé par ces valets d'armée, mal surveillés, la plus grande canaille de la terre.

Pendant que j'étais en observation sur les frontières, mes chevaux et équipages restèrent à Munich. Envoyé à Paris comme courrier sans même rentrer chez moi, tout resta donc en cet état. A mon retour de Paris; après l'invasion, mes chevaux et harnais avaient disparu.

Mis en campagne à la suite de l'Empereur et pour agir immédiatement, il me fallut passer par les juifs, pour me mettre en état de partir. Cela passa dix mille francs qui me furent *prêtés* et non *donnés* par les généraux sur l'ordre de l'Empereur. Ces chevaux, la plupart assez mauvais du reste, et ruinés par la guerre, n'ont pas valu dix louis au retour.

L'Empereur me fit donner, comme à tous les colonels, cinq cents francs de rentes en inscriptions sur le grand livre pour mes frais d'équipement. Je les vendis pour me libérer de ce que je devais à Saint-Laurent et il me resta encore trois mille francs de dettes que je dois toujours. De retour, et pour la campagne de Russie je dus emprunter de nouveau ; c'est bien ce qui s'appelle faire la guerre à ses dépens.

J'avais de plus, comme les autres années, manié de fortes sommes pour la Bavière, mais il se trouvait de grandes lacunes dans mon journal de distribution, détrempé et effacé par l'eau dans l'île de Lobau.

Les prisonniers faits par les Tyroliens me revinrent dans un état de misère qui me porta à les soulager avant que d'avoir reçu des fonds spéciaux, même avant de les enregistrer. On me croyait couvert de gloire, et j'étais rongé d'embarras et de soucis. Ce ne fut qu'après mon retour à Munich que je pus retrouver assez de calme et de mémoire pour présenter de bons résultats.

D'après les militaires bavarois, j'étais couvert de gloire. C'était moi qui avais vu, qui avais fait combattre à propos et dans les bons endroits ; qui avais fait gagner la grande bataille en y amenant au bon moment les quarante mille Bavarois qui avaient enfoncé le centre, etc., etc...

A tout cela le concours des circonstances donnait une certaine apparence, mais il y avait de l'inconvenance à le dire, à le discuter même. D'abord, c'était la manière de parler des philadelphes dont l'armée d'Italie était remplie. Ils avaient de l'humeur de ce que la belle bataille de Raab eût été si peu appréciée et moi, qui ai toujours aimé ce qui est beau, je parlais de la conduite du vice-roi comme des prodiges de l'île de Lobau.

Le mariage de Marie-Louise se négociait : je l'ignorais. Ce mariage, si contraire aux Beauharnais, l'était aussi à la Bavière. Je devenais suspect et suspecté. L'Empereur ne me parlait plus guère que par des ordres précis, secs, impérieux. Ce n'étaient plus des conversations, comme dans les campagnes précédentes, ou comme à l'armée de Condé. Ma philosophie riait, mais ma prudence m'indiquait la retraite. La guerre de Prusse m'avait prévenu favorablement; là campagne d'Autriche, en ne me montrant pas moins de talent de la part de l'Empereur, me laissait une inquiétude toujours croissante, un grand désir de terminer là ma carrière et de me retirer dans ma famille. Mais je savais que cela ferait de la peine au Roi; la reconnaissance me retint, et puis, dans ma tête, je contribuais à venger mon pauvre roi Louis XVI des Autrichiens et des Prussiens, qui l'avaient laissé assassiner. Je ne sais pourquoi mon Souverain ne me comprenait plus; il fut longtemps à me rappeler, et par tous les moyens à ma disposition je lui donnais à entendre que j'avais besoin d'une conversation intime dans son cabinet.

Ces souvenirs me sont revenus bien souvent; ils m'ont toujours intéressé parce qu'ils m'expliquaient les espérances, les illusions, les craintes, les désespoirs de ceux qui cherchent la fortune dans les cours et près des grands. Je croyais trouver le calme, le bonheur, et l'indépendance dans la culture de mes champs et de mon jardin. Cette illusion, car je sais à présent que c'en est une aussi, dura tout le temps de ma liaison avec M. Schell, l'intendant des jardins de la reine, à Munich. Je suis heureux de nommer ce brave homme dans mes souvenirs.

Les faits ont démontré jusqu'à l'évidence que la campagne de 1809 amenait de grands changements dans la politique générale et commençait une nouvelle révolution qui, comme la première, développa ses conséquences. Peu de personnes, point peut-être, connurent cette vérité dans le parti pour lequel je tenais alors. J'étais inquiet, mais j'avoue que je ne devinais pas; je voyais des signes alarmants, je les faisais remarquer au Roi de Bavière, mais je ne m'attendais pas à voir succomber sitôt Napoléon. La bataille de Wagram, où il avait combattu avec tant de finesse et de précision le plus grand capitaine de notre époque, l'archiduc Charles, me faisait redouter de voir ces deux habiles généraux s'entendre et partager ensemble l'empire du monde; et alors, adieu ma chère Bavière...

Mon ambition se bornait à être bien fidèle au Roi que je servais, à avoir sous les drapeaux la réputation d'un brave, à faire ressortir les qualités de son armée. Les deux seuls corps qui, après la bataille de Wagram, avaient conservé leur masse rangée en bataille au moment de la rencontre de l'armée autrichienne en Moravie étaient les Saxons et les Bavarois. L'Empereur nous vanta, trop peut-être; il était temps de nous séparer des corps français.

La victoire tendait à persuader à l'armée française que les alliés étaient moins que l'armée principale. La flatterie avait presque fait croire à son chef que le temps était venu de ne faire du tout qu'une unité. Voilà la fatale centralisation! Je dus combattre ces idées; je le fis avec avantage; cela dérangea des ambitieux, je fus craint et haï. Étant indispensable au début de la campagne, j'inspirai aux courtisans de l'envie qu'envenima toute l'histoire des chevaux. La perte de la bataille d'Esling donna de l'humeur en haut lieu. Elle n'eût peut-être pas été perdue si on avait attendu et laissé passer la crue avant de franchir le Danube.

Il ne faut pas avoir trop raison avec les grands. Mon jeune neveu de Moncrif (1) faillit supporter les conséquences de tout cela. Ce jeune homme, brave militaire que j'aimais beaucoup, aurait été perdu, fusillé même, pour une étourderie de jeunesse si la dure grossièreté du maréchal Lefebvre (2) n'avait pas déjà indigné l'armée bavaroise. Pour conserver l'action de cette armée il fallut céder, et cela ne se pardonne guère. Le système du commandement supérieur des alliés par des généraux à eux étrangers était une faute; on en vit les conséquences. Ce qu'on voulait éviter arriva; les princes alliés cédaient aux circonstances et ils voulurent en modifier l'effet aux yeux de leurs sujets, en envoyant des princes comme volontaires dans leurs troupes.

Le prince royal de Bavière, volontaire dans l'armée bavaroise, avait sa cour; nos généraux avaient leur état-major. Le maréchal Lefebvre, duc de Dantzig, ne connaissait de la guerre que victoires et profits, mais dominé par ce luxe il n'était pas content, et voulut se défaire de ces témoins par des grossièretés. Il y eut des

---

(1) Antoine de Moncrif, neveu et élève de M. de Comeau, fut décoré du mérite militaire de Bavière à l'âge de 21 ans, pour sa brillante conduite dans le Tyrol en 1809. Nommé capitaine de chevau-légers en 1812. « Cet offi-
« cier distingué (ce sont les termes du rapport), atteint par un boulet, tomba
« devant l'ennemi le 7 septembre 1812, à la bataille de Borodino, dans la
« brillante charge de la cavalerie bavaroise contre la cavalerie russe. »

(2) Les Bavarois du 1er corps, qui opéraient dans le Tyrol, étaient sous les ordres du maréchal Lefebvre.

scènes fâcheuses entre le prince royal et le maréchal.

Je dus agir et faire mon rapport; je devais concilier, raccommoder. L'armée bavaroise trouva en moi un digne Bavarois. Napoléon retrouva celui qui lui parlait franchement comme Français et homme d'honneur. De grandes vues firent échouer de petites cabales; le maréchal Lefebvre fut rappelé et reçut un autre commandement en France. Il s'en vengea à sa manière en se faisant conduire, lui et ses bagages, par les chevaux du train militaire bavarois, qu'il fit vendre pour son compte à Strasbourg; et il renvoya les soldats du train, qui les avaient conduits, avec des feuilles de route, pour toute gratification. On peut dire que ce maréchal fit une triste campagne tandis que Wrède en fit une superbe; mais il en résulta que le prince royal détesta Napoléon et les Français et contribua plus tard, de tout son pouvoir, à en séparer son père. Il en était à peu près de même chez tous les princes allemands.

Un autre que moi eût eu de la peine à se tirer de cette entrevue avec l'Empereur. La colère, les grands airs, les menaces furent le début; mais je connaissais de longue date le faible de Napoléon pour des conversations, telles que deux contemporains, deux officiers d'artillerie de la même époque, en auraient eu : équilibres, équations, données de problèmes, maniement du plus et du moins, et solution.

C'est ainsi que je lui fis dire que centralisation, dans une armée, était routine et paresse d'une tête sans génie; tandis que l'emploi des données, leur savante place dans les membres de l'équation, rendait utile les uns pour faire équilibre aux autres, et parvenir à l'inconnu dégagé qui était gloire solide. Cette corde vibrait toujours quand on la touchait, et j'ai lieu de croire que, seul dans toute l'armée, je savais la faire vibrer.

Je donnai la preuve de mon désintéressement et de ma neutralité, en blâmant le faste d'avoir des officiers étrangers attachés au grand état-major, comme une cour de diplomates militaires; surtout les Russes dans lesquels on avait trop de confiance. Je fis sentir combien ces curieux indiscrets avaient d'occasions pour voir les côtés faibles, et en profiter dans le cas de changements d'alliances.

« Par exemple, Sire, cet aide de camp favori d'A-
« lexandre, ce colonel russe, ce comte de Czernitcheff,
« qui toute la campagne a été des nôtres, était-il bien
« sage de lui laisser voir les derrières de votre armée,
« les traînards, cet art de vivre sans magasins, par la
« seule vitesse de la marche? Sire, un diplomate à équi-
« page, un homme qui n'aurait rien conçu que votre
« imposant quartier général, n'aurait-il pas mieux valu
« que ces apprentis généraux? »

— « Oh! que vous avez raison, mon cher artilleur;
« mais vous parlez contre vous, émigré et Bavarois? »

— « Non, Sire; je parle contre ma place, mais je fais
« exception. Je suis Français; la gloire française m'in-
« téresse. Il y a en moi deux hommes, le Français et l'é-
« migré. Le Français ne dessert pas son pays; l'émigré
« a soin de son honneur, qui lui impose le dévouement
« au souverain qui l'a adopté, l'attachement aux idées
« monarchiques et aux princes qui étaient ceux de ses

---

(1) Le colonel de Czernitcheff fut encore chargé, en 1810 et 1811, de plusieurs missions auprès de Napoléon. A la fin de 1811, on s'aperçut qu'il avait acheté un des commis principaux du ministère de la guerre. Il put s'enfuir, mais le commis fut fusillé.

« pères. C'est ainsi que j'ai désiré vos succès, votre gloire
« et que je me suis montré ambitieux de ne pas partici-
« per à vos faveurs. »

L'Empereur me serra la main en disant : « Vous voilà
« bien, mon *cher camarade;* ce n'est plus cela, mainte-
« nant. Le siècle n'est plus sur cette ligne... »

La curiosité était grande, elle ne fut pas satisfaite. Le lendemain, tous les militaires étrangers, attachés au grand quartier général, reçurent des missions, avec des lettres pour leurs souverains; nous ne reparûmes plus.

CHAPITRE XXXVII

PAIX, PRESSENTIMENTS, DÉSIR DE DÉMISSION

Le projet de mariage de l'Empereur avec une archiduchesse fit espérer la paix. Je combattis cette idée, cette espérance. Attribuant toutes ces guerres à l'Angleterre, j'étais loin de la voir à bout de ses moyens. Je voyais que le tour de la Russie revenait dans les combinaisons anglaises et je me mis à étudier de ce côté.

La paix avec l'Autriche se conclut en octobre 1809. Le mariage de Marie-Louise en fut la suite. Cette paix, cette alliance qui semblaient consolider le trône de Napoléon, furent, au contraire, les premiers pas vers sa chute. Sans pouvoir m'en rendre raison, je vis ce résultat avec un chagrin profond, un dégoût qui ne me quitta plus. Sur ma demande, le Roi me rappela enfin à Munich. Là, seul avec lui dans son cabinet, je pus lui dire ce que j'avais remarqué sur la partie de cette campagne qui s'était passée près de Vienne; ce que je pensais de l'archiduc Charles, de ses manœuvres, tactiques, changement de positions, retraites savantes dans la grande armée autrichienne. J'osai lui parler de cette paix spontanée qui ne paraissait pas encore nécessaire à l'Autriche; de cette fraternité, trop exagérée pour être sincère; enfin de ce que j'avais remarqué dans les propos des diplomates russes.

Pendant cette campagne, où les Russes étaient censés amis, M. de Czernitcheff, attaché comme moi au grand quartier général, m'avait mis en rapport à Vienne avec M. de Korbadof et le baron de Schilling. Sur leurs remarques, leurs observations, je prévis que l'Empereur aurait bientôt maille à partir avec cette grande puissance. Ils étaient mécontents, et ces entrevues avaient pour but de me faire prévenir le Roi de Bavière qu'il devait être sur ses gardes et ne pas s'endormir sur ce qui se tramait entre les deux empereurs. Ils parlaient d'un mariage, d'empire d'Orient, d'empire d'Occident, etc., etc.

Je communiquai tout cela au Roi ; j'aurais mieux fait, peut-être, de le garder pour moi et de me retirer du service. Entre 1809 et 1812, je l'aurais pu avec honneur : la paix régnait, et alors, revenu à ma femme, à mon fils, à mon patrimoine, je n'aurais pas été mutilé, prisonnier... Livré à mes intérêts civils, j'aurais oublié mes passions militaires. Mais ma destinée providentielle était différente. Je me suis abandonné aux illusions et j'ai suivi le torrent...

Quand j'en parlai au Roi, il me parut soucieux ; il me remercia et me répondit : « Les Bavarois sont bien fati-
« gués de ces guerres continuelles. Malgré tous mes ef-
« forts ils souffriront encore longtemps du pillage qu'a-
« mis et ennemis leur ont fait subir à l'envi. Ne parlez
« qu'à moi de ces choses, et surtout ni à Montgelas, ni
« à Wrède. L'éloge que vous m'avez fait de Zoller ne sera
« pas perdu. » Effectivement, il reçut le grade de lieutenant-colonel, et la décoration du mérite militaire, et je fus nommé moi-même colonel.

Le Roi, me disant de n'en parler qu'à lui, m'indiquait de n'en pas parler du tout. Ce que je venais de lui dire l'inquiétait. Mais, la Reine m'ayant fait demander, je pus supposer un autre motif à sa préoccupation. La Reine voulut entendre de ma bouche l'éloge de l'archiduc Charles ; elle m'apprit que sa sœur jumelle, la princesse Amélie, raffolait du héros autrichien, mais que son frère et sa mère, ainsi que le Roi, se montraient politiquement opposés à une union, à des liaisons avec la maison d'Autriche. Sa sœur Amélie venait, par un coup de tête, d'aller demeurer à Saint-Pétersbourg avec son autre sœur, l'impératrice Élisabeth ; et la Reine, comme le Roi, me recommanda de ne pas parler de ces choses et de celles qui se tramaient par les intrigues de Metternich.

Après 1809, un calme apparent parut tout consolider. Un monde nouveau semblait établi sur de nouvelles bases, mais je ne pouvais me livrer à ces illusions. Plus on se croyait en sûreté, plus je me persuadais qu'un nouvel orage se formait. Je n'étais plus dans l'artillerie ; je le regrettais, parce que cette arme occupe. Pendant la paix, on refait le matériel usé, on prépare ce qui est nécessaire pour d'autres guerres. C'est un avantage immense sur les autres parties de l'art militaire.

Jusque-là, la Bavière, auxiliaire puissant, avait un beau rôle ; mais l'alliance avec l'Autriche, avec la Prusse nous donnait un rang inférieur (1), un amoindrissement qui me préoccupait. L'Italie subissait, à mes yeux, le même sort. Le vice-roi avait épousé une princesse de Bavière dans le temps où nous étions un poids utile. Il perdait de son importance depuis que l'Empereur avait répudié sa mère pour épouser une princesse autrichienne. La Bavière devait craindre aussi de se voir sacrifiée à

---

(1) Le traité d'alliance de Napoléon avec la Prusse fut signé le 24 février 1812, avec l'Autriche, le 14 mars de la même année.

l'Autriche, et de devenir simple province. Je ne voyais de consistance à ce vaste empire que la vie et la fortune de cet homme extraordinaire. Une autre cause acheva aussi d'aliéner les esprits des Allemands catholiques.

Le Pape n'avait pas voulu adhérer au blocus continental. Cette idée grandiose, mais impraticable, fut la pierre qui brisa ce colossal empire. Pour fermer tous les ports de l'Europe aux Anglais, Napoléon fit la guerre à l'Espagne, au Portugal; il s'aliéna les Pays-Bas, dont son frère Louis dut abandonner le gouvernement. Ce fut aussi, plus tard, le prétexte de la guerre avec la Russie. Il se brouilla avec Pie VII; pendant que nous étions dans l'île de Lobau, le Pape fut enlevé de ses États et conduit à Savone, d'où il lança l'excommunication sur l'Empereur. Les suites s'en firent promptement sentir : Napoléon, dont l'orgueil n'avait plus de bornes, aveuglé par son succès, imposa à l'Autriche cette alliance forcée, qui causa sa perte à lui-même à tous les points de vue. Les catholiques allemands, ses meilleurs alliés, s'unirent aux protestants, et ne le regardèrent plus que comme un tyran, aussitôt qu'ils connurent sa conduite avec le Pape. L'armée, seule, était encore pour lui.

A Paris, les signes fâcheux qui m'avaient déjà frappé à l'armée me parurent encore bien plus visibles! Cette archiduchesse devenant impératrice dans ce même palais où sa tante Marie-Antoinette avait été reine et reine si malheureuse, ce roi de *Rome*, cette cour qui voulait apprendre l'étiquette, tout cela ne parlait plus à mon intelligence comme l'ancienne cour des Tuileries en quartier général. Mon penchant naturel me faisait redevenir l'émigré de l'armée de Condé. Toutes ces grandeurs du jour prenaient pour moi le vernis du ridicule des parvenus arrivés trop vite et sans avoir pu achever leur éducation. Dans les camps, tout m'avait séduit; dans la cour de cet homme étonnant, tout me rebutait, me disait que rien ne se trouvait à sa place; que la mienne était dans le modeste héritage de mes pères, ou dans les arsenaux d'un roi légitime...

Je n'étais plus nécessaire, je n'étais plus écouté; je ne désirais plus que la vie privée et mon retour en France. On hésite ordinairement lorsque la tête se remplit de ces idées incohérentes où l'impossible est toujours au bout de chaque rêverie. Je me laissai ainsi surprendre par la campagne de 1812.

Ce chiffre de 1812 me rappela que ce fut en 1792 que je commençai cette carrière de militaire émigré, dévoué et désintéressé; qu'en 1793, je perdis à peu près la tête et rêvai ce duel de vingt ans. Je touchais à la fin de cette période; je chassai toute combinaison et je me dis : je reste au service, j'irai tête baissée là où on m'enverra, le duel va finir!...

En Bavière, un certain instinct faisait sentir la diminution d'importance. De fréquentes missions à Paris n'avaient pour moi aucun charme et ne ramenaient pas cette importance. Sous le prétexte de me donner du repos, je n'étais plus employé, comme avant, partout où la Bavière se trouvait en contact avec l'Autriche, je n'avais plus que ces missions pour Paris. La curiosité en était le but autant que la politique. La Cour de Bavière avait une curiosité puérile de suivre la révolution dans l'étiquette que l'impératrice des Français, archiduchesse d'Autriche, avait faite ou pouvait faire au château des Tuileries, resté, jusqu'à cette monstrueuse alliance, un brillant et luxueux quartier général.

De retour à Munich, j'amusais mes souverains en leur racontant, par exemple, que j'entendais un jour Augereau grogner en entendant le *saluez, passez*, d'une présentation : « Ah! Voici une nouvelle manœuvre! J'aimais « mieux le gauche à droite (1). »

Je parlais ensuite du maréchal Lefebvre, duc de Dantzig, faisant sa cour en habit à la française, jabot et manchettes de dentelles, culotte courte et bas de soie, chapeau claque à plumes sous le bras, droit et raide comme un ancien soldat aux gardes; passant à son tour près du chambellan chargé de dire à tout le monde le : saluez et passez, il s'arrête tout court en face de ce chambellan et lui dit d'un ton goguenard : « Tête à droite; partez du « pied gauche; par le flanc droit, en avant, marche! »,

Puis ce même duc de Dantzig complimentant le duc de N... sur une belle garniture de dentelles. « C'est, « disait ce duc, d'antiques dentelles que j'ai retrouvées « en cherchant dans un vieux coffre. » — « Moi aussi, disait Lefebvre, « j'ai cherché dans mes vieux coffres; mais je « n'y ai trouvé que des boutons de guêtres. » Il avait été sergent aux gardes françaises.

Je faisais encore arriver le petit, vieux, usé maréchal Masséna, tout en habit de soie, donnant la main à bras gauche étendu à sa duchesse, tenant à la main droite son chapeau claque à plumes et l'agitant comme un chasse-mouches; mais croyant devoir saluer en passant devant l'impératrice, endiamantée et perlée comme une pagode,

---

(1) Augereau était fils d'un maçon et d'un marchande de fruits du faubourg Saint-Marceau. Enrôlé par des raccoleurs, il déserta, emmenant les chevaux de son capitaine; puis il devint maître d'armes dans l'armée napolitaine. Rentré en France en 1792, il fut élu d'emblée chef de bataillon et général l'année suivante. A l'armée d'Italie, il se faisait, dit-on, suivre par un fourgon pour y mettre son butin. C'était le vrai type du soudard, grossier et pillard; mais très brave.

il s'entrave avec son épée horizontale et s'écrie : « Que le diable t'emporte! » A sa brillante épée était adressé le petit juron, cela va sans dire, etc., etc.

Moi, chambellan bavarois, revenant de Paris, admis dans le petit salon du palais à Munich, je ne mentais pas, oh! non! mais je brodais à cœur joie, et Majestés et Altesses riaient de bon cœur. Ainsi, en 1810 et 1811, le chef de l'état-major général ne fut pas une fois le narrateur des champs de bataille. Mais patience, 1812 arrivait et tout allait bien changer!...

La dernière fois, je ne fus pas envoyé à Paris comme un observateur plus amusant qu'utile sur les petitesses de l'étiquette, mais j'eus mission d'instruire Napoléon des dangers qu'il allait courir en faisant à la Russie une guerre où une faible armée ne pourrait réussir, et où une grande masse se détruirait par la misère et par la rigueur du climat.

CHAPITRE XXXVIII

DERNIÈRE MISSION A PARIS

D'après ce que j'avais dit au roi de Bavière sur la perfidie de l'Angleterre, le tour de la Russie qui revenait dans les combinaisons de cette puissance, et mes craintes particulières, fondées sur les remarques que j'avais faites dans la dernière campagne, le Roi avait deviné la direction d'une guerre entre la Russie et la France. Un jour de 1812, il me fit demander dans son cabinet. Là, frappé sur tout, tout s'est gravé dans ma mémoire.

Le Roi, la tête sur une main, et appuyé sur sa table me dit : « Concevez-vous cela? Nous sommes encore
« menacés d'une guerre terrible. Napoléon veut culbu-
« ter les deux capitales de la Russie, détrôner Alexan-
« dre, ruiner ce vaste empire, le morceler en petits
« royaumes qu'il partagerait entre ses généraux. On dit
« que vous avez de l'empire sur lui, qu'il vous écoute
« plus qu'aucun de ses généraux ou de ses ministres.
« Wrède me disait tout à l'heure que, prêt à livrer
« bataille à Landshut, vous lui avez parlé, et il s'est laissé
« conduire par vous à Ratisbonne. Si vous pouviez
« le détourner de cette guerre, vous mériteriez qu'on
« vous érigeât des statues. Voici des papiers; lisez-les à

« tête reposée, là, dans cette pièce ; prenez des notes ;
« mettez-vous cela bien dans la tête. Vous serez chargé
« de le porter à l'Empereur lui-même, dans son cabinet ;
« ainsi préparez-vous comme si c'était vous qui ayez
« vérifié les lieux... Mais puisque vous le connaissez si
« bien, quel homme est-ce donc ? Est-ce une aveugle for-
« tune qui le dirige ? Est-ce un génie surnaturel qui
« combine tout, qui maîtrise tout ? »

— « Sire, comme homme de guerre, il est supérieur.
« Il m'a étonné dans la première campagne d'Autriche
« et dans les guerres de Prusse et de Pologne. Dans la
« dernière campagne d'Autriche, il a eu de beaux mo-
« ments, mais il en a eu de bien faibles. L'archiduc
« Charles a été un illustre rival ; il a agi comme un géné-
« ral qui lutte en prévoyant l'avenir ; Napoléon a tout
« hasardé comme un heureux aventurier. »

— « Mais je vous ai entendu vous-même raconter la
« belle bataille de Wagram. Je vous ai vu vous extasier
« sur ce mouvement combiné de Eugène, Davoust et mon
« armée que vous avez été chercher à plus de trente
« lieues ! »

— « Il est vrai, Sire, qu'il y avait là une vaste combi-
« naison, mais nous étions haletants de gloire et de
« fatigue ; et si la bataille avait recommencé en Mora-
« vie, l'archiduc eût pu aller jusqu'à Paris. Devant
« Brünn ce n'étaient pas les Autrichiens qui semblaient
« battus ; je n'ai jamais vu armée si bien placée, en si
« bon ordre, et avoir un front si menaçant, tandis que
« je puis dire n'avoir jamais vu désordre si complet que
« celui de l'armée victorieuse. Vos Bavarois et les Saxons
« étaient les seuls qui pouvaient être nommés troupes
« armées. Je me suis toujours demandé comment, avec

« un revers, on pourrait retirer une pareille confusion. »

— « Je viendrai vous reprendre tout à l'heure. Lisez
« cela avec attention. »

Je lus un mémoire topographique parfaitement bien
fait, bien minuté; mémoire dont je n'ai jamais connu les
auteurs, mais qui était trop profond, trop circonstancié
pour être parvenu au Roi par quelque notabilité bavaroise. Après l'avoir étudié plusieurs fois et l'avoir attribué d'abord à quelques Alsaciens, anciens Condéens,
protégés par le Roi et placés par lui en Russie, je me suis
arrêté à penser qu'il était l'œuvre du cabinet russe,
espérant par là détourner l'orage qui menaçait cette
puissance. Alors, j'aurais été désigné pour le produire
par la légation russe, M. de Czernitchef ayant observé la
familiarité qui existait entre Napoléon et moi à cause de
nos rapports et similitudes dans nos premières écoles.

Tout était dit dans ce mémoire : lieux, climats, routes,
rivières, distances des villes et des villages, ressources
et pénurie, forêts et déserts; les lieux environnants, la
pauvreté, le manque de communications, les époques de
froid, de chaud, de pluie, de neige, débâcles de glaces;
tout s'y trouvait, et tout était frappant. De plus, probabilités d'invasion; trois routes explorées : l'une partant
des frontières de la Pologne par Vilna et Bialistok,
direction sur Riga et Saint-Pétersbourg; l'autre sur
Moscou par Smolensk; et enfin une sur les frontières de
la Turquie; moyens de s'avancer, moyens de se couvrir, moyens de se retirer. Je ne pouvais qu'admirer ce
travail ; il était verbeux; je n'eus qu'à l'abréger, le traduire et le mettre en style familier à l'Empereur.

Quand ce fut fini et approuvé, le Roi m'ordonne :
« Partez pour Paris; faites-le lui lire. Vous avez votre

« franc-parler avec lui; je le sais, il me l'a dit lui-même.
« Il vous considère comme un homme unique dans son
« entourage, parce que, ne demandant rien, ne voulant
« rien de lui, il ne rencontre dans vos idées que ce qui
« est, ce qui devrait être. Vous n'avez avec lui rien à
« compromettre, c'est de là que part sa confiance. Voilà
« de l'argent; je vous ai fait annoncer par le télégraphe;
« on vous prépare une voiture; partez, et si vous êtes
« retenu à Paris, envoyez-moi un courrier que vous
« prendrez chez Cetto. Adieu, mon cher. Tâchez de nous
« sauver. Faites valoir ce qui est. Les armées du Nord
« peuvent vivre dans nos contrées, mais nos armées ne
« réussiront pas dans le Nord. Elles ne peuvent pas
« vaincre ces climats. »

Je pars, précédé de cette dépêche qui me procurait admission immédiate dans le cabinet de l'Empereur. Je fais diligence. Un homme à cheval était de planton à la barrière pour me conduire sans retard au cabinet impérial. L'Empereur s'y trouvait en négligé; Bertrand, en costume, seul avec lui. Cette fois, l'accueil fut froid et sec.

— « Que voulez-vous? Qui vous envoie? »

— « Sa majesté le Roi de Bavière. »

— « Que me veut mon cousin? Ce ne sont pas des
« appréhensions contre mon alliée l'Autriche? Ce seraient
« lubies, chimères, illusions. Il a un ministre accrédité
« près de moi. L'avez-vous vu? »

— « Non, Sire, j'ai eu l'ordre de m'adresser directe-
« ment à Votre Majesté. »

— « Je vois. Quelques représentations sur les troupes
« à me fournir. J'ai l'Autriche; j'ai la Prusse pour alliés.
« La fédération du Rhin me doit son existence. Vous-
« mêmes, je vous ai sauvés deux fois. »

— « Sire, Votre Majesté a toujours témoigné sa satis-
« faction à notre armée. Cette armée, dévouée à son
« souverain, est et sera toujours la même. Le Roi, pré-
« jugeant les lieux où la guerre peut se porter, a fait
« faire avec soin une reconnaissance locale; il a pensé
« qu'elle ne serait pas sans intérêt pour Votre Majesté. »

L'Empereur tend la main, disant : « Voyons, voyons;
« ce sera curieux. » Je remets mémoires et plans.

Il les parcourt rapidement, y revient et, me regardant
fixement : « Heu : cela n'est pas mal. Vous n'avez donc
« pas craint le knout, monsieur l'artilleur de la vieille
« école? Cela est assez intéressant. »

— « Non Sire, je n'en suis pas capable; il faut con-
« naître les langues du Nord et je n'en sais aucune. J'ai
« eu seulement l'ordre de l'abréger, de le traduire et de
« ne le remettre qu'à Votre Majesté. »

— « Ainsi, on veut me dissuader de faire cette campa-
« gne? Vous n'êtes pas seuls à travailler dans ce but...
« Alexandre est comme un lièvre qui a un grain de
« plomb dans la tête, il court à sa perte. Ses capitales sont
« aussi abordables que les autres; et quand j'ai les capi-
« tales, j'ai tout. »

— « Sire, ces peuples du Nord n'ont rien centralisé.
« Leurs capitales n'ont pas sur eux cette influence qui
« retient des peuples plus civilisés. »

— « Préjugé! Au Nord comme au Midi, quand le
« cœur est blessé, le corps est malade. »

Napoléon donne mon mémoire à Bertrand qui travaillait sur une table voisine et lui dit : « Tenez, asseyez vous-
« là. Lisez avec attention. Ce n'est pas mauvais, si cela
« ne sert pas à une chose, cela servira à une autre. »

Il me fait signe de m'asseoir et travaille à je ne sais

quoi sur son guéridon. Il sonne, et c'est pour dire :
« Visible pour personne. » Il revient à moi : « Vous
« avez bien servi dans les guerres d'Allemagne. Nous
« pourrons encore moissonner de la gloire plus loin...
« D'ailleurs, il le faut... Mes armées ne manquent jamais
« quand elles marchent, et ceci ne peut être qu'une mar-
« che rapide... Je me fais craindre; et quand j'ai inspiré
« une salutaire terreur, je me laisse désirer... Voyez
« l'Autriche; elle m'est aujourd'hui plus dévouée que
« vous, peut-être. »

— « Sire, dans ces contrées, les étés sont courts; les
« hivers très longs et rudes, et quand tout est gelé, les
« armées... »

— « Les armées, les armées! Elles vivent mieux que
« les habitants. Elles épuisent et cherchent ailleurs. »

Pendant que le général lisait, Napoléon s'humanisait
avec moi. Il regarde l'enveloppe où était marquée l'heure
du départ de Strasbourg et continue : « Vous êtes venu
« lestement!.. Vous ne vous êtes pas amusé!.. Vous allez
« déjeuner sur la petite table, sur le guéridon de l'Em-
« pereur des Français, roi d'Italie, protecteur de la Con-
« fédération du Rhin, médiateur de la Confédération
« Suisse, etc., etc. »

— « Sire, vous y joindrez, j'espère, d'autres titres
« encore. »

— « Cela vaut bien notre tableau où nous faisions ma-
« nœuvrer de l'algèbre. Vous vous êtes beaucoup servi
« de cette algèbre, dans toutes vos campagnes. Je crois
« me rappeler que vous étiez d'une certaine force et que
« vous conceviez très bien que moins par moins donne
« plus. Je n'ai pas trop mal appliqué ce précepte : moins
« l'Allemagne, moins l'Autriche, moins la Prusse, moins

« l'Italie, convenez (en se montrant) que je forme un
« beau plus. »

La conversation sur ce style, et Bertrand, seul témoin, absorbé dans mon mémoire, je sortis assez facilement de l'étiquette.

— « Oui Sire ; je vois dans tous ces *moins* un *plus* hors
« de tout calcul, mais j'avoue que si les équations m'a-
« vaient traité de même, je m'arrêterais pour contempler
« mon ouvrage. »

Alors Napoléon vivement : « Non, vous ne vous arrê-
« teriez pas !... On ne peut pas s'arrêter... Connaissez-
« vous bien mon armée ?.. C'est un chancre qui me dévo-
« rerait si je cessais de lui fournir de la pâture. »

Ici Bertrand se lève, arrive à pas balancés vers le guéridon disant : « Sire, parfait. Votre Majesté a quelque
« chose d'approchant, mais ceci est mieux. Les distances
« y sont en werstes, en milles et en lieues. Les accidents
« de terrain sont mieux exprimés ; il y a les époques des
« frimas, la longueur des jours, etc., etc. C'est juste et
« conforme à ce que le Dépôt de la Guerre a fourni. »

— « Oui, reprit l'Empereur, mais c'est plus concis,
« plus logique. Gardez cela pour me le représenter au
« besoin. »

— « Mais, Sire, insinua Bertrand, est-ce que nos tra-
« vaux ne répondent pas complètement aux besoins de
« Votre Majesté ? »

— « Je ne dis pas cela ; mais je suis votre souverain ;
« vous me parlez en sujets. Vous ne pouvez même pas
« me parler autrement. Ceci ne s'adresse à personne ;
« cela raconte. Voilà pourquoi c'est dégagé de circonlo-
« cutions. »

L'Empereur rangea ses papiers et Bertrand les emporta dans l'ordre où ils étaient groupés. Je restai seul avec Napoléon, moi assis et déjeunant, et lui se promenant lentement d'une fenêtre à l'autre en fredonnant de sa voix assez fausse : « Malborough s'en va-t-en « guerre, etc. », il s'arrêta près de moi :

— « J'aurais voulu éviter cette guerre... Alexandre ne « sait plus où il va... où on le mène... Bezout (1) vous « a appris comme à moi que masse multipliée par vitesse « donne la force vive, la quantité de mouvement. J'ai de « quoi faire la masse. Je ne ferai pas défaut à la vitesse et « tout sera fini avant que son soleil se couche... Les jours « sont longs en Russie quand il y a le soleil... Je livre- « rai deux, trois batailles... s'il pense à s'arrêter... »

— « Mais, Sire, les vivres ? »

— « Les vivres ! mais c'est vous qui me l'avez appris « en Prusse. Des bœufs en relais qui font arriver le « pain ; et les bataillons, en recevant la farine, mangent « les bœufs. Combien me donnerez-vous d'hommes ? »

— « Sire, l'armée est au complet : quarante bataillons, « trente escadrons, cent bouches à feu. »

L'Empereur s'assied ; il réfléchit. Je lui dis : « Sire, « dans votre dernière campagne d'Autriche, les trois « Russes que vous aviez admis à votre état-major étu- « diaient sans cesse les masses d'hommes qui restaient « en arrière dans vos marches rapides, le temps qu'ils « mettaient à se reformer pour vous improviser des réser- « ves. Ils avaient grande confiance dans leurs Cosaques « pour ce cas ; Czernitchef, surtout, disait que le moyen « pour vous battre était de ne pas vous résister et de

---

(1) Auteur des cours de mathématiques des écoles d'artillerie de ce temps.

« vous ramener très vite quand on vous aurait entraîné
« bien loin. »

— « Oui, voilà leur tactique!... Mais sont-ils donc
« chaussés et *enjambés* pour aller plus vite que moi? »

Ici une longue pause. L'huissier avait déjà trois fois
entr'ouvert la porte pour savoir s'il pouvait introduire.
Pendant toute cette conversation, l'Empereur discutait
mollement. Il ne me contredisait pas; il semblait alternativement soucieux et résolu, mais quand il se montrait
résolu, il m'ordonnait presque de continuer les discussions et oppositions. Cela me conduisit à lui dire que ses
alliances offensives avec l'Autriche et la Prusse ne pouvaient pas être franches comme ses alliances avec des
princes inférieurs; que, dans un revers, ces puissants
alliés pourraient tout perdre par une trahison spontanée.
Là-dessus, il s'échauffa, se fâcha même, et, se levant brusquement pour faire son va-et-vient à pas lents, il me dit :
« J'ai un fils; le Roi de Rome me garantit l'Autriche.
« Avec mon fils, il y a de l'avenir dans mes destinées.
« Je fonde actuellement une légitimité. Les Empires se
« créent par l'épée et ils se conservent par l'hérédité. »

Il se calma, se rassit, et du geste comme du regard, il
me fit signe de continuer mes objections. C'est alors que
je hasardai mes derniers arguments : « Sire, avec tant
« de puissance, des alliances si importantes, ne serait-il
« pas temps de mettre des bornes à votre empire et de le
« consolider par une paix qui développerait les arts et
« l'industrie, qui ferait sentir les bienfaits d'une époque
« si féconde ?... Il ne faudrait à cette vaste Pologne que
« de la population et un roi. Ce serait une bonne barrière pour brider ces peuples du Nord qui ne demandent
« qu'à s'étendre... »

Ici l'Empereur prit un air fâché et me serrant le genou :
« Vous dites : *Un* Roi ! Il y en aurait déjà un s'il n'y en
« avait qu'un qui voulût l'être ? Oui, il leur faudrait un
« Roi, mais qui, diable, pourrait l'être ? Ils ne respec-
« tent guère leurs Rois. Ils sont braves, les Polonais,
« mais mauvaises têtes ; et puis ces esclaves, ces seigneurs,
« ces je ne sais quoi qui n'ont pas le sou, et qui, braves dans
« un combat, ne veulent obéir à personne en temps de
« paix ! » De ce moment, il ne fut plus le même. Animé,
échauffé, il intimait ses ordres, il rappelait les personnes
de sa Cour il me congédia par l'ordre sec et positif de lui
conduire tout de suite l'armée bavaroise à Erfurth et, là,
d'attendre ses ordres.

— « Gouvion Saint-Cyr dirigera votre armée, conti-
« nua-t-il. Voyez-le avant votre départ. Que Wrède y
« commande. Vous avez une jolie cavalerie ; je la place-
« rai dans une masse. Vous serez de ma grande armée.
« Je n'ai pas oublié votre brillante attitude dans la
« bataille de Wagram. Qu'en dites-vous de celle-là ?
« Vous m'avez amené le renfort bien à propos. Vous
« avez des idées justes sur la grande guerre... Soyez
« diligent ; je vais vite, vous savez, je veux vous trouver
« sous les armes. Je me suis rappelé plus d'une fois
« ce que vous m'avez dit de ces Excellences en calèche
« et vous, messieurs les voyants, à vos corps. Je veux,
« dans cette campagne, que vous soyez le chef d'état-
« major de votre armée. » Il fait encore un tour et me
regarde en souriant : « Quatrième corps, armée d'Italie
« et de Bavière. »

Il fallut faire semblant de ne pas comprendre, mais
supposer qu'il savait ce que pensaient les Bavarois en
général et moi en particulier sur le mariage archiducal.

Je dus obéir, partir, et porter en Bavière les funestes pressentiments qui me préoccupaient. Jusqu'alors, j'avais vu la guerre avec entrain ; cette fois, j'étais triste malgré moi. Cette campagne me désolait. J'aurais désiré n'y être pas employé pour pouvoir me retirer décemment et je me voyais chef de l'état-major de cette armée !... Je revins à Munich aussi lestement que j'avais été à Paris. On obéit : tout fut ébranlé et mis en mouvement. La commotion était générale ; de toutes parts les armées débouchaient !...

Je ne revis plus l'Empereur qu'à Vilna... Dans cette grande revue, six cent mille hommes parurent un spectacle imposant. Mais six cent mille hommes en action, sans magasins pour vivres, sans places fortes pour s'appuyer, sans pays cultivé à parcourir était un spectacle alarmant pour un militaire qui commençait sa seizième campagne !...

CHAPITRE XXXIX

DÉBUTS DE LA CAMPAGNE DE RUSSIE

De toutes parts, les armées s'ébranlent, les masses de troupes arrivent. On eût dit que l'on cherchait à rappeler dans les temps modernes les armées de Darius ou d'Homère. Confusion, émotion vive, fraternité ; jamais de querelles ; pas de conjectures ni de raisonnements ; un pillage, un ravage qui tenaient de la frénésie. Jusqu'à Vilna, la marche de la grande armée ressemblait à un torrent débordé !...

Cette guerre à la Russie remplissait tout le monde de tristesse et d'appréhensions, les militaires comme les civils, en France comme parmi les alliés de la France. En effet, dans toutes les guerres précédentes, l'Empereur avait été attaqué ; il se défendait ; on l'approuvait, on l'admirait. Il faisait promptement la paix ; cela parlait en sa faveur. Cette fois, il était l'agresseur ; le climat, la distance, toutes les difficultés locales sautaient aux yeux ; et chacun, par intérêt, par pressentiment, prévoyait une mauvaise fin, l'avant-coureur de grandes catastrophes.

Pour mon compte, j'ai apporté la désolation à Munich en y faisant connaître le mauvais résultat de ma mission. On obéit en gémissant à l'ordre de porter l'armée à Erfurth. Les armées prussiennes, autrichiennes, allemandes, suisses, italiennes se mêlaient à la grande armée française, plus belle qu'elle n'avait jamais été. Cette fois, il n'y avait point de marches forcées, pas de ces masses en confusion. Tous les corps d'armée allaient en bon ordre, ayant leurs généraux en tête et à leurs postes. Les camps de baraques ou les bivouacs se formaient. Les colonnes d'équipages suivaient des troupeaux de bœufs ; les uns, sous le joug, amenaient des chariots ; d'autres paissaient sous la garde de soldats à cheval. C'était décoration toute nouvelle. Après Vilna, les marches prirent un autre aspect ; nous approchions de l'ennemi, mais il se retirait en ravageant. Nous avancions en en faisant autant ; on voyait déjà un théâtre de désolation !...

J'avais été nommé chef d'état-major de l'armée bavaroise ; puis j'appris qu'elle serait réunie à l'armée d'Italie, commandée par le vice-roi Eugène de Beauharnais, gendre du Roi de Bavière. Cela me faisait croire, espérer même, que l'Empereur pensait faire le vice-roi Roi de Pologne, l'établir solidement, le soutenir, et en faire une forte barrière. Cette chimère, cette illusion disparut à la grande revue de Vilna.

J'ai vu là une armée immense, une réunion sans proportion avec les moyens pour la faire subsister, je n'y ai vu que des signes précurseurs de la fin !...

Cette revue dessina mieux les masses : un corps d'armée prit la direction de Riga. Un autre, le deuxième, commandé par Oudinot, celle de Saint-Pétersbourg, par la Russie blanche. La grande armée va à Moscou par Vitepsk ; nous formions le quatrième corps, sous le commandement de Gouvion Saint-Cyr, et, jusqu'à Vitepsk nous suivions la grande armée. La Prusse avait donné son corps à l'aile gauche, dirigée par Macdonald. La droite comprenait les Polonais, les Saxons, et les Westphaliens. Les Autrichiens et les Prussiens étaient des alliés l'arme au bras! Aussi, quand vinrent les revers, ces troupes, qui n'avaient pas souffert, furent vite prêtes à combattre Napoléon.

Le lendemain de cette grande revue, la campagne fut ouverte pour le quatrième corps, composé de l'armée d'Italie et de l'armée bavaroise. Tout de suite on éprouva la misère, on ressentit le manque de vivres; le découragement s'en suivit; je demandai au général de Wrède de faire baigner nos divisions. Je voulais lui faire remarquer la maigreur, la débilité de nos troupes : il en fut frappé; mais qu'y faire?

Je me prodiguais pour ramasser du bétail, des moutons, des cochons, mais c'était peine perdue! Ce quatrième corps paraissait organisé pour se nuire. Quels rapports pouvaient exister entre le vice-roi et ses officiers, d'un côté, et l'armée bavaroise donnée au général Gouvion Saint-Cyr de l'autre? Entre le général de Wrède et le général Deroy, son ancien et son rival, et encore moi, chef d'état-major de l'un et de l'autre? De plus, la cavalerie bavaroise se partageait entre les deux divisions. A Vilna je crus en perdre la tête! J'aurais volontiers quitté le service dans un tourbillon si incohérent, si l'honneur ne m'avait pas fait un devoir de rester. Quatre divisions d'infanterie italienne, une cavalerie italienne déjà mal montée, une artillerie italienne on ne peut plus mal attelée; un général Saint-Cyr qui voulait tout commander et demandait à tout propos : « Mais qu'est-ce que je com-
« mande donc? » La cavalerie bavaroise était mécontente; la division Deroy, jalouse; la division de Wrède, en colère!... Je n'avais à ma main que la belle artillerie

bavaroise, bien attelée, bien approvisionnée de munitions et pourvue de bons ouvriers, formés et outillés à Munich par le chevalier de Colonges. C'était un officier d'artillerie modeste, simple, froid, instruit et capable pour tout ce qu'on lui confiait, mais n'allant jamais d'un pas au delà. Ainsi je puis dire qu'en 1812 j'entrais en campagne avec quatre-vingt-dix mille hommes où il n'y avait de bon et à sa place que l'artillerie bavaroise. Aussi, après avoir paradé à cette brillante revue, le général Saint-Cyr prit le général d'Albignac (1), alors sans emploi, et le mit à tout, bien qu'il n'eût charge et mission pour rien. Le vice-roi ne se servit que de son monde et borna mes fonctions à enregistrer les oreilles des chevaux qu'il perdait, et il les perdait tous. Le général Deroy, s'étant particulièrement attaché à Saint-Cyr, employait dans le fait d'Albignac, et moi seulement pour la forme.

Nous n'avons marché que quatre jours dans cette confusion. Jérôme, roi de Westphalie, se révolta le premier contre Napoléon ; il signifia qu'il se trouvait bien en Pologne et qu'il y resterait. Murat, roi de Naples, le chassa ainsi que quelques officiers et prit l'armée westphalienne, que Napoléon donna ensuite à Junot. Le général d'Albignac, rattaché à nous par sa volonté propre, venait de cette armée.

Macdonald, Heudelet et Maison, celui-ci remplaçant provisoirement Oudinot blessé, commandaient dans les corps d'armée voisins ; ne les ayant pas vus à l'œuvre, je pourrais difficilement les juger. Il m'était facile de voir qu'ils n'avaient plus la soumission aveugle des au-

---

(1) Ce général, ancien aide de camp de Ney, avait un excellent cœur sous des dehors très brusques. Il mourut de maladie pendant la campagne d'Espagne en 1823.

tres campagnes. Un esprit de vertige, d'insubordination passait sur les chefs. J'avais remarqué encore bien d'autres désordres dans les corps que j'ai été à même de voir, mais ma blessure me les a fait oublier.

Le vice-roi ayant à remplacer ou à refaire sa cavalerie italienne prend la cavalerie bavaroise et marche avec la grande armée, mais il ne veut pas de notre infanterie; notre artillerie lui résiste et accompagne notre infanterie.

Un ordre de l'Empereur ordonne à Saint-Cyr de passer la Duina et d'aller se joindre au corps de Maison dans la Russie Blanche. On parle dans cet ordre d'une armée qui se forme à Riga avec Macdonald et qui se joindra à nous, ainsi qu'une autre armée venant de Dantzig. Saint-Pétersbourg doit être le point de mire de cette *seconde grande armée*. Je reçois cet ordre par un aide de camp du major général, prince de Neuchâtel et je dois le faire connaître au vice-roi, à Saint-Cyr et à Wrède. Je reçois un accueil gracieux du vice-roi; de Saint-Cyr, des : Comment? des : Pourquoi? des : Mais qui êtes-vous donc ici? — Ce à quoi notre général Deroy répond : « Ce qu'il est? Le coco de Napoléon. » De Wrède sort en colère et dit : « J'obéis; je vais traverser la Duina; mais on me passera sur le ventre si je n'ai pas mon artillerie. » Je lui dis : « Non seulement la vôtre, mais toute l'artillerie
« bavaroise; de Zoller sait agir au besoin. Toutes les
« prolonges sont déjà tendues au travers du fleuve. Dans
« cinq minutes toutes les bouches à feu seront sur l'au-
« tre rive. Il sait aussi la manœuvre pour faire traverser
« les munitions sans les mouiller. C'est un bon officier.
« Qu'on le laisse faire; qu'on ne le contrarie pas et avant
« la fin du jour, tout sera comme on peut le désirer. »

En effet, dans cette même nuit, les deux divisions d'infanterie bavaroise, toute l'artillerie et une grande partie des bagages bivouaquaient sur la rive opposée du fleuve; et au point du jour nous arrivions en colonne serrée sur la ville de Polotsk où se trouvait le général Maison, fort affaibli. Il y avait été ramené depuis Sobiély par une armée russe dont il ne connaissait ni le nombre, ni le nom de son général.

Sans prendre ordre de personne, Wrède se jette avec sa division sur cette armée russe, la repousse, lui fait des prisonniers et la rejette au-delà d'une rivière vers Sobiély. On apprend qu'elle est commandée par le général de Witgenstein; qu'elle est composée de quelque infanterie de ligne et d'un gros corps de milices, appelées *drougines*, espèce de croisés : ils portaient une croix sur leurs habits de paysans. La cavalerie, composée des chevaliers gardes, est brillante et nombreuse et l'artillerie abondante.

J'eus beaucoup de part à cette affaire irrégulière du général de Wrède, la considérant comme une reconnaissance. Je fus bien secondé par quatre régiments suisses, commandés par un général bourguignon, le baron de Candras, qui disait connaître ma famille. Ce ne fut qu'une imparfaite reconnaissance; c'est un pays de forêts et de marais; la division de Wrède prit son rang dans les bivouacs des deux corps réunis, de Maison et de Saint-Cyr, sur les bords de la Polota. A peine y étions-nous arrivés que les jalousies, les haines, les prétentions, les contrariétés se manifestèrent. Après ce succès remporté par des Bavarois, le général Maison redouta des rivaux. Il voulut qu'on se retirât à Polotsk. Les Russes, ainsi dégagés, revinrent sur leurs pas; les Français seuls rentrèrent à Polotsk, et les Bavarois, autant par indépendance que par combinaison, restèrent dans la plaine. Nous posions nos gardes; nous faisions nos reconnaissances, tant sur la rivière la Polota que dans la forêt voisine, lorsque l'ennemi déboucha.

Le général Maison s'empara de notre division Deroy; il la joignit à son corps d'armée ayant artillerie, cavalelerie, Suisses et Français, et livra cette masse à la défense de Polotsk. Wrède éluda cet ordre, et seul, avec son artillerie et son infanterie, il tint la plaine, profitant de la rivalité des autres chefs pour faire un troisième chef dans ce corps. Cela me fit bien voir ce que deviennent des armées composées d'éléments si discordants quand elles ne sont pas immédiatement dans la main du chef suprême!...

Notre général Gouvion Saint-Cyr restait neutre et boudant : il ne voulait pas obéir à Maison, son inférieur, qui tenait la place d'Oudinot blessé. Moi, major général, j'aurais aussi été neutralisé, l'état major de Maison devenant le principal. Je fis comme Wrède, j'éludai le contact et je restai chef de l'état-major de Wrède seulement. Il m'en résulta mal; mes chevaux logeaient dans une grange du lieu où Wrède avait pris son quartier général; Maison envoya un officier avec des sapeurs pour brûler toutes ces maisons comme nuisibles à la défense de la place. Mes neuf chevaux et tous mes équipages furent pris ou brûlés; il ne me resta que le cheval que j'avais entre les jambes.

Mais cette division de Wrède, déjà un peu mutine, ne s'amuse pas aux explications, elle attaque et se bat.

Les Russes s'étaient établis dans un château nommé Spotzi et dans ses dépendances, situées sur les deux rives de la Polota. Nous les y attaquons, nous les délogeons. En défendant cette Polota, nous maintenions la plaine libre du côté de Witepsk. Je crois que si les divisions eussent continué entre Maison et Gouvion Saint-Cyr, Wrède aurait remonté la Duina sur ses deux rives et serait venu rejoindre les Bavarois de la grande armée. Je goûtais assez ce plan. Wrède m'ordonne de passer la rivière et de parcourir le pays avec assez d'intelligence pour lui dire où se trouvait l'ennemi, et non pas comme les reconnaissances françaises qui disaient seulement où il n'était pas. Je prends quatre dragons des guides de nos généraux, seule cavalerie que le vice-roi nous eût laissée; je passe la Polota, petite rivière qui se jette dans la Duina à Polotsk, et je recherche l'ennemi.

J'arrive sur un ravin, où je découvre une masse couchée sans feu, où rien n'annonçait une réunion de bataillons, un troupeau, plutôt qu'une troupe. Il en part aussitôt une dizaine de Cosaques qui dispersent mon escorte et me donnent la chasse. Me sauvant seul, au galop, le long de cette rivière, les Cosaques me gagnaient de vitesse. J'aime mieux risquer de me noyer que d'être pris ou sabré. Je lance mon cheval dans la rivière que je croyais une eau morte, bourbeuse, très difficile, surtout si près de son embouchure. A mon grand étonnement, la Providence mit sous mes pieds un gué praticable, le seul peut-être qui fût dans les environs, car dans ces marais les rivières, presque sans cours sensible, ont des fonds vaseux. Ce sont des fondrières impraticables partout où il n'y a pas assez d'eau pour se soutenir. Je gagnai donc l'autre rive en sûreté; ce point me parut important en ce qu'il se trouvait vis-à-vis d'un ravin creusé par les orages. Le sable, entraîné dans la rivière, avait formé ce gué à la longue, et je le marquai par des brisées, comme on fait à la chasse, pour le retrouver au besoin.

J'arrive, je fais mon rapport ; on tient conseil et on décide de livrer bataille au point du jour. Le général de Wrède me charge d'attaquer cette masse russe que j'ai découverte, et veut se battre, pour son compte, sur la droite. Saint-Cyr, Maison, Candras, et le général bavarois Deroy agissent de conserve et veulent donner la bataille de front, en passant la Polota. Le général Deroy est tué ; sa division souffre beaucoup. Maison venait d'être blessé par une balle tirée je ne sais d'où, cela changeait tout : Saint-Cyr se trouvait le commandant général. Il concentre l'armée, parle ferme, et, imitant l'Empereur, il fait masse. Il attaque, enfonce, gagne la bataille de Polotsk et gagne le bâton de maréchal (18 août 1812) et il le méritait, car cette bataille aurait fait honneur à l'Empereur lui-même.

Au début, le corps des chevaliers-gardes exécuta une charge de cavalerie très vive à laquelle le général n'échappa qu'en faisant le mort, et parce que les chevaliers-gardes avaient beaucoup de valeur, mais point d'expérience, et peu d'ensemble. De Zoller ne dirige pas seulement sa batterie, mais encore celle de Deroy tué, Colonge qui la commandait, ayant été sabré par les chevaliers-gardes : de Zoller, chef et maître de toute notre artillerie, agit comme à l'armée de Condé : il méprise les boulets ennemis et porte son feu en masse sur tout ce qui montre masse, cavalerie ou infanterie. C'est son canon réuni qui écrase les chevaliers-gardes ; c'est son canon qui jette en déroute les masses d'infanterie que j'avais poussées hors de leur position. Il n'y a plus que déroute dans l'armée russe ; il n'y a plus que Wrède commandant Français, Suisses, Bavarois. Il poursuit sans relâche; il fait des masses de prisonniers, il gagne huit lieues de pays. Il est maître de Duinabourg. Telle fut la bataille de Polotsk, bien gagnée par le général de Wrède et par Saint-Cyr et qui fit nommer Saint-Cyr maréchal de France et de Wrède feld-maréchal de Bavière et prince. Je n'en vis que le début : elle me fut fatale et là se termina ma carrière militaire.

La perte des Bavarois en tués ou morts de leurs blessures fut de deux mille trois cent quarante-trois soldats; un général, trois officiers supérieurs, dix-sept officiers, capitaines ou lieutenants. Les Russes perdirent trois mille sept cents prisonniers; leurs morts ne sont jamais bien connus; et leurs blessés faisaient nombre dans les prisonniers. Ils perdirent énormément sous le canon de de Zoller, mais comme ils prirent la fuite, il n'y eut d'engagement d'infanterie que pour les bataillons que j'avais dirigés, et nous manquions de cavalerie pour poursuivre, le vice-roi nous ayant pris la nôtre.

CHAPITRE XL

BLESSÉ ! ET PRISONNIER !

Au commencement de la journée, je m'aperçus que les Russes avaient fait une ligne de bataille ayant derrière eux ce ravin que j'avais remarqué. Je l'indiquai à de Wrède ainsi que le gué. Il voulut de suite en profiter et me fit prendre six bataillons que je conduisis à ce défilé. J'avais fait mettre les gibernes sur la tête pour qu'elles ne fussent pas mouillées, et, passant à cheval, je montre le chemin. Arrivé à l'autre rive, je mets et range mes hommes en bataille, les armes chargées ; je tombe sur le ravin par surprise et le feu bien nourri y met tout en fuite. Le canon de Zoller tire sur ce troupeau fuyant en désordre ; je contemplais le grand effet produit par cette diversion et je cherchais d'où une batterie ennemie tirait sur nous ; je monte sur la crête du ravin pour voir et juger. Il était jour. J'aperçois un boulet faisant des ricochets dans ma direction ; je donne un coup d'éperon pour l'éviter, mais, trop tard !.. Ce boulet enlève un morceau de la botte de ma jambe gauche, traverse mon cheval, vient frapper ma jambe droite et la brise au-dessus de la cheville ; mais arrêté par cet obstacle, il fait seulement bosse dans le ventre du cheval qui s'emporte, et tombe mort sur moi à quelques pas de là. J'avais contribué à faire gagner la bataille, mais je sentais bien que ce serait la dernière!...

Ce qui est fort singulier, c'est que le jour de ce combat, de cette blessure, de cette mise hors de combat était l'anniversaire de mon entrée en campagne en 1792. Ainsi ma lubie du duel de vingt ans se réalisait !

Quatre grenadiers me déposent sur une porte de ces maisons brûlées et m'emportent hors du combat. Ils ne sont pas plus tôt hors de vue qu'un coup de canon à mitraille nous jette tous à terre sans nous toucher. Ces grenadiers ne m'abandonnent pas. Deux biscayens sillonnent la porte en deux places. Ils me portent encore. Un autre incident m'attendait : les Russes font une tentative désespérée; ils réunissent une masse de cavalerie, chargent, culbutent des bataillons et sont à leur tour chargés par nos cuirassiers qui les repoussent. Je me trouvais sur cette porte dans la mêlée, je vois écraser des hommes, des blessés par des caissons d'artillerie. Les quatre grenadiers me descendent dans un fossé et me garent du choc et des coups; puis ils m'emportent encore et me remettent entre les mains d'un aide-chirurgien qui parcourait le champ de bataille avec des civières dont ils sont pourvus en Bavière pour ce service : service réellement admirable et que je n'ai vu pratiquer ainsi qu'en Bavière.

J'arrive ainsi plus mort que vif sur la place de Polotsk devant le couvent des Jésuites où de tous côtés les blessés affluaient. Là, sur le pavé, couché sur le dos, la tête au soleil, je passe le reste de la journée et la nuit, environ trente heures, sans secours aucun, sans une goutte d'eau, mourant de soif...

On continuait à se battre; et Wrède, commandant toujours, allait toujours en avant. C'est pour cela que nous, les premiers blessés, nous restions sans secours. On avait gagné la bataille, on poursuivait à outrance. Le nombre des blessés transportés sur cette place augmentait continuellement; les prisonniers s'accumulaient aussi... Enfin arrivèrent quelques seaux d'eau; des bandes de chirurgiens, habits bas, manches retroussées, tendaient des planches sur des tonneaux mis debout; des prisonniers leur apportaient des blessés, et ces messieurs, les bras nus, procédaient aux pansements, aux amputations. Je suis un des premiers déposés sur un brancard fabriqué avec deux fusils, un prisonnier soutenant mon pied pendant dans un shako. La douleur me fait grincer des dents. Un chirurgien major me tâte le pouls, et trouvant que je n'ai plus assez de forces pour subir l'amputation, il fait signe de me remporter à l'écart avec les désespérés, et d'en apporter un autre. On me roule sur le bord du chemin qui conduisait au pont. Cette circonstance me sauva la vie.

De Zoller passe sur ce chemin pour aller chercher des munitions. Il me reconnaît, saute à bas de son cheval, et me roule dans son manteau. Il me fait prendre par ses canonniers et porter à ce beau couvent de Jésuites qui dominait la ville. Il frappe, il sonne; on ne répond pas : le couvent était fermé et barricadé. Il appelle ses canonniers, fait briser la porte et me dépose dans la première cellule qu'il rencontre dans la partie du couvent bâtie en bois, où se tenaient les classes. Le général Gouvion Saint-Cyr occupait la partie du collège bâtie en pierres. Les canonniers apportent une botte de paille, on me couche dessus; de Zoller m'embrasse et me quitte. On y avait déjà amené mon cousin, le baron de Colonges, qui commandait l'artillerie du corps de Deroy depuis son organisation en 1805. Il avait reçu sept coups de sabre à la tête pendant la charge de la cavalerie russe qui emmenaît les batteries d'une division française. En cherchant à sauver cette artillerie, il fut cerné avec son général et laissé pour mort dans un fossé, d'où on l'apporta au collège criblé de blessures. Il fut décoré de la Légion d'honneur et on le renvoya en Bavière avec tous les blessés en état de supporter le voyage, en octobre quand on prépara le départ. Il fut repris en route par un parti de Cosaques et emmené un peu plus dans l'intérieur. Je ne le revis plus qu'à Saint-Pétersbourg, où il arriva un peu avant moi, mais j'avais pu communiquer avec lui. Depuis ses blessures et la mort du général Deroy, tué à la même bataille, Wrède commanda toute l'armée bavaroise et de Zoller toute l'artillerie. J'ai su depuis qu'ils s'étaient rendus fort utiles dans la retraite de l'armée française, peu après.

Il parut quelques moines pour réparer la porte brisée. D'une voix mourante, je demande à boire un peu d'eau. L'un d'eux m'apporte une cruche : c'était un Français, le père Richardot. Après avoir bu, le soulagement que j'éprouvai fut tel que je m'évanouis, ou m'endormis, je ne sais lequel, mes idées semblaient des rêves. J'ouvre les yeux. Un moine, à genoux à mes pieds, tirait de ma blessure des morceaux de cuir de bottes, de vêtements, des os cassés... Un autre moine, un livre d'une main, et l'autre étendue, faisait sur moi des prières. Le père Richardot et son compagnon le père Sédovitz me sauvèrent bien certainement la vie par leurs soins et leurs prières.

Le père Richardot me demande ma foi; je parviens à lui dire : Catholique Romain. Il me fait des signes de croix et me parle sans que je puisse comprendre ce qu'il dit. Il m'apporte encore à boire et je me rendors. En m'éveillant, je vois le général de Wrède qui avait les larmes aux yeux, le général Saint-Cyr qui me serre la main, Je puis serrer la sienne et lui dire : « Vous avez gagné « une belle bataille ! » Une douzaine de Pères tendaient la tête et cherchaient à voir, et le général Saint-Cyr, leur montrant le poing, leur dit : « Si vous ne le soignez pas « bien jusqu'à son dernier soupir, je vous exterminerai « tous. » Le général de Wrède me jeta son mouchoir, sa cravate, et me dit : « Notre brave Deroy est tué. Co- « longes blessé ; ah ! qu'elle est chère, cette vic- « toire !... »

Au bout de je ne sais combien de temps, le général de Wrède revint me voir. Un chirurgien major et son aide m'arrivèrent. On remit mon pied vis-à-vis ma jambe, on pansa, on nettoya, on fit des incisions : j'ai le frisson rien que de m'en souvenir !... Il n'y eut cependant point d'amputation. En s'en allant, ils branlaient la tête, et je les entendis dire au général : gangrène et tétanos. Je le répétai au père Richardot, qui couvrit ma plaie d'une poudre. Avec une cuiller, il me desserra les dents, en m'en cassant une. On m'enleva beaucoup d'esquilles et on me rapprocha de force les os de la jambe pour qu'ils puissent reprendre ; tout cela me causa de grandes souffrances. Petit à petit, on m'apporta un peu de linge ; on me fit manger une sorte de bouillie, faite avec une espèce de gomme. Je recevais quelques visites, entre autres celles du père Recteur, chef de cette communauté.

Un jour, le père Richardot vient me trouver, renvoie mon domestique, s'assied près de mon lit et se penchant vers moi me dit : « Vous êtes chrétien, vous êtes Romain, « vous nous l'avez dit. Vous avez été sur le bord de la « tombe et vous ne nous avez demandé aucun secours

« spirituel. Notre père Recteur m'a ordonné de vous
« avertir... »

— « Mon Dieu, il ne faut pas tant de façons ; je sais,
« et m'y conforme volontiers et tout de suite si vous
« voulez. » Cela fut pour le lendemain. On me donna un
livre d'heures et le père Recteur m'apporta la communion avec apparat.

Vers le vingtième jour, on plaça des coussins sous mon
talon qui me causait des douleurs horribles. Je restai là
pendant environ un mois, entre la vie et la mort. Pendant
ce temps arrivaient les grands événements : la bataille
de Borodino ou de la Moskowa, la prise et l'incendie de
Moscou, le commencement des désastres...

A cette époque j'eus un rêve qui me frappa vivement.
C'était une des premières nuits où la souffrance me permettait le sommeil. Je crus voir mon neveu, Tony de
Moncrif, officier d'avenir dans la cavalerie bavaroise,
debout au pied de mon lit : « Tenez, mon oncle, dit-il,
« voyez comme ils m'ont accommodé ! » et détournant
son bras, serré sur sa poitrine, il me laissa voir une grande
plaie béante. — Mais, c'est égal, continua-t-il, je suis heureux maintenant » et il disparut à mes yeux. Plus tard,
je sus que ses camarades le virent tomber à la bataille
de la Moskowa, mais on ne put reconnaître son corps,
et malgré toutes les recherches que je fis faire je ne pus
jamais en savoir autre chose. A-t-il été prisonnier du côté
d'Orembourg avec les autres Bavarois? Mon songe était-
il vrai? ou simplement, peut-être, le souvenir d'un rêve
du même genre, souvent raconté par M. de Montgelas,
combiné avec les préoccupations du moment? Je ne sais,
mais je ne pouvais m'empêcher d'envier ce sort. Le fils
préféré de Colonges, celui sur lequel il fondait le plus

d'espérances et qui était capitaine de cavalerie comme mon neveu, fut tué aussi à cette sanglante bataille (7 septembre 1812).

Quelque temps après, plusieurs généraux vinrent me visiter; je remarquai des figures inquiètes; j'entendais le canon, un quartier de la ville brûlait; on se retirait! Le général d'Albignac entra avec un chirurgien. Je n'entendis pas leur colloque, mais le général me serra la main, disant : « Adieu, pauvre Comeau ! »

Polotsk, attaqué par les Russes, ne put d'abord être enlevé; mais il fallut ensuite passer la Duina et abandonner la ville, qui avait pris feu pendant la bataille. Pendant que Saint-Cyr occupait la ville, il résidait au collège des Jésuites où il n'avait laissé déposer que peu d'officiers supérieurs blessés. Il s'était emparé de toutes les provisions de la maison pour les mettre à l'abri du pillage et les réserver pour le retour, mais l'incendie du collège détruisit ces réserves qui auraient été bien utiles. Le général Witgenstein, en reprenant la ville et repoussant l'armée au delà de la Duina, tira toute la nuit; les boulets, les obus tombaient sur le couvent; le feu y prit. Un domestique qui me restait, nommé Martin, me chargea sur ses épaules et chercha à me sauver, mais le feu gagnait... Il me déposa sous un escalier de pierre, espèce de dépôt de charbon, qui avait une porte en tôle. Là se trouvait un vaste passage voûté qui conduisait de la cour au jardin et séparait le couvent, solidement bâti en pierres, des bâtiments des classes bâtis en bois, qui brûlaient. J'y eus horriblement chaud; mais le courant d'air qui s'établit m'empêcha d'être tout à fait cuit. Il se trouvait, sous cet escalier, des baquets pleins d'eau, et je voyais la chaleur en amener l'évaporation presque complète.

Telle était cette chaleur que deux bâtons de cire à cacheter que j'avais dans mon portefeuille se collèrent ensemble. Je ne sais combien de temps je restai dans cette fournaise; la ville prise, mon domestique demanda du secours à un général russe, le prince Kourakin. Il vint lui-même, et, me trouvant en vie, il aida à me porter dans une cellule de la maison bâtie en pierres, qui avait pu résister au feu. De son côté, le père recteur parla de moi au prince Galitzin; celui-là au général de Witgenstein. Je fus porté dans l'appartement du père recteur; on me donna quelques cordiaux et le père me fit coucher le mieux qu'il put, sur de la paille, dans la cellule de son moine secrétaire. Ce dernier, le père Mayer, m'entretint feu de poêle et de cheminée pendant tout ce cruel hiver; sans cela j'aurais indubitablement gelé. La ville fut prise le 18 octobre; le lendemain, Napoléon évacuait Moscou! Désormais j'étais prisonnier de guerre!...

Le lendemain matin, un Russe parlant allemand vint m'inscrire avec nom, prénom et grades. Il jeta sur mon grabat un rouble d'argent et il s'éloigna. Le général comte de Witgenstein entra avec beaucoup d'officiers; puis il renvoya tout le monde, s'assit près de ma couche ayant l'air de s'apitoyer, et, me regardant très fixement, il me dit : « Parlez vrai; je suis humain. Avez-vous servi en Russie? »

— « Je suis émigré; j'ai fait toutes les campagnes de
« l'armée de Condé qui fut au service de la Russie sous
« l'Empereur Paul; il nous remit notre serment. L'armée
« de Condé fit encore une campagne avec l'Autriche; elle
« fut licenciée après le traité de Lunéville. J'entrai au
« service de Bavière et me voilà!... »

Le général en se retirant me dit : « Je vous reverrai,

« mais n'ouvrez votre porte à qui que ce soit à moins
« qu'on ne frappe deux coups. Avez-vous quelqu'un? un
« homme à vous? » — « Il m'est resté un domestique alle-
« mand; je le crois à la porte. » Le général ouvre, le prend
au collet, le fait entrer, et lui dit en allemand : « Ne crai-
« gnez rien; servez bien votre maître, et n'ouvrez qu'à ce
« signal. Là, comme cela, voyez-vous? »

Le couvent fut envahi. On n'entendait que cris de joie
en russe. On vint poser une sentinelle à ma porte ; cela
me tranquillisa. C'était à la porte du père Recteur, qui
touchait la mienne. Je ne savais pas encore que, par ses
soins et ses ordres, j'avais été déposé près de lui. On
frappe; je ne réponds pas. On enfonce la porte. Entre un
officier en habit blanc à revers jaunes. Je n'ai jamais vu
figure si hideuse. Il rejette mon manteau, voit ma plaie,
ma maigreur et se retire précipitamment. Arrive un officier général, parlant parfaitement français. Il avait sa
serviette à la main et le morceau à la bouche :

— « Qu'est-ce? Que vous a-t-on fait? Que vous a-t-on
« pris? Qui? Comment était-il? » Je réponds laconiquement, mais avec fermeté. Le général m'embrasse, donne
de l'argent à mon domestique et s'en va.

Peu après, j'entends du mouvement comme au sortir
de table; le comte de Witgenstein me visite avec beaucoup d'officiers; il me tend la main, raconte ma carrière
militaire et termine : « Voilà les fleurs de notre métier,
« messieurs. On se bat, on se tue, on se déchire, on se
« rencontre, on s'aime!.. C'est un brave! Qu'il soit res-
« pecté comme un camarade! »

De ce moment je fus mieux nourri ; il m'arrivait de la
viande, du pain boulangé : jusque-là, je n'avais eu que
les viandes salées et le pain de munition. L'armée passa

la Duina. Je n'eus plus de visiteurs; je ne vis plus que
des moines, tous bien bons pour moi. Le frère Mayer
me fit une espèce de fauteuil où ma jambe était portée sur
une planche, recouverte par des cerceaux et fourrée de
peaux de renards; il y avait des roulettes, et avec mon
bâton, armé d'un crochet, je pouvais me rouler. Mais je
manquais de linge; rien qu'un manteau usé, très peu d'habits; j'avais perdu mes équipages!.. On me donna une
chemise tous les samedis, ainsi qu'un mouchoir et un
petit linge carré dont j'ignorais l'usage, mais qui me faisait des compresses bien utiles pour éloigner de ma plaie
le poil des fourrures qui m'enveloppaient. Je fus cinq mois
aussi pauvre que possible, mais je ne pris pas le chagrin
à cœur. J'avais le pressentiment que je ne succomberais
pas à ma blessure. Plus tard, le frère m'arrangea une paire
de béquilles, et en tenant ma jambe enveloppée d'une
peau de mouton, on me faisait faire quelques pas dans un
long cloître. Le frère inventa une semelle qu'il mit dans
le fond d'un sac, et ce sac, lié à la béquille, me permit de
marcher sans l'aide de quelqu'un. Avec ces secours ma
guérison fit des progrès rapides. Au bout de six mois,
je pus aller complètement aux béquilles.

J'ai passé dix mois dans ce couvent, couché sur une
botte de paille, et cependant, bien soigné par les pères
Jésuites. Il y avait plusieurs Français dans le nombre,
entr'autres le père Richardot, qui connaissait un peu ma
famille et qui fut plein d'attentions pour moi. Un Polonais, le père Sédovitz, avait été, je crois, missionnaire en
Chine, et ses récits m'intéressaient. Là, isolé du monde
entier, ma vie était triste, aussi douloureuse que possible
et cependant je n'y éprouvais ni ennui, ni découragement, ni désespoir : ma faiblesse m'absorbait... Les nou-

velles étaient épouvantables. Le père Recteur voulait me les épargner et n'y pouvait réussir.

Lorsque les désastres de la retraite ont commencé, j'étais presque mort, étendu sur une botte de paille, épuisé par ma blessure autant au moral qu'au physique; mais j'avais la consolation de repasser ma vie que je croyais terminée, satisfait, à part moi, de me retrouver fidèle au Roi légitime; brave et fidèle à l'armée de Condé, j'allais mourir sans peur et sans reproches; isolé de cette petite armée, je n'ai voulu être qu'un brave désintéressé, avide seulement de gloire morale.

Le grade avec lequel j'allais mourir était celui de mon âge; celui de la nature et de la continuité de mes services. — Et le contemporain de mes études, de mes premières places, que va-t-il devenir? Que lui restera-t-il de son rang élevé, de son immense fortune? Il ne gardera sûrement que des regrets, que les reproches qu'il aura lieu de se faire. Après une catastrophe comme celle-ci, un conquérant ne peut se relever. Il mourra peut-être de dépit, de rage, et pas comme moi d'une honorable blessure!...

Tel fut une fois le sujet de mes réflexions. Une autre fois, je me souvenais qu'avec moi il oubliait parfois sa puissance pour se reporter avec une singulière satisfaction à ses premières années. Alors je faisais des vœux pour lui, me figurant que la fin providentielle de son armée l'avait éclairé, et je bâtissais des illusions. Ne peut-il agir en retraite comme dans ses marches en avant, prendre une distance, organiser des corps avec les garnisons laissées dans les forteresses allemandes? se faire ainsi une armée, pas assez imposante pour attaquer, mais assez pour se défendre. Et alors, nouveau général Monck, il nous rendrait la France, gouvernée sagement par son roi légitime, avec cette modération qui fut si longtemps le repos et la force de l'Europe. Que chaque chose revienne à sa place! qu'il aide le Roi par ses conseils ; qu'il devienne l'appui de tout ce qui a été brave, loyal et désintéressé. A lui tout ce qui est brave en France, et ce qui semble perdu pourra encore se relever. Les ennemis sont las!... On nous a assez craints, il faut qu'on nous respecte et qu'on nous aime !...

Cela n'eût-il pas mieux valu que sa fuite précipitée en Russie, qu'une abdication forcée, suivie d'un retour impuissant, et de cette funeste résolution de se livrer à un ennemi implacable, déloyal, qui, pendant vingt ans, nous a combattus avec des soldats achetés ?

Mais, hélas ! sorti de la révolution et trop compromis avec elle, Napoléon ne pouvait rappeler les Bourbons ; il n'eût pu d'ailleurs se soumettre à personne. Ce n'étaient que les rêves, que les illusions d'un malade. Ce qui n'en est pas une, c'est que l'ancien camarade de Bonaparte est devenu vieillard, au sein de sa famille, finissant tranquillement ses jours avec sa petite fortune, providentiellement conservée, tandis que celui qui a étonné par son élévation prodigieuse étonna encore davantage par sa chute rapide et si complète.

Les grands désastres de la Grande Armée eurent lieu sur la fin de novembre, à la Bérésina, petite rivière qui se jette dans la Duina, non loin de Polotsk, mais sur l'autre rive du fleuve. Ce fut aussi dans les environs que Kutusof, venant du côté de la Turquie, empêcha nos soldats de changer de direction et de traverser un pays moins épuisé par le passage des troupes. Le grand froid prit ; le typhus se mit dans les armées ; vainqueurs et vaincus, tous périssaient (1)! Cette ville était le passage et le lieu de réunion d'un grand nombre de blessés et de prisonniers, mourant de froid et de misère. J'ai passé ces neuf mois au milieu de la mort et des cadavres.

On fut obligé de brûler tous ces corps pour éviter de plus grands maux au dégel. Cinquante-six mille corps furent brûlés à Polotsk sur trois bûchers. Pendant plusieurs jours, je voyais de mon grabat leurs noires colonnes de fumée et les paysans y traînant les victimes de la guerre.

La dureté et l'insouciance de ces peuples du Nord passe tout ce qu'on peut dire et imaginer. J'ai vu d'une fenêtre, où mon domestique me traînait pour me faire prendre un peu l'air, un officier prisonnier demander humblement à un apothicaire la permission d'entrer pour se chauffer. Celui-ci, Allemand établi dans la ville, le repoussa hors de sa porte, sur un amas de neige. L'officier mourut là ou il avait été rejeté et son corps y resta plus de trois semaines. Un jeune Bavarois, frappé de tant de mauvais traitements, et venant près de moi demander quelques secours, fut repoussé et si maltraité par les Russes qui se trouvaient dans le corridor, qu'il se précipita dans le poêle où ils entretenaient un grand feu. Ce cadavre, à moitié brûlé, fut mis sous mes yeux. Je n'obtins de le faire éloigner qu'à prix d'argent.

Cet hiver fut dans mon existence ce qu'il y eut de plus extraordinaire; en me le rappelant et le comparant aux autres circonstances de ma vie, je puis à peine m'en rendre compte. Par suite de ma faiblesse extrême, mon caractère avait changé : je ne craignais rien, je ne dési-

---

(1) D'après le général de Fezensac, 430.000 français, au moins, en y comprenant les alliés, périrent en Russie.

rais rien, je ne me fâchais de rien ; je ne sortais de mon apathie que pour rire, et je riais de ce qui en aurait attristé d'autres.

Par exemple, un jour, Martin, la tête entre ses deux mains, et accroupi devant le feu qu'il laissait s'éteindre murmurait : « Je n'ai point de bonheur ! Il n'y a que moi qui n'ai point de bonheur ! »

— « Hé bien ! Martin, qu'y a-t-il donc ? S'il fait froid, faites du feu. »

— « Un tel est mort, son domestique a eu tant et une
« bonne place. Un autre est mort ; son domestique a reçu
« des Juifs soixante roubles de son héritage et un sei-
« gneur l'a emmené à Riga... »

Je reprends :

— « Mon colonel ne veut pas mourir ; il tient comme
« un diable ; il use son butin, et quand il mourra, Mar-
« tin n'en aura pas pour dix kopecks. Toutes les bonnes
« places seront prises et Martin servira la messe et balaiera
« les corridors du couvent. » Martin se lève, prend une attitude théâtrale et me dit qu'il m'est dévoué jusqu'à la mort que le bon Dieu éloignera tant qu'il pourra. Je pars d'un tel éclat de rire que l'un de mes moines, le père Sédovitz, entre pour me demander quoi et qu'est-ce, ce que je ne lui apprends pas. Je dis l'un de mes moines, car je n'en voyais guère que trois, lui, le père Richardot, et le frère Mayer.

Malgré cela, Martin me servait bien, et je n'ai jamais su ce qui dominait en lui de l'attachement ou de la cupidité. Il était fidèle, me rendait bon compte des objets échangés ; il me restait par devoir, me servait par devoir, mais aurait été bien aise d'en être récompensé pécuniairement ; aussi, à mon retour, je fis une bonne rente à mon Sancho Pança, comme l'appelait un de mes bons pères Jésuites. Ce Martin était le seul qui me fût resté de mes six ou sept valets d'armée. Né sur les confins de la Bohême, il parlait assez de slavon pour comprendre le Russe et le Polonais. Gourmand et poltron à l'excès, il avait un peu perdu la tête pendant l'incendie de Polotsk. Après m'avoir transporté dans une cave voûtée, il se mit à manger et à boire tout ce qu'il put trouver dans le couvent un peu laissé à l'abandon par le départ du général Gouvion Saint-Cyr, pendant le bombardement de cette ville, bâtie en bois et flambant de toutes parts. Il voulait faire au moins un bon repas avant de mourir. La peur influant sur lui, il voulut sortir du caveau, et aller dans le jardin ; mais une bombe, éclatant alors près de lui, le renversa de frayeur, et le rendit tellement malade qu'il ne put m'être utile que le lendemain.

Un jour, il fut un peu cause que j'eus une frayeur de la nature d'un rêve à cauchemar. J'étais couché sur ma paille et il sortit pour aller chercher des vivres sans prendre le soin de bien fermer la porte. Je la vois s'ouvrir ; un ours entre, tourne dans toute la cellule, flaire mon lit, cherche partout, lèche les plats, les assiettes, mange mon pain ; il avait l'air affamé. Puis il se couche en travers près du poêle et s'endort. Je ne bougeais pas, et n'étais nullement tranquille. Mon domestique entre, me croit mangé, jette un cri et se sauve en courant. Mais la Russie Blanche est le pays des ours privés, et les Jésuites en avaient un, ce que j'ignorais. Un moine entre au bruit, prend l'ours par l'oreille et l'emmène ; je ne l'ai plus revu depuis.

Ma gaîté naturelle ne m'abandonna jamais, et je crois que je lui suis redevable de la vie. Autour de moi je voyais mourir tous ceux qui se laissaient abattre, et ils étaient nombreux. Au milieu de tant de calamités je me remettais lentement; un calus informe s'était produit sur mes plaies qui s'étaient fermées, mais les esquilles restées à l'intérieur sortaient et les rouvraient souvent. Les visites des Pères commençaient à devenir plus fréquentes ; ils me procuraient des vivres meilleurs, quelques livres, et ils me comparaient à leur fondateur saint Ignace de Loyola.

Un jour, après m'avoir apporté les consolations de la religion, le Père me dit : « Comme notre fondateur, le « glorieux saint Ignace de Loyola, vous êtes un brave « militaire. Il avait partagé comme vous toutes les « erreurs, toutes les illusions du monde ; il eut aussi la « jambe cassée et souffrit, comme vous, avec courage et « résignation. Il fit son noviciat comme vous le faites et il « institua notre ordre auquel il prédit que nous aurions « toujours des combats et que tout serait toujours pour « la plus grande gloire de Dieu. Vous êtes un militaire « chrétien ; nous sommes aussi une milice chrétienne, « etc. »

Je l'interrompis en riant et je lui dis que saint Ignace était célibataire, tandis que j'avais femme et enfant. — « Alors, dit-il, Dieu vous a destiné à autre chose ; dans « sa miséricorde il a une porte pour le salut dans tous les « états. »

Il me quitta et revint une heure après avec deux paquets de livres. L'un contenait ce qui avait été écrit contre les Jésuites et l'autre ce qui l'avait été pour eux. Cette lecture m'intéressa, mais cette scène amena une révolution dans mon existence. De ce jour la bibliothèque du couvent me fut ouverte. Jusque-là, je n'avais eu que quelques livres et avec une singulière précaution; des pages étaient réunies par un fil et scellées d'un petit cachet. Le père Richardot m'avait expliqué que cette pratique exprimait l'obéissance, et j'avais respecté les cachets. Le bibliothécaire m'en apporta alors chaque jour de nouveaux et y mit une complaisance extrême.

Entré jeune à l'école militaire et au service, ayant fait ma première communion chez un curé de village, brave homme, mais peu instruit, je manquais un peu d'instruction religieuse. L'exemple de mes camarades de l'armée de Condé y suppléa. Je n'ai jamais manqué à mon devoir pascal; je confondais un peu les devoirs de l'honneur et ceux de la religion. J'étais chrétien catholique, parce que je regardais le Pape comme mon général en chef pour le spirituel. Je regardais les philosophes comme mes ennemis, parce que je voyais en eux des républicains, ennemis du Roi autant que de la Religion. Je n'ai jamais eu de duel, et cependant je ne craignais pas la mort, je crois l'avoir prouvé; mais avec de la politesse je n'en ai jamais eu l'occasion.

A l'armée de Condé, nous disions tous nos prières, un peu abrégées, peut-être quelquefois; quand la belle prière de Mme Élisabeth : « Que m'arrivera-t-il aujour- « d'hui, ô mon Dieu, etc. », nous fut connue, nous la récitâmes chaque jour. Une imitation de Jésus-Christ, donnée par un des aumôniers de l'armée de Condé, a fait avec moi toutes mes campagnes, non seulement pour que l'on m'enterrât comme catholique, mais aussi pour la lire parfois.

Me trouvant souvent en pays protestant, je fus frappé de la morgue de leurs ministres, de leur indifférence pour les morts et les mourants, des rêveries apocalyptiques des dévots protestants, de leur peu de morale, bien qu'ils en parlassent sans cesse, de leur peu de charité, de leurs doutes au moment de la mort, choses que je n'ai jamais trouvées chez les catholiques. Tout cela me fortifia dans la croyance que j'étais dans la bonne voie. Je les appelais les républicains de la religion. Les querelles entre Luthériens et Calvinistes me confirmèrent dans cette idée

En Russie, je le pensai encore mieux. Malgré le luxe de leurs cérémonies, les belles barbes de leurs popes, je vis bientôt que ces popes n'étaient, pour la plupart, que d'ignorants ivrognes; que, pour eux, leur religion était leur empereur; une affaire de formes et de places.

Les bons livres que les Jésuites me prêtèrent m'instruisirent un peu plus que je ne l'avais été jusque-là. J'admirai la beauté de la religion catholique, celle du sacrifice de la messe, des prières, des sacrements, des commandements de Dieu; la simplicité de sa hiérarchie, sa profession de foi toujours la même, et je me préparai à la mort naturelle, comme je l'avais été à la mort sur le champ de bataille.

Ma carrière militaire a commencé à Metz, chez des moines (1); elle s'est terminée chez les Jésuites de Polotsk. Il y a plus de rapports qu'on ne pense entre le moine et le soldat. Tous deux doivent obéissance à leur chef suprême; ils font également abnégation de leur vie; leur dévouement à leur cause et à leurs frères doit être sans bornes. Ce que les uns font pour Dieu et pour le Ciel, les autres le font pour la Patrie, la gloire et l'honneur.

Voilà ma profession de foi : j'ai cru devoir la faire ici.

---

(1) Les Bénédictins dirigeaient avec distinction l'école préparatoire de Metz.

CHAPITRE XLI

FIN DE MON SÉJOUR A POLOTSK

Mes trois moines et mon domestique commencèrent à m'acclimater. Ils me sortaient, me promenaient; le père Mayer bâtit à ma croisée une sorte d'estrade; en m'y asseyant, je pouvais voir la campagne. On dégela mes vitres, on me posa des fenêtres doubles. C'était pour moi comme une résurrection. Les Pères me donnèrent des livres de physique, de mathématique; ils me remirent les clefs du musée et du cabinet d'histoire naturelle. J'avais plus de distractions et peut-être moins de calme.

Je me mis à écrire; mes barbouillages me furent demandés comme grâce pour rester à la communauté. C'était de la géométrie pratique : sur l'art de lever les plans, de les calculer, de faire des échelles de proportion, de les appliquer ; sur l'art de faire des cartes conjecturales d'un pays ; enfin sur le gnomon ou la connaissance du temps par le soleil, et sur les machines hydrauliques.

Ma toilette fut soignée : cela consista à me faire vendre, par un juif tailleur, du drap bleu et des fourrures pour col et parements. Avec cela, on me fit un costume mi-polonais, mi-français, et une toque de velours, le tout pour le total de cent cinquante-trois roubles, ce qui, pour moi, valait cent cinquante-trois francs et pour les Russes sept cent douze francs, à cause de la différence de valeur entre le rouble en papier ou en argent. On en fit un acte fort singulier sur trois colonnes : une en russe, une en allemand et une en français. Cela portait que si j'étais employé comme esclave de la couronne, le prix serait remboursé par la couronne ; si j'étais libéré par échange et ne m'acquittais pas, la communauté paierait par les mains de son recteur, sauf recours en action sur ma personne ; enfin que si je soldais avant la fin de l'année échue, il me serait fait remise de huit roubles. Ensuite, des timbres et des signatures. Et, bien qu'ayant remboursé un mois ou deux après, environ, quand j'eus reçu un courrier de la Cour, j'aurais dû avoir un procès pour me faire rendre ces huit roubles !..

Ce fut le premier trait de mauvaise foi que j'éprouvai dans ce pays ; ils allaient se succéder. J'avais reçu des roubles en papier ; je ne sais par quelle inspiration j'avais pris note des numéros. Le juif tailleur et marchand me revient avec deux personnages, magistrats sans doute. Le juif me dit que je lui ai donné un faux billet de cinquante roubles, que je dois le reprendre, le remplacer par un bon ; sans cela il me fera dresser procès et m'accusera de fabriquer de faux billets de banque, ce à quoi, disait-il, nous étions fort habiles, nous tous de cette maudite nation des *miéminski*. Il s'était réellement répandu beaucoup de faux billets ; on en accusait faussement les Français, basse intrigue sur laquelle je pus donner à Saint-Pétersbourg des notions qui ont fait trouver les fausses presses et leurs protecteurs.

Ces deux je ne sais quoi faisaient des gestes et des grimaces aussi bizarres les uns que les autres. Ils opposaient ce billet de banque au jour, et reculaient, comme saisis d'effroi. Je dis en allemand au juif qu'il était un archicoquin et que j'allais le lui faire voir; le banquier de la cour m'avait envoyé par l'intermédiaire de l'apothicaire, grand personnage en Russie, des billets de banque cotés et numérotés; le juif avait reçu tel et tel numéro, ce que je lui montrais par mon journal; celui qu'il m'apportait n'avait pas ce numéro à la main, et j'allais le faire attaquer et poursuivre par le pharmacien de la Cour. Les deux gesticulateurs prirent vite la porte, et comme le juif hésitait, je lui lançai à la figure un gros in-folio que je lisais. C'était le Nouveau Testament. Le bruit m'attira des Jésuites qui vinrent précipitamment, et qui firent de grands éclats de rire de ma victoire remportée sur le juif à l'aide de ce livre sacré.

Ce jour était néfaste : un vilain petit officier russe, accompagné d'un autre juif qu'on me présente comme truchement, vint me dire qu'il était adjudant, envoyé par le commandant pour visiter mes papiers, attendu qu'on lui avait déclaré que je faisais le portrait du pays et qu'on me soupçonnait de trahison et de magie. Voilà donc une fouille dans mes papiers, saisie des feuilles où j'avais des figures de géométrie, des lignes marquées par des lettres et des chiffres. Les jésuites s'en mêlèrent en ma faveur. Malgré cela, les papiers furent saisis, et en même temps une jolie épingle de cravate en or, surmontée d'une perle grosse comme un pois. Je n'ai jamais entendu parler ni de l'épingle, ni de la perle, ni des papiers.

Au commencement de 1813, ma blessure allait mieux; un riche seigneur catholique, le comte de Repnicky, ami des Pères et des Français, m'envoya un beau traîneau tout doré, deux très beaux chevaux et une aimable invitation en bon français pour venir passer quelques jours dans son château de Repnicky où il y aurait nombreuse réunion. Le cocher me montra un podaroshna ; le père Sédovitz m'expliqua que c'était le permis du commandant. Il y avait bien, sur ce papier, un 5 R. que je ne comprenais pas.

Nous étions en plein carnaval, et j'eus là une excellente occasion d'observer les mœurs russes et polonaises dans la province reculée de la Russie Blanche. Dans cette province, le peuple est Russe, c'est-à-dire slave, et du rit grec; la noblesse est catholique romaine. Je partis dans ce beau traîneau, avec l'intendant du comte, et j'y fus horriblement secoué et cahoté, malgré l'épaisseur de la neige. Quand j'arrivai dans ce château, j'y trouvai nombreuse compagnie : des voisins, venus de douze ou quinze lieues, des seigneurs, de simples nobles ou schlagchistz, peu riches et attachés aux seigneurs; un père jésuite polonais, aumônier; un vieux major des armées polonaises, et une foule de demoiselles de compagnie, toutes plus jolies les unes que les autres.

On me fit monter le perron du château, suite de gros madriers de bois, recouverts de neige gelée. On m'introduisit dans un immense salon où les uns jouaient au whist, au boston; d'autres buvaient auprès d'un tonneau mis en perce dans la pièce même; d'autres dormaient sur des canapés; des femmes et des jeunes gens dansaient des mazourkas et ne se reposaient qu'en jouant à de petits jeux.

C'est là que je pus bien voir la gaieté, la frivolité polonaises, mais aussi le peu de propreté et d'élégance habituelles à cette brave nation. On dîna; ce repas, servi à la façon du pays, était sur une immense table; au haut bout, le comte, sa famille et les étrangers de distinction, et l'on m'avait fait l'honneur de m'y mettre. Vers le milieu, les intendants, le major, puis les schlagschistz et les demoiselles de compagnie. Après dîner, on recommença le jeu, les danses, les visites au tonneau et les sommeils sur les canapés.

Pour moi, étranger, on me mena le soir dans la salle destinée aux hommes. Là, je vis que chacun avait apporté son lit dans son traîneau. Je n'en avais pas. On ne pouvait penser que les Français n'ont pas cet usage, et l'on crut que les Russes m'avaient ôté jusqu'à mon lit. On se récria sur cette barbarie. Les dames le surent et firent courir leurs esclaves pour m'apporter, l'une, un vitchoura (1), l'autre, les coussins de son traîneau, d'autres des fourrures et des manteaux. En un clin d'œil, on m'improvisa un fort bon lit, à la mode du pays, où l'on n'en connaît point d'autres.

Les nombreuses peaux qui tapissaient cet appartement prouvaient que le jeune comte, l'ancien élève des Jésuites, était bon chasseur, mais ne parfumaient pas sa chambre. J'appris que ces peaux sont un objet de commerce assez lucratif dans les foires de Moscou, et que cela permet aux jeunes seigneurs polonais d'acheter quelques objets de luxe européen.

Pendant les trois jours gras, ce fut la même vie, interrompue seulement par une chasse aux loups et aux renards. On dansa, on mangea, on but, on joua et on dormit jusqu'au mercredi des cendres; alors l'aumônier mit une pincée de cendres sur la tête chauve et rasée des vieux Polonais, sur les cheveux à la Titus des jeunes, et chacun

---

(1) Vêtement garni de fourrures que l'on met par-dessus ses habits.

se retira. J'en fis autant, non sans avoir fait les salamalecs d'usage en Pologne : baiser le pan de la robe des dames et les deux épaules des maris, et après huit jours de joie et de cordiale hospitalité, je repartis pour Polotsk en les remerciant de tout mon cœur.

Je ne dois pas oublier de dire qu'à table, comme je n'avais point de domestique derrière moi, le mien étant resté à Polotsk, le comte de Repnicky, à qui j'avais raconté la visite de l'ours des Pères dans ma cellule, trouva plaisant de me faire servir par un ours privé et musclé. A la vérité, il donnait fort bien les assiettes, mais je n'aimais pas beaucoup son grognement quand on le poussait du coude pour le faire avancer.

Après mon retour, les bons Pères délibérèrent que je ferais bien d'aller remercier Monsieur le Commandant de cette faveur, et lui annoncer mon retour. Je pris donc mes béquilles, et deux pères Jésuites m'accompagnèrent. Monsieur le Commandant était un laid Kalmouk, au nez écrasé. Il s'emporte, se met en colère, tape du pied, frappe sur la table, puis me prend au collet, me pousse contre un mur, et va chercher un registre. Le père Sédovitz s'avance et me dit qu'il est question du podaroshna de cinq roubles que je n'ai pas payé; les Jésuites discutent humblement; ils prouvent que l'adjudant, ce vilain petit officier pêcheur de perles, avait reçu les cinq roubles des mains du père Recteur lui-même; ils les donnèrent de nouveau et firent rayer le registre. Mais ce n'était pas tout : le Kalmouk feuilleta le registre, puis d'autres papiers et enfin il trouva un ordre supérieur qui portait que tous les prisonniers seraient de suite conduits sur Pskow et de là dans le gouvernement d'Orembourg, mais de me laisser tranquille vu mon état intransportable. La conclusion fut que si je pouvais aller danser dans les châteaux; je n'étais plus intransportable, ainsi que je verrais du pays et j'irais ronger des os de mouton chez les Kirghis.

Je rentrai au couvent, l'oreille assez basse; je n'avais plus ni argent, ni papier, et voulant rembourser ces dix roubles aux Pères, je parfilais les franges de mon écharpe et de ma dragonne, lorsqu'un beau chasseur, courrier de cabinet, arrive et, avec les démonstrations les plus respectueuses, me présente un paquet cacheté au sceau impérial. Il sort de sa giberne une liasse de deux mille roubles. Les lettres, venant de Sa Majesté l'impératrice et de sa sœur, la princesse Amélie de Bade, toutes deux sœurs des reines de Bavière et de Suède, étaient pleines de bonté pour moi : consolation pour mes souffrances, promesse de tous les secours dont je pourrais avoir besoin et enfin conseils, entr'autres celui de me déclarer intransportable pour toute autre destination que celle de Pskow, sur le lac Péipus. On me faisait espérer un ukase m'attribuant Saint-Pétersbourg pour prison. Cela me semblait un rêve!... J'eus des visites de presque toute la communauté des Jésuites. Un courrier de cabinet à moi directement! Cela était sans exemple. On me recommandait d'être discret.

Ces lettres m'indiquaient aussi l'emploi que je devais faire des deux mille roubles papier, tant pour Colonges et moi que pour les autres prisonniers bavarois. J'avais déjà cherché à recueillir tous les renseignements possibles sur le sort des Bavarois, aidé en cela par les Pères Jésuites, mon domestique et quelques prisonniers encore assez actifs pour venir jusqu'à moi demander des secours. Je fus assez heureux pour remplir ma mission et soulager bien des misères, non seulement cette fois, mais toutes celles où je reçus des sommes destinées aux prisonniers.

Le commandant russe fut d'abord intimidé par cette marque d'intérêt, venue de si haut; il me laissa comme par oubli, et le convoi partit.

J'avais été discret, mais le courrier le fut moins que moi. Le père Recteur, qui l'avait fait rafraîchir, savait que j'allais voyager. Il vint me faire une visite et me dit :
« Vous aurez besoin de voiture ; on en a ramassé plusieurs
« sur les champs de bataille ; le père Mayer ira dans les
« remises avec votre domestique pour vous en choisir
« une. »

Martin revint avec des transports de joie. — « Mon-
« sieur, j'ai retrouvé votre voiture; elle n'a pas été brû-
« lée; elle est sous la remise, et la malle est encore atta-
« chée à sa place. »

Cela était exact. Comment? Je n'en sais rien, mais je retrouvais le même jour ma voiture, mon linge, mes habits, et je venais de recevoir pour moi mille roubles, valeur russe de quatre mille francs!...

Ce fut alors que je pus payer mes vêtements au tailleur juif.

Mon séjour chez le comte Repnicky m'avait fait du bien comme santé, mais après mon retour j'eus à souffrir beaucoup de vexations de la part du gouverneur de Polotsk. Un jour, il envoya des hommes me chercher sur une civière, puis il congédia les porteurs et me questionna avec rudesse, surtout sur l'argent que j'avais reçu de la Cour, sur le contenu de ma dépêche, ce que j'avais répondu, et les moyens que je pouvais avoir de correspondre. Je sentis tout le péril de ma position. Ce commandant était un officier inférieur, de mince importance, très capable de commettre des vols. Je savais déjà quelques-uns de ses tours. Il eût pu facilement me dévaliser et même... m'achever. On m'avait mis sur la civière qui transportait les morts. Je lui répondis que j'avais confié mon portefeuille en dépôt au supérieur des Jésuites; et ce respectable prélat, étant en correspondance avec Sa Majesté l'Empereur Alexandre, pourrait mieux que moi répondre à ses questions. Il me dit qu'il était un point auquel je pouvais satisfaire tout de suite; il voulait voir par lui-même si j'étais transportable ou non, car il savait que j'avais bien été à un bal. Je me mis en mesure d'ôter quelques bandages, tout en l'informant que je ne pouvais pas achever sans aide, que s'il voulait me procurer un chirurgien, il serait payé par le supérieur du couvent. Il s'arrêta, rappela ses porteurs et leur ordonna de me remettre où ils m'avaient pris.

Je fis aussitôt appeler le père supérieur; je lui contai ce qui venait de m'arriver, et je lui remis mon portefeuille. Je ne pouvais pas mieux faire, car ce commandant vint peu après, commencer ses recherches chez moi. Le supérieur arriva de suite, sans avoir été appelé; il lut à ce brutal l'ordre spécial du général en chef, comte de Witgenstein, de me bien soigner pour obéir aux volontés de l'Impératrice. Il n'en demanda pas davantage. On parla alors du portefeuille et des roubles envoyés par sa Majesté l'Impératrice. Le père supérieur apporta ce portefeuille qu'il avait scellé d'une bande. Il la rompit devant le juge et le commandant, et en retira en fait de papiers, les lettres, et, au lieu des roubles-papiers, un rouleau cacheté de ducats, attention fine et délicate de ce supérieur. Je ne pouvais plus être retenu par un procès, ma petite fortune ne pouvait plus subir cette revue en désordre, avec introduction de faux roubles.

Je fus ensuite laissé tranquille pendant près de deux mois pendant lesquels je m'exerçai à marcher avec des béquilles. Sa Majesté, en étant informée, obtint pour moi un ordre de transfert à Pskow ou Pleskow, sur le lac Péipus, où je devais attendre l'ukase qui permettrait mon transport à Saint-Pétersbourg.

Il y avait alors à Polotsk un nouveau commandant, de grade, mais non de sentiments plus élevés que le premier. Dès le lendemain, le petit adjudant pêcheur de perles vint me trouver avec des salamalecs jusqu'à terre. M. le commandant me demandait et son briska m'attendait. Ce n'était plus le sale et furieux Kalmouk, mais un officier de grade supérieur, avec ses croix et ses médailles, assis sur un canapé devant une table à thé, et, m'offrant ce qu'il appelait le beurre de pain, il me faisait déjeuner avec lui. Il se fait apporter une liasse de papiers, et me communique une lettre autographe de l'Empereur Alexandre qui lui prescrit de me faire transporter avec tous les égards et toutes les commodités possibles à Pskow, sur le lac Péipus, dans une bonne voiture, avec un podaroshna de six chevaux, aux frais de la Couronne, attendu que je suis *protopnek* ou colonel supérieur ; par surcroit d'attention, copie en français y est jointe, afin que je n'en ignore, et signé : Comte de Witgenstein.

Mon domestique venait de tomber malade du typhus. Il dut rester, et ordre fut laissé de le soigner et de me le faire conduire en poste après sa guérison. Les bons pères se chargèrent d'arranger ma voiture et de la garnir des vivres et provisions envoyées pour le voyage par le commandant parce que tel était l'ordre reçu. Mais tout cela, qui devait être gratuit, allait me revenir passablement cher. Le gracieux commandant me fait appeler pour lui donner son reçu. Il fallait bien abuser de ma position et soutirer quelque chose. Je m'y résignais, mais je cherchais le moyen de le faire avec prudence. Le podaroshna en fit les frais. Voilà le commandant à son bureau, avec un autre écrivain. On calcule, on suppute ce que cette générosité inouïe va coûter à l'État. Un podaroshna gratis pour un prisonnier ennemi! Quelle prodigalité, quel abus!!.. Ce que c'est que l'influence des femmes dans les affaires!!!

Enfin, tout compte fait, on couche sur le bureau quatre cent trente-cinq roubles environ. On me fait donner une quittance dans ma langue et dans une colonne à côté, un truchement légal en fait la traduction. On signe, on scelle une attestation qu'il m'avait remis l'argent pour payer six chevaux de poste jusqu'à Pskow. Puis il me présenta le mémoire des fournitures et, par l'interprète, il me fit expliquer que c'était une munificence impériale, que je devais signer trois cents roubles, mais que l'usage était d'en laisser cent pour bonne main à sa garde et pour le sergent qui devait m'accompagner. Je posai sur son bureau le billet de cent roubles, et peu s'en fallut que je ne visse se renouveler la scène de Mandrin à Beaune (1), car le commandant me dit qu'il aimerait mieux des billets de cinq roubles, pour payer les provisions qu'il m'avait fournies; mais je commençai par retirer d'abord le gros billet que j'avais dû donner, et je le

---

(1) Mandrin était un célèbre voleur du temps de Louis XV, parcourant les provinces avec une bande armée. Etant en Bourgogne, ils demandèrent, dit-on, aux habitants de la ville de Beaune une somme considérable. On se cotise, et on parvient assez rapidement à la lui donner. Mais Mandrin, voyant ces sacs d'argent, leur dit qu'il préférerait recevoir cette somme en or, comme plus facile à emporter, qu'il garderait l'argent en attendant. Voilà les magistrats de nouveau en campagne; ils fouillent toutes les bourses et finissent par la porter en or à Mandrin, qui les garda l'une et l'autre.

remplaçai par une liasse de même valeur en billets de cinq roubles.

Je prends les trente-cinq roubles ; j'en gratifie les écrivains qui me baisent les pieds et se retirent. Je prends le podaroshna et j'oublie exprès les autres roubles. Cela fut suivi de petits soins, d'effusions, de protestations d'amitié et d'utiles recommandations. Ma voiture était garnie de viandes salées et cuites, de caviar, de café distillé, de liqueurs, le tout pour que je n'eusse à m'arrêter pour vivre nulle part en route. C'est ainsi que la voiture de la Couronne fut épargnée. Et je quittai avec de tendres adieux ces bons pères qui m'avaient sauvé la vie.

CHAPITRE XLII

VOYAGE. PSKOW. ARRIVÉE A SAINT-PÉTERSBOURG

En venant me mettre en voiture, le commandant me remit un petit guide de route avec ce que je devais dire à chaque relai : couronne et *pachol*. Le petit paquet était scellé tout prêt. Il n'y avait de différence que parce que j'avais fourni l'argent moi-même et non pas la Couronne. Il me dit aussi que j'avais le droit d'avoir mes armes et de les tenir en état, me prévint de la place où mon escorte devait se tenir, ce que j'avais à lui dire si elle s'oubliait et ce que je devais lui montrer : un petit papier que je me fis traduire et qui contenait l'obligation de me conduire en vie à Pleskow.

Me voilà avec six chevaux et trois postillons, partant avec une rapidité impériale sur la route que je connaissais et reconnaissais jusqu'à Sobiély ; mais comme la munificence impériale était restée sur le bureau du commandant, je réduisis l'attelage de moitié. Je traversais le désert ; les relais de poste, de huit en huit lieues environ, ne consistaient qu'en baraques de planches, avec des parcs de chevaux presque sauvages. Je ne suivais pas la route ordinaire ; moi qui faisais le portrait du pays, je ne devais passer que par ces routes peu fréquentées.

Toutes les précautions conseillées avaient une importance réelle et justifiée. Dès le second relais, à l'entrée de la nuit, dans la forêt marécageuse de Sobiély, le postillon s'arrête; le sergent descend du siège et se présente à la portière, fermée fortement par les soins du commandant. Il veut l'ouvrir; je lui montre la pancarte; il tire son sabre et dit : argent. Je laisse voir mes pistolets, je les arme, et je lui réclame son sabre qu'il me donne. Il remonte sur son siège et part en chantant. Le postillon répond par cris et sifflets aigus. Je montre encore mes pistolets : on prend le galop, et on arrive au relais où l'on crie *couronne*. Je donne le petit paquet à mon sergent, et je repars, me tenant soigneusement éveillé. A mon tour, au relais suivant, je crie: halte; je sors des vivres, je donne le briquet au sergent, et lui fais faire du feu; je fais faire un repas à la russe, et après une heure de repos, je fais repartir. Je fis ainsi trois haltes jusqu'à Pskow. Plus aucune tentative ne fut faite contre moi et je continuai ainsi sans descendre.

Quand j'aperçus le lac, je devinai, à l'air piteux du sergent, qu'il avait quelque chose à me demander; je lui rendis son sabre. Il se prosterna jusqu'à terre et me fit entrer dans cette belle ville ruinée de Pskow jusque sur une place; j'y suis arrêté devant un corps de garde, très entouré de curieux.

Le sergent va chercher sa quittance et parle au commandant du poste. On veut encore ouvrir ma voiture; je montre le billet, je laisse voir mes armes. Les chevaux sont dételés et ils disparaissent.

Arrive un officier parlant allemand; il se dit adjudant, et veut que je descende, que je laisse ma voiture et que j'aille à pied auprès du commandant. Je refuse, je montre mes béquilles; il y a colloque. On me dit qu'on va chercher un cheval; je fais cadeau au poste de mon voudki (eau-de-vie de grain); grande joie! ils s'attellent à ma voiture; on me conduit gaiement dans la cour du commandant. L'adjudant revient; je donne aux gens qui m'ont traîné un billet de cinq roubles. Je remets au sergent la quittance de bonne conduite qu'on m'avait donnée toute faite à Polotsk, le reste de mes vivres, une gratification de dix roubles et je fus quitte de cet homme, mais je ne l'étais pas de monsieur le commandant.

J'ouvre ma voiture : on m'en descend avec empressement. Je mets cette voiture et mes bagages sous la protection de l'adjudant, et me voilà introduit chez ce commandant, vieux militaire allemand, presque ivre. Il était à table, en robe de chambre; madame son épouse assise en face de lui et une jeune fille blondasse, d'environ quinze ans, au bout de la table. Au moins six esclaves ou serfs bien sales faisaient le service. Je salue; il me regarde de travers. Je donne le paquet contenant les ordres; il met son coude dessus, me regarde fixement, et me dit en mauvais allemand : « Encore un chien!... » Madame regarde sur le paquet, y voit le mot magique *protopneck*, se lève, me fait une révérence, et me présente une chaise, pendant que le commandant empile à côté de lui les papiers, le podaroshna, l'ukase de transfert sous une assiette pour empêcher le vent de les emporter. Il annonce qu'il va dormir avant que de s'en occuper, et, furieux, casse la chaise, en disant qu'un chien comme moi doit rester debout jusqu'à ce que la plante de ses pieds pourrisse. Il se retire en effet. Madame me regarde avec pitié et intérêt; je me recule un peu pour m'appuyer au mur.

La salle est envahie par tous les soldats. On m'envoie

au corps de garde à côté. Il n'existe rien de si sale, de si puant que ces corps de garde de garnison russe inférieure. Ce ne sont plus des militaires de la ligne, ce sont des je ne sais quels miliciens, habillés en gris, montant la garde pendant un mois sans être relevés. Ils font là leur cuisine, n'ont point de lits de camp et couchent à terre sur des nattes de joncs. Ils y restent, ou couchés comme des chiens, ou assis sur leurs talons comme des sauvages. Soutenu par mes béquilles, je m'appuyai le dos contre un mur sale. Je n'en pouvais plus ; ma jambe enflait et m'élançait continuellement. J'aurais fini par m'endormir de fatigue si ces magots n'étaient pas venus, avec leurs mains noires et sales, me prendre par le menton, me relever la tête pour voir la mine que j'avais. Chacun m'offensait à sa manière, je passai là une heure bien pénible !...

Le commandant revient tout en bâillant. Il me rappelle, examine les papiers, chasse à coups de pied les soldats qui me ramènent, me qualifie de chien de Bavarois, me dit que, pour avoir eu l'audace de faire la guerre à son souverain, j'irais finir mes jours dans un pays où on me ferait travailler comme un chien ; qu'on m'y nourrirait de pain pétri avec des écorces d'arbres. Après quelques harangues de cette nature, il voulut bien appeler l'adjudant, et le charger de loger dans un trou ce chien de Bavarois.

Bavaroski, Bavaroski court de bouche en bouche. On veut voir un *miéminski bavaroski* comme on aurait fait pour une bête curieuse. Je suis ainsi conduit sur mes béquilles, soutenu par l'adjudant, dans des baraques de plus en plus mauvaises, et enfin déposé chez un pauvre pêcheur, sur les bords de lac de Péipus.

Me voilà pour tout gîte dans un appentis, fait avec des débris de bateaux, avec un banc et de la paille pour tout meuble ou lit, et un coq et six poules perchés au-dessus de ma tête!... Quatre soldats avaient traîné ma voiture à la porte de cette cabane. J'étais si souffrant, si exténué que je n'en pris pas même les coussins pour adoucir ma planche; je m'y jetai et m'y endormis.

Un prisonnier bavarois, resté là comme malade, se promenait sur les bords du lac à mon réveil. Il m'apprit que ce commandant militaire était une vieille bête, chassé autrefois du service de Prusse, un homme que tout le monde méprisait; mais que, dans cette grande ville aux fortifications ruinées (1), il y a un prince, gouverneur de la Russie Blanche, outre le commandant militaire allemand. J'avais déjà remarqué plus d'une fois qu'il n'y avait rien à attendre des nombreux Allemands au service de Russie. Dans cette circonstance, ils avaient peur d'être regardés comme complices de l'invasion française et d'être vus de mauvais œil; ils redoublaient de mauvais traitements pour leurs malheureux compatriotes.

Je me procure du papier; j'écris à ce prince gouverneur. A lui je parle des lettres de Sa Majesté l'Impératrice, et de ses sœurs, la princesse Amélie de Bade, les reines de Bavière et de Suède. Je porte moi-même ma lettre dans l'hôtel ou palais du gouverneur, aussi loin que les Cosaques me le permettent, et je reviens tristement près de mes poules en me traînant avec peine sur mes béquilles...

Quelque temps après, j'entends battre aux champs. Je

---

(1) Pskow est une des plus anciennes villes de Russie. On la dit fondée par sainte Olga en 975.

vois arriver un homme bien mis, en habit à la française, avec des décorations, et sans entrer dans mon abominable réduit, il m'appelle en français. Je sors de mon appentis, je vais à lui; il me demande si c'est moi qui lui ai écrit. Je lui réponds affirmativement. Il me dit que je dépends du gouverneur militaire, que lui est gouverneur civil, ce qui n'a aucun rapport; « mais, ajoute-t-il, vous meparlez de
« lettres de haut lieu; vous êtes rusés et malins dans votre
« détresse; vous ne savez qu'imaginer pour soulager votre
« misère. J'ai voulu savoir, par moi-même, ce qu'il en
« est de votre correspondance, et comment vous avez pu
« arranger votre roman. »

Je lui remets le paquet. Il l'examine, se frappe le front, me rend ces lettres en disant : « Cette vieille ganache
« ne m'en fait pas d'autres, » et s'en va.

Une demi-heure après, je remarque de l'agitation populaire sur les bords du lac. Je vois une belle voiture, attelée de six chevaux, avec Cosaques devant, Cosaques derrière et Cosaque à la portière. Ce cortège s'arrête à ma chaumière. Le Cosaque de portière met pied à terre, prend mon bagage, le place dans la voiture, me fait signe d'y monter, puis me fait faire par sa troupe le salut de la lance, et, à cheval à la portière, il dirige mon équipage par la ville, par la place, fait sortir la garde et m'arrête à une belle maison.

Le gouverneur civil, en grand costume, avec une énorme clef de chambellan, m'attendait au-dessus du perron. Il me donne le bras, me soutient sur mes béquilles et m'introduit dans plusieurs beaux appartements, où beaucoup de monde s'empressait à placer des glaces, des tapis, canapés, fauteuils, et autres meubles. Il me dit qu'il va me loger là, me faire servir par sa livrée, me nourrir de sa table; qu'il se fera un honneur et un plaisir de me visiter souvent, et qu'il va, lui-même, donner de mes nouvelles à Sa Majesté.

J'eus beaucoup de visites d'apparat, de marques de respect de toute la ville où je n'étais plus la bête curieuse, le miéminski bavaroski, mais sûrement le roi d'un pays vaincu. On eût dit une scène des Mille et une nuits, un peu européanisée.

Quinze jours se passent dans cette situation si exagérée par rapport à la misère que j'éprouvais depuis dix mois. Un chasseur m'arrive avec de nouvelles lettres, encore plus flatteuses, une grosse somme d'argent pour les prisonniers bavarois, que je m'empressai de leur faire parvenir, et pour moi, une lettre de crédit sur le banquier de la cour. Un autre chasseur courrier apporte peu après l'ukase de transfert à Saint-Pétersbourg et tous les podaroshna honorifiques. Un major était chargé de m'escorter et de me faire transporter avec tous les honneurs dus à mon rang et à mes dignités. Il est probable, même, que ses instructions portaient de les exagérer pour montrer à la capitale un trophée d'importance. Ce ne fut donc plus les petites vilenies de Polotsk, ni la première rudesse de Pskow, mais un luxe et des soins superflus, mélangés à ces idées étroites sur le portrait du pays.

Je sors de Pskow avec pompe et fracas, avec six chevaux de trait et deux *furiosi*. Ces furiosi sont des chevaux soi-disant sauvages, avec des crinières vraies ou postiches, traînant jusqu'à terre; ils penchent la tête, l'un à droite, l'autre à gauche. Ils me semblaient de la race de celui que je pris à Austerlitz. Tous deux ne font que piaffer, et ont un guide spécial, Kalmouk à longue barbe. Le tout, en Russie, est un signe de grandeur; cet honneur me fut rendu à la distance d'un werste et le Kalmouk reçut un présent. Je n'eus cette faveur que cette seule fois et j'en fus bien aise, car cela me paraissait assez incommode.

J'étais escorté par un officier supérieur, homme du monde, d'une politesse achevée, parlant plusieurs langues, instruit surtout en littérature. Il se nommait, autant que je puis m'en souvenir, Korbadof. Il avait sa voiture et moi la mienne. De Polotsk à Pskow, on m'avait fait passer par la forêt de Sobiély et par le désert. Cette fois on me conduisit par la route impériale et l'on dut me faire remarquer la population, les richesses, les objets d'art, les curiosités.

Je voyageais avec une étonnante rapidité dans ces plaines désertes où je ne passai près d'aucune habitation jusqu'au magnifique palais de Czarkoécélo. De distance en distance, que j'estime d'environ cinq lieues, dix chevaux et six postillons avec un Cosaque nous attendaient tout harnachés, relayaient et partaient au galop. Il ne fut fait qu'une halte d'une heure pour le repas. Ce ne furent pas des viandes froides et transportées dans nos voitures qu'on nous servit, mais un énorme rôti de veau à la broche devant un grand feu, un morceau de gibier dans une sauce noire, du poisson, du caviar; café, thé, vin de Bordeaux. C'était l'abondance dans un lieu choisi sûrement pour montrer le plus triste aspect : de petites dunes de sable, amoncelées comme des vagues, point d'herbe, des mares d'eau fétide, quelques bouleaux et coudriers.

J'entendais mugir la mer, mais je ne la voyais pas. La disposition des sables disait assez qu'elle avait passé là où nous nous trouvions. Le ciel était beau; après cette halte la nature s'embellissait. Les habitations, les clochers, toujours beaux et élégants en Russie, se dessinaient à l'horizon. Les routes se croisaient; on rencontrait des voitures, des chevaux, du bétail; j'arrivai enfin sur une magnifique chaussée. Je vis à peu de distance Gastschina, résidence de l'impératrice mère, puis le beau palais de Czarkoécélo, puis la flèche dorée de la citadelle, et enfin cette ville immense, qui, à l'œil, paraît plus grande, plus vaste encore que Paris.

CHAPITRE XLIII

SAINT-PÉTERSBOURG

Je fus introduit en juillet 1813 dans cette superbe et remarquable ville ; j'y pénétrai de jour par le plus beau côté et j'y demeurai environ six mois.

Les barrières à peine franchies, deux Cosaques partent au galop ; on me rend les honneurs militaires. Une ordonnance à cheval arrive, et me conduit au pas dans un hôtel garni. Il m'est accordé deux heures de repos, après lesquelles je reçois la visite de M. Livio, Français, banquier de la Cour, homme opulent, d'un ton parfait, d'une obligeance rare ; il me remit contre quittance cent cinquante ducats en or. Après ce repos et la visite de M. Livio, je suis conduit chez le gouverneur général, Weismitinof ; là, accueil plus que froid ; sèchement, on inscrit mes noms, qualités, grade, religion, nom de baptême de mon père. On me fait signer dans je ne sais combien de registres et on me donne une pancarte où je ne distingue que Bernardovitz Comeau, protopnek. Enfin on me compte cent louis en or, c'est-à-dire qu'on me les jette en quatre rouleaux cachetés aux armes impériales, puis on me dit : Prenez et quittancez, et conduisez-vous bien.

Me voilà donc hors du palais et des bureaux de ce froid

et triste gouverneur, cent soixante-quinze louis en or dans ma poche, plus cette pancarte que personne n'avait eu la complaisance de m'expliquer. Je prends un droski, voiture de place, et je me fais conduire à l'hôtel où on me dit laconiquement que l'on ne me doit le logement qu'une nuit. Je demande en payant; on branle la tête; mais dans ces maisons il y a des valets de place, des intrigants en nombre pour aider les étrangers. Il s'en présente un, juif déguisé probablement. Je lui donne ma pancarte pour me la lire. Je vois que c'est un ordre qui me remet au gouverneur militaire de la place, général Gorgoly. Il y avait probablement des annotations que le truchement ne juge pas à propos de me traduire. Je reprends le droski et me fait conduire chez cet autre gouverneur où je reçois meilleur accueil. On me donne des nouvelles des armées; on me prescrit les limites aux libertés accordées dans l'enceinte de la ville et on m'astreint à me présenter tous les huit jours. Il me parle du grand intérêt que me portait Sa Majesté l'Impératrice, alors dans sa résidence d'été de Czarkoécélo, où il a envoyé un officier en ordonnance, puis me commande de pourvoir à mes frais à mon logement et de l'indiquer dans les bureaux.

Ce coquin de valet de place juif, parlant quatorze langues différentes, me conduisit dans le quartier infâme, nommé le Méchansky; comme qui dirait l'Alsacia du Nigel de Walter Scott. Il m'y procura un logement cher, mais suffisamment commode, dans sa maison à lui. J'allai seul au bureau de police porter cette indication et je fus accueilli par un éclat de rire général.

L'Impératrice m'envoya une élégante voiture de la Cour en me demandant tout de suite. Je m'y rendis, bien persuadé qu'on ne peut pas mal faire en obéissant à sa souveraine, mais ce n'était pas cela.

Je reçus à Czarkoécélo l'accueil le plus affable, le plus flatteur. Sa Majesté voulut que je fusse bien logé et à ses frais ; cette commission fut donnée à M. Livio, banquier de la Cour, qui s'en acquitta largement. Je fus magnifiquement établi, meublé, chauffé et servi sur les beaux quais de la Néva. Par les bontés de l'Impératrice, j'avais des lettres, des nouvelles de ma famille, je pouvais en recevoir. Je croyais que j'allais être heureux, mais pas encore !...

Deux sous-officiers vinrent pour m'arrêter dans mon logement de la Mechansky d'où on emportait mes bagages. Ils suivent, et m'arrêtent là où j'allais être si bien !... Je suis conduit dans les bureaux de M. Gorgoly ; j'y attends longtemps ; je vois des allées, des venues, où j'entends souvent le nom de Weistiminof. Enfin, on me dit que j'ai violé mon ban, que je suis sorti de l'enceinte et que je vais être enfermé à la citadelle. Je me défends en disant que j'ai obéi à Sa Majesté l'Impératrice, que c'est par ses ordres, dans une voiture de la Cour, que j'ai été à son palais et que j'en suis revenu sans découcher.

Mais n'importe ! je suis conduit sur les bords de la Néva, placé dans une petite barque, et on rame à la citadelle. Le pont-levis se baisse ; j'allais le franchir lorsque je vois sur le pont de bateaux la voiture du gouverneur. Il m'y fait entrer et sans me dire un mot me reconduit lui-même à mon nouvel appartement, sur le quai de la Néva. Il me dit alors : « Nous sommes sévères sur le service ; « nous devons l'être ; c'est l'ordre de l'Empereur qui « vous assigne les limites de la ville comme prison. C'est

« malgré moi que j'ai dû donner à la volonté autocrate
« cette expression sévère. Cela vous prévient en même
« temps qu'il serait inutile de nous demander des per-
« missions pour Péterhof, Cronstadt et autres lieux de
« curiosités que visitent les étrangers. Vous n'en êtes pas
« un pour nous : vous êtes prisonnier de guerre, et, selon
« nos lois, vous ne serez admis ni à ma table, ni dans
« mon salon de réception, mais vous pourrez faire votre
« apparition dans mon salon de service. Vous compre-
« nez? Il n'y aura plus d'équivoques, n'est-ce pas? »

Livio m'attendait, et il avait à me parler en secret de la part de l'Impératrice. Voici d'où venait tout cet orage : Le Roi de Bavière, me sachant blessé et prisonnier à Polotsk, dans un hôpital brûlé, avait envoyé un courrier et cent louis pour me les faire parvenir par parlementaires et trompettes, ce qui eut lieu. Le général Platow les reçut et… les garda. La reine de Bavière avait prévenu sa sœur de cet envoi, l'avait priée de me faire chercher parmi les prisonniers et de me procurer ce secours et tous ceux qui pourraient m'être nécessaires. Ce fut la cause de ce courrier que je reçus à Polotsk, avec un envoi de mille roubles.

L'empereur Alexandre s'était occupé de cette affaire et en avait témoigné son mécontentement à Platow, qui s'excusa en disant avoir envoyé cette somme au général Weismitinof, à Saint-Pétersbourg. Ce général ne s'en expliquait pas clairement avec l'Impératrice, et dans le doute elle me fit remettre par son banquier ces cent cinquante ducats. Le général se défit de cette mauvaise affaire en me remettant les rouleaux cachetés qui contenaient cent Napoléons de vingt francs, au lieu de louis de vingt-quatre francs, et il me fit donner quittance de cent pièces d'or. Au surplus, je vis bien que le sacrifice de quatre cents francs ne le satisfaisait pas; il fallait que son humeur se passât. Du reste, cette scène et quelques tracasseries locales, dont je parlerai plus tard, me firent plus de peur que de mal. Je rendis à M. Livio les cent cinquante ducats. Sa Majesté les remplaça par un crédit illimité. Il fut décidé que Sa Majesté et sa sœur me verraient dans le petit palais de Kamini Ostrow, situé dans l'enceinte de la ville, et que, l'hiver, ces princesses me donneraient des entrées dans le grand palais d'hiver.

Six mois se passèrent ainsi fort doucement pour moi et dans une grande aisance. J'avais déjà vu Vienne, Berlin, Dresde, Varsovie; Saint-Pétersbourg les surpassait toutes en magnificence; mais cette ville étant trop grande pour sa population, il est difficile d'exprimer l'effet de son manque de mouvement. Les rues sont d'une largeur telle que, d'un côté à l'autre, il est même impossible de se reconnaître. Un canal navigable tient le milieu de chaque rue; de superbes trottoirs, en dalles, bordent ces canaux; les voitures circulent hors du mouvement des piétons. Il y a donc ainsi comme cinq rues de largeur. Les maisons sont belles, les ouvertures, grandes, mais les étages sont peu élevés. Il y a trop d'uniformité dans les maisons d'une même rue. Ce qu'il y a de plus beau, ce sont les ponts, en grand nombre, traversant les canaux.

Dans le temps, j'aurais pu faire une description détaillée de cette superbe ville. Aujourd'hui, il ne me reste que le souvenir de ce qui m'a le plus frappé.

Les ponts occupent le premier rang; ils sont surtout construits en fer et arrivent tout faits sur des vaisseaux. Ce sont des morceaux de fonte creux, s'emboîtant les uns dans les autres, avec des embases assez grossièrement faites en apparence. J'en ai vu dresser un en fort peu de temps, et d'une manière très simple; mais, bien que j'en aie pris note, je n'en parlerai pas ici, sachant combien peu ces choses plaisent à ceux qui n'ont pas à s'en occuper. Ce que je dirai, c'est que ce sont des chefs-d'œuvre en leur genre, et qu'ils sont bien calculés pour tout prévoir : passages de vaisseaux, changements dans le niveau de l'eau, dégel avec débâcles, grandes et fortes gelées, etc.

Le Russe du peuple est adroit, ingénieux, dénué de prétentions; il rit toujours de son ouvrage et ne s'étonne de rien. Il imite avec la plus grande facilité, mais il invente peu, c'est l'affaire des Allemands; sa sagacité consiste à débrouiller, à employer des choses déjà faites plus qu'à les faire. D'où part ce rire quand il travaille? — Peut-être de la satisfaction d'avoir réussi à trouver ce qu'il cherchait. J'ai remarqué, en général, qu'il pense à ce qu'il fait, et qu'il ne pense qu'à cela. Quand il ne fait rien, il ne pense à rien et s'endort presque aussitôt.

La Néva, à Saint-Pétersbourg, est un fleuve superbe; ses eaux sont calmes; on peut à peine en remarquer le courant. Cette largeur de plus d'une lieue à l'embouchure se confond avec les eaux de la Baltique, mer intérieure, sans flux, ni reflux sensible. Les vaisseaux, les barques animent délicieusement cette partie. Je m'y plaisais beaucoup, mais j'en étais presque toujours éloigné, et même renvoyé brusquement à cause de mon état de prisonnier de guerre. Il y avait en cela plus d'esprit de contrariété que de sens commun, chose que le mélange de la civilisation et de la barbarie font souvent voir dans ce pays.

Le peuple, généralement bon, gai, spirituel, obligeant,

et reconnaissant de la plus petite marque d'attention, me faisait bon accueil, me montrait des égards, m'expliquait beaucoup de choses avec une rare complaisance, mais il n'en était pas de même de certains civilisés et des demi-civilisés. La haute classe est d'une politesse achevée quand elle a voyagé ; elle est rude et insolente si elle ne connaît que son immense patrie. Entre ces deux classes extrêmes, il en existe une troisième que je nommerai les demi-civilisés. Celle-là est détestable, fausse, perfide, envieuse, voleuse, bigote, basse à dégoûter, ou cruelle à faire trembler. Joignez à cela ce grand nombre d'Allemands, de Tyroliens, de Finlandais et de Suédois qui s'y sont enrichis ou qui tendent à s'y enrichir ; peuple sans couleur, en apparence, mais qui, étant bien examiné, présente un caractère commun : celui de l'inquiétude et de la méfiance. Il m'a semblé que c'était le pays de la terre où il était le plus facile de faire fortune, et le plus difficile d'en jouir.

Une passion dominante, en Russie, est d'étonner par de grandes choses, par de grandes difficultés vaincues. J'ai vu une belle promenade, de près de cinq cents grands arbres séculaires, aller faire une autre promenade aussi belle dans un quartier éloigné. Si au lieu de le voir je l'avais lu, je ne l'aurais peut-être pas cru. Voici le fait:

Des ensablements dans la rive de la Néva avaient forcé de changer la place d'un arsenal de constructions maritimes. L'empereur Alexandre, visitant ces travaux avant son départ pour l'armée, dit qu'il y manquait la belle promenade de l'amirauté. Les arbres sont cernés sitôt qu'il est parti : on laisse à chacun un cube de terre d'environ une toise. L'hiver arrive ; on fait soigneusement geler les plans de ces cubes de terre ; on marque, avec des plaques, l'orientation de ces arbres ; ils sont abattus avec leurs racines, ainsi enveloppées de terre gelée. Des cordages, des cabestans empêchent la chute de briser les branches. Des traîneaux les amènent, à force de coups, de bras et d'adresse, dans un bassin voisin.

Là, pris entre deux vaisseaux submergés et d'égal tonnage, ces arbres bien fixés, des pompes vident l'eau. Les vaisseaux se relèvent, et l'arbre flotte hors de l'eau, soutenu par les deux navires, qui le conduisent à un plan incliné, aboutissant à la promenade désirée. Alors, par traîneaux et force de bras, ils sont, un à un, soulevés, placés dans les trous qu'on leur avait destinés, et orientés comme ils l'étaient avant. Avec de la boue et de la bonne terre gelée, on achève de remplir ces trous, après que l'arbre y a été bien placé. Le dégel vient. Tout s'amalgame ; les arbres ont donné feuilles, fleurs et fruits sans la moindre altération.

La quantité de serfs (1) de la couronne, amenée pour cet ouvrage, était telle que je crus d'abord voir une forte recrue pour les armées. Ces gens travaillent gaîment pendant six heures, puis ils sont relevés par un pareil nombre, et sans discontinuer, si bien que cet immense travail va vite, et avec un ordre admirable. Ces procédés expliquent un peu comment on a pu construire les pyramides et autres ouvrages colossaux de l'antiquité.

J'ai vu, de même, arriver entre deux vaisseaux deux énormes blocs de granit venant d'Abo. Je les ai vu transporter par rouleaux, boulets, machines et force de bras à la belle église de Saint-Pierre, bâtie sur le modèle de Saint-Pierre de Rome. Ils furent sculptés ; l'on en fit deux belles statues représentant l'une saint Pierre et l'autre,

---

(1) Le servage ne fut aboli en Russie qu'en 1861, par Alexandre II, fils de Nicolas Ier

saint Paul. La colonnade de cette église est toute en granit ; chaque colonne, pied, fût et chapiteau, d'une seule pièce. Cette église est le lieu de la sépulture des Czars. Ces travaux sont faits par des serfs, qui n'ont jamais appris ce métier. On leur donne une planche découpée, une sorte de moule, où ce qui doit être saillant est en creux et les vides en relief, et ils travaillent, râclent, frottent jusqu'à ce que leurs planches s'adaptent parfaitement. Il est étonnant de voir tout ce que l'on peut obtenir de ces paysans doux, soumis et imitateurs.

Les constructions marines, les fabrications d'armes, le matériel des armées, se font de même par des hommes qui ne sont d'aucun métier, mais dirigés et employés comme des instruments, des machines d'imitation.

S'agit-il de réparer une maison ? On y applique un serf, le premier venu. De l'œil il mesure la hauteur, prend une perche de sapin, la dresse contre l'endroit à réparer. Il en assure le pied, l'abat, et, avec sa hache, y fait des entailles ; il y place des petits morceaux de bois en travers comme s'il voulait faire un perchoir à dindes ; il redresse cette échelle, y monte, s'y cramponne, fait l'ouvrage commandé, descend, rit de tout son cœur, et met sa singulière échelle en morceaux, pour le feu qu'il a à entretenir.

L'Impératrice me fit donner un de ces serfs, pour me servir et préparer les feux de mon logement. Il cherchait à deviner dans mes gestes et dans mes yeux ce qui pouvait me faire plaisir. J'avais besoin de différentes aisances dans mon appartement. Je lui en fis de petits dessins. Cet homme regarde tout cela en riant ; deux jours après, il me fait signe de venir voir. Avec le bois destiné à mon chauffage et sa hache, sans scie, ni marteau, ni clous, il me fabrique ce que je désirais. Il fend ce bois en espèces de planches, le rogne, le râcle, l'ajuste; il le cheville, n'ayant point de clous. N'ayant rien pour percer ses trous, il jette sa hache, se couche à côté et s'endort aussitôt.

Réveillé, il regarde encore son ouvrage. Avec l'angle de sa hache, il fait des incisions dans ses colonnes, y met des éclats de bois et les fait entrer à coups de dos de hache. Il rogne ces éclats; en mettant une bûche dessous, et en frappant avec la tête de sa hache, il les aplatit. Il met de la boue sur ces têtes d'éclats brisées, y présente sa planche, y fait une incision, en appliquant sa hache et frappant dessus avec une bûche; il remplit d'eau ces fentes, et y enfonce ses éclats. Il soutient sa planche dans cette situation en l'appuyant, et il se recouche et se rendort. Puis, à son réveil, il essaie de retirer sa planche; elle tient. Il rit, il est content; il chante, il saute, et veut que Martin et moi nous essayions comme elle tient, et il continue son ouvrage avec beaucoup d'activité. Il fait ainsi tout ce que j'avais désiré, et s'en assure en regardant mes dessins, charbonnés sur le mur à côté. C'était caprice, c'était pour s'amuser. Après, il n'a fait qu'éclater son bois, ranger et soigner ses feux.

Pour le récompenser, je voulus lui donner un billet de cinq roubles. Il le regarda bien, mais le repoussant avec une sorte d'effroi, il me parlait en russe que je ne comprenais pas encore.

Je lui montrai des piétaks, petite monnaie de cuivre. Il les reçut avec joie et but du woudki tant qu'ils durèrent.

Peu après, l'inspecteur de police vint me voir, comme de coutume, et me demanda cinq roubles pour le travail de mon serf. Étonné, je refuse d'abord. Le tolmetz ou interprète est appelé; il m'explique que c'est moi-même qui ai fixé ce prix, en voulant le donner à mon serf ou strulh; que cet homme étant à la Couronne, son travail est à la Couronne, comme il serait à un autre maître, s'il lui appartenait. Comprenant alors un peu mieux ce régime je payai les cinq roubles demandés. Mon serf ne reçut plus que du woudki ou des piétaks, quand je le fis encore travailler, ce qui m'arriva souvent, et je ne lui donnai plus d'argent qui n'aurait pas été pour lui.

Voulant m'instruire un peu de ces usages et des mœurs russes, il me fut dit par un Allemand prudent que je connaissais : « Faites comme votre serf, dormez « quand vous n'avez rien à faire. Vous êtes prisonnier « de guerre; il n'est pas bon pour vous de chercher à « trop savoir. »

Cet Allemand disait très juste. Cherchez-vous à apprendre la langue du pays? Vous passez pour un espion, vous instruisez l'ennemi. Vous occupez-vous de mathématiques, de sciences? On vous prend pour un sorcier qui connaît le langage des étoiles. Plus c'est absurde, plus on le croit, et cela, dans une classe qui n'est pas le petit peuple. Vous amusez-vous à dessiner? vous faites le portrait du pays pour le trahir. Un prisonnier, aux yeux des Russes, est un esclave vendu ou à vendre. A ce point de vue, mieux vaut, en ce pays, être prisonnier de guerre dans une petite ville, dans un château, que de l'être dans une capitale, la condition de votre sûreté étant l'*oculos habent et non videbunt*. Aussi la Russie m'est-elle plus inconnue qu'à ceux qui n'y ont pas demeuré et mes souvenirs de ce pays ne sont que des épisodes, en partie effacés de ma mémoire.

CHAPITRE XLIV

SAINT-PÉTERSBOURG (*suite*). — ÉPISODES

Je me promenais souvent sur les beaux et larges quais de la Néva; par un beau soleil, ces pectacle est magnifique. Les nombreux vaisseaux, leurs mâts, la citadelle avec son aiguille dorée, si délicate, si brillante, attiraient mes regards. Un jour, je me promenais avec mes béquilles sur ce large et beau trottoir de granit qui borde le fleuve; je voyais arriver un vaisseau que l'on allait décharger. Il y avait beaucoup d'hommes réunis pour ce travail; tous me faisaient place et me traitaient avec cette affabilité, cette bonté gaie, si naturelle aux Russes dans leur état de nature. J'avais une blessure de guerre, j'étais un brave, cela leur suffisait.

Des jeunes gens passent, vêtus à la française avec des pelisses belles, mais à moitié mises; c'étaient des fashionables (terme de mépris, à peu près ce que nous nommons fats en France). Ils s'appuient sur la banquette du quai, se mêlent au mouvement, et barrent le trottoir. Les ouvriers leur font place; j'essaie d'en faire autant avec mes béquilles. Un de ces impertinents me donne un coup de coude qui me fait tomber dans la rue destinée aux voitures, à un pied ou deux au-dessous du trottoir.

Les ouvriers se précipitent pour me relever et ramasser mon chapeau; ils crient : fashionable, hue, hue; ils menacent et montrent le poing en leur jetant de la boue et des ordures. Je savais assez le russe pour entendre qu'on les appelait lâches, que c'était à l'armée et dans les dangers qu'on faisait tomber les ennemis, mais pas sur les quais. Le groupe d'impertinents s'échappe par les rues et ruelles adjacentes. Trois ou quatre ouvriers me donnent le bras, se frappant la poitrine et me disant en russe, que je commençais à comprendre, que ces faquins n'avaient pas le courage d'aller aux combats, mais qu'ils faisaient les rodomonts avec les blessés. Ils me reconduisent à ma porte et se sauvent pour que je ne puisse rien leur donner.

J'ôtais mes habits pour les faire nettoyer. Un homme de police entre et m'ordonne de le suivre. Je veux avoir un droschki; il refuse. Il en passe un dans lequel je me hâte de monter. L'homme de la police s'y place avec moi et me tient par le bras. J'arrive à un palais que je ne connaissais pas. Des espèces de magistrats sont assis autour d'une table. Je reconnais dans le fond, par une porte ouverte, le général gouverneur, mais en redingote. On ferme, on met une barre et on me fait dire par un huissier que je dois répondre aux questions que l'on va me poser.

1° « Savez-vous le russe? » — Je fais le signe négatif.

2° « Savez-vous le franc? » Je réponds : tac (oui). Je vois un juge s'émouvoir, remuer les bras, et prendre note. Je comprends qu'ils disent que je me suis coupé, que j'aurais dû dire oui au lieu de tac. On délibère et on dit : « Tolmetz (interprète), assistez-le, et traduisez-lui en français ce qu'on va lui demander.

3° Le tolmetz s'incline avec respect : « On demande à

« votre Grandeur pourquoi elle était dans un rassemble-
« ment d'ouvriers, sur le quai. »

— « Par hasard. Je me promenais, et je regardais
« arriver un vaisseau. »

4° « On accuse Votre Grandeur de fréquenter le port
« pour y trouver un navire étranger qui vous transpor-
« terait hors de l'Empire? »

— « Non, jamais, et actuellement moins que jamais,
« puisque je suis prisonnier sur parole. L'ukase de Sa
« Majesté qui m'a été transmis par Sa Majesté l'Impéra-
« trice me donne toute la ville pour prison. »

Le général quitte son cabinet et me dit en français :
« Vous avez déjà violé votre parole. Vous avez été à
« Krasnoé Sélo qui est hors des lignes. »

— « Sa Majesté l'Impératrice m'a envoyé chercher par
« un officier de sa maison, dans une voiture de la Cour,
« pour me faire connaître les bontés de l'Empereur à mon
« égard. L'officier qui m'a ramené, sur l'instruction de Sa
« Majesté, m'a conduit à l'hôtel du gouvernement. C'est
« là que j'ai été remis à Votre Excellence; elle m'a fait
« connaître l'ordre qui me concernait. »

Le général : — « Que vous ai-je dit alors? »

— « Votre Excellence m'a dit qu'en Russie on avait le
« plus grand respect pour les femmes, mais qu'elles
« n'avaient aucune influence dans le gouvernement; que
« ma conduite serait la mesure du traitement que j'éprou-
« verais. »

Le général parle aux juges. Les juges me parlent et l'interprète traduit : « Vous êtes disculpé d'avoir violé votre
« ban, mais vous êtes accusé de fréquentation du port,
« de conversations avec les ouvriers de la marine; de les
« avoir questionnés sur la nation à laquelle appartenait

« le navire en halage. Vous avez prononcé le nom du
« Hâvre, et c'est alors que ces messieurs vous ont séparé
« du groupe que vous vouliez séduire. Ils vous ont
« dénoncé, et vous allez leur être confronté. »

Trois de ces jeunes gens sont amenés; ils sont pâles et embarrassés; ils discutent longuement. Un officier de la cour apporte une lettre au général, qui arrive au tribunal, et dit que ce procès doit finir à l'instant par ordre supérieur. Les juges se lèvent et passent dans la chambre où se tenait le général.

Celui-ci, resté seul avec nous, s'adresse aux trois fashionables : « Messieurs, je vous parle en français par
« égard pour vos familles. Votre conduite a le blâme de
« Sa Majesté l'Impératrice; j'ai l'ordre de vous interdire la
« cour, aussi bien de l'Impératrice-mère que de l'Impé-
« ratrice régnante. Le peuple vous a fait une réponse
« admirable, en disant qu'à l'armée il y avait place
« pour les braves, et que les lâches seuls s'attaquaient à
« des béquilles. Le compte en sera rendu à S. M. l'Em-
« pereur. Vous le connaissez; ce n'est que dans les
« batailles que vous laverez la faute que vous venez de
« commettre. »

On m'annonce, avec humeur, que je puis retourner chez moi. On appelle l'agent de police qui m'avait amené et on cherche de l'argent pour payer le droschki. Je proteste et dis que je suis d'une position à payer ma voiture. On insiste, comme preuve que l'ordre avait été donné de me conduire avec égards. Je donne une pièce d'or de vingt francs; elle passe de main en main; on me demande ce que j'en veux. — Je réponds comme aux juifs : « Cinq roubles en argent ou vingt en papier. » On la regarde encore, on la fait sonner, et on sort d'un tiroir quatre billets de cinq roubles et cent grosses pièces de cuivre que je donne à mon cocher. Celui-ci, enchanté, me dit que pour cette somme il est à moi jusqu'à dix heures du soir. Je lui fis bien gagner son argent, mais en observant toutefois de ne pas dépasser les barrières; je les reconnus presque toutes.

Il est étonnant comme tout se sait promptement à Saint-Pétersbourg; je fus accablé de visites, surtout de militaires dans les grades élevés. C'était faire la cour à l'Impératrice. Je crois que dans les cartes il ne me manqua que celle du gouverneur, mais j'eus son billet; il me conseillait de me promener en voiture, disant que j'étais assez riche pour cela.. De cet empressement pour me témoigner un intérêt qui plaisait à la souveraine, il résulta une autre scène.

La princesse de Galitzin m'écrivit un billet fort aimable, en très bon français, pour m'inviter à une soirée dans son hôtel, quai d'Angleterre, et m'ouvrir sa maison sans qu'il fût besoin de nouvelles invitations. Je me pare autant que je le puis, comme pour aller à la Cour et je fais venir une voiture qui me conduit à un hôtel de Galitzin sur le quai d'Angleterre. Mais il y avait deux princesses de ce nom ayant leurs hôtels sur ce superbe quai. L'une, fille du général Souvalof, célèbre sous Catherine II, était née à Paris et avait été élevée en France : c'était celle qui m'invitait. L'autre était Géorgienne, de cette race de femmes belles, mais dures et *hommasses*, et c'est chez elle que je fus conduit d'abord. Là, un bonhomme de portier, suisse ou allemand, me paraît étonné; il ne peut pas concevoir qu'un prisonnier de guerre ose se présenter. Enfin, en voyant l'invitation, il m'engage à le suivre, à attendre dans un vestibule au-dessus de l'escalier, et porte lui-même cette carte pour la faire vérifier.

J'entends une voix glapissante; je vois paraître une femme colosse, une furie aux yeux chinois, la fureur sur la figure, m'apostrophant de toutes les injures qui lui viennent à la tête en plusieurs langues, sans omettre la française pour me dire : chien pourri. Elle me crie de quel front l'ennemi de son pays, l'assassin de ses enfants, ose se présenter et souiller sa maison. Je lui demande en souriant si c'est pour me faire cet accueil qu'elle m'a écrit l'aimable billet qu'elle tient à la main. Elle y jette les yeux, me le jette au nez. Du geste d'un grand et fort bras, elle me montre l'escalier et la porte, et quand j'eus commencé ma retraite et descendu quelques marches, elle me fit un autre geste du pied qui me fit voir que la princesse géorgienne avait de très grosses jambes et mettait sa jarretière sous le genou.

Je me retirais assez confus. Elle appelle, frappe des mains; des esclaves se présentent; elle ordonne d'apporter des baquets, des éponges, et elle fait laver sur mes traces. J'ai appris, depuis, que c'est en Russie un affront sanglant; le pauvre portier en était tout tremblant. Je trouvai cela si drôle que je ralentis beaucoup ma retraite, et je m'amusais à montrer avec une béquille, à ces laveuses, riant comme des folles, où elles devaient laver. Tous riaient, même le cocher. La furie seule, loin de se calmer, redoublait d'invectives. Puis, tout à coup, lorsque je touchais le seuil de la porte, elle prend un ton grave pour dire au cocher: « Chez ma folle de belle-sœur, à trois portes plus bas. »

J'arrive à l'autre hôtel : je suis reçu dans de beaux salons où il y avait brillante assemblée. Je suis accueilli avec beaucoup de démonstrations d'intérêt. Les de Saint-Priest, de Langeron, de Richelieu et autres émigrés de marque fréquentaient beaucoup ce salon, aussi j'y trouvai réellement une soirée du faubourg Saint-Germain. C'était plus encore comme Condéen dont on avait parlé que comme Bavarois que je recevais cet accueil. On murmurait du pont de Constance. La Princesse me fait asseoir à côté d'elle sur une causeuse et me demande de le lui raconter. « Cela est bien vieux, lui dis-je. Mon affaire « sur les bords de la Néva est bien plus nouvelle ; elle a une « demi-heure de date ; elle pourra vous intéresser. » Et je raconte tout ce qui vient de m'arriver chez la Géorgienne.

On fit cercle autour de moi et cette histoire fit fortune. J'y ajoutai les gestes qui faisaient si bien reconnaître le personnage et voyant que la mimique amusait beaucoup, je me lève et fais le geste du pied en ajoutant : « Et à « présent, je sais qu'en Géorgie les dames placent mal « leurs jarretières. » Ma mésaventure provoque des rires fous. Non seulement je dois la raconter encore, mais on veut les gestes, on s'extasie sur ma mimique. La jarretière mal placée surtout eut le plus grand succès.

Le lendemain, autre billet et une élégante voiture de Cour. L'Impératrice et sa sœur me convoquent dans un petit palais, à l'intérieur des lignes, en me recommandant d'être en costume du matin, sans étiquette. Je trouve les deux princesses dans le petit salon d'une fabrique de jardin. On connaissait mon aventure et la manière plaisante dont je la racontais ; on veut l'entendre de ma bouche et Sa Majesté ne s'en amusa pas moins que la princesse de Galitzin. Ce fut une audience d'une gaîté unique et j'eus l'honneur de déjeuner avec les Altesses Impériales.

Les soirées agréables chez la bonne princesse de Galitzin furent fréquentes. J'ai souvent depuis rencontré la princesse géorgienne sur les promenades, et elle m'y a toujours fait un gracieux sourire. Je la rencontrai une fois sur la promenade solitaire de l'Amirauté, et elle me dit : « Si je vous avais su si malin, vous n'auriez pas vu « ma jarretière. Savez-vous pourquoi? » — Je l'interrompis : « C'était si noir, ce que vous me faisiez, que je « n'ai pas eu l'idée d'approfondir. » Elle réfléchit un peu et me dit : « Vous avez la malice du diable. »

J'eus pendant ces six mois protection et bienveillance de la Cour, abondance d'argent et grande considération dans le commerce étranger; politesse franche et empressement du petit peuple, morgue et parfois grossièreté du commerce russe, les Arméniens exceptés. Tout cela avait cause et origine, ce qui me fit penser qu'avec une apparence de tolérance et de liberté, l'habitation dans cette grande ville demande une attention continuelle et une sévère surveillance des usages, ceux-ci variant suivant ceux à qui on a affaire.

Voici encore une des tracasseries que j'eus à subir : le général gouverneur avait exigé que je lui fisse ma Cour le dimanche matin, à heure dite. Il me laissa attendre jusqu'à midi, l'huissier ne m'appelant pas. Il revint me dire alors de revenir à pareille heure le dimanche suivant. Je fus exact, mais il en arriva encore de même, et le lundi arriva une plainte formelle du ministre des Cultes : deux dimanches de suite sans fréquenter l'église de sa confession est un délit sévèrement punissable en Russie. Cela m'inquiéta réellement un moment. Un père Jésuite breton me tira d'embarras en certifiant la vérité: qu'absent pour service militaire, j'avais assisté à deux messes dans la chapelle de Malte, l'une, le lundi suivant le premier dimanche; l'autre, le second dimanche avant l'heure de l'audience. Il s'agissait de la Sibérie. On ne plaisante pas sur ce chapitre en Russie.

Malgré ma timidité dans mon état de prisonnier de guerre et la crainte de M. le gouverneur, j'allai visiter le jardin des plantes qui se trouvait dans les limites permises. Je pus en effet entrer, me promener, voir les plantes, faire des questions et en recevoir des réponses, d'autant plus facilement que le personnel était allemand. Il s'établit entre eux et moi une espèce de fraternité toujours suspecte en Russie. Je voyais bien qu'on nous observait de la fenêtre d'un pavillon ; mais notre conversation à haute voix roulant sur des plantes, sur les lois de la pharmacie, l'usage d'y employer des Allemands, sur cette école botanique en faveur des jeunes Allemands, je ne prévoyais pas d'orages.

Ces élèves m'engagent à venir visiter leur herbier, dans ce même pavillon d'où j'avais remarqué qu'on m'observait. J'y entre; je parcours avec eux deux ou trois salles. Dans un général qui me tournait le dos, je crois reconnaître le gouverneur. On me crie en russe de m'en aller; et, par une porte entr'ouverte, le gouverneur me dit en français : « Vous êtes un audacieux, un indiscret
« de pénétrer dans la propriété privée du général. Le jar-
« din n'est pas public pour vous. Sortez et ne revenez
« plus. » J'obéis très promptement, et je gardai le silence.

Un des élèves se trouvait le frère d'une femme de chambre de la princesse Amélie. Le frère raconte le fait à la sœur, la sœur à la princesse, et cette sœur vint me dire de me trouver, entre onze heures et midi, dans les allées couvertes du jardin de Tauride, vers le grand pont. J'y rencontrai l'Impératrice et sa sœur; je dus raconter mot à mot la scène du pavillon.

Deux jours après, je trouvai sur ma table un numéro du journal de la Cour; le jardin des plantes n'était plus dans les attributions du gouverneur, mais confié à un sénateur, et toutes les salles rendues au public. Il m'est revenu que M. le gouverneur avait été très sensible à ce changement. Heureusement pour moi que ma délivrance était prochaine, et que je n'eus plus affaire à lui que pour la signature du podarochna.

Outre le gouverneur, il y avait un autre général, commandant de place, un Géorgien, je crois; homme souple, ménageant tous les partis; honnête avec moi pour que l'Impératrice le sût; grossier quelquefois, pour que le gouverneur le vît; agent provocateur, pour rassurer les puissances sénatoriales sur l'idée que le commerce allemand se servirait de moi pour enlever ses capitaux acquis en Russie et les établir en Allemagne. Je n'ai jamais su ni le vrai nom de ce général, ni son caractère, ni ses attributions. Ces personnages, agissants et impénétrables, sont communs en Russie.

Une émeute russe m'a fort amusé; un Russe que j'avais connu à Munich, où il avait été attaché d'ambassade, me la fit voir comme aux premières loges, et me l'expliqua.

Depuis le matin, les signaux de la marine étaient en mouvement; les batteries s'armaient et prenaient position. Cet ami m'apprit qu'un trois-mâts s'approchait, portant les trois couleurs françaises, bleu, blanc et rouge; s'il était français, il serait de bonne prise, et on lui tendait des pièges, pour l'attirer là où il ne pourrait plus gagner le large. La population se portait en masse sur les quais et sur les ponts.

Les avisos arrivent et annoncent un vaisseau hollandais, le premier qui ait navigué sous son pavillon, depuis que la Hollande s'était séparée de la France. Le peuple se refuse à ces explications et veut piller. Le vent étant favorable, le navire entre majestueusement dans la Néva, mais il n'ose encore aborder. L'émeute redouble, et se refuse aux sommations. La générale bat; la citadelle lève ses ponts, et braque son gros canon sur le quai.

Mon ami, me prenant sous le bras, me conduit au grand arsenal. Je vois là quatorze batteries d'un nouveau genre : quatorze pompes à incendies, bien attelées, servies par des soldats et des canonniers, défilent, tambour battant. Chaque batterie prend sa rue, et au commandement : En joue, feu! fait eau de toutes parts.

Pour se garer de l'eau, on se tourbillonne, on se sauve, on se cache, on se culbute; des jets d'eau sont dirigés sur quelques-uns, de préférence à d'autres, et les poursuivent. Ceux-là sont hués; la gaieté, les éclats de rire succèdent au bourdonnement de l'émeute; le gros canon de la citadelle donne le signal; le navire lève l'ancre, et aborde. Le déchargement se fait en bon ordre; le reste de la journée n'est que fête et joie dans tout le port.

Je crois que le maréchal Lobau avait dû entendre parler de cette méthode russe, qui lui a si bien réussi à Paris sous Louis-Philippe (1).

---

(1) En mai 1831, sur la place Vendôme.

CHAPITRE XLV

RETOUR EN BAVIÈRE

Enfin la Bavière et la Russie se réconcilièrent en octobre 1813. Après la campagne de Saxe et le refus de Napoléon de faire la paix avec la Russie et la Prusse, tous ses alliés allemands l'abandonnèrent l'un après l'autre, à commencer par son beau-père, l'Empereur d'Autriche, et se réunirent aux puissances ennemies. Quand les questions relatives aux prisonniers furent réglées, je me trouvai libre, ainsi que la plupart des prisonniers bavarois. Je crois cependant qu'il a pu en rester un certain nombre dans le gouvernement d'Orembourg et en Sibérie, sans compter ceux qui ont trouvé de bonnes places où ils pouvaient espérer faire fortune comme tant d'autres Allemands déjà fixés en Russie.

Le peu de Bavarois se trouvant à Saint-Pétersbourg reçut podaroshna, argent jusqu'à la frontière et ordre de prompt départ. Je quittai donc cette ville où je venais d'être si bien accueilli et choyé pendant ces quelques mois. Je ramenai le pauvre Colonges dans ma voiture. Le chagrin de la mort d'un de ses fils, l'inquiétude sur le sort de l'autre avaient envenimé ses blessures et assombri son caractère. Nommé général à son retour à Munich, il y mourut quelques mois après, et son second fils, revenu bien fatigué de cette pénible campagne, ne lui survécut guère.

On nous donna une reconduite jusqu'aux frontières d'Allemagne, mais ce n'était plus une surveillance. On ne redoutait plus de nous faire connaître le pays, ou bien on voulait nous le montrer en beau. Nous fûmes conduits à Riga par cette belle route de poste où tout est si bien soigné; à chaque relais, la couronne entretient un hôtel bien meublé pour faire illusion aux voyageurs sur la beauté et la civilisation de l'Empire. Quelle différence si, comme moi, ils avaient été obligés de traverser les steppes et les déserts de l'intérieur?...

Nous passâmes par la Livonie, la Courlande, provinces où la noblesse est protestante et allemande ainsi que les bourgeois des villes. Le peuple, à moitié sauvage, a un autre caractère que le peuple russe. Les villes ont un faux air de l'Allemagne du Nord. Nous vîmes des ouvrages gigantesques et superbes, à Narva surtout. Notre premier guide nous escorta jusqu'à Riga, dont le gouverneur, le général Prolatzi, nous reçut magnifiquement et nous retint plusieurs jours. Un autre officier nous accompagna ensuite jusqu'en Prusse; là seulement nous fûmes vraiment libres, mais là devaient recommencer les misères, les brusqueries, les forfanteries. A Mémel, l'officier russe nous fit de tendres adieux. Le commandant prussien voulut nous retenir jusqu'à réception d'un avis de sa cour de Berlin et me demandait des choses insignifiantes. Et je lui disais : « Pourquoi attendre cet avis ? « N'ai-je pas le droit, en payant, de traverser votre ter- « ritoire ? »

De Berlin arrive enfin l'ordre de me fournir des chevaux de réquisition. Je les refuse, ne voulant rien recevoir des Prussiens; je fais viser mon passeport et je pars en poste; mais ce visa trace ma route par des lagunes nommées Kurische hafen et Frisch hafen. Tout le monde connaît de réputation ce singulier désert où je ne voyais que la mer, baignant les roues de ma voiture. Des élans attirés par la curiosité, nous approchaient parfois de très près. La nuit, très longue en cette saison, se trouvant très obscure, la mer, fort agitée, les postillons ne voulurent pas hasarder leurs chevaux. Nous dûmes passer une mauvaise nuit dans une baraque de pêcheurs d'ambre qui avait tout à fait l'apparence d'une caverne de voleurs; on ne peut s'imaginer des figures plus sales, plus sinistres, plus hideuses! Ils allumèrent du feu, nous vendirent des poissons secs ou fumés, mais nous ne pûmes dormir une minute. Il ne nous fut fait, d'ailleurs, d'autre dommage que de prendre tous mes cordages. Je ramassai dans ces sables un morceau d'ambre jaune que je fis monter en cachet et que j'ai encore.

La route était longue et fatigante pour des blessés, mais nous finîmes par arriver à Kœnigsberg, à Berlin, et enfin, à Munich le 1er janvier 1814. Je trouvai la situation bien changée pour moi. Le parti Napoléonien était à bas et on m'en croyait à outrance. Je revenais estropié, invalide; satisfait intérieurement de tout ce que j'avais fait, ce que j'avais vu me dégoûtait, me rebutait; mais ceci demande plus d'explications.

A propos de la revue de Vilna, j'ai dit les désordres, les rivalités dont je me souvenais et qui auraient pu d'avance annoncer la triste fin de cette campagne. En vérité, cette armée colossale, accumulée dans les plaines de Vilna, semblait amenée là par les décrets de la Providence pour y être détruite par le climat, la misère, et deux ou trois batailles. Ce n'était, certes, pas dans les projets de Napoléon ; mais, à dater de ce moment, il n'a plus de grandes vues, plus d'ensemble, plus de ce bonheur miraculeux ; il semblait vraiment frappé de vertige et d'erreur ; ses capitaines étaient en révolte les uns après les autres et il ne leur en imposait plus.

Grièvement blessé dès les premiers jours, je n'étais plus capable de rien, pas plus au moral qu'au physique. Je ne recouvrai un peu de force et de santé que pour voir Napoléon, le grand Conquérant, en fuite de sa personne ; son armée qu'il redoutait et à laquelle il voulait donner la Russie en pâture, ruinée, anéantie par le froid et la misère ; ses prétendus alliés, la Prusse d'abord, puis l'Autriche tourner contre lui leurs armées, seules conservées intactes : véritable conséquence de ces traités imposés par les conquêtes. Bernadotte, nommé depuis peu prince royal de Suède, avait d'abord gardé la neutralité ; il devint son ennemi sagement, politiquement et utilement pour lui-même. Murat, fanfaron sans génie, sabreur et rien de plus, suivit cet exemple dans l'espoir de conserver le trône de Naples.

1813 vit le redoutable conquérant seul avec des armées levées à la hâte, mal dressées encore, formant, il est vrai, des masses comme 1793 en avait conduit aux combats ; mais en 1793, ces masses avaient reçu la forte éducation chrétienne d'autrefois ; elles avaient le sentiment inné du devoir, le respect de l'autorité. Animées d'enthousiasme, bien encadrées par nos anciens soldats et sous-officiers, elles voyaient le devoir à défendre les frontières et combattaient des armées de parade. Vingt ans après, ces nouvelles bandes, trop jeunes, nées, élevées sous la Révolution, avaient pris les principes dissolvants d'intérêt personnel, de jouissance, d'insubordination qui en étaient le fruit. Faibles, effrayées, peu nombreuses, elles avaient à combattre des masses énormes d'ennemis nombreux et aguerris : Alexandre Romanof, empereur de Russie, se trouva le héros.

Quand je revins en Allemagne, ma position physique était encore très fâcheuse, mais je voyais sans distraction les effets de la Providence, justice lente, mais qui arrive toujours. Les sociétés secrètes qui avaient si longtemps soutenu Bonaparte, l'abandonnaient, le condamnaient maintenant. Ce qui avait si vite fait quitter à l'Empereur son armée en détresse dans les neiges de la Russie, était l'annonce du complot du général Malet, dont la réussite ne tint qu'à un fil. Jusque-là, en Allemagne, de nombreux partisans l'aidaient, le vantaient, facilitaient les transports, les approvisionnements ; et les nouvelles que nous avions pu recueillir sur la retraite si désastreuse de 1812 avec le typhus, détruisant ce que le climat avait épargné, et sur celle aussi fâcheuse et toute récente qui suivit la bataille de Leipzig, nous montrait l'esprit de la population devenu absolument contraire. La France, épuisée de sang et d'argent, était envahie ; Napoléon refoulé à l'intérieur ; ses frères, sœurs, amis couronnés le quittaient l'un après l'autre ; Eugène Beauharnais, seul, lui resta fidèle jusqu'à la fin, malgré le divorce de sa mère.

D'autres causes contribuèrent encore à sa chute : son mariage avec Marie-Louise avait semblé mettre le comble à sa puissance en le faisant entrer dans la famille des Rois ; François II sacrifiait sa fille à une impérieuse nécessité, mais son orgueil paternel froissé ne chercha qu'à détruire ce gendre imposé ; il devint un des ennemis les plus acharnés de Napoléon. La chute de ses frères et sœurs montra la possibilité d'anéantir sa puissance démembrée déjà par la Hollande. La catholique Espagne ne voulut pas se soumettre à un excommunié, spoliateur de ses Rois et de ses libertés. Son influence était paralysée en Suède par ce Bernadotte qu'il n'avait jamais aimé, le regardant comme un rival possible.

En comblant ses généraux de trésors, il les mit en quelque sorte dans l'obligation de l'abandonner pour conserver ces richesses, et surtout pour en jouir. Avec lui, ils étaient traînés de bivouacs en bivouacs, exposés à de grands dangers, et cela en étouffant leur gloire personnelle, en la distribuant dans ses bulletins à la faveur souvent plus qu'au mérite.

Je n'accorde, du reste, à ces généraux en grand nombre que le mérite ordinaire qui, sans des circonstances extraordinaires et dans d'autres milieux, aurait pu en faire de braves capitaines honorables et honorés par la croix de Saint-Louis, et quelques-uns majors ou lieutenants-colonels. Ils auraient pu repeupler des châteaux par une jeune et brave noblesse où l'honneur aurait été plus solide que les honneurs : l'expérience montre que les honneurs acquis par ces généraux de circonstance n'ont guère franchi leur génération. Leurs enfants sont souvent vains, dissipateurs, plus fanfarons que braves, plus audacieux que courageux. On les voit se parer de nos anciens vices sans les balancer par nos anciennes qualités.

La plupart de ces généraux brillaient au second rang ; ils exécutaient bien les ordres donnés, savaient enlever les masses, étaient remarquables dans leurs spécialités. Au premier rang, ils perdaient beaucoup de leurs qualités ; ils ne savaient bien ni administrer ni commander en chef. Aucun ne voulait se soumettre aux autres ou ne le faisait que par stricte obéissance aux ordres de l'Empereur. Cette insubordination des chefs a amené bien des désastres. Bonaparte, d'ailleurs, ne cherchait pas à développer leur talent, à leur expliquer sa politique et ses ressources; loin de là, il les redoutait, les confinait dans leur rôle spécial; aussi étaient-ils tous fatigués de leur sujétion; ils aspiraient à l'indépendance et ne savaient pas en profiter; ils se jalousaient, ne s'aidaient pas mutuellement, et succombaient toujours.

De là vint la tactique des alliés en 1813 et 1814 : forcer Napoléon à diviser son armée, et accabler celles des fractions où il n'était pas. Son ambition jalouse semblait toujours redouter en eux des rivaux; seul pour tout commander pendant les succès, il se trouva seul à l'heure des revers et ne put se relever.

J'ai toujours vu en cela un des signes avant-coureurs d'une fin prochaine; j'en avais prévenu le Roi de Bavière à Paris, dans un de ces voyages où il était mandé avec les autres princes allemands pour faire sa Cour à la Majesté impériale. Le comte de Montgelas, son premier ministre, était présent. Frappé de mes paroles, il vint pour la première fois de sa vie me faire une visite à mon hôtel et me serra la main en disant : « Vous êtes pro-
« fond! je ne vous croyais que *soldat*. » En allemand, c'est synonyme de militaire.) — « Non, lui répondis-je :
« je ne suis pas profond, mais je suis Français. A Paris,
« je suis sur mon terrain, qui est celui de mes rois légi-
« times. » — Après un peu de réflexion, Montgelas dit :
« Hé bien, oui; tout cela ressemble à de l'omelette souf-
« flée. Si les marmitons se lassent, l'omelette s'affaisse et
« alors que deviendrons-nous? »

Cette conversation était oiseuse à cette époque. Lorsque je revins de Russie avec des béquilles, M. de Montgelas m'aborda en disant : « Je vous salue, monsieur le prophète. » Je n'étais pas content, je ne lui répondis rien.

Les événements ont prouvé que presque toute la nouvelle aristocratie de l'Empereur avait cherché le repos et des jouissances égoïstes dans l'abandon de son bienfaiteur, qu'aucun d'eux n'affectionnait; pas plus que la patrie du reste, vain mot dans leur bouche. La vieille noblesse seule, si décriée, sut être secourable au peuple, à la nation, pendant les malheurs de l'invasion.

J'ai beaucoup réfléchi à ces paroles de Napoléon : « Mon armée est un chancre qui me dévorerait si je ne « lui fournissais de la pâture. » Il ne fallait pas le chercher dans les rangs inférieurs de l'armée : depuis la Révolution, la classe plébéienne ne rêvait partout qu'un vaste : *Ote-toi de là que je m'y mette*. Mais l'énorme consommation d'hommes n'amenait plus dans les rangs, par la conscription, que de jeunes malheureux effrayés dont voici le rêve : *Ote-moi de là et que je m'en aille*. C'était bien l'armée la plus facile à licencier. L'évasion de l'île d'Elbe n'a ému les subalternes qu'à cause de son nom, pour eux synonyme de victoire; puis ils espéraient l'expulsion des généraux qui avaient abandonné *leur* Empereur à Fontainebleau.

Venaient ensuite de nombreux officiers subalternes sans consistance par eux-mêmes, la plupart sans première éducation. Flattés par l'épaulette, ils ne savaient souvent pas la porter dignement hors des rangs. Quelques mois de licenciement suffisaient pour les rendre nuls et insignifiants. La classe la plus dangereuse était celle des officiers supérieurs, convoitant la place de général. Cette classe ambitieuse voyait ses illusions détruites par la paix.

Une des conversations que j'avais eues avec Guilleminot, quand nous chevauchions côte à côte en éclaireurs sur les routes d'Allemagne, me revint souvent à la pensée à cette époque. Il me disait : « Vous êtes exception-
« nel parmi nous ; vous êtes seul sans ambition. L'Empe-
« reur vous convoite ; et s'il vous avait donné quelque
« chose, il ne vous désirerait plus, parce qu'il serait
« obligé de vous donner souvent pour vous retenir. Le
« jour où il vous rencontra à la grande batterie du san-
« ton d'Austerlitz, j'allais avoir la mission de faire char-
« ger la division de Kellermann, et c'est vous qu'il y
« envoya. Il me dit : Il n'y a plus d'officiers comme cela.
« Il fut troublé, et ce n'était pas vous qui lui causiez ce
« trouble. Vous aviez été inaperçu dans l'action ; il ne
« savait pas seulement si vous étiez homme de cheval et
« il vous envoya faire une charge de cavalerie. C'est que
« de vous voir réveilla en lui des souvenirs, des idées
« anciennes. L'Empereur ne croit pas toujours à la conti-
« nuité de son bonheur ; il n'en jouit jamais. »

Je lui répondis : « Et pourquoi ? Il est porté sur le pavois ! »

Et Guilleminot reprit en souriant : « Oui, mais les
« porteurs ne lui semblent pas solides, parce qu'ils sont
« trop intéressés. »

Après la perte de la bataille de Leipzig, il aurait eu besoin d'être excité à prendre son avenir en considération, à prendre une résolution énergique. Si j'avais été là, mon ascendant prétendu eût pu l'encourager. On eût pu lui dire : Levez toutes vos garnisons ; créez, comme à Nice, une armée neuve, et sur les derrières de vos vainqueurs, agissez comme en Italie. Des généraux nouveaux brideront les anciens rassasiés; laissez ceux-ci se débattre contre ou avec vos ennemis. Mais aucun de ceux qui l'accompagnaient alors n'eût osé lui tenir ce langage; j'étais encore en Russie et, d'ailleurs, je préférais la restauration des Bourbons à cet avenir incertain. C'est dans une pareille situation, quand tout s'écroule sous vos pas, que crimes, fautes, impuissance et incapacité doivent être un supplice infernal; aussi le ci-devant grand homme qui avait étonné par ses œuvres étonna encore davantage par sa triste et honteuse fin.

CHAPITRE XLVI

DÉMISSION

A mon arrivée à Munich, mon rôle fut fort délicat pour conserver le caractère noble et désintéressé que j'avais toujours manifesté. J'avais à me montrer digne de l'armée de Condé, digne de la confiance qu'on avait eue en moi en Bavière. Je détestais et j'avais toujours détesté les Autrichiens, ayant été, par leurs fautes et pour eux, vaincu par les armes ; et maintenant, ils triomphaient par ruse et trahison. Cela me faisait mal, et d'autant plus mal que je prévoyais que, pendant l'invasion, ils occuperaient la Bourgogne. Mais, Dieu aidant, je me suis bien trouvé d'avoir imploré son secours et de m'être laissé aller à ses inspirations : je suis rentré dans ma famille ; j'ai franchement renoncé à toute ambition, et je parviens sans effort à terminer mes jours dans ma petite fortune, satisfait de mes souvenirs, et content de ma situation.

Le bonheur que j'eus à me retrouver à Munich et en Bavière fut court et mélangé de bien des ennuis, quand je connus ce qui s'était passé depuis mon départ. La Bavière n'était plus ce que je l'avais laissée. Au lieu d'une nation déjà formée, je retrouvai deux factions :

l'une, russe jusqu'à l'exagération ; l'autre, vraiment bavaroise, et qui eût voulu temporiser, c'est-à-dire suivre ce plan du Roi dont on me supposait l'auteur : se défendre au besoin, mais ne se donner qu'au souverain qui lui garantirait indépendance et intégrité, royaume, et royaume concentré.

A la tête du parti russe était le prince royal. Le Roi, qui, ainsi que le Roi de Würtemberg, avait prévenu d'avance Napoléon de sa défection, eût préféré l'autre, mais son armée était déjà avec les alliés.

Avant que de m'être bien connues, ces choses me causèrent des désagréments, des froideurs dans les salons que je n'avais certainement pas méritées. Je n'ai jamais été d'aucune loge, ni de francs-maçons, ni d'illuminés, mais je connaissais assez la secte de Weisshaupt pour tirer des inductions. J'avais mes projets arrêtés, et un devoir à accomplir ; néanmoins, je n'étais pas insensible à ces injustices des hommes, à ces revers dans les faveurs.

Je pris de suite le seul parti à prendre : celui de rester Français, comme je l'avais promis. Je gardai, cependant, encore quelque temps l'uniforme bavarois, ayant l'air libre, et me regardant comme prisonnier sur parole. Voici comment :

Pendant mon séjour en Russie, j'avais fait mon devoir et profité de ma bonne fortune et des sommes que m'avaient fait passer l'Impératrice et ses sœurs pour secourir blessés et prisonniers. J'avais recueilli tous les renseignements possibles sur les prisonniers, sur leur vie ou leur mort : un grand nombre avait succombé ; quelques-uns, envoyés sur les frontières des Kirghiz, avaient été enrégimentés contre les incursions de ces peuples sauvages ; plusieurs prisonniers furent renvoyés comme nous en 1814 ; d'autres restèrent volontairement. De Wrède en avait ramené une grande partie, mais bien fatigués de cette campagne.

Je puis me vanter d'avoir été seul à prendre ces précautions. Les familles ont senti plus tard l'étendue de ce service; mais, dans le moment, on voulait ne voir en moi qu'un Français, un bonapartiste, un militaire dont le congé ferait vaquer de bonnes places. On y voyait plus : un homme qui avait l'oreille du Roi et pouvait contribuer à relever son parti.

Je devais à mon souverain un compte exact de ce que j'avais pu savoir sur ses soldats. Je rends mes comptes; j'obtiens les miens; j'écris aux familles. Aux uns j'envoie de petites successions d'objets venant de leurs parents morts et que j'avais pu recueillir; à d'autres, des testaments olographes; à presque tous, des nouvelles certaines de vie ou de mort. Malgré ce travail, je vois souvent le Roi dans son cabinet; j'affecte de le voir aussi aux audiences publiques, soit levers, soit réceptions.

Il se rappelait ce que je lui avais dit sur la paix si vite demandée après la bataille de Wagram; sur le mariage de Napoléon, avant-coureur de sa chute. Il aimait les Bourbons, voyait leur retour avec plaisir, mais dans la ruine actuelle et la décadence de la France, il redoutait l'asservissement de la Bavière par l'Autriche. Il aurait aussi voulu que Napoléon, renonçant à ces trônes perdus pour lui, fît couronner le Roi de France et de Navarre en appuyant cette belle action d'une belle armée dont il eût pu trouver les éléments dans les garnisons des forteresses d'Allemagne, évaluées à plus de cent mille hommes... Mais, ajoutait-il, l'assassinat du duc d'Enghien lui ferme cette dernière ressource. C'est alors qu'il me raconta la mission de Caulaincourt près de lui en 1804.

Le jour même où mon portefeuille est vidé, et tous més comptes rendus (9 janvier 1814), je me présente au Roi sans uniforme, en tenue civile; je lui demande ma démission et je demande que des avant-postes elle soit notifiée à l'armée française.

Le Roi me montra un sensible déplaisir, qui m'affecta beaucoup à cause de l'attachement sincère que j'ai toujours eu pour lui. Je déduisis mes raisons avec calme, à peu près ainsi : « Sire, Votre Majesté se souvient que
« j'avais quitté son service lors de l'ammistie qui rappe-
« lait les émigrés et leur rendait leurs biens non ven-
« dus. Les miens m'ont été restitués, et je fus renvoyé
« au service de Votre Majesté en prêtant serment de
« le quitter s'il y avait guerre entre la Bavière et la
« France. »

— « C'est juste, dit le Roi ; c'est juste ; je vous com-
« prends. » Il sonne et fait appeler la Reine.

A son entrée le Roi lui dit : « Hé bien! Caroline,
« Comeau nous quitte, il me demande sa démission. »

La Reine, avec cette bonté et cette grâce qui lui étaient particulières, me dit : « — Comment, monsieur de Co-
« meau, quitter le Roi qui vous aime tant, mes sœurs
« qui vous ont si bien reçu ! Ce sont quelques boutades
« de salon qui vous auront affecté ! »

— « Non, non, répondit le Roi. Il m'a donné ses mo-
« tifs ; ils lui font honneur. » Puis il les lui explique.

Elle s'écrie : « Son Bonaparte, ce n'est plus rien ; il ne
« lui doit rien. Qu'a-t-il donc fait pour lui ? »

Le Roi reprit avec chaleur : « Je l'approuve ; il est gen-
« tilhomme français ; je l'ai été, aussi je le comprends, »
et il me serre la main.

J'étais tremblant ; le Roi me fait asseoir à côté de lui.
La Reine s'assied aussi et, le coude sur le bureau, me dit :

« Quand cet Empereur sera tout à fait à bas, nous
« reviendrez-vous ? »

Le roi eut le tact de ne pas me laisser le temps de bal-
butier une réponse qui eût été embarrassante, et reprit :
« Croyez-vous qu'il tombe ? Cet homme a tant de talents,
tant de ressources dans la tête ! Il est sorti à sa gloire
de tant d'embarras, de tant de périls !... »

— « Sire, dis-je, il est à bas. Ses revers seront aussi
« éclatants que ses succès. Il a une armée redoutable et
« dangereuse pour lui. Ses généraux ne demandent plus
« que du repos, et, dans les rangs inférieurs, une masse
« d'officiers sont républicains et philadelphes, et ceux-
« là voudraient parvenir à leur tour. Plus il a donné,
« plus il a fait d'envieux et d'ingrats. Aveuglé par sa
« fortune, il a cru pouvoir exécuter sa noble et généreuse
« pensée d'abattre et détruire ces loges, ces gouverne-
« ments occultes, qui l'avaient porté au pouvoir. Ils ont
« décidé sa perte : on agit dans ce sens. Le mot d'ordre
« actuel est : aux souverains, le faste et les couronnes ;
« à nous, les ministères, les places et les emplois. »

— « Vous y êtes, reprit le Roi. C'est précisément cela !
« Puisse mon fils vous entendre et vous croire !... »

Le Roi restait pensif ; la Reine me regardait en silence.

Puis le roi se lève et continue : « Comeau, vous m'avez
« trop bien servi pour que je vous laisse partir ainsi. Je
« vous donne votre pension, au maximum (1). Je vous

---

(1) 1.200 florins, environ 3.000 francs.

« permets de la manger dans vos terres, auprès de votre
« aimable épouse. Si vous me revenez, en tous temps,
« en toutes circonstances, mes bras vous seront ou-
« verts. »

— « Je voudrais, dit la Reine, que M. de Comeau
« continuât à porter son uniforme. »

Elle parla bas assez longtemps avec le Roi, qui se
retourna alors vers moi et me dit, comme un ordre,
plutôt que comme un désir :

« Vous garderez votre uniforme pour venir à la Cour,
« et dans toutes circonstances d'apparat; vous serez
« invité à dîner à la Cour aujourd'hui même. Je vais faire
« enregistrer votre démission, et je me charge de la faire
« parvenir en France. Vous pouvez être tranquille et
« vous reposer sur moi. Quant aux froideurs de mon fils,
« de sa cour et de son parti, je le blâme et lui en dirai
« deux mots. Honneur, délicatesse, dévouement, désin-
« téressement, est-ce donc là choses si communes pour
« les dédaigner quand on les rencontre! Je lui demande-
« rai si c'est à moi ou au pays que vous avez fait la cour.
« Je demanderai à Montgelas et à Triva, devant lui, si
« je ne suis pas le seul des souverains ayant perdu des
« sujets dans la grande catastrophe, qui ait, grâce à vos
« soins, un état civil comme celui que vous m'avez rap-
« porté. Est-ce à moi seul, ou à mon peuple, que vous avez
« rendu cet immense service? Ils apprendront de ma
« bouche que sur le champ de bataille, comme dans le
« cabinet, comme sur le lit de douleur, vous avez toujours
« eu l'idée juste et l'exécution prompte. Est-ce les ban-
« quiers de la cour et les apothicaires, qui sont tous
« Allemands dans ce vaste empire; est-ce eux, Messieurs
« de Mongelas et Triva, qui vous ont envoyé ce trait de

« lumière? qui ont secouru mes Bavarois et m'ont appris
« leur sort? »

Le Roi ainsi animé, la Reine, triste et rêveuse, cet ordre de reprendre l'uniforme, cette invitation à dîner à la Cour le jour même, jour de gala, jour des ministres étrangers, plus particulièrement qu'aucun autre,... j'étais abasourdi. Je défendis ma porte, et, le soir, on me remit le billet d'usage. Je n'eus que le temps de remettre mon uniforme, et de me préparer à ce dîner. Le prince royal s'y trouvait; les principaux officiers de sa cour, tous les ministres, aucun militaire. Je crus voir de l'affectation à n'avoir que moi de cet état et je n'en fus que plus gêné.

Quand j'entrai au salon, je fus longtemps seul, le Roi et les ministres étant occupés dans le cabinet du Roi. L'étiquette veut que dans ce salon on ne porte aucune canne. J'avais laissé la mienne à l'endroit où on les déposait, mais, faible encore, je ne pouvais marcher qu'en me traînant contre les meubles, ou en sautant sur un pied.

Le prince royal entre et se promène à grands pas, en silence (1). Il appelle l'huissier de la chambre, et lui dit de m'apporter ma canne, que je ne puis m'en passer, ce qui est exécuté. Je remercie le prince; il ronge ses ongles et ne dit toujours mot. Les ministres entrent; on parle au prince, la conversation s'engage, je continue à n'y être pour rien. Mon embarras s'accroît, j'aurais voulu être à mille lieues. Le Roi, la Reine, le grand maréchal, les chambellans de service entrent enfin.

Les prévenances du Roi et de la Reine sont toutes pour moi, et tout le reste, sans en excepter le prince royal, fait tapisserie. M. de Montgelas s'approche, et me dit à voix

(1) Ce prince est devenu le roi Louis Ier.

basse : — « Vous devez trouver bien du changement ; nous
« suivons aujourd'hui une autre planète. »

Je lui réponds aussi à voix basse qu'en astronomie les satellites doivent redouter la force centripète des planètes et que je leur conseille de garder assez de force centrifuge pour se maintenir sur la tangente. J'espérais le piquer parce que je l'étais. Il répondit : « Le mot est heureux ; « ce n'est pas Metternich qui vous l'a dicté. » Il fallait en effet que ce mot fût à propos : il fut répété ; le Roi en rit beaucoup, le prince royal, pas du tout. Triva, le ministre de la guerre, se crut obligé de me parler, puisque le Roi l'avait fait. Il m'avertit qu'il avait l'ordre de faire parvenir ma démission par voie de parlementaire, et que je pouvais être tranquille à cet égard.

Le grand Maréchal annonça le dîner. Le Roi, s'approchant, me dit : « Appuyez-vous sur moi, je suis le soutien « de ceux qui ont bravement combattu pour ma cause. Ce « sont mes os qu'on a brisés quand on a brisé les vôtres. »

Un murmure flatteur se fit entendre. Le prince royal donnait le bras à la Reine ; il me dit : « Moi aussi, les os « brisés m'intéressent, mais la tête !... » Après le dîner, le roi me prévint que son fils allait tenir sa cour, et me demanda d'y aller.

Je regarde par la fenêtre ; j'attends que le plus grand nombre des personnes qui allaient aux appartements du prince y soient arrivées et je vais prendre place dans son salon, derrière les empressés. On fait le cercle ; le prince dit un mot gracieux à chacun, et me passe. Les regards sont braqués sur moi. Le prince parle en particulier au colonel de Zoller, mon ami, qui revient me dire, de la part du prince, de rester lui et moi dans le salon après qu'on sera sorti. Le prince fait le salut de congé, puis se retire.

Je reste immobile, plusieurs me disent : « Sortons ensemble, il fait beau, nous attendrons l'heure du spectacle dans le jardin de la cour. » Je fais signe que non, et me voilà seul avec de Zoller, qui me dit :

« On t'en veut terriblement à la cour du prince. Tiens
« bon, il y a de la cabale là dessous. »

Le prince était dans la pièce voisine. L'huissier y appelle Zoller : la conversation fut longue. Le prince revient avec de Zoller; il s'approche de moi en disant :

« Je suis fatigué, vous devez l'être; asseyons-nous là. » Puis il continue : « Le colonel de Zoller vous est bien
« attaché. Il vient de me parler de votre valeur à la
« guerre; il assure que l'on vous méconnaît, que vous
« n'aimez pas du tout ce Bonaparte, que vous n'aimez
« que les Bourbons et qu'il serait votre garant que vous
« ne servirez en France que sous eux. Moi aussi, je vous
« méconnais donc, car j'ai dit que vous étiez prison-
« nier de guerre de l'armée française; que vous n'étiez
« libre que comme Bavarois, et que, voulant cesser d'être
« Bavarois, vous redeveniez prisonnier de guerre; qu'il
« fallait vous renvoyer au plus prochain dépôt de prison-
« niers faits par les Russes. Voilà précisément pourquoi
« mon père veut que vous gardiez votre uniforme. Je ne
« suis pas de cet avis. Mon père me le reproche, mais
« c'est égal : soyez Bavarois, vous avez mérité que je
« vous distingue; redevenez Français, vous méritez
« qu'on vous garde et qu'on vous surveille. Nous allons
« passer le Rhin; sous peu nous boirons votre vin de
« Bourgogne. Nous savons ce que vous pouvez faire. Vous
« fîtes chasser les Autrichiens de Ratisbonne, vous seriez
« capable de nous faire renvoyer de Dijon. Chacun son
« tour, mon cher. »

Ce parallèle de Dijon et de Ratisbonne me choqua vivement. — « Votre Altesse Royale m'étonne, lui dis-je.
« A Ulm, à Ratisbonne, sujet et militaire bavarois, je
« devais au Roi de Bavière fidélité, obéissance et zèle.
« J'aurais été un indigne si j'avais pensé autrement.
« Bonaparte, occupant le trône de mon Roi, est mon
« ennemi personnel. Bonaparte, ayant fait fusiller le duc
« d'Enghien, mon prince et mon général, a ma haine ;
« mais Bonaparte, l'allié et le protecteur du Roi qui m'a
« accueilli, qui m'a comblé de ses faveurs, qui m'a de-
« mandé de lui être fidèle, comme je l'ai été aux rois
« que j'ai perdus, a dû partout rencontrer en moi un
« Bavarois estimable. Ce Bonaparte a mis à mon service
« en Bavière une condition que j'ai acceptée et dont j'ai
« retiré les avantages. C'est une autre épreuve que j'ai
« à subir ; dans cette épreuve, comme dans la précédente,
« l'honneur est mon guide, et ce guide me dit, Monsei-
« gneur, que je ne dois pas servir contre Bonaparte, et
« que je ne dois pas servir pour lui. Si les Bavarois boi-
« vent nos vins de Bourgogne, j'aurai le regret de ne
« pas leur en offrir comme à des frères d'armes. Je les
« préférerai à Bonaparte s'ils rétablissent à Paris mon
« roi légitime et Bourbon. S'ils viennent à Dijon comme
« conquérants, si c'est pour démembrer la France ou
« la donner à d'autres, vous trouverez en moi, comme
« en toute la nation, un ennemi loyal. On applaudira
« à la chute de Bonaparte, on vous le laissera abattre,
« mais pour rétablir les rois légitimes ; sinon, les Alle-
« mands seront traités par nous comme les Français l'ont
« été en Espagne. »

Le prince me dit : « Allez, je ne vous en veux pas
« personnellement. J'approuve mon père dans tout ce

« qu'il a fait pour vous, vous l'avez mérité ; mais tous
« mes vœux sont pour le succès du grand Empereur
« Alexandre, mon ami, mon protecteur. Il soutiendra
« mieux mes droits et ma couronne que votre aventurier
« corse. Gardez pour vous vos planètes, vos satellites,
« vos centripètes et vos tangentes, etc. Si cela a amusé
« Montgelas, cela ne m'a pas plu. »

Je suis resté quelque temps dans cet état embarrassant et pénible. Le Rhin avait été passé par les alliés (21 décembre 1813). Le prince de Neuchâtel (1) écrivit au Roi que la nouvelle de ma démission était arrivée et avait été notifiée à l'Empereur, qui l'approuvait avec une dignité remarquable, et il me recommandait aux bontés du Roi, « comme un homme rare dans le siècle présent (2) ».

On accepta donc ma démission et me voilà de nouveau prisonnier de guerre. Par la bonté du Roi et de la Reine, ce triste état me fut bien adouci. Ce fut à Carlsruhe, dans la famille propre de la Reine, avec des lettres de recommandation de leur main, que ma nouvelle prison me fut assignée.

---

(1) Berthier, prince de Neuchâtel, ayant épousé une princesse de Bavière, parente du Roi, était, par suite, resté en relations avec ce dernier, malgré la jonction de l'armée bavaroise à celle des alliés.
En 1814, Louis XVIII lui confia le commandement d'une compagnie des gardes du corps, et ce fut lui qui l'accompagna à Gand, puis, s'étant retiré dans le Tyrol, il se laissa tomber d'une fenêtre, dans un accès de fièvre chaude, dirent quelques personnes. D'autres ont dit qu'il fut assassiné et jeté par la fenêtre par une bande de gens masqués.

(2) Napoléon était à cette époque abandonné par les membres de sa famille dont il avait fait des souverains. Il dut remarquer davantage la fidélité au serment d'un ancien émigré avoué.

CHAPITRE XLVII

A LA COUR DE CARLSRUHE (1814)

Après avoir fait mes adieux définitifs aux amis que je laissais à Munich, je partis pour Carlsruhe, tout à la fois prisonnier de guerre sur parole, et homme de cour, dans une petite cour où la situation politique devait être fort embarrassante pour moi.

La princesse régnante était cette jeune et jolie Stéphanie de Beauharnais, nièce du premier mari de Joséphine et fille adoptive de Napoléon; par conséquent cousine d'Eugène de Beauharnais, vice-roi d'Italie et gendre du roi de Bavière; son mari, le grand-duc de Bade, qui mourut peu de temps après, en 1819, était non seulement pour les alliés, mais suivait en personne, avec une cour somptueuse, son beau-frère, l'Empereur de Russie.

La margrave douairière (1), mère de l'Impératrice de Russie, des reines de Bavière et de Suède, du grand-duc régnant, se trouvait à la tête d'un parti allemand ennemi de deux autres partis allemands : celui des margraves apanagistes, oncles du grand-duc, qui devaient régner si leur neveu n'avait point de fils, et celui d'une comtesse de Hochberg, épouse morganatique du margrave régnant avant le grand-duc actuel. Si j'avais su écrire, un roman

---

(1) C'était une princesse de Hesse-Darmstadt.

historique aurait pu sortir de cet imbroglio, des intrigues de si grands personnages dans une si petite cour.

Je débutai chez la margrave douairière, mère de la reine de Bavière. Je lui portais une lettre autographe de cette princesse, qui parlait à sa mère de ma fidélité, de mes services, et du parti que j'avais pris, qui me continuait la position de prisonnier de guerre.

Cette margrave était excellente, bonne, bienfaisante; mais l'étiquette, la rudesse allemande dominaient en elle. Pour ne faire que bien, elle se consulta. Son conseil l'adressa au ministre de Bavière près de cette cour; le hasard fit que ce ministre se trouva un jeune homme, ami du prince royal de Bavière et son confident. C'était le baron de Sébelsdorf; il avait été page. Son frère servait dans le régiment du prince. Le prince royal lui avait mandé qu'il fallait me surveiller, en lui expliquant combien j'étais contraire au parti russe et favorisé par le parti du Roi. Ainsi je ne pouvais avoir que des politesses très froides dans cette cour de la margrave douairière.

J'avais aussi, pour la grande-duchesse régnante, une lettre du Roi lui recommandant un brave ayant su allier son devoir à sa fidélité, une victime des guerres de Napoléon, un ami du brave Eugène de Beauharnais. Je fus donc introduit dans cette cour avec toutes les recommandations morales et la recommandation particulière de Français, d'ancien émigré.

Une femme jeune, jolie, vive, sémillante, pétillante d'esprit, telle était Stéphanie; une femme sensée, régnant avec dignité et fermeté, telle était encore Stéphanie; une femme vertueuse, mais sans affectation ni pruderie, se respectant, et se faisant respecter; une femme pieuse, catholique romaine, et régnant sur des luthériens et des calvinistes; une souveraine par le fait d'une révolution, et repoussant les révolutionnaires; enfin une femme qui n'avait que des filles, qui sentait que toute son existence à venir dépendait d'un garçon, et qui connaissait assez bien son mari pour être convaincue qu'elle n'aurait plus d'enfants, telle était encore Stéphanie. Voilà la cour où j'allais vivre dans une étroite intimité.

D'abord, rien d'omis de la plus sévère étiquette. Ce fut en audience publique, annoncé par l'introducteur des ambassadeurs, en présence des ministres étrangers, et sous le patronage du ministre de Bavière, que je remis ma lettre. Un concert à la cour fut commandé pour le soir, et l'invitation spéciale au baron de Sébelsdorf fut accompagnée, non seulement d'une invitation pour moi, mais encore de la notification officielle me concernant et disant que la ville de Carlsruhe m'était assignée comme résidence, pour y demeurer en qualité de prisonnier de guerre traité avec distinction et protection, etc. Sébelsdorf fit le tout avec morgue et humeur. Il me dit même qu'il croyait, qu'il pensait que ma correspondance devait passer par ses mains, ce à quoi je répondis en riant : « Oui, si la princesse régnante l'ordonne, car, mon cher « Sébelsdorf, c'est elle qui me garde maintenant, ce n'est « plus vous. »

Le concert fut brillant. On me regarda beaucoup, mais personne ne me parla, pas même mes connaissances. Seule la grande-duchesse m'adressait la parole à tous les entr'actes, et elle envoya le grand maréchal de la cour m'inviter à souper. Cela causa quelques chuchotements, quelques allées et venues: à la demande que fit le fourrier de la cour de mes titres à cette faveur, celui de chambellan bavarois répondit à toutes les objections.

Le lendemain matin, je fus invité à une promenade dans le parc. Un petit billet, en français, enveloppant une miniature sentimentale d'un officier bavarois, mort en Russie, m'indiquait ce que je devais faire et observer. « La princesse se promènera entre onze heures et midi, « dans le parc, du côté des grottes. Elle sera accompa-
« gnée de ses dames, du grand-maréchal, du grand-écuyer, « du premier ministre et de deux pages. L'étiquette veut « que tous les étrangers se retirent à l'approche de la « cour. La miniature est pour une dame attachée à la « garde-robe. Son Altesse pense que c'est vous qui devez « la remettre et donner les détails sur les derniers « moments de votre camarade. Elle se nomme Élisa de « Lilienschloss. »

Je vais, d'abord, au palais, chercher Élisa de Lilienschloss, et la faire pleurer sur la mort de son cousin, brave officier, mort près de moi d'une blessure reçue à la bataille de Polotsk. Tout ce qu'il put me dire fut de remettre ce médaillon, où se trouvaient peints deux yeux, un noir et un bleu, à sa cousine à Carlsruhe.

Élisa de Lilienschloss me parut extrêmement jolie et... médiocrement affligée ; elle me dit que ces deux yeux étaient une folie de son cousin ; puis elle me parla beaucoup de la cour de Bade, des intrigues qui s'y croisaient et de la surveillance qu'on exerçait sur la bonne et vertueuse princesse Stéphanie.

« Ce n'est pas le grand-duc qui est jaloux, termina-t-« elle, c'est ce prince Frédéric (1) qui a toujours peur « d'un garçon. Méfiez-vous de lui. La princesse est si « triste, si inquiète sur ce qui va arriver de Napoléon

---

(1) L'aîné des oncles du grand-duc. Il mourut avant son neveu en 1817.

« que vous l'intéressez beaucoup parce que, comme elle,
« vous êtes plus Français qu'Allemand. Elle voudrait en
« causer avec vous, parler politique. Au surplus, fiez-
« vous à moi, je vous ferai avertir, si cela est nécessaire. »

L'heure indiquée pour la promenade au parc approchait. Je connaissais ce parc dès le temps de l'armée de Condé ; je me le rappelais, et j'errais seul dans des massifs de thuyas lorsque je vis paraître la cour. Je m'éloignai aussitôt, et j'allais dans une faisanderie lorsque le grand-écuyer vint me dire, par-dessus la palissade, que Son Altesse m'invitait à voir le parc avec elle. J'arrivai avec empressement.

La princesse fit signe à la cour de s'éloigner ; elle s'assit, et me fit asseoir. Elle envoya une de ses dames pour diriger l'écart qu'elle exigeait de sa suite : « Assez près « pour voir, assez loin pour ne pas entendre, » telle fut sa recommandation à Mme de Walsh.

Elle me dit : « C'est un besoin pour moi que de vous
« entretenir. Je suis assurée de votre sympathie par la
« lettre que vous m'avez remise de la part de mon beau-
« frère. Votre conduite envers l'Empereur, pour les en-
« gagements que vous aviez pris avec lui, n'est pas celle
« d'un homme ordinaire ; vous n'êtes pas de ce siècle...
« Il est perdu, l'Empereur !... Vous n'en doutez pas plus
« que moi, et, comme moi, vous ne lui êtes pas ingrat :
« Voilà nos sympathies. Vous avez été émigré ; moi aussi,
« mais bien jeune... Je suis toute puissante ici, parce que
« le grand-duc m'aime et m'estime ; il m'a confié la
« régence de ses États en son absence, et c'est avec
« connaissance de cause. C'est pour les sauver qu'il suit
« l'Empereur Alexandre ; il veut m'assurer tout ce qu'il
« a dû à mon alliance. Si j'avais un fils !... en dépit d'eux

« je serais leur souveraine ou la mère de leur souverain !.. »

— « Votre Altesse est si jeune ! Dieu vous accordera
« un fils, » lui dis-je.

— « Non, cela n'est pas possible, reprit-elle avec beau-
« coup d'énergie et un profond soupir. Il est perdu,
« l'Empereur ! » ajouta-t-elle après une pause. « Sa chute
« est aussi rapide que son élévation... Instrument de la
« Providence, son rôle est joué !... Au moins si cette ca-
« tastrophe nous rendait nos princes légitimes !... Car moi
« aussi j'avais émigré; les Bourbons ont ma vénération,
« et voilà encore une de nos sympathies. Vous n'êtes
« pas un fat, j'en suis convaincue, mais un brave, un
« homme d'honneur; vous n'aurez pour moi ni amitié
« ni amour, mais de l'estime, de l'estime méritée; mon-
« sieur de Comeau, voilà ce qui peut soulager ma peine
« en me faisant rencontrer une personne à qui la confier.
« Vous voyez tout ce qui m'entoure? Ce sont des traîtres,
« des espions, des flatteurs, des ambitieux... Voyez quel-
« quefois Élisa; c'est une brave fille. Vos liaisons avec
« feu son cousin vous en font un devoir. Assez pour au-
« jourd'hui, rejoignons la Cour. Vous serez invité sou-
« vent, mais toujours avec toute la sévérité de l'étiquette. »

Elle rejoignit son monde; je fis cortège, et je ne pouvais me lasser de voir la femme légère, vive, s'amusant
de bagatelles, succéder si rapidement à la femme sensée,
à la femme forte qui venait de me parler.

Elle me tint parole pour l'étiquette. J'eus une invitation pour le thé du soir. La margrave douairière, les
deux margraves apanagistes, l'impératrice de toutes les
Russies, la reine de Suède, la princesse Amélie, onze
ministres étrangers, un Anglais de distinction, les habitués de la cour, s'y trouvaient. Je crois que je n'avais pas

encore assisté à pareille assemblée. Cette soirée m'a laissé des souvenirs ineffaçables.

Simple chambellan, prisonnier sans l'être, très observé et très observateur, j'étais aux premières loges pour bien voir. Je trouvais à part moi quelque ressemblance entre la grande-duchesse et Aline reine de Golconde (1). Une grâce, de l'aisance, de l'à-propos... A tout moment, elle recevait des courriers, elle expédiait des affaires ; elle donna des nouvelles des armées. Elle fut si gracieuse pour l'impératrice de Russie que j'entendis cette grande souveraine dire à sa sœur Amélie en Russe : « Quelle « dignité! Quel aplomb! quelle aisance! Mais où a-t-elle « appris tout cela ? »

L'Anglais m'accosta à sa façon, c'est-à-dire les deux mains dans les poches d'un habit beau, mais mal bâti :

— « Monsieur le Français, chambellan allemand, que « pensez-vous de cette noblesse de manière? Moi, je dis : « Prenez une Française, dites-lui : vous êtes reine, « régnez; et elle règne comme si elle n'avait jamais fait « autre chose. C'est que, chez vous, il n'y a point du tout « de timidité. ».

Les parties de jeu se préparent. J'étais très curieux de voir comment la princesse se tirerait de ce pas, toujours si délicat, si embarrassant en Allemagne, où personne ne se place que la partie de la maîtresse de maison ne soit commencée. Je voyais là une impératrice, une belle-mère, mère de tant de reines, et ces reines. Je me tenais en arrière, à peu de distance. La grande-duchesse me fit un signe, et m'envoya chercher le grand-cham-

---

(1) Personnage d'un opéra-comique du temps, que le baron de Comeau avait vu jouer à Paris.

bellan. Elle le prévint qu'elle ferait un whist, avec l'Anglais, et deux ministres qu'elle lui désigna.

Le chambellan fait son service : la table est dressée, éclairée, les invités en place. La princesse dit au grand-chambellan : « Priez ma mère, de ma part, d'indiquer « son jeu. » A moi : « Monsieur le chambellan de Ba- « vière, aidez ces messieurs, mes chambellans de service « à soigner le jeu de mes sœurs ; » et, par un signe, elle me charge de celui de l'Impératrice de Russie, qui y mit beaucoup de bonne grâce. La princesse Stéphanie salue tout le monde, renvoie les pages, prend sa place pour la forme; elle se lève tout de suite, en laissant ses gants, et va aux trois tables principales dire des mots obligeants avec gaîté et vivacité.

Cette soirée terminée, je fus reconduit chez moi par une voiture de la cour. Cela me surprit, et je ne pus dissimuler mon étonnement. J'avais pris une voiture de remise, et je devais, suivant l'usage, me retirer à pied. Le cocher prit mes ordres pour le lendemain, et insista en disant qu'ainsi l'avait commandé le grand-écuyer. Cette faveur fait ordinairement beaucoup d'envieux et attire de nombreux commérages de Cour.

CHAPITRE XLVIII

INTRIGUES DE COUR A CARLSRUHE. — CHUTE DE NAPOLÉON

Je me décidai, le lendemain de cette soirée, à aller voir le grand écuyer que je connaissais déjà. Je motivai ma visite, faite le matin et avant mes visites générales, sur ces relations antérieures. Au lieu de trouver un bon camarade dans ce jeune homme avec qui j'avais autrefois ri et plaisanté à Munich, je vois un Allemand raide et froid. Je crois remarquer que cette visite du matin lui déplaît, par la demande déplacée qu'il m'adresse d'abord si j'ai à me plaindre de quelqu'un sous ses ordres. Je me recueille, et l'aborde, non en camarade, mais en lui donnant de l'Excellence; je lui dis que, désirant, pendant mon séjour à Carlsruhe, jouir de tous les agréments attachés à ma place de chambellan, je ferais des visites générales et d'étiquette.

— « En habit du matin, » dit-il avec un sourire niais.
— « Oui, en frac, le matin, à ceux que j'ai connus
« aux armées, à l'armée de Condé, à Munich. En frac,
« je verrai l'homme; en habit de cour, seulement les
« habits des gens en place. »

Cette nuance dans les visites à faire dérida le grave personnage et dut rembrunir mon visage, car il me venait une idée qui s'est trouvée juste. Ce courtisan devait m'espionner jour et nuit dans les intérêts des princes apanagistes. La voiture de cour me sembla une ruse pour s'assurer de ma sortie du palais les jours de représentation. J'étais venu pour la refuser ; je n'en parlai pas, et me retirai chez moi pour aviser à ce que je devais faire.

Je rangeais des papiers, faisant la revue de mon gros portefeuille pour voir si je n'avais rien oublié en fait de papiers militaires, provenant des officiers morts ou prisonniers en Russie. Je trouve un chiffon mal ployé, cacheté avec un bouton d'uniforme. Sur l'adresse écrite d'une main mourante, je crois lire le nom d'Élisa. Cela me rappelle que ce papier m'a été remis par le domestique du cousin d'Élisa après sa mort et en même temps que ses brevets. Cela pouvait être un testament. Je connaissais un homme de loi à Carlsruhe, M. Malther. J'allai le trouver, je lui communiquai mes doutes, et je le chargeai d'assigner à comparaître M*lle* Élisa de Lilienschloss pour assister à l'ouverture de papiers provenant de feu son cousin, mort capitaine, au service de S. M. le Roi de Bavière. Malther fut enchanté, et appela chez lui Élisa, son oncle, sa tante. On rompit le cachet ; ce papier contenait ces mots : « Je donne tout à ma cousine, Élisa « de Lilienschloss. — 14 octobre, » et une signature presque illisible. Je fis ma déclaration des circonstances ; Élisa fut déclarée héritière sans contestation.

Ce fut pour moi une occasion de la revoir chez un homme d'affaires, de lui parler de la duchesse, de correspondre avec elle quand besoin en était. Je lui parlai de la voiture de cour, de l'accueil peu gracieux du grand-écuyer ; il fut convenu qu'elle saurait adroitement de la princesse si c'était par son ordre qu'on mettait cette voiture à ma disposition. D'ailleurs, elle me dit que la princesse lui avait parlé de moi, de mes bonnes manières, de mon jugement, et du soulagement qu'elle éprouvait d'avoir rencontré une personne avec laquelle elle pouvait parler de ses craintes et de ses malheurs. Puis, d'elle-même et partie en plein caquetage, elle me parla de la surveillance exercée par la cour des margraves de Durlach sur cette bonne et vertueuse princesse.

Tout le temps de mon séjour à Carlsruhe fut sur ce pied : bonté, honneurs, prévenances et réserve pleine de dignité de la princesse régnante ; espionnage gauche de tout ce qu'on nommait la cour de Durlach ou des princes apanagistes ; étiquette exagérée de la part de la margrave douairière.

Cette princesse n'avait jamais régné ; elle avait toujours été écartée des affaires, son mari ayant été tué par une chute de voiture pendant un voyage en Russie, lorsque son père vivait encore. Elle avait eu un moment la régence pendant la minorité de son fils, et conservait probablement quelques regrets d'avoir perdu ce pouvoir, quand son fils avait épousé Stéphanie, par ordre de Bonaparte.

La comtesse de Hochberg (1) était une autre puissance déchue, depuis la mort du vieux margrave, grand'père du duc régnant, parce qu'elle n'était pas de famille princière, et avait été épousée de la main gauche ou morganatiquement. Stéphanie n'était pas princesse de naissance ; on conçoit la jalousie.

La comtesse avait des fils; Stéphanie n'avait que des filles. Il fallait gagner assez la faveur de l'impératrice de Russie, pour faire préférer son fils à ces Durlach d'une

---

(1) Louise de Geyer de Geyersberg, née en 1768, morte en 1820, laissant plusieurs enfants.

branche cadette, et mettre de côté la fille de Stéphanie qui lui était inférieure, prétendait-elle, et qui lui avait enlevé le trône, par suite de sa parenté avec ce Bonaparte, cet aventurier corse qui allait tomber. On voit toutes les intrigues qui découlaient de cette situation.

Tout cela m'était longuement expliqué par Élisa, que je voyais tous les jours. C'était une Allemande sentimentale, jolie, causeuse, très attachée à la grande-duchesse Stéphanie, dont elle était la favorite, et la confidente jusqu'à un certain point.

Stéphanie me semblait de plus en plus une femme de grand caractère, d'une vertu franche, et femme sans illusion, résolue à soutenir son rang acquis, par sa supériorité morale sur les intrigues, hautes et basses, de la cour où elle régnait. Le hasard m'avait jeté dans cette cour et me dictait une conduite de preux et loyal chevalier.

La crise politique allait croissant. La catastrophe approchait. Le grand-duc ne laissait rien ignorer à sa chère Stéphanie, et Stéphanie ne se faisait aucune illusion. Un dimanche matin, en allant à la chapelle catholique, sur les huit heures, comme de coutume, un page me remet un billet sur lequel il y avait : « J'ai besoin de vous. » Ni date, ni lieu, ni signature, et le page avait déjà disparu.

Je vais aussitôt sonner chez Élisa : porte close. Je me promène sous les fenêtres, près du poste occupé par les gardes du corps; je suis écarté. Je tourne le palais, et reviens sous les fenêtres du côté du parc. Un bras me montre une petite porte. J'y entre, je monte un petit escalier. En haut je trouve la princesse pâle, les yeux rouges; une de ses dames françaises auprès d'elle.

Elle me dit : « J'ai des nouvelles foudroyantes. Paris « est occupé; l'Empereur abdique. Ici les cabales triom-

« phent et veulent profiter de cette circonstance pour
« méconnaître mon autorité. Mon parti est pris; voilà la
« clef d'un cabinet du parc du côté du Rhin; de là vous
« découvrirez de loin la route de Strasbourg. Allez-y, et
« quand vous verrez venir un courrier, questionnez-le.
« S'il a rapport aux événements, arrivez à moi par le
« chemin que vous jugerez le plus court. Là-dessus, je
« ne puis me fier qu'à vous. »

Je cours à ce kiosque que je connaissais bien; je m'y enferme et j'observe. Sur les deux heures, je découvre la voiture; je sors du côté de la campagne; j'avais mon habit de drap palatin, j'aperçois un chapeau de garde-chasse pendu à un clou, je le mets, et m'avance. Quand je suis près de la chaise de poste, le postillon me crie en allemand : « Joie, paix, il est renversé, le coquin est à « bas. » — Je demande : « mort? » — « Non, renvoyé. »

Je cours à la princesse lui dire tout, et que, le courrier dormant, j'ai jugé à propos de ne pas le réveiller.

La princesse, avec une énergie de général : « Allez au « gouvernement, demandez le général de Haran, dites-« lui de ma part de faire tirer cent coups de canon, « battre la générale, mettre troupe et bourgeoisie sous « les armes. Si on veut vous méconnaître, donnez ce « papier et demandez accusé de réception. »

Je pars : j'arrive en courant; je trouve le conseil assemblé : le général de Haran, le premier ministre, le commandant de place, le commandant de l'artillerie, etc.

Très essoufflé, je donne l'ordre. Je vois les figures s'allonger. On se dit : « C'est incroyable; le courrier que « nous entretenons à Kehl n'a pas fait son devoir; elle « a été prévenue avant nous. »

Je dis : « Messieurs, Son Altesse demande la plus

« prompte exécution ; voilà son ordre ; récépissé, je vous
« prie. »

Le commandant de l'artillerie, jeune homme que je
savais avoir été dans les pages, s'écrie : « Inutile, j'y
« cours et on va m'entendre. » Je sors sur l'escalier avec
lui et je lui dis : « Je vous connais ; je vous promets
« récompense si on vous entend bientôt. » — « Soyez
« tranquille, reprit-il, Élisa m'a parlé. » Arrivé dans la
rue, il lève sa canne, et le canon part.

Je cours au palais ; la princesse me dit : « Très bien ;
« allez à la batterie et donnez cette bagatelle de ma part
« au commandant. » C'était une jolie petite montre pendant à une belle chaîne et qu'elle portait à son cou. Je
vais la porter au jeune commandant qui met un genou
en terre, baisse son épée et me prie de lui passer cette
décoration qu'il estime plus que la vie.

Le lent et endormi courrier venait d'arriver ; toute la
ville était en grande effervescence, la princesse dans la
plus grande perplexité. « Ils m'abandonnent tous, dit-
« elle. Pas un officier ! pas un chambellan ! Monsieur de
« Comeau, je vous en conjure, cherchez-en un pour annon-
« cer que je tiendrai cour à la salle du trône. » Je rencontre le malencontreux grand-écuyer ; je lui dis :
« Votre Excellence, votre souveraine est là, elle vous
« demande. »

Tout se passa comme la grande-duchesse le voulait ;
mais, à l'entrée de la nuit, elle me dit : « Vous êtes libre
« actuellement ; partez, allez en France jouir du triomphe
« de notre cause. N'oubliez pas la princesse Stéphanie ;
« elle et le grand-duc ne vous oublieront jamais. Le grand
« duc saura par moi le nom et la qualité de mon loyal
« chevalier ; mon frère le roi de Bavière, le saura aussi,

« mais partez sans retard; si ma cour est petite, les
« intrigues y sont grandes. »

J'obéis un peu tard, voulant encore voir la dignité et le courage de cette femme remarquable. Dans cette circonstance elle fut admirable; elle laissa le salon se remplir comme de coutume. Quand on annonça l'Impératrice elle sortit, alla droit à elle, et lui dit : « La fille adoptive
« est malade, la souveraine de ce pays est ravie. Mes
« sujets apprennent déjà par une proclamation ce qu'ils
« doivent de reconnaissance au magnanime empereur
« Alexandre. » L'Impératrice, qui l'aimait déjà beaucoup, l'embrassa tendrement.

Le premier moment d'arrivée, de brouhaha passé, je me fis annoncer pour prendre congé; elle me donna sa main à baiser et me dit : « Vive notre roi légitime Louis XVIII! »

CHAPITRE XLIX

RETOUR EN FRANCE

Ma période de vingt ans était finie. Cette lubie avait développé toutes ses circonstances. Les Bourbons remontaient sur le trône, mais ils s'y plaçaient ou on les y replaçait dans un sens diamétralement opposé à mes idées, Louis XVIII acceptant les hommes et les principes de la révolution. Ma porte fut interdite à tout le monde et un jour entier je me renfermai dans le plus sombre abattement. Encore vingt ans ne me sortait pas de l'esprit, mais où les passerai-je?..... Les Jésuites m'avaient vaguement parlé d'associations de laïques contre la francmaçonnerie, de combats sans fin entre le bon et le mauvais esprit, où la victoire était promise aux bons parce qu'il était écrit que les portes de l'enfer ne prévaudraient pas..... Je m'endormis sur mon canapé, j'y passai la nuit sans m'en apercevoir, et un rêve, toujours renouvelé, ne me montra que troupeaux, charrues, ateliers d'ouvriers en tous genres, vieux bâtiments s'écroulant à étayer; tout tombait, mais tout se relevait. Le cauchemar était complet; encore vingt ans n'avait plus de sens. Je me retirai en France et m'abandonnai à mes inspirations, mais toujours avec ce souvenir des adieux de ma mère : Brave homme et homme brave!...

Je trouvai mon pays envahi, et principalement par

ces Autrichiens que je détestais si cordialement. Je dois pourtant leur rendre la justice que je ne vis pas les scènes de pillage que j'avais si souvent rencontrées à l'armée française, surtout dans les troupes de la Confédération du Rhin, mais j'éprouvais une profonde souffrance de les voir en Bourgogne. Ils avaient aboli la tyrannie de Napoléon dont toute la France était lasse : c'était beaucoup. Ils avaient laissé revenir les Bourbons et n'avaient pas rétréci les anciennes frontières françaises, c'était encore plus ; mais le rétablissement des Bourbons me paraissait peu solide. Tantôt Louis XVIII ne semblait Roi que par la permission de Talleyrand, de Fouché et autres anciens Jacobins, qui l'avaient mis sur le trône à condition de régner sans gouverner, suivant en cela les maximes illuminées ; tantôt il retombait dans les anciennes fautes de sa famille, s'attachant trop à l'étiquette ; il ne tenait pas assez compte des vingt-cinq années écoulées depuis 1789.

Les maréchaux avaient tous accepté la monarchie, mais, à l'armée, je voyais toujours le même esprit républicain dans les officiers inférieurs et dans les soldats bien diminués, bien nouveaux, et peu au fait de la guerre. Je voyais ces officiers sans troupes, sans emplois, sombres, mécontents. Ils ne connaissaient pas les Bourbons, les regardaient comme imposés par l'étranger, bien que rien ne fût plus faux. Les Bourbons ont été rappelés, on peut le dire, malgré les rois de l'Europe, et par crainte de choquer le sentiment national qui se manifestait hautement en leur faveur. Je crois que les alliés auraient préféré leur ancien rêve, un partage, un amoindrissement de la France, gouvernée par un Murat ou un Bernadotte quelconque.

Les alliés partirent en juillet, peu après mon arrivée. Je pus songer à aller prendre les eaux qui me firent un grand bien. Je commençai à marcher sans canne à main, et me préparai à aller à Paris. Le prince de Condé vivait toujours, ainsi que le duc de Bourbon : c'était pour moi un devoir sacré d'aller leur faire ma cour. Je les trouvai changés et vieillis tous deux; on peut dire que le prince de Condé, plus qu'octogénaire, tombait en une sorte d'enfance. Parfois, des éclairs de bon sens lui revenaient; à la vue surtout de ses anciens Condéens, il sortait de son espèce de sommeil.

Il me reconnut parfaitement, m'embrassa et me dit :
« Je vous dois une croix de Saint-Louis, depuis le pont
« de Constance. Si je ne vous l'ai pas donnée plus tôt,
« c'est que les correspondances avec le Roi étaient lon-
« gues et difficiles, mais j'ai votre brevet; à genoux. »
Et détachant sa croix de Saint-Louis, il m'arma chevalier. Il chercha à me rappeler quelques souvenirs de l'armée de Condé, mais cela le fit penser à son petit-fils, et
il retomba dans cette espèce de sommeil d'un vieillard
qui ne s'occupe plus de ce qui se passe, et vit plutôt dans
les souvenirs du passé que dans le présent.

Je le revis encore une fois; et comme, pendant que j'é-
tais près de lui, on annonça Talleyrand sous le nom de
prince de Bénévent, il fit semblant de le confondre avec
un prince de Bénévent qu'il avait connu autrefois. On
raconta même qu'il lui aurait dit : « Mon cher prince, et
« ce coquin de Talleyrand qui avait pris votre nom, l'ai-
« mant mieux que celui d'évêque d'Autun? » Je crois
que c'est une histoire qui a été ou inventée ou bien exagérée.

Pendant ce voyage, je revis beaucoup de personnes

que j'avais connues à l'armée de Condé ou dans les camps de Napoléon ; à cette époque, on redoutait moins la police ; mes amis me firent connaître alors bien des dessous de cartes sur la mort du duc d'Enghien, l'empire, l'abdication de Napoléon, etc.

Cette abdication fut un acte désespéré. Il envoya proposer par Caulaincourt au gouvernement provisoire à Paris de prendre le rôle du général Monck, affirmant qu'il serait appuyé par de bons et puissants alliés. On lui répondit qu'on l'accepterait, s'il pouvait montrer le duc d'Enghien sortant plein de vie et de santé d'une prison d'État. Cette réponse, attribuée à Fouché, fit perdre la tête à Caulaincourt qui revint à Fontainebleau la faire perdre à Bonaparte. Caulaincourt fut renvoyé pour proposer de couronner le roi de Rome roi d'Italie, Marie-Louise reine d'Italie, Bonaparte, régent de son fils et généralissime des armées de ce royaume, armées composées, jusqu'à la majorité du roi de Rome, de cinquante mille Italiens, autant d'Autrichiens, et autant de Français pris dans les garnisons assiégées à Dresde ou à Dantzig. Caulaincourt revint lui dire à Fontainebleau que les alliés accordaient à lui, l'île d'Elbe ou la Corse, Parme et Plaisance à l'archiduchesse, et le petit Napoléon, otage à Vienne sous la sauvegarde de son grand-père, l'Empereur d'Allemagne et plus seulement d'Autriche. D'après Caulaincourt, les chefs de l'armée étaient gagnés par les ennemis, Marmont en tête, et il disait à Napoléon : « Acceptez, c'est un point de repos que l'Empereur d'Au-
« triche vous offre ; mais après le départ des armées
« alliées, et notre armée conservée par le roi de France,
« nous aurons bien des chances pour nous reprendre. »

J'appris tout cela par le général Guilleminot, avec

lequel je m'étais lié pendant nos trois campagnes contre l'Autriche et la Prusse. Les colonels Bonn et Brousseau, du corps des ingénieurs géographes, que je connaissais depuis 1809, lui et moi nous avions été invités à un dîner où on en parla. Le local de ce dîner me parut suspect (les Vendanges de Bourgogne). Cela me sembla une annonce de retour, et ce fut une des causes qui me décidèrent à prendre ma retraite en Bavière comme invalide pensionné.

L'échauffourée des Cent Jours arriva effectivement au printemps suivant. Napoléon ne s'y montra pas ce que je l'avais connu. Ramené par les sociétés secrètes, il était débordé par l'esprit républicain. Sa Chambre des députés fut moins docile que ne l'avait été son Corps législatif. La populace de Paris, qu'il avait si bien tenue en respect, faisait chaque jour des criées révolutionnaires...

La guerre lui fut de nouveau déclarée par les souverains alliés, dont les troupes se trouvaient encore peu éloignées. Il y commit les mêmes fautes qui l'avaient déjà fait battre en Russie, en Saxe, en Champagne. Je prévoyais Waterloo dès le début de la campagne. Cette fois les alliés furent plus exigeants qu'à la première restauration. L'Empereur abdiqua encore ; il eut le dernier tort de se confier à ses ennemis les Anglais, et alla mourir isolé, sur un rocher lointain, à Sainte-Hélène, laissant au cabinet anglais la tache d'avoir manqué à l'honneur, à la générosité.

Il n'y avait plus dans son esprit cette activité, ce coup d'œil que je lui avais connus, surtout en Prusse. Il avait vieilli ; il était devenu ce qu'il appelait militairement *ganache*.

Bonaparte avait l'esprit prompt et juste ; Consul,

Empereur, conquérant, il remplit le monde, l'Europe surtout, de son nom et de ses exploits. Il excellait à juger son ennemi, ses embarras, le moment précis où il se démoralisait ; mais le courage moral lui manqua souvent,et alors il devenait embarrassé, indécis jusqu'à étonner. Il a abandonné la place en Corse, en Syrie, en Égypte, en Espagne ; à Vienne après la tentative de l'assassiner, il se hâte de conclure la paix et de partir. En Russie, il laisse son armée en retraite. Après sa défaite à Waterloo, il revient à Paris, et n'y trouvant plus d'éléments pour rattacher de nouvelles tentatives, il perd la tête et abdique une seconde fois.

Sa profusion en faveurs, titres, dotations, luxe venait de ses craintes. En flattant ses généraux par ces nouveaux titres, par ces noms pompeux, il montrait qu'il en avait peur, et cette crainte a agi sur cette autre faute : l'abdication. Abdiquer pour se faire philosophe, pour aller à la Trappe, soit!... Mais la philosophie qui le conduisait en Angleterre était aveugle ; c'était avec les Anglais qu'il fallait se montrer méchant. Bonaparte ne pouvait commettre une faute plus lourde que de compter sur eux pour assurer son repos, et il l'a éprouvé personnellement. C'est par là qu'il a dévoilé sa faiblesse et mis l'éteignoir sur sa gloire. C'est aussi par là qu'il n'a plus été possible de voir en lui qu'un instrument de la Providence, cessant brusquement d'être quand la Providence amenait d'autres vengeances, d'autres châtiments, d'autres combinaisons de malheurs. Sa capote grise, dont on a tant parlé, m'a toujours semblé une ruse pour éviter d'être point de mire. Bonaparte, n'ayant jamais eu le courage de se sacrifier au devoir, n'a jamais compté sur ce qu'on ferait pour lui par devoir. Moi qui l'ai vu de près et souvent, je puis affirmer qu'il y avait plus brave que lui. Mais qu'importent bravoure et courage quand le succès couronne tout?

Du reste, les armées françaises, toujours très nombreuses, ont montré bravoure, activité, intelligence. Il y eut souvent de la témérité pour obtenir de l'avancement. Mais ceux qui arrivaient aux grades supérieurs perdaient parfois leur bravoure personnelle. Napoléon veillait plus à sa sûreté dans les combats que le prince de Condé; le duc d'Enghien avait une bravoure bien plus froide et réfléchie que le plus vanté dans les armées de Napoléon, que Ney, Lannes, Masséna, Lasalle, Augereau. Je ne pourrais guère citer qu'Eugène de Beauharnais, Junot et Vandamme, qui ne profitaient pas de leur commandement pour bien « placer leurs pieds ».

Dans les armées, le général en chef est le moins exposé; il prévoit facilement où il doit se mettre pour tout voir et diriger sans attirer le feu de l'ennemi. Bonaparte avait ce talent, ou on l'avait pour lui; on plaçait les aides de camp, les guides à sa portée, mais plus en vue; après la bataille, les traces de boulets, les éclats d'obus laissaient les soldats croire à des dangers qu'il n'avait pas courus. Je ne l'en blâme pas, au contraire; rien n'est plus indispensable que d'abriter le chef : sa mort, même une blessure, causerait souvent la perte de la bataille. A la prise de Ratisbonne, une balle ayant atteint légèrement Napoléon, il prit les plus grandes précautions pour le cacher et il fit bien : le soldat croyait à son bonheur et son prestige eût été affaibli.

Après la chute de Napoléon, lorsque sa tactique trop connue eut été employée contre lui, on put regretter de ne pas le voir en créer une nouvelle avec laquelle il eût étonné, déjoué l'ennemi comme il fit en Italie. Cette faute ne fut pas la conséquence du moment, mais celle de ses nombreuses guerres qui avaient épuisé la France; ce fut aussi celle de ses nouveaux dignitaires. Ils reçurent bien les titres et plus de fortune que les anciens; mais à eux aussi la Révolution avait fait perdre le sens moral, et ils ne possédaient pas ces principes sacrés d'honneur, de fidélité au devoir, vraie cause de la valeur et de l'importance de l'ancienne noblesse dans l'État.

Bonaparte était admirable lorsqu'il arrivait à marches forcées, avec une grande masse de troupes en désordre, toutes animées par le désir de vaincre et pleines de confiance dans le bonheur et le talent de leur général, *le seul général,* qu'ils nommaient le petit caporal. Cette marche en désordre allait ainsi sans gardes, sans éclaireurs sur les flancs jusqu'à la rencontre des éclaireurs ennemis, à environ une lieue ou deux du gros de leur armée. Ce désordre en masse multipliait pour l'œil le nombre des combattants, aussi Napoléon passait pour avoir des troupes au moins deux fois plus nombreuses qu'il n'en avait en réalité. La mise en ordre se faisait toujours par une grande revue. C'est de là, et immédiatement, que partait une attaque très brusque avec succès et grand effet. L'élan de ses troupes le secondait en cela; mais, dans les retraites, son prestige se trouvait détruit, et il devenait facile de prévoir pour l'avenir des revers aussi rapides que les succès. La bravoure française, inimitable dans les *déroutes en avant*, quand elle comptait sur son chef, disparaissait souvent dans les retraites; rien n'étant prévu en cas de revers, le moral ne la soutenait plus.

Sa tactique, bien simple pour qui savait l'observer,

consistait en une forte masse, à laquelle il imprimait une grande vitesse ; et ne laissant pas le temps à cette vitesse de s'amortir, il la lançait sur un seul point. Il était impossible que ce point ne fût pas enfoncé; alors, sans s'y attarder, il tournait sa masse électrisée sur une des fractions ennemies déjà démoralisées par la rupture. Il ne la poursuivait qu'assez pour rendre sa rejonction impossible, et tombait avec cette masse déjà deux fois victorieuse sur la seconde fraction qu'il n'abandonnait qu'après l'avoir anéantie. Les batailles de l'Empereur duraient ainsi généralement de trente-six à quarante-huit heures sans interruption.

Telles furent les batailles d'Ulm, d'Austerlitz, de Iéna. Celles de Pulstuck, d'Ostrolenka, de Preussich Eylau réussirent moins bien parce que, livrées en hiver, il y avait trop de nuit pendant leur durée. Mais Heilsberg, Friedland et Tilsitt, qui recommençaient Eylau, se livrèrent dans les jours sans nuit et eurent plein succès de même que Thann, Eckmühl et Ratisbonne. Esling ne fut pas si heureux parce que l'archiduc Charles, bon général, ayant prévu qu'il serait enfoncé selon la manière irrésistible de Napoléon, ne se laissait pas fractionner : le point attaqué cédait, mais les fractions momentanées se réunissaient aussitôt; ce n'était qu'un changement de front Cela décida le plan de la bataille de Wagram, celle où suivant moi, Bonaparte développa le plus de talent. C'est une justice que je me plais à lui rendre. Wagram fut la revanche d'Esling, comme Friedland avait été celle de Preussich Eylau, avec cette différence que Friedland eut les jours sans nuits, et Wagram eut de mieux qu'Esling une autre application de la masse animée de la grande vitesse, et cela par une manœuvre fine, adroite, qui échappa à la pénétration de l'archiduc, comme je l'ai déjà dit.

Bonaparte fût-il réellement supérieur aux grands généraux dont j'ai déjà parlé, le prince de Condé, l'archiduc Charles, Masséna? Je n'en sais rien. Son bonheur fut plus grand que ses moyens; quand il eut des revers, il ne sut pas les surmonter. Son triomphe était lorsque l'ennemi commençait à lâcher pied. Il voyait vite et bien l'endroit faible, d'abord, puis le côté à enfoncer. Son défaut a été de ne pas varier; avec moins de confiance en lui-même, moins enivré de son bonheur, il aurait dû voir à Esling, à Wagram qu'on connaissait sa manière : la guerre avait changé, l'ordre mince était mis de côté. Il l'emportait encore cette fois, mais il se fiait trop à son étoile. On a deviné sa tactique, on l'a laissé exprès enfoncer, et il s'est trouvé pris entre deux feux; l'ennemi lui a opposé une réserve masquée ; c'est ce qui l'a fait battre à Leipzig, et à Waterloo. Il était évident pour un observateur que la fortune, en lui tournant la tête, lui casserait le cou.

Dans les campagnes que je n'ai pas vues, la Saxe en 1813, la Champagne en 1814, Waterloo en 1815, c'est l'homme battu qui succombe lentement, mais ne change pas de système. Un vrai courage aurait essayé la guerre de partisans, ou aurait cherché la mort les armes à la main.

J'ai admiré Napoléon en ce qu'ayant une armée républicaine à conduire il avait su, avec sa garde jeune et vieille, se faire une petite armée royale.

En 1815, quand les alliés voulaient opposer à nos rois de trop dures conditions, j'avais l'idée, et je n'étais pas seul à le penser, que les Princes auraient dû se mettre à la tête de l'armée de la Loire. L'armée aurait marché avec eux comme elle le fit en Espagne. De la sorte on aurait fait fraterniser l'armée avec la Vendée, et avec ce qui restait de l'émigration. On eût été un devant l'ennemi.

Un souverain est-il à sa place à la guerre? Sa présence écrase tout ce qui commande dans les divisions; la nécessité de le garder paralyse beaucoup de troupes et des meilleures. Les précautions à prendre pour sa sûreté, celles qui sont indispensables pour le soustraire au danger en cas de revers prennent un caractère de frayeur qui démoralise les troupes. Cela nuit à l'action; s'il y a des revers, l'imagination les exagère. Le prince n'a plus la même puissance pour traiter que s'il était à son poste administratif d'où il peut envoyer des secours, menacer encore, contracter des alliances, etc. Louis XIV eut aussi des revers et s'en est relevé, mais c'était un roi héréditaire. Un usurpateur ne s'établit solidement que par la guerre ; alors il est à sa place aux armées. C'est sa cause qu'il soutient plutôt que celle de la nation ; il joue le tout pour le tout. D'ailleurs, s'il confiait ses troupes à un bon général, ce général d'un usurpateur serait bientôt souverain à son tour.

Le Roi légitime n'est pas à sa place à la tête de ses troupes; il peut trouver des généraux de talent et ne pas les redouter, tandis qu'un revers perdrait l'État en le perdant. Son rôle est de faire marcher les généraux, les ministres et les ambassadeurs. C'est par sa légitimité qu'il règne et c'est pour lui une sauvegarde, tandis que vaincre, humilier, abattre un usurpateur est acte méritoire. Mais un Roi attaqué injustement peut se défendre lui-même; il est à son poste dans son pays. Un Roi agresseur a tort; il montre le dessein d'être usurpateur et porte atteinte à son titre sacré de Roi légitime. Un Roi détrôné doit agir par lui-même pour reprendre ce qu'il a perdu. Il inspire alors de l'intérêt, redouble l'affection de ses fidèles, modère ses partisans, traite mieux avec ses sujets révoltés. Si on le replace sans lui, ceux qui l'ont remis sur le trône veulent lui faire la loi, et sont trop disposés à envahir places et pouvoir. Quand il est rappelé par une partie de son peuple, il ressemble trop à un Roi élu. Mais un Roi replacé par son courage vaut mieux qu'un conquérant ou un Roi élu; il est légitime comme s'il avait succédé sans combats. C'est quelquefois mieux : s'il est vainqueur, il peut faire des concessions sans faiblesse; il ne le peut pas s'il rentre sans combattre; alors toute concession semble arrachée, une en appelle une autre : on est roi soliveau.

Napoléon était moins coupable que d'autres usurpateurs : il n'avait pas pris la couronne au Roi légitime. Suivant son expression, il l'avait ramassée dans la boue du Directoire; mais il avait à craindre qu'un général victorieux ne voulût le remplacer.

Il fit bien de se défendre vigoureusement avec sa grande armée contre les intrigues anglaises qui lui suscitaient des ennemis sur le continent, mais il eut tort de vouloir conquérir l'Espagne. Cette guerre de guérillas contre la population entière d'un royaume usa ses vieilles troupes, harcelées sans cesse, et déconsidéra ses généraux; il ne lui resta plus que des levées nouvelles, offrant moins de solidité. Il eut tort et le plus grand tort d'attaquer la Russie, et de l'attaquer lui-même. Il a par là mérité et marqué ses défaites et légitimé la rigueur avec laquelle on l'a traité. C'est par là qu'il a confirmé les idées défavorables que j'avais conçues de ses imperfections, et, la faute faite, il devait combattre jusqu'à la mort. Mais *philosophailler* après avoir tant *despotisé*, c'était se dévoiler soi-même. Que sont actuellement tous ces appels à la gloire, tous ces beaux sentiments que deux ou trois dévoués ont voulu réveiller? Je ne sais qu'une chose plus plate que sa gémissante fin à Sainte-Hélène, c'est son transport à Paris et son apothéose aux Invalides.

Du sein de la Révolution est sorti un homme de guerre. Il a fait des prodiges militaires, mais il est tombé, et lors de sa chute il n'a point laissé de regrets. La légitimité a reparu ; elle a amené des prodiges de bien-être ; mais en les appuyant sur les prétendus progrès de la civilisation, elle a travaillé sur terre mouvante. Elle a dû s'écrouler et laisser reparaître l'empire du mal. Où est l'avenir?... Où sont actuellement la force, la gloire, l'énergie, le culte du devoir, l'amour de la patrie?... De l'argent, des rentes, des banqueroutes, un égoïsme universel, une indifférence absolue, voilà ce qui nous reste !...

CHAPITRE L

CONCLUSION

Louis XVIII venait de me faire offrir la direction de l'arsenal de Grenoble; j'étais contemporain de l'Empereur; son exemple me fit trembler pour moi-même; je refusai, ainsi que le grade de colonel en France. Plusieurs autres motifs contribuèrent à ma détermination : à la commission des émigrés, je me trouvais le plus ancien colonel d'artillerie en France, tandis que mes camarades, tous plus anciens que moi, n'étaient réintégrés qu'avec le grade de capitaine. Ce fut une des raisons principales qui me fit renoncer à retraites ou emplois français. Puis, je voyais Louis XVIII fort embarrassé entre ses fidèles qui, ayant tout sacrifié pendant vingt-cinq ans pour sa cause, espéraient à son retour quelques grâces, quelques restitutions bien légitimes, et les anciens serviteurs de l'Empire, déjà désolés de perdre leurs dotations, situées presque toutes en pays étrangers, et qui eussent voulu garder pour eux seuls toutes les places, les faveurs disponibles à un trésor épuisé. Il me sembla que le dernier service que je pouvais rendre à mon Roi était de ne rien lui demander. D'ailleurs, mon beau-père venait de s'éteindre après une longue maladie; le soin de mes affaires me rappelait chez moi.

A partir de ce moment, l'état militaire ne me fut plus

rien, je n'y pensai plus et je vécus tranquillement de cette vie de famille que j'avais tant désirée et si peu connue jusque-là. En 1828, j'abandonnai mes biens à mon fils qui venait d'épouser Mlle de Champflour, petite-fille d'un de mes anciens camarades, le comte de la Ferronnays.

J'avais obtenu ce que pouvait attendre un gentilhomme de province dans les temps heureux des monarchies légitimes, finir mes jours dans les biens de mes ancêtres, en retraite, avec d'honorables décorations, une bonne pension militaire et le maximum des grades que pouvait espérer un officier de ma condition. J'ai assez de blessures pour attester ma présence dans les combats, assez de souvenirs pour honorer ma carrière; assez d'estime de la part de ceux avec qui j'ai servi pour être utile aux jeunes militaires qui demandent mon appui. Malgré seize campagnes des plus rudes, vingt et une grandes batailles rangées, des combats sans nombre, trois sièges, deux assauts, rupture de grands ponts, constructions de ponts sous le feu de l'ennemi, il ne me manque qu'un diamètre de boulet dans une jambe, et d'ailleurs une dizaine d'insignifiantes cicatrices. J'ai déjà atteint ma soixante-treizième année, mais ce que j'ai trouvé de plus frappant dans toute ma carrière c'est que, sans quitter ma ligne d'un point, sur seize campagnes j'en ai fait six avec l'Empereur.

Pour occuper mes loisirs, j'ai griffonné ces souvenirs qui retracent des impressions ineffaçables. Ils amuseront peut-être, ou feront des cornets à poivre. Si quelque militaire réellement militaire les lit un jour, il trouvera sûrement que j'ai raison. Si un admirateur envers et contre tous de Napoléon vient à les parcourir, il me traitera de vieil émigré, aux idées rétrogrades. Si c'est un royaliste ultrà, il me trouvera trop admirateur de Napoléon; c'est pour cela que je ne montre pas ce que j'écris sur les guerres de mon temps. Cela a eu, au moins, l'avantage de m'intéresser, en me faisant repasser toute ma carrière militaire, pendant laquelle j'ai toujours prouvé que je ne tenais pas à l'argent, mais beaucoup à l'honneur et à mon devoir.

1843

PIÈCES JUSTIFICATIVES

Sentence du présidial criminel de la ville d'Autun, du 19 août 1790 (1).

..... procès criminel contre Jean-Louis Piotet, René Amiot, François Chomard, Claude Fleurot, Pierre Communeault, et Emiland Roy, tous décrétés de prise de corps et prisonniers, et F. Roserot, contumax, d'autre part.

Vu les pièces du procès criminel, le tout considéré et examiné dans la salle des audiences, la porte ouverte, sur le rapport de M⁰ Étienne-Anne Serpillon, lieutenant-général criminel ; ouï aussi M⁰ Ballard, avocat, etc...

Nous avons déclaré les nommés René Amiot, cordonnier, F. Chamard, cabaretier, C. Fleurot et F. Roserot, manœuvriers et E. Roy, charpentier, tous demeurant à Vianges, dûment atteints et convaincus, sur le bruit qui se répandit le 29 avril dernier à l'assemblée primaire du canton de Marchéseuil que les sieurs Comeau de Charry, père ou fils, demeurant à Brazey, commune de Liernais, avaient insulté ladite assemblée en disant que la canaille serait toujours la canaille ; de s'être jetés tumultueusement, avec plusieurs autres habitants du canton de Marchéseuil, au-devant de la maison du sieur de Somme, où s'était retiré le sieur Comeau, de ne s'être retirés qu'après s'être assurés que le sieur Comeau n'y était plus.

D'avoir ensuite, avec quelques habitants, poursuivi le dit sieur Comeau père qui fut aperçu, fuyant sur la montagne de

---

(1) Une des copies imprimées de ce document est conservée à la Bibliothèque de la Société Eduenne, à Autun.

Bard, de l'avoir atteint, et, malgré les prières et supplications de sa famille et celles de plusieurs autres personnes, de l'avoir amené de force sur le cimetière de Marchéseuil et là, de lui avoir fait éprouver les insultes, les humiliations et les outrages les plus graves.

D'avoir participé aux menaces qui lui furent faites de le massacrer, de le pendre, de porter sa tête au bout d'une perche, de lui manger le foie, et autres semblables atrocités.

D'avoir concouru aux demandes qui lui furent faites pour sa délivrance, de différentes sommes portées jusqu'à cent louis, 10.000 livres, la moitié de son bien, et d'un traité contenant réparation de l'insulte qui lui était imputée, rançon qui fut enfin, après une longue négociation, fixée à cent louis et un tonneau de vin.

D'avoir été les plus furieux de ceux qui ont retenu de cette sorte, par force et violence, ledit sieur Comeau pendant quatre ou cinq heures et d'avoir encore concouru aux menaces de maltraiter tous les bons citoyens du canton qui s'intéressaient à sa délivrance.

Pour réparation de quoi, ayant égard à la détention des nommés Amiot et Fleurot aux prisons de ce siège pendant plus de trois mois, au prompt repentir qu'ils ont témoigné, et surtout aux regrets dudit Amiot, manifestés le jour même du délit, en allant chez le sieur Febvre, maire de Marchéseuil, empêcher la rédaction du traité et la remise des cent louis et du tonneau de vin, conditions de la délivrance dudit sieur Comeau, et encore ledit Amiot, en rendant le lendemain au sieur curé de Marchéseuil les deux louis qu'il avait reçus, chez ledit sieur Febvre, pour engager ses complices, qui tenaient toujours le sieur Comeau, à le relâcher...

... Condamnons ledit Amiot à garder prison pendant un mois, en vingt livres d'amende envers le roi, et l'avons interdit des droits de citoyen actif pendant trois ans.

Condamnons C. Fleurot à garder prison pendant deux mois, vingt livres d'amende envers le roi et interdit des droits de citoyen actif pendant cinq ans.

Condamnons François Chamard et Emiland Roy à trois mois

de prison, trente livres d'amende et sept ans d'interdiction des droits de citoyen actif.

Condamnons F. Roserot, contumax, à un an de prison, trente livres d'amende et interdiction des droits de citoyen actif jusqu'à ce qu'il ait obéi à justice en se représentant pour ester à droit.

— Déclarons Pierre Communeault dûment convaincu de s'être trouvé avec plusieurs séditieux qui demandaient de l'argent à la porte du sieur de Somme sur les neuf à dix heures du soir du jour du délit, après la délivrance du sieur Comeau, et là, d'avoir reçu deux louis, qu'ils allèrent sur-le-champ dépenser au cabaret, avec les auteurs de cette dernière émeute. Pour réparation de quoi, eu égard à sa détention d'un mois en prison, l'avons interdit des droits civils à la première assemblée qui se tiendra à Marchéseuil.

Faisant droit à la requête à nous présentée par le sieur de Moncrif, gendre du sieur Comeau, le six de ce mois, signifiée le huit audit sieur Communeault, le condamnons à restituer audit sieur de Moncrif les deux louis par lui reçus, et jusqu'à ce, tenir prison.

Déclarons le sieur Jean-Louis Piotet (1), chirurgien à Vianges, électeur du département de la Côte-d'Or, dûment atteint et convaincu, au moment de l'insurrection et émotion populaire causée par les propos insultants pour l'assemblée imputés aux sieurs Comeau, père ou fils, d'avoir excité les habitants du canton à ne pas laisser cette insulte impunie, à courir après le sieur Comeau père qui fuyait sur la montagne de Bard, et lorsqu'il eut été ramené sur le cimetière de Marchéseuil, d'après les instances et prières qui furent faites au dit sieur Piotet, par le sieur de Somme, président de l'assemblée, et par d'autres bons et honorables citoyens, de s'efforcer de faire rendre la liberté audit sieur Comeau, d'avoir feint de s'intéresser à sa délivrance et d'avoir néanmoins, par ses gestes et propos, excité et animé les séditieux, au lieu de chercher à les calmer; d'avoir, par une semblable conduite, prolongé la détention du

---

(1) C'était un ami du précepteur congédié, dont il a été question pages 27 et 28.

dit sieur Comeau et nui aux démarches des bons citoyens, qui cherchaient par toutes sortes de moyens à lui rendre la liberté.

D'avoir, l'émeute finie, emmené avec lui plusieurs séditieux chez le nommé Bourg, cabaretier à Vianges, et d'avoir dépensé avec eux une partie de la somme de soixante-douze livres, qu'il avait reçue pour être distribuée. D'avoir le lendemain manifesté la destination qu'il avait faite des cent louis, prix de la rançon convenue par sa médiation, pour la délivrance du sieur Comeau, en disant qu'il en aurait employé soixante à défrayer les six électeurs du canton, pour leur voyage à Dijon et distribué le reste par ci, par là, aux malheureux.

Enfin de n'avoir point restitué, ni offert d'une manière qui pût être acceptée, la somme de soixante douze livres par lui reçue du sieur Taquénet pour être distribuée aux séditieux et les apaiser.

Pour réparation de quoi, condamnons ledit sieur Jean-Louis Piotet à garder prison pendant six mois ; passé lequel temps, lui enjoignons de fixer son domicile ailleurs que dans les cantons de Marchéseuil et de Liernais ; le condamnons en outre à trois cents livres d'amende envers le roi et l'avons interdit des droits de citoyen actif pendant dix ans.

Faisant droit sur la requête à nous présentée par le sieur de Moncrif, le six de ce mois, signifiée le huit, nous lui ordonnons de restituer audit sieur de Moncrif la somme de soixante-douze livres.

Disons que la peine de la prison portée contre les condamnés ne commencera qu'aujourd'hui, et qu'ils ne seront élargis desdites prisons qu'après avoir payé amendes et restitutions.

Leur faisons défense de se trouver à aucune assemblée, de commune, canton ou électorale pendant le temps de leur interdiction civique, à peine de prison et d'être réputés perturbateurs du repos public ; défense de récidiver pareilles manœuvres, excès, violences et voies de fait à peine de punition corporelle.

Faisant encore droit à la requête du sieur de Moncrif, nous l'autorisons à retirer des mains du sieur curé de Marchéseuil, la somme de quarante-huit livres déposée par Amiot ; quoi faisant, le sieur curé en demeurera bien et valablement délivré.

Condamnons les sieurs Piotet et Communeault solidairement aux dépens faits par le sieur de Moncrif, pour parvenir à la restitution des sommes prononcées en sa faveur.

Ordonnons qu'à la diligence du procureur du roi notre présente sentence sera imprimée au nombre de deux cents exemplaires, lue, publiée et affichée en cette ville un jour de marché ; qu'elle sera également lue aux prônes des messes paroissiales des cantons de Marchéseuil et Liernais, ainsi qu'aux prônes des bourgs et villages de notre ressort.

Fait et jugé, en jugement, présidial et dernier ressort, ce 19 août 1790, par nous, Etienne-Anne Serpillon, lieutenant général criminel, J.-B. Lazare Pigenat, lieutenant particulier, J.-B. Raffatin et Lazare Baudrian, conseillers ; de F. de Chevannes, Claude-Gaspard Pinot, et J.-B. François Rolet, appelés comme gradués.

Signatures des dits.

Certificat du prince de Condé pour le pont de Constance

Nous, Louis-Joseph de Bourbon, prince de Condé, prince du sang, pair et grand-maître de France, duc de Guise, etc., etc., colonel général de l'infanterie française et étrangère, chevalier des ordres du roi de France et de S. André de Russie, grand-prieur de l'ordre hospitalier de Saint-Jean de Jérusalem, de Malthe au grand-prieuré de Russie, commandant des corps de noblesse et des troupes françaises au service de Sa Majesté l'Empereur de toutes les Russies.

Désirant donner à M. Sébastien-Joseph de Comeau de Charry, gentilhomme français de la province de Bourgogne et lieutenant d'artillerie, un témoignage particulier de la satisfaction que nous avons eue de la conduite qu'il a tenue à l'affaire de Constance, du 7 octobre 1799, nous avons signé le présent écrit, par lequel nous attestons que cet officier ayant été commandé avec cinq ouvriers de l'artillerie pour couper le pont du Rhin, afin d'assurer la retraite, il résista à deux attaques des troupes ennemies, se soutint au milieu du feu le plus vif, qui mit un de ses hommes hors de combat, et ne se retira, quoi qu'il eût reçu une forte contusion au genouil, qu'après avoir exécuté les ordres que nous lui avions fait donner, et qu'il se distingua dans leur exécution par la valeur la plus brillante, ainsi que par la promptitude et l'intelligence de ses mouvements.

Fait à notre quartier général de Lintz, le 19 mars 1800.

Louis-Joseph DE BOURBON.

Pour S. A. S. Monseigneur,
DROUIN.

GRANDE ARMÉE
ARTILLERIE

Au quartier général à Lintz, le 1er février 1806.

Le général de brigade Saint-Laurent, directeur général des parcs d'artillerie de l'armée.

Extrait du rapport fait au premier inspecteur de l'artillerie française (1) pour être transmis au ministère de la guerre.

... Quoique ce rapport n'ait pour objet que de rappeler les services de l'artillerie française, je crois devoir néanmoins, y mentionner, avec des éloges bien mérités, M. de Comeau, capitaine d'artillerie bavaroise, choisi par son souverain pour être, d'après les intentions de l'Empereur, attaché, pendant la campagne, à l'état-major de l'artillerie française.

Entièrement dévoué aux intérêts de son monarque, protégeant avec chaleur ses sujets, sans cesse occupé de ce qui pouvait être utile au service, avide de saisir les occasions d'y employer ses talents et le savoir de l'expérience, cet estimable officier a pleinement justifié, dans toutes les circonstances, le choix dont il a été honoré et la confiance que vous lui accordiez.

Pour conforme,

Général SAINT-LAURENT.

(1) Le général de Songis. Il y eut aussi un rapport du général de Pernetty, en date du 19 janvier 1806, qui reproduit les mêmes éloges à peu près dans les mêmes termes. Pernetty était le chef de l'état-major de l'artillerie de la grande armée.

Copie des états de services fournis pour la régularisation du brevet de chevalier de Saint-Louis donné par le prince de Condé.

Sébastien-Joseph de Comeau de Charry est né, le 4 février 1771, de Antoine-Bernard de Comeau de Charry ancien capitaine au régiment d'infanterie de la Sarre, et de Jeanne Espiard de Mâcon.

Il est entré au service le 1er août 1786, en qualité d'aspirant au corps royal de l'artillerie :

1er septembre 1786, élève au corps royal de l'artillerie.

1er août 1789, lieutenant en second dans le régiment de Metz, artillerie.

1er avril 1791, lieutenant en 1er dans ce même régiment.

Le 4 octobre 1791, ayant émigré, il rejoint M. le prince de Condé à Worms. Il est resté sans interruption au corps de Condé jusqu'au 1er avril 1800.

4 avril 1800, capitaine d'artillerie de première classe au service de S. A. S. l'électeur de Bavière. Sa Majesté Louis XVIII daigna le faire autoriser à entrer à ce service étranger.

Il est resté au service de Bavière sans interruption jusqu'au 9 janvier 1814.

Le 1er janvier 1814, il revint de Russie où il était prisonnier de guerre depuis le 18 octobre 1812. Ce fut pour se conformer aux lois françaises, existant alors, qu'il donna sa démission, qui fut acceptée le 9 du même mois ; mais vu le motif de cette démission, il peut reprendre son rang et son activité dans l'armée bavaroise aussitôt qu'il y aura été de nouveau autorisé par le gouvernement français.

Il est parvenu en Bavière jusqu'au grade de colonel, commandant, chef de l'état-major d'une division.

Ses campagnes sont :

En 1790 et 1791, en détachement de guerre, avec quatre pièces de canon, dans l'armée réunie à Lyon, sous les ordres du comte de la Chapelle ; S. M. Louis XVI accorda aux officiers de cette armée le traitement de guerre et une année de grâces pour la croix de Saint-Louis.

Il a fait à l'armée de Condé les campagnes de 1792, 1793, 1794, 1795, 1796, 1797. En 1797, cette armée fut mise sur le pied de paix et alla en Russie. Il rentra en campagne en 1799 et 1800.

La campagne de 1800, qu'il commença à l'armée de Condé, fut finie à l'armée bavaroise.

Il a fait à l'armée bavaroise les campagnes de 1800, 1801, 1805, 1806, 1807, 1809, 1812 et 1813.

Ainsi il a fait seize campagnes de guerre, dont dix au service de France, et six au service de Bavière.

Il a 28 ans de services effectifs et 44 ans de services pour les grâces, en comptant pour deux ans chaque campagne. Ses services effectifs sont 14 ans pour la France, 14 ans pour la Bavière.

Il s'est trouvé à 30 batailles ou affaires, et à deux sièges.

Il a été blessé le 7 octobre 1799 sur le pont de Constance et le 18 août 1812, à la grande bataille de Polotsk. L'affaire sur le pont de Constance, le 7 octobre 1799, lui a valu un certificat honorable de S. A. S. le prince de Condé; il a l'honneur de joindre à ses états de service une copie de ce certificat.

Sa blessure du 18 août 1812 l'a laissé estropié; il eut la jambe droite fracassée par un boulet de canon. Ce fut par suite de cette blessure grave qu'il fut fait prisonnier de guerre dans l'hôpital de Polotsk. Ce qu'il souffrit dans cet état de prisonnier de guerre et de blessé n'est pas à décrire.

Il fut assez heureux pour se faire remarquer à la bataille d'Heilsberg, en 1807, et il obtint la décoration de l'ordre royal et militaire de Maximilien-Joseph. Cet ordre bavarois et celui de Marie-Thérèse ont les mêmes statuts. Il fut aussi, pour la même bataille, fait chevalier de la Légion d'honneur.

Il supplie humblement S. M. le roi de France de daigner le décorer de son ordre royal et militaire de Saint-Louis, quoique la série de ses services pour les rois de France ne remplisse pas encore le temps prescrit pour pouvoir solliciter cette grâce.

Il est avec le plus profond respect et un entier dévouement, de Sa Majesté,

Le très humble serviteur et fidèle sujet,

Le Baron de Comeau, chambellan de S. M. le roi de Bavière, colonel pensionné de ce même souverain, chevalier des ordres de Maximilien-Joseph et de la Légion d'honneur.

Nous soussignés certifions que les faits énoncés par M. de Comeau dans l'état de services qu'il a soumis à notre examen sont conformes à la vérité pour tout ce qui s'est passé à l'armée de Son Altesse Sérénissime Monseigneur le Prince de Condé.

Dijon, 13 juillet 1814.

Signé :

Le marquis d'ANDELARRE,
Lieutenant-colonel de cavalerie, chevalier de Saint-Louis, commandant la place de Dijon.

Le comte DU QUESNOIS,
chevalier de Saint-Louis.

G. H. DE MACHECO,
Lieutenant de cavalerie, chevalier de Saint-Louis.

Le marquis DE CROISIER DE STE-SEGRAUX,
Chevalier de Saint-Louis.

Lettres de la Princesse Amélie de Bade. 1813

PREMIÈRE LETTRE

Saint-Pétersbourg, ce 27 mars, 11 avril 1813.

Monsieur, je viens de lire avec le plus grand intérêt et attendrissement une lettre que vous avez adressée à M. de Schilling en date du 24 janvier, 9 février, et regrette seulement qu'elle ne m'ait pas été communiquée plus tôt, parce que j'aurais eu plus tôt la satisfaction bien réelle de pouvoir vous être utile ainsi qu'à vos compagnons d'infortune. Depuis quatre mois, je fais toutes les recherches possibles concernant les prisonniers bavarois, sans avoir pu encore me procurer des renseignements assez exacts pour leur adresser avec sûreté les légers secours qu'il est en mon pouvoir de leur faire parvenir. Il y a quinze jours, cependant, que j'ai eu le plaisir de pouvoir en envoyer à Pleskow, à MM. les officiers bavarois qui s'y trouvent, par M. de Rumenskampf, vice-gouverneur, aux soins duquel je dois d'avoir obtenu une liste exacte. Je me trouve bien heureuse, Monsieur, d'avoir eu, par votre lettre à M. de Schilling, quelques renseignements sur ceux de vos officiers qui se trouvent à Polotsk, et je m'empresse de vous faire passer 2000 roubles avec prière de les leur distribuer selon leurs besoins.

Je joins aussi deux paquets, l'un à votre adresse, l'autre à celle de M. de Colonges, que le banquier Livio a été chargé de vous adresser, et qué, pour plus de sûreté, il a confié à mes soins. Veuillez, Monsieur, me faire parvenir une réponse par le directeur des Jésuites qui vous remettra ceci, et me donner encore à l'avenir les moyens d'être utile aux prisonniers bavarois, autant que mon cœur le désire; et en particulier à vous, Monsieur, qui m'inspirez un intérêt bien vrai, quoique je n'aie pas l'avantage de vous connaître personnellement. J'ai lu votre lettre avec le plus profond attendrissement et elle m'a fait éprouver le regret bien pénible de n'avoir pas été plus tôt à même de vous témoigner tout l'intérêt que votre situation m'inspire. Si mes vœux et mes démarches ont le succès que je leur désire, j'espère avoir bientôt le plaisir de vous l'exprimer de bouche. Je vais dès aujourd'hui mettre tous mes soins à vous obtenir la permission de venir ici, ainsi qu'à M. de Colonges. Si vous avez le moyen de me faire parvenir quelques renseignements sur vos compagnons d'infortune disséminés en Russie, je vous en serai très obligée, le Roi me demandant avec instance une liste générale de ses officiers, tant de ceux qui existent encore, que de ceux qui ont succombé à leurs maux, et malgré toutes mes recherches, il m'a été impossible de l'obtenir jusqu'ici. Veuillez croire, Monsieur, à l'intérêt constant que tout officier bavarois a droit d'attendre de moi et en particulier à celui que je vous ai voué, ainsi qu'au désir bien sincère de vous le prouver dans toutes les occasions où il dépendra de moi de le faire.

Pr. Amélie de Bade.

DEUXIÈME LETTRE

19 juin, 1er juillet 1813.

J'ai appris avec beaucoup de plaisir, Monsieur le baron, que vous êtes arrivé à Pleskow, ayant obtenu la permission de venir à Saint-Pétersbourg; j'espère donc avoir sous peu l'avantage de faire votre connaissance. Je le désire d'autant plus que je me flatte que vous pourrez m'aider de vos conseils à remplir exactement la commission dont le Roi m'a chargée. J'ai reçu de sa part la somme de 16.500 roubles pour être distribuée parmi les officiers prisonniers à raison d'un mois d'appointement pour chacun selon son grade. Je n'ai pu encore obtenir les renseignements nécessaires que de Pleskow où je viens d'envoyer 3.200 roubles pour cet effet, me proposant de vous en demander, Monsieur le baron, sur Polotsk, lorsque j'ai appris que vous étiez arrivé à Pleskow; mais comme il est possible que vous y soyez retenu pour quelque temps, je ne vous prie pas moins de me donner ces renseignements, à commencer par vous-même et M. de Colonges. Comme il n'y a pas de colonel à Pleskow, d'où on m'a envoyé la liste des appointements d'un mois, je ne sais pas combien il doit vous en revenir. Le rouble est à 39 k^r. Veuillez faire vos calculs là dessus. J'ai envoyé à Munich la liste que vous m'avez fait passer de Polotsk, ainsi que la copie du testament du capitaine de Lilienschloss; les amis de ce jeune homme désirent savoir s'il n'a pas laissé de paquet à l'adresse de M. Schmidz, pasteur luthérien. Dans ce cas, on m'a priée de les demander pour être à même de les envoyer à Munich par une occasion sûre. Si par hasard vous pouviez encore me donner d'autres renseignements concernant le nombre et les noms des officiers bavarois, qui, peut-être, se trouvent dispersés sur la route de Polotsk à Pleskow, je vous en serais extrêmement obligée, étant de nouveau dans l'ignorance, depuis qu'on a changé, pour la plupart, le lieu de leur destination. Je ne saurais assez vous répéter, Monsieur le baron, combien je serai charmée de faire votre connaissance, ainsi que celle de M. de Colonges. Veuillez recevoir, en attendant, l'assurance des sentiments très distingués que je vous ai voués.

La p. Amélie de Bade.

TROISIÈME LETTRE

Czarkoécélo, 10-22 juillet 1813.

Je m'empresse, Monsieur le baron, de répondre à votre lettre du 27 juin, que j'ai eu le plaisir de recevoir ces jours-ci. D'après ce qu'on m'avait dit, je m'étais flattée de vous voir ici dans peu, mais il paraît que cette permission, que je désire presque autant que vous, ne vous est point parvenue encore. Je vous prie d'être convaincu que, j'en éprouve un véritable chagrin et que je n'ai négligé aucun moyen pour l'obtenir; mais aucune des personnes à qui j'ai cru devoir m'adresser n'a voulu se charger de la responsabilité avant d'avoir reçu un ordre exprès de l'Empereur; il faut donc l'attendre, cet ordre ; et s'il n'arrive pas, ce ne sera pas faute de l'avoir sollicité, car j'ai écrit trois lettres uniquement à ce sujet, mais comme je connais la bonté de l'Empereur, je ne doute pas que ce retard ne soit occasionné par quelque mésentendu qui s'éclaircira bientôt à votre satisfaction que je partagerai de tout mon cœur. J'ai reçu les paquets concernant M. de Lilienschloss, et me charge de les faire parvenir à leur adresse. J'ai également envoyé à Munich la copie de son testament avec la liste que vous y aviez jointe. Il me reste, Monsieur le baron, à vous marquer les différentes sommes que je joins à ma lettre. En comparant votre calcul à celui de M. Livio, j'ai trouvé que, à raison du change actuel vous aviez marqué trop peu, et vous me permettrez donc de vous envoyer 400 roubles au lieu de 367 et la même somme à M. de Colonges, d'autant plus que cela fait un compte rond, et que cela facilite les paiements de beaucoup. Dans celui que j'ai fait passer dernièrement à MM. les officiers bavarois qui se trouvent à Pleskow, j'ai ajouté 400 roubles pour le soulagement des soldats, mais comme les cent dont vous me parlez se trouvent peut-être dispersés dans les différents dépôts par où vous avez passé, je n'hésite pas à vous adresser 400 roubles pour le même objet, persuadée que l'usage que vous en ferez ne pourra qu'être approuvé par le Roi. Le total de la somme jointe à cette lettre est donc de 1200 roubles auxquels j'en ajoute 36 pour acquitter les frais des médicaments à l'usage du pauvre

Lilienschloss. La complaisance de M. de Rumenskampf, vice-gouverneur de Pleskow, m'a facilité tous les paiements que j'avais à faire dans cette ville, mais comme cet avantage me manque pour toutes les autres, j'ai été obligée d'avoir recours au ministère de la guerre, d'où l'ordre a été expédié dans les différents gouvernements d'avoir à payer un mois d'appointements à MM. les officiers bavarois d'après la note que je lui ai envoyée : dès que j'aurai reçu leurs quittances, je restituerai ici les sommes qui auront été avancées pour cet effet. Je transcris de la liste que vous m'avez envoyée, les noms des officiers actuellement encore à Pskow et à Opolschka, ils sont au nombre de six avec un chirurgien, et j'envoie par cette occasion l'argent qui leur est destiné au baron de Rumenskampf.

J'ai déjà reçu différentes lettres de femmes et veuves de soldats bavarois qui m'ont demandé des secours; j'en ai envoyé à plusieurs, mais je vous avoue que je crains, dans ceci, quelques abus, c'est pourquoi je joins ici le nom des deux dernières qui m'ont écrit, en vous priant de les vérifier, et, suivant les circonstances, de leur faire part des bienfaits du Roi. Je conserve toujours encore l'espoir de vous voir ici, Monsieur le baron, et de vous assurer, de vive voix, de l'estime toute particulière que je vous ai vouée.

La princesse AMÉLIE DE BADE.

QUATRIÈME LETTRE

Ce 11 juillet.

Je suis on ne peut pas plus contente de vous savoir arrivé à Pétersbourg, Monsieur le baron, et suis très empressée de faire votre connaissance ainsi que celle de M. de Colonges. Si cela vous convient à tous deux, je demanderai à M. Livio de vous amener ici tous deux, dimanche prochain et vous prie d'être convaincu d'avance du plaisir que j'aurai à vous recevoir chez moi.

Princesse AMÉLIE DE BADE.

CINQUIÈME LETTRE

Czarskoulo, 25 juillet 1815.

J'ai reçu votre lettre, Monsieur le baron, ainsi que votre lettre sur l'emploi des 2.000 roubles. Je ne puis qu'être extrêmement contente et reconnaissante de la manière dont vous les avez employés, et regrette seulement de n'avoir pu remettre en de si dignes mains une somme dix fois plus forte. Je me ferai un plaisir de recommander le docteur Sansmüchler aux bontés de l'Empereur dès que l'occasion s'en présentera, et j'espère ne pas éprouver de refus, d'autant plus qu'il y a un droit assuré par le témoignage des officiers russes auxquels il a donné ses soins ; plusieurs même m'en ont parlé avec les plus grands éloges. Quant aux femmes bavaroises, comme le comte Lerchenfeld ne se trouve plus à Pleskow, ni aucun autre officier bavarois de ma connaissance, je prends le parti de leur faire passer quelque argent par le vice-gouverneur dont j'ai éprouvé dans plus d'une occasion le zèle et la complaisance. Je m'empresse de vous annoncer, Monsieur le baron, ainsi qu'à M. de Colonges, que je viens de recevoir encore de la part du Roi une lettre de change de 11.000 florins pour le même usage que la première. Je désire vous consulter à ce sujet et j'espère avoir le plaisir de vous voir en ville à la fin de la semaine prochaine. Nous irons passer quelques jours à Kamini Ostrow, d'où je ne manquerai pas de vous faire prier de passer chez moi. Vous voudrez bien aussi me donner votre avis sur une réponse quelconque à la lettre que vous m'avez renvoyée. Veuillez recevoir en attendant, Monsieur le baron, l'assurance de mes sentiments les plus distingués.

AMÉLIE DE BADE.

SIXIÈME LETTRE

Je vous prie, Monsieur le baron, de vouloir bien m'envoyer la liste générale de Munich, que je vous ai remise dernièrement. J'ai reçu plusieurs quittances des officiers bavarois, pour les paiements qui leur ont été faits par les gouverneurs, et des lettres de quelques autres dont les noms ne se trouvent pas sur mes listes, qui réclamaient les mêmes secours. Il me paraît essentiel de vérifier les noms afin de prévenir tout abus. Je n'ai pas eu encore l'occasion de vous remercier pour les papiers que vous avez bien voulu m'envoyer et dont l'exactitude m'a charmée ; j'ai envoyé à Munich la liste des officiers prisonniers dont vous avez connaissance pour répondre enfin à toutes les questions qu'on me fait à leur sujet. Je n'ai pas réussi encore dans mes démarches pour retirer la somme qui se trouve à la police ; je ne désespère pas cependant d'y parvenir, et comme nous avons de l'argent de reste, l'affaire ne me paraît pas si pressée pour le moment, d'autant plus que la somme est en lieu de sûreté et pourra être distribuée à ces messieurs, quand Dieu nous aura accordé la paix, pour faciliter leur retour dans leur patrie.

J'espère vous voir plus souvent quand nous serons rentrées en ville, ce qui sera au plus tard dans une quinzaine de jours ; en attendant, Monsieur le baron, veuillez recevoir, ainsi que M. de Colonges, l'assurance de mon intérêt constant et de mon estime toute particulière.

La Princesse AMÉLIE DE BADE.

Czarkocoulo, 4 septembre 1813.

SEPTIÈME LETTRE

Ce 15 octobre 1813.

Je m'empresse, Monsieur, avec une bien grande satisfaction de vous annoncer que nous avons enfin reçu la nouvelle officielle de la jonction de la Bavière à la cause commune. M. Adamistinof vient de dire à ma sœur qu'il a reçu l'ordre de signifier à Messieurs les officiers bavarois qu'ils sont libres de retourner chez eux ; d'après cela, nous aurons encore quelques comptes à régler ensemble et quelques dispositions à faire pour l'argent qui nous reste et celui qui est encore au département de la police. Veuillez donc me faire le plaisir de venir chez moi demain à deux heures, et agréez en attendant l'assurance de mes sentiments les plus distingués,

Princesse AMÉLIE DE BADE.

J'espère que M. de Colonges aura reçu la lettre que je lui ai envoyée hier.

HUITIÈME ET DERNIÈRE LETTRE

Veuillez me dire, Monsieur, si vous avez réussi à fixer votre départ comme vous le désiriez et s'il est nécessaire de faire encore quelques démarches à ce sujet; vous ne pouvez douter que dans ce cas je m'en chargerai avec plaisir. Quand je saurai au juste le jour de votre départ, je vous prierai de venir me voir la veille. En attendant, Monsieur, veuillez recevoir l'assurance de ma parfaite estime.

La Princesse AMÉLIE DE BADE.

Nous avons cherché à savoir quel souvenir avait laissé en Bavière le baron de Comeau. Voici le résultat de nos recherches :

Extrait de l'ouvrage du docteur Schrettinger sur l'ordre de Max Joseph.

Sébastien-Joseph, baron de Comeau, né à Autun en France en 1770 (1), servit douze ans comme officier d'artillerie dans l'armée royale française et fut nommé, le 4 avril 1800, capitaine d'artillerie à la suite et sous-directeur de l'arsenal de Munich.

Le 4 avril 1804, il fut incorporé, comme capitaine, au régiment d'artillerie d'Huzbourg, avec la même solde qu'il avait eue jusque-là. Le 25 juin 1804, il obtint la compagnie du capitaine Dietrich, mis à la retraite, avec les appointements ordinaires dans sa situation.

(1) Il est né au château de Mâcon, le 4 février 1771, d'après son extrait de baptême.

Pendant l'expédition contre l'Autriche, en 1805, Comeau, sur le désir de l'empereur Napoléon, fut choisi par le roi pour être adjoint à l'état-major de l'armée française. Un rapport adressé sous la date du 19 janvier 1806, par le général de brigade, chef de l'état-major de l'artillerie de la grande armée, Pernetty, au premier inspecteur général de l'artillerie, commandant de cette même grande armée, le général de Songis, s'exprime ainsi sur les services rendus par Comeau dans son emploi :

« Cet officier, digne de toute estime, totalement dévoué aux
« intérêts de son monarque, plein de sollicitude pour le bien
« de ses subordonnés, sans cesse occupé à satisfaire aux exi-
« gences du service par l'emploi actif de ses talents et de sa
« grande expérience, a pleinement justifié le choix honorable
« pour lui que son monarque a fait de sa personne et la con-
« fiance que vous lui avez témoignée. »

Nommé major dans l'état-major, le 23 septembre 1806, Comeau fut particulièrement loué dans l'ordre à l'armée du 2 décembre 1806, pour l'activité et l'habileté qu'il déploya dans l'accomplissement des dispositions qui furent prises pour le siège de la forteresse de Plassembourg. Dans l'expédition de 1806 et 1807, contre la Prusse et la Russie, Comeau fut adjoint au major général, prince de Neufchâtel (Berthier).

Pendant le combat d'Heilsberg (10 juin 1807), Comeau reçut l'ordre d'inspecter la ligne d'opérations, et spécialement de faire un rapport sur la situation du 1er régiment (maintenant n° 3) des chevau-légers bavarois qui avait été adjoint à la division de Lasalle et qui avait beaucoup souffert au commencement de l'action. En accomplissant cet ordre, Comeau se heurta, sur la grande route d'Heilsberg à Gulstadt, à une partie considérable de l'infanterie française de la division Saint-Hilaire, qui reculait, ses carrés ayant été enfoncés par les Russes.

Comeau comprit tout ce qu'il y avait de dangereux pour la situation générale dans ce mouvement de recul, et exhorta officiers et soldats à reprendre la marche en avant. Par ses paroles et par l'assurance de la prochaine arrivée de renforts, il réussit, non seulement à arrêter les troupes, mais encore à les décider à retourner à l'ennemi ; à s'emparer vivement des hauteurs qui entouraient la grande route et à forcer ainsi les Russes de s'arrêter. Cette action, comme aussi l'arrivée d'une batterie et des fusiliers de la garde qui parurent bientôt, contribuèrent beaucoup au succès de cette journée, ainsi que l'affirma le prince de Neufchâtel. Le 2 juillet 1807 (ordre à l'armée du 17 juillet), Comeau fut décoré de la Légion d'honneur française.

Pendant la campagne de 1809, Comeau qui, le 7 juillet 1807, avait été nommé lieutenant-colonel d'état-major, fut de nouveau attaché à l'état-major français.

En 1811, le lieutenant-colonel de Comeau, en raison de ses services pendant les campagnes de 1805, 1806, 1807 et 1809 en général, et spécialement pour sa conduite au combat d'Heilsberg (10 juin 1807), sollicita son admission dans l'ordre militaire de Max Joseph. Comme, en vertu d'une communication émanant de l'autorité supérieure, le conseil de l'ordre devait statuer sur cette demande, la réunion eut lieu à Augsbourg, sous la présidence du major général, comte Meinucci ; elle prononça à l'unanimité que Comeau était digne d'entrer dans l'ordre, pour sa conduite à Heilsberg.

Le grand chancelier de l'ordre, au contraire, soutint que, dans le cas présent, il n'était point satisfait aux exigences des statuts, en ce qu'il n'y avait pas eu d'action de bravoure personnelle, et, dans un rapport du 30 juillet 1811, il se prononça pour qu'il ne fût pas fait droit à cette requête.

Mais dans l'ordre de l'armée du 30 octobre 1811, le baron de Comeau fut pourtant nommé chevalier de l'ordre pour la particulière sagesse dont il avait fait preuve à la bataille d'Heilsberg, et le prince de Neufchâtel qui, à plusieurs reprises, avait témoigné à Comeau la plus vive reconnaissance pour son constant dévouement aux intérêts du roi de Bavière, fut aussitôt informé de ce fait, par le grand chancelier de l'ordre, le ministre de la guerre, Triva.

Pendant l'expédition de 1812 avec la Russie, le 15 avril, Comeau fut nommé colonel d'état-major du 2ᵉ corps d'armée bavarois, commandé par le général de cavalerie, comte de Wrède, et gravement blessé à la bataille de Polotsk.

Quand la situation politique eut changé, et que la Bavière se fut retirée de l'alliance française, le baron de Comeau demanda à quitter le service dans l'armée bavaroise. Cette permission lui fut accordée en même temps qu'une pension, le 9 janvier 1814.

Le baron de Comeau vécut dès lors en France, où il mourut le 5 février 1844.

(Tiré de l'ouvrage du docteur Schrettinger, sur l'ordre militaire bavarois de Maximilien-Joseph et ses membres, pages 111 à 114. Munich, 1882.)

TABLE DES MATIÈRES

Avant-propos... 1

CHAPITRE PRÉLIMINAIRE

Des livres militaires. — Qu'est-ce qu'une armée............ 13

CHAPITRE PREMIER

JEUNESSE

Ma famille. — Première éducation. — Réunion d'officiers. — Ma vocation d'artilleur. — École de Metz. — Je suis nommé lieutenant. — Retour au foyer. — Débuts de la Révolution... 26

CHAPITRE II

A LYON. RETOUR A BESANÇON

L'armée de Lyon. — Mon sergent Pichegru. — Revue de Neuville-les-Dames. — Désarmement d'ouvriers à Lyon. — Emeute réprimée. — Bonaparte. — Visite domiciliaire. — Retour à Besançon. — La Révolution dans l'armée. — Nouveau serment. — Ma résolution d'émigrer. — Discussions.. 34

CHAPITRE III

WORMS, COBLENTZ

Départ de France. — Dans le Palatinat. — Worms, hôtel de la Couronne. — Le Prince de Condé. — Coblentz, audiences. — Retour à Worms.. 48

CHAPITRE IV

PREMIÈRE ORGANISATION EN 1792

Déclaration de guerre. — Trois corps d'émigrés. — Après la

campagne de Champagne, l'armée de Condé reste seule — On veut la licencier. — Dans la forêt Noire. — Le million de Catherine II. — Au service de l'Autriche............ 54

CHAPITRE V

ANECDOTES

Hiver de 1792 à 1793. — Mes amis. — Le bel oiseau. — Vin de Bourgogne à vendre. — Un vieux capitaine. — Mort de Louis XVI. — Tout est à la guerre.................... 62

CHAPITRE VI

ORGANISATION DE 1793

A Heilbronn. — Entrée en campagne. — Premiers canons de l'armée de Condé. — Débuts. — Nos soldats. — Recrutement... 69

CHAPITRE VII

BIENWALD

Les canons du cardinal de Rohan. — Qu'est-ce qu'une bataille ? — Ordre mince et ordre profond. — En détachement au régiment de Giulay. — La bataille. — Conseil de guerre... 76

CHAPITRE VIII

PFORTZ

Retour de nuit. — Un paysan patriote. — Surprise de Pfortz déjouée. — Visite de l'ordre mince à l'ordre profond. — En triomphe. — A la solde de l'Empire. — Fin de cette campagne.. 87

CHAPITRE IX

COMPAGNIES D'OUVRIERS DE 1794 A 1798

La Terreur en France. — Plus d'avenir pour nous. — Compagnie d'ouvriers. — Misère ; je deviens cuisinier d'une batterie. — La roche près de Bâle. — Nouvelle organisation en 1796. — Séjour de Louis XVIII à l'armée. — Bataille d'Amberg. — Retraites du prince de Condé et de Moreau. — Napoléon en demande le détail. — Le moulin du renard. — Campagne de 1797. — Mort de Catherine II. 95

CHAPITRE X

INTRIGUES, VIE DES ÉMIGRÉS

Départ de l'armée de Condé pour la Pologne. — Mon séjour à Constance. — Un souvenir de Pichegru. — Un major Suisse. — Le Congrès de Rastadt. — L'archiduc Charles et son armée. — Assassinat de plénipotentiaires français. — Evasion du commodore Sydney Smith. — Vie des émigrés. — Quiberon, Guy Dumai. — Retour incognito. — Radiations de la liste des émigrés.................................. 112

CHAPITRE XI

PONT DE CONSTANCE

A l'armée Russe. — Visite à l'archiduc Charles. — Korsakof. — Bataille de Zurich. — Arrivée du prince de Condé. — Reconnaissance. — Conseil de guerre. — La défense des ponts. — Retraite du duc d'Enghien. — Sortie des troupes enfermées au camp du Paradis. — Coupure du grand pont. — Jugements sur cette journée. — Le duc d'Enghien. — Le bataillon noble. — Le prince de Condé. — Les généraux républicains... 126

CHAPITRE XII

ENTRÉE AU SERVICE DE BAVIÈRE

18 Brumaire. — Plan des Anglais. — Départ des Russes. — Que faire? — Un courrier bavarois. — Entrée au service de Bavière. — Intrigues à la Cour de Munich. — Autrichiens ou Bavarois. — Le baron de Deuxponts. — L'abbé Salabert. — Montgelas... 144

CHAPITRE XIII

ARMÉE BAVAROISE

L'ancienne armée bavaroise. — Qu'est-ce qu'une armée? — Conversation avec l'Électeur. — Annonce de la campagne de 1800. — Rôle des officiers émigrés dans l'armée bavaroise. 156

CHAPITRE XIV

ÉVACUATION DE L'ARSENAL DE MUNICH

Campagne de 1800. — Bonaparte en Italie, Moreau en Allemagne. — Coup d'œil sur l'armée allemande. — Évacuation de l'arsenal. — Chicanes civiles. — Flotte de radeaux.

— Conversations avec l'Électeur. — Hohenlinden. — Quel général ?.. 163

CHAPITRE XV

PREMIÈRE MISSION A PARIS

L'Électeur m'envoie près du marquis de Lucchesini. — Rêverie rétrospective en chaise de poste. — Arrivée à Paris. — Dîner chez Talleyrand. — Une soirée à Paris. — Travail d'organisation de l'armée bavaroise. — Amnistie des émigrés. — Mon mariage. — Amusements scientifiques.... 175

CHAPITRE XVI

MORT DU DUC D'ENGHIEN

Camp de Boulogne. — Pour avoir le titre d'Empereur, Bonaparte sacrifie le duc d'Enghien. — Caulaincourt. — Crime ou faute. — De Bovet meurt fou. — Caulaincourt est envoyé à l'Électeur de Bavière. — Une des causes de la chute de Napoléon. — Bonaparte franc-maçon et initié aux Sociétés secrètes. 186

CHAPITRE XVII

INVASION DE LA BAVIÈRE EN 1805

Les Autrichiens veulent s'emparer de l'armée bavaroise. — Alarmes, faux bruits. — L'Electeur et ses troupes s'échappent de Munich. — Napoléon en est prévenu. — Les Autrichiens à Ulm. — La nouvelle armée bavaroise ; de Wrède. — La Bavière s'unit à la France contre l'Autriche........ 196

CHAPITRE XVIII

ULM, ELCHINGEN

Arrivée des Français. — Capitulation d'Ulm. — Je suis envoyé à l'Empereur sur sa demande. — Première rencontre avec Napoléon. — Son escorte, départ de Louisbourg. — Les munitions bavaroises approvisionnent l'armée française. — Bataille d'Elchingen. — Nouveau genre de bataille. — Le maréchal Ney. — Un blessé autrichien.............. 204

CHAPITRE XIX

MARCHE SUR VIENNE

Marche à la course ou déroute en avant. — Temps d'arrêt à Saint-Pœlten. — Corps russe écrasé. — J'accompagne les aides de camp de Napoléon en tête de l'armée. — Un faux boîteux. — Arrivée à Vienne. — L'armée traverse la ville. — La princesse d'Hatzfeld................................ 219

CHAPITRE XX

AUSTERLITZ

Réception à Schœnbrünn. — Départ. — Description de la bataille. — Attaque du Santon, charges, mêlée. — Etang gelé, batterie de Sénarmont, charge de Kellermann. — Un cheval kalmouk. — L'arsenal de Vienne remplace les munitions bavaroises.................................... 227

CHAPITRE XXI

RÉCOMPENSES

Paix de Presbourg. — Nouveaux Rois. — Mariages princiers. — Eloges. — Conversation avec le Roi de Bavière. — J'entre à l'état-major avec le titre de major............... 236

CHAPITRE XXII

A L'ÉTAT-MAJOR. BATAILLE D'IÉNA

La Prusse est suspecte. — Berthier. — Rôle de l'état-major. — Entretien avec le Roi sur la Prusse. — Débuts : échelonnage de l'armée française imité par la Bavière. — Armée prussienne. — Iéna. — Officiers improvisés. — Napoléon fait observer l'Autriche.................................. 246

CHAPITRE XXIII

PLASSEMBOURG

L'Empereur m'envoie prendre cette forteresse. — Sa description. — Blocus ; réquisition de lits de plumes. — Assemblée des notables de la ville de Laufen. — Renseignements sur le fort, ce qu'il renferme, ses habitants. — Fin de la première journée. — Eau coupée ; un parlementaire prussien. — Mon trompette. — Fin de la seconde journée. — Cérémonial pour l'entrée d'un parlementaire dans un fort. — Conseil de guerre. — Négociations au travers d'une porte. — Réponse du Conseil. — Lessive étendue par la pluie ; signaux. — Capitulation. — Intrigues. — A Munich. — L'Empereur me réclame à Posen. — Compte rendu de cette mission... 253

TABLE DES MATIÈRES

CHAPITRE XXIV

CAMPAGNE DE POLOGNE

Audiences de l'Empereur. — Fréquents rapports avec lui ; ses idées. — Nombreuses missions. — L'Autriche est suspecte. — Bataille d'Ostrolenka. — Renforts. — Preussich Eylau. — Dantzig. — Napoléon concentre tous ses corps. — Heilsberg et Friedland. — Réflexions sur cette campagne. — Habitudes de Napoléon à la guerre.................. 279

CHAPITRE XXV

MISSIONS AU CINQUIÈME CORPS

L'Empereur me charge de faire concentrer les divisions éloignées. — Marchflüe ou Friedland. — Annonce de la défaite de Ney à Libérose. — Je suis envoyé de nouveau pour ramener les divisions réunies. — Détails sur cette course. — Sur six officiers je parviens seul. — Bataille d'Heilsberg. — Vigies russes. — Je rallie la division Saint-Hilaire. — Décorations et nominations. — Des ordres militaires. — Sénarmont me propose de la part de l'Empereur le grade de colonel d'artillerie. — Motifs donnés pour mon refus..... 294

CHAPITRE XXVI

COUP D'ŒIL GÉNÉRAL ; PHILADELPHES

Etat de l'Empire à cette époque. — Pluie de faveurs. — Repas de philadelphes. — Illuminés. — Centralisation. — Ministres allemands. — Protestants et catholiques. — Tugendbund.. 309

CHAPITRE XXVII

COUR DE PARIS, COUR DE MUNICH

Joséphine à Munich. — Jérôme. — La maréchale Lefebvre. — Cour de Munich. — Souverain par la grâce de Dieu ou par sa permission. — La Reine de Suède. — Mlle Blangini. — Kückelé.. 321

CHAPITRE XXVIII

SOUPÇONS SUR LE RÔLE DE L'AUTRICHE

Inquiétude vague. — Mission inutile à Paris. — Disgrâce simulée. — En observation sur les frontières. — Plans des Autrichiens devinés.. 332

CHAPITRE XXIX

ANNONCE DE LA CAMPAGNE DE 1809

J'arrive à Paris. — Rapport à l'Empereur. — Précision de ses ordres. — Plans de campagne........................ 341

CHAPITRE XXX

LANDSHUT, ECKMUHL

Préparatifs de guerre. — Munich envahi. — Premiers combats. — Prise de Landshut. — Les digues ! — Eckmühl. — Ratisbonne.. 352

CHAPITRE XXXI

DE RATISBONNE A VIENNE

Course sur Vienne. — L'archiduc a pénétré la tactique de Napoléon. — A Lintz avant tout. — De l'Empereur au Tyrol et à de Wrède. — Pillages. — Combat d'Ebersberg. — Revue de Schœnbrünn. — Les fumées du camp de l'archiduc. — Le Léopoldstatten. — Guerre aux cheminées. — Prise de Vienne... 362

CHAPITRE XXXII

A VIENNE, CHEVAUX DE BAVIÈRE

Conjectures. — Rente de 500 fr. — Conversation avec le duc de Bassano. — Ordre de payer ou rendre les chevaux pillés en Bavière. — Les six chevaux gris pommelé. — Montebello et d'Albuquerque. — Annonce d'une crue prochaine du Danube.. 373

CHAPITRE XXXIII

BATAILLE D'ESLING

Le Danube et l'île de Lobau. — Premier pont de bateaux. — Prévisions fâcheuses. — Entrée dans l'île de Lobau. — Difficulté du passage. — Bataille. — Pourquoi Davoust n'arrive pas. — Bateaux chargés de pierres. — Ponts détruits. — Crue du Danube. — Trois barques en réserve. — Retraite ordonnée. — L'Empereur passe presque seul sur l'autre rive... 383

CHAPITRE XXXIX

ILE DE LOBAU

Masséna dirige la retraite. — L'armée rentre dans l'île. — Souffrances. — Portrait de Masséna. — Il occupe les soldats à différents travaux dans l'île. — Que font les Autrichiens? — Les Tyroliens. — Nouveaux ponts. — Renforts. 395

CHAPITRE XXXV

WAGRAM

Je porte à de Wrède l'ordre de venir faire une réserve. — Passage de l'armée. — Même plan de bataille qu'à Esling. — Carnage. — Trois armées de réserve arrivent à heure dite et gagnent la bataille. — En avant-garde. — Armistice. — Sommeil bien gagné. — Détails du plan de Napoléon.. 404

CHAPITRE XXXVI

SUITE DE LA BATAILLE DE WAGRAM

Soucis d'argent. — Mon neveu. — Scènes entre le Prince royal et le maréchal Lefebvre. — Conversation avec l'Empereur. — Czernitchef.................................... 417

CHAPITRE XXXVII

PRESSENTIMENTS; DÉSIR DE DÉMISSION

Coup d'œil sur les suites de cette campagne. — Rapport au Roi de Bavière. — Remarques des Russes admis à l'Etat-major de Napoléon. — Mariage de Marie-Louise. — Blocus continental et ses suites. — Excommunication de l'Empereur. — Nouvelle étiquette aux Tuileries. — Augereau, Lefebvre, Masséna... 425

CHAPITRE XXXVIII

DERNIÈRE MISSION A PARIS

Le Roi de Bavière envoie à Napoléon un mémoire très complet sur la Russie. — Accueil froid. — Objections. — L'armée de Napoléon est un chancre. — Insuccès........ 432

CHAPITRE XXXIX

DÉBUTS DE LA CAMPAGNE DE RUSSIE

Revue de Vilna. — Confusion; insubordination. — Excellente

TABLE DES MATIÈRES

artillerie bavaroise. — Le prince Eugène emmène la cavalerie bavaroise à la grande armée. — Querelles entre Maison et Saint-Cyr. — Wrède bat les Russes. — Bataille de Polotsk. 443

CHAPITRE XL
BLESSÉ ET PRISONNIER

Dès le début de la bataille un boulet me casse la jambe. — Transport difficile. — Trente heures sans secours. — Je suis mis à l'écart comme désespéré, puis emporté chez les Jésuites. — Ils me sauvent la vie. — Mort de mon neveu. — Prise de Polotsk, incendie. — Prisonnier. — Visites. — Calme et commencement de convalescence. — Rêveries. — Insouciance et apathie amenées par ma blessure. — Mon domestique. — Ours privé. — Mes idées sur la Religion. 453

CHAPITRE XLI
FIN DE MON SÉJOUR A POLOTSK

Le mieux s'accentue; on soigne ma toilette. — Victoire sur un juif. — Visite en Pologne. — Commandant kalmouk et adjudant pêcheur de perle. — Bourse vide !.. — Un courrier de la Cour. — Ma voiture retrouvée. — Tracasseries. — Nouveau commandant. — Ordre de départ............ 471

CHAPITRE XLII
PSKOW. VOYAGES

Incidents du voyage de Polotsk à Pskow. — Vieux commandant allemand. — Heure pénible! — Chez un pêcheur. — Dans un bel hôtel. — Ordre de départ. — Voyage de Pskow à Saint-Pétersbourg.............................. 483

CHAPITRE XLIII
SAINT-PÉTERSBOURG

Arrivée. — Le gouverneur Weismitinof. — Mes logements. — A Czarkoé Célo. — A la porte de la citadelle. — Description de la ville et de ses habitants.................. 492

CHAPITRE XLIV
SAINT-PÉTERSBOURG. ÉPISODES

Trois fashionables. — Princesses de Galitzin. — Messe manquée. — Jardin des plantes. — Emeute. — Pompes à incendie.. 503

CHAPITRE XLV
RETOUR EN BAVIÈRE

Voyage en Russie, en Prusse. — Pêcheurs d'ambre. — Arrivée à Munich. — Causes de la chute de Napoléon. — Alliances forcées. — Soldats trop jeunes. — Esprit public changé par les loges. — Son mariage. — Son armée. — Omelette soufflée. — Porteurs peu solides.................. 514

CHAPITRE XLVI
DÉMISSION

Deux partis en Bavière. — Le Prince royal l'emporte avec le parti russe. — Je rends compte des prisonniers. — Entretiens avec le Roi. — Démission. — Dîner de gala. — Conversation avec le Prince royal..................... 524

CHAPITRE XLVII
A LA COUR DE CARLSRUHE

La Cour. — Etiquette. — Elisa de Lilienschloss. — La grande duchesse Stéphanie. — Soirée à la Cour................ 535

CHAPITRE XLVIII
INTRIGUES ; CHUTE DE NAPOLÉON

Le grand écuyer. — Testament du capitaine de Lilienschloss. — Les intrigues de la Cour. — Chute de Napoléon. — Un courrier endormi. — Dernière soirée à la Cour. — Départ pour la France...................................... 543

CHAPITRE XLIX
RETOUR EN FRANCE

Invasion des alliés. — Prévisions fâcheuses. — Visite au Prince de Condé. — Croix de Saint-Louis. — Détails sur l'abdication de Napoléon. — Les Cent jours. — Bonaparte. — Ses marches, ses attaques, ses batailles. — Un souverain à la guerre. — Dernières réflexions................ 555

CHAPITRE L
CONCLUSION

Pourquoi je reste invalide bavarois. — Récapitulation de ma carrière.. 563

TABLE DES MATIÈRES

PIÈCES JUSTIFICATIVES

Sentence du Présidial d'Autun.................................. 567
Certificat du Prince de Condé pour le pont de Constance.... 571
Certificat du général de Saint-Laurent en 1805............... 572
Etat de services... 573
Lettres de la Princesse Amélie de Bade........................ 575
Extrait de l'ouvrage sur l'ordre du mérite militaire et ses
   membres 582
Table... 587

A LA MÊME LIBRAIRIE

Mémoires du général baron Desvernois, publiés sous les auspices de sa nièce Mme Boussu-Desvernois, avec une introduction et notes, par Albert Dufourcq, ancien élève de l'École normale supérieure (1789-1815.) *L'Expédition d'Egypte. — Le Royaume de Naples.* Un vol. in-8° avec un portrait en héliogravure et une carte. Prix... 7 fr.

Journal et Souvenirs sur l'Expédition d'Égypte (1798-1801), par E. de Villiers du Terrage, membre de la Commission des Sciences et Arts; mis en ordre et publiés par le baron Marc de Villiers du Terrage. Un vol. petit in-8° avec portraits, cartes et gravures.

Mémoires du général baron de Marbot. 45° édition. Trois vol. in-8°. Prix de chaque vol. . . . . 7 fr.

Mémoires du général baron Thiébault, publiés sous les auspices de sa fille, Mlle Claire Thiébault, d'après le manuscrit original, par Fernand Calmettes. (1769-1820.) 9° édition. Cinq vol. in-8° avec portraits. Prix de chaque vol. . . . . 7 fr.

Journal du général Fantin des Odoards. *Étapes d'un officier de la Grande Armée*, 1800-1830. Un vol. in-8°. Prix. . . . . . 7 fr.

Correspondance du maréchal Davout, prince d'Eckmühl. Ses commandements, son ministère (1801-1815), avec introduction et notes, par Ch. de Mazade, de l'Académie française. Quatre vol. in-8°.

Souvenirs du maréchal Macdonald, duc de Tarente, avec une introduction par Camille Rousset, de l'Académie française. Ouvrage orné de deux portraits d'après David et d'après Gérard. 7° édition. Un vol. in-8°. Prix. . . . . 7 fr.

Murat lieutenant de l'Empereur en Espagne (1808), d'après sa correspondance inédite et des documents originaux, par le comte Murat. Un vol. in-8° avec un portrait en héliogravure et deux fac-similés d'autographes. Prix. . . . . 7 fr.

Récits de guerre et de foyer. Le Maréchal Oudinot, duc de Reggio, d'après les Souvenirs inédits de la maréchale, par Gaston Stiegler. Préface de M. le marquis Costa de Beauregard. 8° édition. Un vol. in-8° avec deux portraits. Prix. . . . . 7 fr.

Mémoires du général comte de Saint-Chamans, ancien aide de camp du maréchal Soult (1802-1832). Un vol. in-8° accompagné d'une héliogravure. Prix. . . . . 7 fr.

Mémoires politiques et militaires du général Turreau (1756-1816). — Campagnes d'Amérique. — Guerres d'émigration. — Quiberon. — La Chouannerie. — Conspiration de Cadoudal. — Publié avec préface, notes et pièces justificatives par C. de La Chanonie. Un volume in-8°. Prix. . . . . 7 fr.

Journal du lieutenant Woodberry. Campagnes de Portugal et d'Espagne — de France — de Belgique et de France (1813-1815). Traduit de l'anglais par Georges Hélie. Un vol. in-18, avec fac-similé d'autographe. Prix. . . . . 3 fr.

Souvenirs militaires du baron de Bourgoing (1791-1815), publiés par le baron Pierre de Bourgoing. Un vol. in-18 avec un portrait. Prix. . . . . 3 fr.

PARIS. — TYP. PLON-NOURRIT ET Cⁱᵉ, RUE GARANCIÈRE, 8.

www.ingramcontent.com/pod-product-compliance
Lightning Source LLC
Chambersburg PA
CBHW060309230426
43663CB00009B/1639